民商法争鸣（第22辑）

2023年第2辑

四川大学法学院
四川大学市场经济法治研究所　系列专题研究学术著作

Civil and Commercial Law Debates

民商法争鸣

（第22辑）

王　竹◎主编

四川大学出版社
SICHUAN UNIVERSITY PRESS

侵权法论

商事法论

实务争鸣

法学教育

民法总论

无权代理人责任的限制解释及体系联动

周雅婷 *

摘 要：《中华人民共和国民法典》（以下简称《民法典》）第171条第3款明确了无权代理人责任，成为无权代理行为未被追认时代理人承担责任的请求权基础。因位于总则编，该条文具有体系辐射效力。虽然"履行债务"或"赔偿损失"这样的具体表述成为适用上的难点，有加重和扩张无权代理人责任之虞，但该条文的目的在于保障交易安全以及充分保护善意相对人的合法权益，故条文并无漏洞，只是立法上的政策选择。目前，学界对该条的性质以及解释路径讨论较多。基于价值平衡考虑，须对无权代理人责任限制解释，进行理论和体系上的重构，包括无权代理人责任的适用范围、抗辩理由、"善意"的含义、"履行债务"和"承担赔偿责任"的具体适用、与表见代理的适用关系以及无因管理的适用。

关键词：无权代理 缔约过失责任 信赖利益 表见代理 无因管理

一、沉重的无权代理人：《民法典》第171条第3款的解释论分歧

关于无权代理人责任，因需要调整代理人、被代理人和相对人三方利益，各国立法均予规定。我国《民法典》第171条第3款规定了无权代理人责任，是《中华人民共和国民法通则》（以下简称《民法通则》）第66条第1款第2句"行为人承担民事责任"及《中华人民共和国合同法》（以下简称《合同法》）第48条第1款"行为人承担责任"的具体化，明确了无权代理人的责任

---

* 周雅婷，昆明医科大学法学系讲师，法学博士。本文系云南省哲学社会科学规划青年项目"《民法典》视野下医疗知情同意规则体系建构"（QN202119）的阶段性研究成果。

承担方式是"请求行为人履行债务或者就其受到的损害请求赔偿"，同时对损害赔偿的范围作"不得超过被代理人追认时相对人所能获得的利益"的限定，与该条第 1 款共同构成无权代理人责任之请求权基础，具有可操作性，实为进步。从法条表述上看，我国立法借鉴了德国、日本民法典规定，但结构与德国、日本民法典规定均不相同。相较于《德国民法典》第 179 条，我国法律无第 179 条第 2 款的"代理人不知其欠缺代理权"情形赔偿责任减轻规定，也不像《德国民法典》第 179 条第 3 款明确规定代理人不负责任情形。相较于《日本民法典》第 117 条，我国法律无第 117 条第 2 款的不适用第 1 款的明确规定。① 如学者所言，自《民法总则》颁行后，针对该条产生了极大的认识分歧。② 分歧的焦点在于对损害赔偿范围的界定，损害赔偿与履行债务的平衡，以及对该条"但书"的理解。目前代表性观点有以下几种：

第一种观点认为，该条规定的无权代理责任是一种无过失的法定责任，③是履行债务还是承担赔偿责任由相对人进行选择。而对于赔偿责任的范围，有学者认为，基于与履行债务等值评价，应当是履行利益的赔偿；④ 亦有学者认为，应以履行利益赔偿为原则，但相对人可根据具体情况选择仅赔偿信赖利益。⑤ 而"但书"并非是限制信赖利益所特有。

第二种观点认为，无权代理人责任应是缔约过失责任，因此赔偿范围仅是信赖利益，且信赖利益的赔偿范围不得超过履行利益。并认为，该条"但书"对赔偿范围的限定，通常是对信赖利益范围的限定，由此也可以反推出无权代理人责任是缔约过失责任这一结论。而请求履行债务实际上是法律推定在无权代理人和相对人之间形成合同关系，基于此，相对人可以请求无权代理人履行债务。⑥

---

① 《德国民法典》第 179 条规定："以代理人之名义制定契约者，于本人拒绝承认时，代理人如不能证明其代理权，应依相对人之选择，对其负履行契约或损害赔偿之责任。代理人不知其欠缺代理权时，仅就相对人因信其有代理权所受之损害，负赔偿义务。但以不超过契约有效时相对人所得利益之数额为限。相对人明知或应知其欠缺代理权者，代理人不负责任。代理人之行为能力受限制者，亦不负责任。但经其法定代理人之同意而为者，不在此限。"《日本民法典》第 117 条第 1 款规定："作为他人的代理人签订合同的人，若不能证明自己的代理权，且未获得本人的追认的，根据相对人的选择，应对相对人承担履行或赔偿损失的责任。"第 2 款规定："相对人知道作为他人的代理人签订合同的人无代理权时，或者作为他人的代理人签订合同的人无行为能力时，不适用前款规定。"

② 参见张家勇：《论无权代理人赔偿责任的双层结构》，载《中国法学》2019 年第 3 期。

③ 参见梁慧星：《民法总论》（第五版），法律出版社 2017 年版，第 243 页；韩世远：《合同法总论》（第四版），法律出版社 2018 年版，第 305 页。

④ 参见张家勇：《论无权代理人赔偿责任的双层结构》，载《中国法学》2019 年第 3 期；李宇：《民法总则要义：规范释论与判解集注》，法律出版社 2017 年版，第 813 页。

⑤ 参见韩世远：《合同法总论》（第四版），法律出版社 2018 年版，第 307 页；纪海龙：《〈合同法〉第 48 条（无权代理规则）评注》，载《法学家》2017 年第 4 期。

⑥ 参见王利明：《民法总则研究》（第三版），中国人民大学出版社 2018 年版，第 694－697 页。

第三种观点认为，该条款存在隐藏的漏洞，即未区分代理人主观因素，认为要求善意无权代理人承担履行利益赔偿责任过于严苛。持该观点的学者解释方法都是对该条文进行目的性限缩，但解释路径又分为二种：一种是仅当代理人知道或者应当知道代理权有瑕疵时，承担履行债务或者履行利益赔偿责任，否则只承担信赖利益赔偿责任；[1] 另一种是无权代理人不知其无权代理且无过错时，相对人不可请求履行债务，但可请求信赖利益赔偿。[2]

由此可见，学界对于无权代理人责任是一种特殊的法定责任已达成共识。但基于保护善意相对人的法政策立场，以及对无权代理人承担责任的平衡，学界尝试不同解释方案。前述观点一和观点三均承认其性质为法定担保责任。其中观点一的解释立场倾向于最大限度保护善意相对人，善意相对人不仅享有选择权，且选项是实际履行或者完全填补其损害的履行利益赔偿，只有在实际履行无法实现或者履行利益损害举证有困难，且穷尽其他救济方法后，才得主张信赖利益赔偿，并且完全不问无权代理人的具体情况；而观点三的立场略微向无权代理人倾斜，采《德国民法典》规定，在赔偿范围上根据无权代理人主观因素进行限缩解释。观点二另辟蹊径用缔约过失责任来进行解释，其目的实际上是将损害赔偿限缩在信赖利益范围，解释的立场进一步向无权代理人倾斜。观点一最忠实于原文，力求最大限度维护交易安全，不惜让无权代理人负沉重责任；观点二的"缔约过失责任说"具有启示意义，但有为将赔偿范围限制在信赖利益而倒推解释之嫌，且无法解释履行债务；观点三借助域外解释资料，看似合理，但法条原文并未规定无权代理人须对代理权有认识，因此，有超越文义之嫌。不过，不管是何种解释，解释者们内心的纠结都跃然纸上，就像德国学者所言，面对"代理理论中最具争议的问题之一""法律判断力被同情和恐惧所包围"。[3]

观点一的解释方案更接近解释者的功能定位，但解释的结果却使无权代理人承担了无比沉重的责任。另外两种解释方案虽然减轻了无权代理人的责任，但也非常有限，解释的着眼点也仅是对损害赔偿责任的范围进行限缩。三种解释方案都无法逃离文义，也就是无权代理人的责任无论如何都无法脱离"履行债务"或者"赔偿损失"，如果再加上《民法典》第171条第4款规定的过错责任，无权代理人更是负担沉重。事实上，无论德国、日本立法例还是我国民

① 参见陈甦主编：《民法总则评注》（下），法律出版社2017年版，第1220-1221页；郝丽燕：《论无权代理人的法律责任》，载《中国社会科学院研究生院学报》2018年第4期。
② 参见王利明主编：《中华人民共和国民法总则详解》，中国法制出版社2017年版，第774页。
③ ［德］维尔纳·弗卢梅：《法律行为论》，迟颖译，法律出版社2013年版，第956页。

法规定，其目的均在于保障交易安全，以及充分保护善意相对人的合法权益。[①] 基于此，其实无论采区分相对人善恶意的德国法，还是对相对人善恶意不予区分的我国法以及日本法，均无漏洞可言，不过是体现了不同的立法选择。

本文进一步认为，对无权代理人责任的讨论并非始于对《民法典》第 171 条第 3 款的解释，也不可能止于对该款通说的确定。毋宁说，该款仅仅是无权代理人责任天平的一端，即基于保护交易安全及善意相对人的一端；而天平的另一端，即基于维护代理制度须对无权代理人责任进行限制，这不仅需要对《民法典》第 171 条第 3 款的各要素进行解释，还需要进行体系解释，包括与表见代理的适用关系以及有无无因管理的适用等。本文拟从以上内容出发构建无权代理人责任承担之规范体系。

二、无权代理人责任性质的明确

虽现在学界对无权代理人责任性质多采法定担保责任说，但如前所述，仍有争议。无权代理人责任的性质是否明确，关系到责任承担方式和责任范围等重要问题，因此有必要结合目前我国理论和实务进一步讨论。

（一）侵权责任说仅指恶意无权代理人

侵权责任说认为无权代理人责任是一种侵权责任，在非善意无权代理情形中尤为如此。虽然在讨论无过失的无权代理人责任时，该学说有明显缺陷，但该学说始终未脱离学者视线。近期国内亦有学者认为，无权代理人责任性质应区别视之，对于恶意无权代理人责任似乎更接近侵权责任。[②] 侵权责任说的核心在于无权代理人须有过错，若采该说，必然将善意无权代理人责任排除在外，这样看似对于解释该条文存在局限，但实际上暗合德国民法典区分善意和非善意无权代理人之义。德国学者弗卢梅更认为对于善意无权代理人应当"无视法律的文义及立法者的意图而免除代理人的担保责任"。[③] 从这一点上看，侵权责任说的优势在于以无权代理人主观因素区别其责任承担，符合德国法一贯宗旨，由此便可知为何在欧陆侵权责任说的出现早于缔约过失责任说和法定担保责任说，毋宁说恶意无权代理人责任是一种特殊的侵权责任。

---

① 参见李适时主编：《中华人民共和国民法总则释义》，法律出版社 2017 年版，第 536 页。
② 参见潘重阳：《无权代理人对善意相对人责任之析分——以〈民法总则〉第 171 条第 3 款的解释为中心》，载《华东政法大学学报》，载《华东政法大学学报》2019 年第 3 期。
③ ［德］维尔纳·弗卢梅：《法律行为论》，迟颖译，法律出版社 2013 年版，第 963 页。

（二）法定担保责任说解释力不足

法定担保责任说为德国主流学说，认为代理人应在缔约时默示地为代理权关系的存在以及相关法律行为的法律安定性承担担保，[①] 如果代理人欠缺相关代理权，无论其是善意还是恶意，都应向相对人承担责任。[②] 我国台湾地区也以此为通说，认为无权代理人为法律行为时引起相对人正当信赖，为保护善意相对人，应使无权代理人负赔偿责任。[③] 若采法定担保责任说，无权代理人构成要件上不须代理人有故意或过失，善意相对人在向无权代理人主张权利时无需证明代理人有故意或过失，以达到保护善意相对人的目的。但德国法上采法定担保责任说，在于其在制度设计时就采用了区分原则，将代理人不知其欠缺代理权和相对人明知或应知代理人欠缺代理权的情形排除在外。就我国法而言，单纯采法定担保责任无法涵盖整个法条。

（三）缔约过失责任说有适用余地

缔约过失责任说认为无权代理人是缔约人，其与相对人缔结的合同有效，其责任范围须以合同成立为前提。德国法儒耶林认为代理人责任是否适用缔约过失责任，在于多大程度上认为代理人是缔约人。[④] 通常认为用缔约过失责任说来解释无权代理人责任的优势在于赔偿范围较为明确，即信赖利益。而耶林的理论中更富洞见的是解决了无权代理人与相对人之间合同效力如何认定的问题，即"合同不因实质错误而无效"，故而无权代理人与相对人签订的合同仍然有效，只有这样才会产生实际履行的法律效果。[⑤] 就此，缔约过失责任有适用余地，其一，代理人本就是想通过以他人名义缔约的方式，排除自己的义务，而善意相对人本意也并不想向代理人主张权利和承担义务。若按法定担保责任说，在代理人并未专门担保取得被代理人同意的情况下，将担保义务强加于代理人。也就是当代理人完全善意地自认为被授予了代理权的情况下，仍要承担履行债务或赔偿损失的责任。这违背当事人明确表示的意思，有违事物本质。[⑥] 其二，采缔约过失责任说，可将代理人误以为自己有代理权的无过错状态下与相对人缔约的情形排除在外，但又不像侵权责任说那样，要求代理人一

---

① 参见［德］保尔·拉邦德：《依〈德国普通商法典〉缔结法律行为时的代理》，刘洋译，柯伟才校，载《苏州大学学报（法学版）》2021年第4期。
② 参见纪海龙：《无权代理人过错责任及其减免——〈民法典〉第171条第4款解释论》，载《法学》2023年第1期。
③ 参见王泽鉴：《债法原理》（第二版），北京大学出版社2022年版，第267页。
④ 参见［德］鲁道夫·冯·耶林：《论缔约过失》，沈建峰译，商务印书馆2016年版，第71页。
⑤ 参见［德］鲁道夫·冯·耶林：《论缔约过失》，沈建峰译，商务印书馆2016年版，第72页。
⑥ 参见［德］保尔·拉邦德：《依〈德国普通商法典〉缔结法律行为时的代理》，刘洋译，柯伟才校，载《苏州大学学报（法学版）》2021年第4期。

定要有故意或过失。其三，采缔约过失责任说，对于解释该条后段对赔偿范围的限制规定，具有便利性，即赔偿损失应限定为信赖利益损失。

（四）双重责任说的证成

目前我国实务中适用《民法典》第 171 条第 3 款判决的案件已有不少，其中一些案件展示了实务界对该条款的解释，对于探讨该条款的性质具有价值。其一，实务中认为无权代理人与善意相对人之间的法律行为具有法律效力。例如，在"裘涛诉金雄威、衢州市柯城方文房地产置换事务所房屋买卖合同纠纷案"（以下简称"裘涛诉金雄威案"）中，二审法院认为"法律规定善意相对人有权请求行为人履行债务，即赋予无权代理行为在行为人和善意相对人之间的法律效力"[①]，再审法院认为"基于无权代理事实认定案涉《房地产转让合同》无效，缺乏法律依据"[②]。在"李振民诉临海市亿达电子有限公司船舶物料和备品供应合同纠纷案"中，二审法院认为"明知自己没有代理权限，却仍在'担保方'处签字捺印并附居民身份证号码，其理应知晓签字后的担保法律责任"[③]。实务中处理无权代理案件，须先认定无权代理人与相对人间的法律行为效力，从以上判决中可见，法院以《民法典》第 171 条第 3 款反推无权代理人与善意相对人之间的法律行为具有法律效力。其二，实务中多将赔偿范围界定为履行利益。例如，在"裘涛诉金雄威案"中，再审法院认为"该法条对赔偿范围做出明确规定，即赔偿履行利益损失"[④]，二审法院认为"该款规定行为人的赔偿范围，以被代理人追认时相对人所能获得的利益为限，在合同关系中，此即为合同的履行利益"[⑤]。可见，实务中认为，无权代理人的赔偿范围应为履行利益。其三，实务中将善意相对人之"善意"界定为非故意与非重大过失。在"裘涛诉金雄威案"中，二审法院认为"金雄威在签订《房地产转让合同》时不存在故意或重大过失，应认定金雄威为善意相对人"[⑥]；在"戴秋波与北京凯利门房地产经纪有限公司等房屋买卖合同纠纷案"中，二审法院

---

① "裘涛诉金雄威、衢州市柯城方文房地产置换事务所房屋买卖合同纠纷案"，浙江省衢州市中级人民法院（2018）浙 08 民终 373 号民事判决书。
② "裘涛诉金雄威、衢州市柯城方文房地产置换事务所房屋买卖合同纠纷案"，浙江省高级人民法院（2019）浙民申 405 号民事裁定书。
③ "李振民诉临海市亿达电子有限公司船舶物料和备品供应合同纠纷案"，浙江省高级人民法院（2019）浙民终 791 号民事判决书。
④ "裘涛诉金雄威、衢州市柯城方文房地产置换事务所房屋买卖合同纠纷案"，浙江省高级人民法院（2019）浙民申 405 号民事裁定书。
⑤ "裘涛诉金雄威、衢州市柯城方文房地产置换事务所房屋买卖合同纠纷案"，浙江省衢州市中级人民法院（2018）浙 08 民终 373 号民事判决书。
⑥ "裘涛诉金雄威、衢州市柯城方文房地产置换事务所房屋买卖合同纠纷案"，浙江省衢州市中级人民法院（2018）浙 08 民终 373 号民事判决书。

认为相对人"虽在订约时未善尽注意义务，存在过失，但其仍为善意相对人"①。可见实务中，一般过失仍认定为"善意"，即排除故意与重大过失。从以上实务观点可见，法院认为适用《民法典》第 171 条第 3 款的前提是无权代理人与善意相对人之间的法律行为有效，实际上就是认为无权代理人在此场合类似缔约人，这暗合缔约过失责任说。

由此，本文笔者认为，对于《民法典》第 171 条第 3 款的无权代理人责任性质，因我国未采德国法上的区分立法模式，因此在解释上也无法纯粹化，应区别情形采双重责任说。具体而言，行为人明知无代理权情形，属于法定担保责任，承担履行债务或者履行利益的损害赔偿责任；行为人不知无代理权情形，属于缔约过失责任，承担信赖利益的损害赔偿责任。

三、无权代理人责任适用条件之限制解释

《民法典》第 171 条第 3 款有过分强调无权代理人责任，苛以无权代理人较重法律后果的问题，有可能导致保障相对人合法权益与无权代理人责任承担间的失衡，对此，应对无权代理人适用条件进行限缩，以求妥当适法。

（一）无权代理行为限缩为"产生订立合同效果的代理行为"

从《民法总则》第 171 条的体系位置和文字表述来看，代理行为不限于代为订立合同，还包含单独行为的代理。这样一来，第 3 款的适用范围是否也包含单独行为的代理呢？比较法上看，无论德国还是日本立法，在规定无权代理人责任时都明确代理行为仅指代为订立合同。我国法上的规定显然过于宽泛，但是否有限缩解释的余地，尚有讨论空间。从本条后段承担"履行债务"的责任可推得无权代理人与相对人一定是形成了具有债权债务关系的法律行为。因此，该条中的代理行为应当解释为可以形成债权债务关系的法律行为，问题是单独行为的代理可否形成债权债务关系？单独行为的代理可区分为有相对人的代理和无相对人的代理，无相对人的代理行为自不在此限，而有相对人的单独行为代理，如代理行使债务免除是否会产生债权债务关系？要解决这个问题，代理人区分理论具有参考价值。按照代理人区分理论，代理人可分为缔约代理人和媒介代理人，② 缔约代理人通常是独立地以他人名义订立合同，包括需要去寻找订约机会和进行议价，而媒介代理人只是一种交易媒介，仅仅是通知委

---

① "戴秋波与北京凯利门房地产经纪有限公司等房屋买卖合同纠纷案"，北京市第二中级人民法院（2019）京 02 民终 4697 号民事判决书。

② 参见陈自强：《整合中之契约法》，北京大学出版社 2012 年版，第 93 页。

托人的意思，无法进行个性化的行为，实际的缔约人仍然是委托人。这是一种实质的分类，与代为订立合同的代理和单独行为的代理的区分虽然无法画等号，但可以看到的是，单独行为本就是指由当事人一方的意思表示成立的法律行为，[①]因而单独行为的代理人更像通知人，代理行为只是通知被代理人意思，而非由代理行为产生债权债务关系。当然，特殊情况下的单独行为的代理存在疑问，比如代理行使债务免除，若非无权代理，当然会产生被代理人与相对人之间债务免除的效果。但是若在无权代理的情形，会不会在无权代理人与相对人之间产生债务免除的可能，显然无论法律如何拟制都难以实现，意即仍不会由此产生债权债务关系。因此，这里的代理行为应限缩为"产生订立合同效果的代理行为"。

（二）无权代理人确无过错不承担责任

无权代理人是否需要有过错是重要的争议问题，争议主要源于《德国民法典》第 179 条第 2 款的规定，德国学说的理论基础在于认为该条第 1 款是指代理人知道自己无代理权的情形，故无权代理人应在主观上具有过错。但在我国和日本都没有《德国民法典》第 179 条第 2 款这样的规定，究竟为何，设想实务中可能出现的"代理人不知其欠缺代理权"情形，大概只可能是在代理授权时，不知被代理人是无民事行为能力或限制民事行为能力人，或者在行使代理权时，确不知被代理人已死亡，此种情形实属罕见。其他情形多为代理人存在过错，如代理人不知被代理人已发送数据电文至指定邮箱终止代理授权，代理人未及时查看邮件等显为过失的情形。

值得说明的是，过失责任和无过失责任并非事实判断，而是一种价值判断，毋宁说是举证责任的分配，即善意相对人无须证明无权代理人对其无代理权是否有过失。这是符合认知理论的，相对人既难以证明无权代理人与被代理人之间的代理权授予和维持情况（在真意保留情况下尤为如此），更无法证明无权代理人的内心意思。因此，若认为该条无权代理人责任因采无过失责任而失去正当化的充分的归责性，是有失偏颇的。[②]反过来，若在无权代理人责任成立上特别强调过失责任，所带来的后果，一是致使交易的信息成本增高，相对人要花大量时间和精力去求证代理人和被代理人之间代理权的存在，甚至于在交易当下还要去确认代理人死亡与否和行为能力有无，这实际上已经抹杀了代理制度的根基;二是致使相对人与代理人之间的信任无法建立,相对人需要去观察蛛丝马迹以确认代理人没有撒谎,没有真意保留,这直接破坏了民法诚实信用之基石。

需要注意的是,此处的无过失责任并不排除无权代理人有证据证明自己确无过错。如前述无权代理人确不知被代理人是无民事行为能力人或限制民事行为能力人,或者确不知被代理人死亡时,应当排除无权代理人责任的适用。从法条上看,"行为人实施的行为未被追认"句可以作出这样的解释,即对民事行为的追认虽是单方法律行为,也需要追认人具有民事行为能力;无民事行为能力人、限制民事行为能力人以及已经死亡的人显然不具有追认之可能,此时,不是行为人实施的行为未被追认,而是不可能被追认。质言之,若代理人有证据证明被代理人无追认之可能,就可以排除无权代理人责任之适用。

(三)相对人善意指"非明知且非因过失而不知"

该条款中"善意相对人"的"善意"的解释亦是讨论较多的问题。多数学者认为这里的"善意"应与善意取得制度中的"善意"作同一解释,即不知情或者无重大过失。也有学者认为此处基于衡平的考虑,善意应为不知情或者无一般过失。[①]

结合本条第4款的表述,相对人"知道或者应当知道行为人无代理权",可反推第3款的"善意"应为不知道和不应当知道,其中"应当知道"通常等同于"因过失而不知"[②],因此,这里的善意就是"非明知且非因过失而不知",传统理论上过失有重过失和轻过失之分,由此也就产生了此处的解释分歧。《日本民法》第117条第2款在适用的时候同样存在相同的问题,该条文规定相对人因"过失"不知无权代理的,不追究无权代理人的责任,下级法院在判决中将此限定为"重过失",而日本最高法院认为民法中并没有明确区分过失与重大过失,应当忠实于民法用语。[③] 笔者认为日本最高法院的见解值得借鉴,尽管在我国目前司法实践中也存在"重过失"的理解,比如前述"裴涛诉金雄威案"二审法院意见认为一般过失情形仍认定"善意",但仍不宜在学理解释上确定"重过失"的标准。一是重过失和轻过失的区分标准模糊,前者

---

① 参见[日]山本敬三:《民法讲义Ⅰ总则》(第3版),解亘译,北京大学出版社2012年版,第306页;谢鸿飞:《代理部分立法的基本理念和重要制度》,载《华东政法大学学报》2016年第5期。

② 石一峰:《私法中善意认定的归责体系》,载《法学研究》2020年第4期。

③ 参见民法改正研究会、[日]加藤雅信:《日本民法典修正案Ⅰ第一编 总则》,朱晔、张挺译,北京大学出版社2017年版,第384页。

采普通人标准，后者采一般理性人标准，且缺乏可操作性，[①] 相对人对于表象和真实情况不一致的风险的认知应当在个案中根据交易的具体情形进行判断；二是善意本身就是一种行为人主观状态的评价结果，并非典型的规范概念，因此与善意取得制度的解释内涵不一致，并不违背体系解释；三是本条第4款实际上为非善意的情形提供了请求权基础，当相对人因过失而排除第3款的适用时，并不会出现相对人既不能向代理人也无法向被代理人请求的情形。因此，本文认为此处的"善意"应作"非明知且非因过失而不知"的解释，而过失不应做"重过失"的限定。

值得讨论的是，由加藤雅信教授领衔的《日本民法典》修正案总则编第66条修改了《日本民法典》第117条第2款，将相对人的过失改成了"重大过失"，为何作这样的修改，其修正理由谓："在众多案例中，无权代理人应该是知道无权代理行为的。所以，不管相对人是否存在'过失'，都可以认定无权代理人的责任，这样的想法更为自然。但是，恶意的无权代理、卑劣的无权代理、恶性不强的无权代理都是可能存在的。"[②] 因此，还是规定"重过失"不追求无权代理人的责任。也就是说，《日本民法典》修正时，学者考虑的不是缩小无权代理人责任的适用，而是尽可能扩大其适用，其出发点在于"保证交易安全以及保持代理制度的信用"[③]，在制度设计上，《日本民法典》首先考虑的是让相对人尽可能便于寻找代理人或者被代理人中的任意一方承担责任，而后再来考虑代理人和被代理人的责任分担。

（四）"履行债务"的理解及赔偿损失的范围

《民法典》第171条第3款较《民法总则》第171条第3款有细微变化，将"但是赔偿的范围不得超过被代理人追认时相对人所能获得的利益"一句前的逗号改成了句号。这一细微变化产生了法解释上不同效果，使得该"但书"变成了对整个条款的限制。这一变化是有意义的，善意相对人请求履行债务或者请求赔偿损害都不得超过被代理人追认时相对人所能获得的利益。

本文认为《民法典》第171条第3款中无权代理人的两种责任承担方式，即"履行债务"和"就其损害请求赔偿"存在较大区别。"履行债务"不能仅仅指履行合同，还应包括承担违约责任；而"就其损害请求赔偿"应为缔约过失责任。二者并非承担责任上的对等关系，而是基于善意相对人和无权代理人

---

① 参见［日］山本敬三：《民法讲义Ⅰ总则》（第3版），解亘译，北京大学出版社2012年版，第144页。
② 石一峰：《私法中善意认定的归责体系》，载《法学研究》2020年第4期。
③ 石一峰：《私法中善意认定的归责体系》，载《法学研究》2020年第4期。

之间法律行为有效性与否进行判断的不同的责任承担方式。[①] 其中，前者是善意相对人与无权代理人之间法律行为有效的法律后果，后者是法律行为无效的法律后果，而法律行为无效的法律后果实际上与《民法典》第 157 条类似，只不过这里的无效不会存在合同已履行或者部分履行需要返还的问题，如果是确实已经履行或者部分履行，这时候则要适用《民法典》第 503 条，视为被代理人对合同的追认。这样来看，法条中的"就其受到的损害请求行为人赔偿"就是缔约过失责任，即信赖利益的赔偿。

需要说明第 171 条第 4 款的适用。第一，相对人"知道或者应当知道"情形就排除了前款的适用，同时与前款的"善意"相衔接，也就避免了相对人非善意的无权代理情况下，相对人既不能向被代理人也无法向无权代理人请求的情形。第二，若相对人"知道或者应当知道"无权代理，无权代理人也知道自己是无权代理，且二者之间的法律行为有效，则该法律行为直接约束双方，无第 171 条第 4 款的适用余地。第三，若相对人"知道或者应当知道"无权代理，无权代理人也知道自己是无权代理，但二者之间的法律行为无效，有 171 条第 4 款的适用余地，就信赖利益损失各自承担相应的责任。第四，若相对人"知道或者应当知道"无权代理，而无权代理人本身不知道自己是无权代理，则二者之间的法律行为不成立，可适用第 171 条第 4 款，但产生的损失由相对人自己承担，因为无权代理人无过错。第五，若相对人和无权代理人都知道无权代理情形，但恶意串通损害代理人利益，此时法律行为无效，可适用第 171 条第 4 款，就信赖利益损失各自承担相应责任。

四、无权代理人责任与表见代理的适用关系

《民法典》第 172 条规定了表见代理，从法条顺序上看是先规定无权代理人责任，后规定表见代理责任，就适用上，究竟是相对人任意择一适用，还是有适用上的先后顺序，将影响被代理人、代理人、相对人之间风险的分配和责任的分担。

（一）先检视是否有表见代理

德国联邦最高法院认为，只要存在有容忍委托代理权或者表见委托代理权，便没有《德国民法典》第 179 条第 1 款所规定的无权代理人的责任。[②] 可

---

① 参见崔建远主编：《合同法》（第六版），法律出版社 2016 年版，第 80 页。
② 参见［德］卡尔·拉伦茨：《德国民法通论》（下册），王晓晔、邵建东、程建英等译，法律出版社 2013 年版，第 895 页。

见，在德国法上通常是先检验是否构成容忍委托代理或者表见代理，此后才有无权代理人责任的适用余地。这也符合代理制度的逻辑，代理本就是试图促成被代理人和相对人之间交易。容忍委托代理权是指某人允许他人重复地作为他的代理人，从而使得第三人可以认为该他人就是委托代理人，那么该某人就应当视为已经对该他人授予委托代理权。在德国民法上容忍委托代理类推适用其《民法典》第171条关于委托代理授权的"通知或者公告"，[①] 我国法上没有相应规定。但《民法典》第172条规定了表见代理。从法条顺序上看，表见代理规定在无权代理人责任之后，也有学者认为第171条第3款具有减轻表见代理条款负担的功能，[②] 即在广义无权代理场合，不要动辄追究到被代理人。

本文笔者认为先检视是否有表见代理，这一做法值得借鉴。理由如下：第一，善意相对人本意就是与被代理人订立合同，适用表见代理符合代理制度的逻辑；第二，适用表见代理的效率更高，无权代理人责任的前提是被代理人未追认，这里就存在相对人催告被代理人以及30日内追告的期限，特别注意这里的催告，催告是相对人向被代理人作出，且以收到通知之日起计算30天，实践中会存在相对人难以联系到被代理人的情形，实现催告并非易事；第三，虽然无权代理人责任可请求履行债务也可请求赔偿损失，但实际上能真正履行债务的不多，合同目的实际上难以实现；第四，表见代理是权利外观责任的一种，"有理由相信"的证明难度不大，即便需要考虑被代理人可归责性。[③]

（二）规范的重合与法官释明权

在德国的司法实践中同样存在一个问题，即债权人会出现难以判断容忍委托代理权和表见委托权的前提条件是否具备。如果他先起诉被代理人，而无法证明基于权利表象所产生的委托代理人权的前提条件存在，就有被驳回的风险；同样，如果他先起诉代理人也有被驳回的风险。因此德国学者利贝建议应允许相对人进行选择。[④] 不少法条的构成要件彼此会全部或部分重合，因此同一案件事实会被若干法条涵盖，当两个规范的构成要件相互之间只有部分重叠，有一些案型属于此规范，另一些案型属于另一规范，还有一些案型两个规范都可以适用。[⑤] 实际上，第171条第3款和第172条的表见代理就属于这种

---

① ［德］卡尔·拉伦茨：《德国民法通论》（下册），王晓晔、邵建东、程建英等译，法律出版社2013年版，第892页。

② 参见陈甦主编：《民法总则评注》（下册），法律出版社2017年版，第1220页。

③ 参见朱虎：《表见代理中的被代理人可归责性》，载《法学研究》2017年第2期。

④ 参见［德］卡尔·拉伦茨：《德国民法通论》（下册），王晓晔、邵建东、程建英等译，法律出版社2013年版，第895页。

⑤ 参见［德］卡尔·拉伦茨：《法学方法论》（全本·第六版），黄家镇译，商务印书馆2020年版，第338，341页。

规范的重合，即构成要件有部分重合，也就是都是无权代理场合，此时如何适用规范，应当取决于两规范各自的意义、目的及其背后的价值判断。[①] 无论无权代理人责任条款还是表见代理制度，其规范目的虽各有偏向，但仍有其共同的目的，即保护相对人利益。因此，两规范应当无适用上的先后和排斥性，乃是给相对人更多的选择。基于此，相对人在面对表见代理和无权代理人责任时，大可不必背负压力，可根据自己掌握的情况和证据充实度在第 172 条和第 173 条第 3 款之间进行选择。当相对人出现对案件事实和法律关系认识错误时，法官当然可以进行释明。当相对人起诉其一失败后，再有新证据时，当然可以以另一诉求再行起诉。需要说明的是，尽管二者无先后和排斥性，但是法院在审查的时候，仍然须先审查是否构成表见代理。

五、无因管理的适用问题

依请求权基础理论以及体系解释，无权代理人在承担了履行债务或赔偿损失责任之后，有必要考察其是否有向被代理人追偿的权利，这里就涉及无因管理的适用问题。若能适用无因管理规则，则能一定程度减轻无权代理人的责任。

（一）存在无因管理的适用

无因管理，即未受委任，并无义务而为他人管理事务。[②]《民法典》第 979 条第 1 款规定："管理人没有法定的或者约定的义务，为避免他人利益受损失而管理他人事务的，可以请求受益人偿还因管理事务支出的必要费用；管理人因管理事务受到损失的，可以请求受益人给予适当补偿。"第 980 条规定："管理人管理事务不属于前条规定的情形，但是受益人享有管理利益的，受益人应当在其获得的利益范围内向管理人承担前条第一款规定的义务。"

在无权代理情形下，无权代理人以被代理人名义订立法律行为，被代理人不为承认，无权代理人依第 171 条第 3 款承担责任后，能否依第 979 条或者第 980 条请求被代理人代偿债务？笔者认为这里存在无因管理的适用空间，但须区别情形。无权代理均为没有法定或者约定的义务而为他人管理事务，其以他人名义管理事务时，构成无因管理，区别在于若管理事项属于为避免他人利益受损而管理，适用第 979 条第 1 款之规定，学说上称为适法无因管理；若管理

---

①　参见［德］卡尔·拉伦茨：《法学方法论》（全本·第六版），黄家镇译，商务印书馆 2020 年版，第 341 页。

②　参见王泽鉴：《债法原理》（第二版），北京大学出版社 2013 年版，第 308 页。

事项不利于他人，则适用第 980 条之规定，属于其中的不适法无因管理类型。区别二者的意义在于法律效果的差异。无权代理存在此两次情形的适用，以下分述之。

（二）适法无因管理的适用

无权代理人为被代理人利益而为代理行为情形，无权代理人得请求被代理人支付必要费用。例如某甲此前在日常交谈中得知邻居有出租房屋之意，邻居赴国外探望女儿时久未归，某甲见邻居房屋空置可惜，便擅自以邻居名义将房屋出租，某甲得请求邻居支付因订立租赁合同而支出之必要费用，比如联系租户见面打车费用。此时实际还不涉及无权代理人责任。若事后，邻居不愿出租房屋，故不追认租赁合同，租户得依第 171 条第 3 款请求某甲履行债务或赔偿损失，显然该租赁合同无法继续履行，租户只得请求某甲赔偿损失。于此情形，无权代理人可依第 979 条第 1 款后段请求被代理人给予适当补偿。这里产生两个问题。一是何为"为避免他人利益受损"，判断基准如何；二是何为"适当补偿"，其范围能否覆盖无权代理人赔偿损失的范围。"为避免他人利益受损"是构成适法无因管理的核心要素，通常认为包含客观的他人事务和主观的他人事务。客观的他人事务指"管理人认识其所管理的，系他人事务，并欲使管理事务所生的利益归于该他人"，主观的他人事务是指管理人须就其为他人管理事务的意思负举证责任。[①] 该要件同样是判断无权代理是否构成适法无因管理的关键，并非所有的无权代理都能构成适法无因管理，只有在具体案件中判断无权代理人是否有为避免被代理人利益受损的意思，始得有适法无因管理的适用。其二，"适当补偿"的数额究为多少？"适当"是不确定的法律概念，从文义来看，可以等于全部损失、小于全部损失或者大于全部损失。考虑民法上损害填补的完全填补原则，适当应初步限定于不得大于全部损失。那么这里的适当是否进一步应限缩为不完全补偿，仍需讨论。笔者认为这里的"适当补偿"应当小于或者等于全部损失，但以必要或有益者为限，因无因管理本就是一种利益衡量，旨在调和"禁止干预他人事务"及"奖励人类互助精神"两项原则，[②] 这里的补偿应不具有损害赔偿法的损害填补功能，故不以完全填补为原则，即可以等于、小于或者大于全部损失。若受益人于此损失有过错，则适用侵权责任处理。

---

① 参见王泽鉴：《债法原理》（第二版），北京大学出版社 2013 年版，第 315 页。
② 参见王泽鉴：《债法原理》（第二版），北京大学出版社 2013 年版，第 311 页。

（三）不适法无因管理的适用

第 980 条所称"管理事务不属于前条规定的情形"实际上包含不真正无因管理以及真正无因管理中的不适法管理。[1] 不真正无因管理包括三类，即明知为他人的事务却仍作为自己的事务而管理（不法管理）；误信他人的事务为自己的事务而为管理（误信管理）；管理人误信自己的事务为他人的事务而为管理（幻想管理）。[2] 区分真正无因管理与不真正无因管理在于有无为他人管理事务的意思。无权代理人行使的是代理行为，是为他人管理事务，因此无不真正无因管理的适用。而真正无因管理中的不适法无因管理是指管理事务不利于本人，违反本人明示或可推知的意思，且本人实际意思非违法悖俗。[3] 无权代理显然有不适法无因管理的适用，且因构成无权代理人责任时，须被代理人不追认，因此多为违反被代理人明示或者可推知意思的情形。例如，某甲明知邻居无出租房屋之意，但因邻居出国探望女儿恰逢新冠疫情，半年未归，而擅自将房屋出租。此种情况，被代理人得主张房屋出租的租金，同时在租金范围内支付某甲的必要费用。邻居回国后拒绝出租，租赁合同无法继续履行，某甲承担无权代理人责任之后可依在租金范围内请求邻居补偿。不适法无因管理与适法无因管理的重要区别在于，适法无因管理中，被代理人拒绝履行合同后，无权代理人请求被代理人的补偿在于"适当"，但没有具体限制，可根据具体情况具体确定，有可能超过被代理人获利范围而予以补偿。但不适法无因管理中，无权代理人请求被代理人补偿的范围则限于被代理获利范围之内。这表达了制定法对不适法无因管理中无权代理人需保护性降低的观点。

六、结语

《民法典》第 171 条第 3 款规定的无权代理人责任，细化了无权代理人责任的具体适用，构成独立的请求权基础，具有明显进步。因其位于总则编，具有体系辐射效力，"履行债务"或"赔偿损失"成为适用上的难点，有加重和扩张无权代理人责任之虞。因此，有必要在适用上进行控制，具体为：其一，此处的代理行为限于产生订立合同效果的代理行为，将不产生合同效果的单方行为排除在外。其二，如有证据证明无权代理人确无过错，不承担无权代理人责任。其三，相对人的"善意"应作"非明知且非因过失而不知"，且过失不

---

① 参见金可可：《〈民法典〉无因管理规定的解释论方案》，载《法学》2020 年第 8 期。
② 参见崔建远：《无因管理规则的丰富及其解释》，载《当代法学》2020 年第 3 期。
③ 参见王泽鉴：《债法原理》（第二版），北京大学出版社 2013 年版，第 328 页。

应做"重过失"的限定。其四，"履行债务"应包含履行合同和承担违约责任，而"赔偿损失"应仅指信赖利益损失。除此以外，在实务中，应当先审查是否存在表见代理，如构成表见代理，则无无权代理人责任的适用。另外，无权代理人在承担无权代理人责任后，若构成无因管理，则可适用无因管理向被代理人主张适当补偿。

物权法论

社会性居住权的效力取得

唐仪萱　陈虹杉[*]

摘　要：社会性居住权是一个身份利益与财产利益相互作用的范畴。居住权设立后，居住利益由所有权人流转至居住权人。社会性居住权利益结构的稳定性在于居住权受益人的人身财产利益得到保障、家庭关系和谐稳定。除了意定居住权，《民法典》对法定居住权亦作了实质规定。然而实践中法院对社会性居住权在实定法层面认识有限，导致了适用依据因案由不同而区隔、《民法典》第368 条适用不足、基本原则与核心价值观适用逻辑牵强等问题。法院应遵循"意定—法定—无"的逻辑理路进行裁判，并明确社会性居住权效力取得采登记对抗主义。

关键词：社会性居住权　法定居住权　利益结构　登记对抗主义

《民法典》将居住权界定为用益物权，并于第 368 条中突破了"无偿性"的限制。有学者认为，"居住权从传统的人役权转化为真正意义上的用益物权，从伦理性权利转化为技术性权利，从社会性权利转化为投资性权利的趋势十分明显"①。此类观点并未充分认识到《民法典》中居住权承担的社会属性。从实践层面出发，绝大多数的居住权"主要是基于婚姻、家庭关系而产生，主要

---

* 唐仪萱，四川大学法学院博士研究生，四川师范大学法学院副教授，四川师范大学四川科技法治研究中心主任。陈虹杉，四川师范大学法学院硕士研究生。本文系 2021 年度教育部人文社会科学研究项目"民法典实施中的技术转移服务合同问题研究"（21XJC820001）、2023 年度成都市哲学社会科学规划项目"中华传统法律文化对成都市耕地生态保护的当代启示研究"（2023BS070）的阶段性研究成果。
① 鲁晓明：《论我国居住权立法之必要性及以物权性为主的立法模式——兼及完善我国民法典物权编草案居住权制度规范的建议》，载《政治与法律》2019 年第 3 期。

是源于赡养和扶养的需要，往往涉及的是家庭成员、配偶的特有或应有的利益"①。在《物权法》制定过程中被认为适用面过窄的居住权制度之所以能够在《民法典》中建立起来，正是为了更好地落实党中央的要求，满足特定人群最基本的居住需求。② 社会性居住权是一个身份利益与财产利益相互作用的范畴，而目前实践现状表明司法机关对其认知有限。本文基于利益结构进行理论分析与价值衡量，经由法律解释，旨在重新梳理、把握《民法典》社会性居住权的规范格局，服务司法实践。

一、社会性居住权的利益结构

（一）家庭结构

社会性居住权的设立场景多见于家庭关系内部，维护家庭成员中特殊群体之利益是社会性居住权的根本目的。于何种家庭结构中适用社会性居住权，是对其利益结构展开探讨的前置问题。恩格斯在《家庭、私有制和国家的起源》一书中提出，家庭的形成是社会生产力发展到一定阶段后的必然产物。③ 随着社会生产力的不断发展，家庭结构和其内部的亲属关系也在不断变化，变更的方向总体是拓展其成员范围，原先不被认为是家庭成员的人员逐渐得到认同。从人类学角度，亲属关系属于社会关系的重要组成部分已是广受认同的观点。而在结构主义理论中，以克洛德·列维-斯特劳斯为代表的结构主义者认为，亲属关系乃是揭示社会关系本质的重要线索，④ 他们将亲属关系视为与人们的其他活动有密切关系的社会现象。

在中国，家庭并非明显的分析单位，家可以伸缩自如。⑤"习惯"与"记忆"在联结家庭成员、稳定家庭结构方面起重大作用，前者是血缘本能之外最强有力的纽带，而后者更能跨越时间、空间乃至生死的限制。⑥ 综合来看，目前我国家庭成员可主要分为以下三类：

其一，夫妻。亲属关系在本质上是男女间的两性关系，而两性关系是社会关系的"支柱"和"杠杆"。⑦ 婚姻状况包括初婚有配偶、再婚有配偶、离异、

---

① 申卫星：《视野拓展与功能转换：我国设立居住权必要性的多重视角》，载《中国法学》2005年第 5 期。
② 参见黄薇主编：《中华人民共和国民法典物权编解读》，中国法制出版社 2020 年版，第 541 页。
③ 参见 [德] 恩格斯：《家庭、私有制和国家的起源》，人民出版社版 1972 年版，第 3—4 页。
④ 参见 [法] 高宣扬：《结构主义》，上海交通大学出版社 2017 年版，第 137 页。
⑤ 参见费孝通：《乡土中国》，北京大学出版社 1998 年版，第 25 页。
⑥ 参见 [德] 斐迪南·滕尼斯：《共同体与社会——纯粹社会学的基本概念》，商务印书馆 1999年版，第 60，303 页。
⑦ 参见 [法] 高宣扬：《结构主义》，上海交通大学出版社 2017 年版，第 146 页。

丧偶及同居。① 另外，老年人的"事实婚姻"也应被纳入考量范围。

其二，父母子女。根据 2021 年中国社会状况综合调查（CSS）数据，在未婚被访者中，88.13％的人主观认同父母为家庭成员；在已婚被访者中，有 20.15％左右的已婚女性被访者认定男方父母为家庭成员，而在已婚男性被访者中女方父母被认定为家庭成员的比例只有 5.95％。从主观认同子女的情况来看，已婚被访者家庭中有未婚儿子和女儿的比例分别为 67.50％和 33.61％；已婚儿子被父母认同为同属一个家庭的比例为 26.91％，而把已婚女儿认同为家庭成员的比例较低，为 12.48％。② 应考虑到，数据中包含但不限于：（1）因年老、残疾等原因而丧失生活来源的父母；（2）缺乏充分生活保障的成年子女，如全日制大学生、大龄未婚子女、残疾子女等；（3）没有血缘关系的子女，如养子女、继子女等。此外，兄弟姐妹等直系亲属以及各类姻亲都较少得到作为家庭成员的认同。随着人口流动的加快，家庭成员在居住上分离的趋势愈加明显。③ 总体来看，尽管很多亲属是被主观认同的家庭成员，但主观认同家庭成员的比例与同住家庭成员的比例仍有很大差异。④ 目前我国家庭结构呈现小型化趋势，与配偶合住和独居逐渐成为主要家庭结构。⑤

其三，与房屋所有人有着"非直系亲属性质的生活关系"⑥ 的其他家庭成员，常见的有远亲以及保姆、护理员等家政工。人类学学者认为，家庭是以婚姻和血缘关系为基础形成的具有同居共财的生活和生产单位，而家户则包括所有共同居住的亲属和非亲属。⑦ 在此视角下，家政工似乎不属于家庭成员。但家庭对社会来说是一种客观存在，而对个体来说，家庭是一种自我认同（family identity）。⑧ 如在育儿保姆群体中，家政工通过"教育者"与"协调者"的角色重新定义了保姆的身份与地位，保姆具有了"母亲"的部分属性，

---

① 同居并非婚姻关系，为便于分析，将其合并于此。参见张丽萍、王广州：《中国家庭结构变化及存在问题研究》，载《社会发展研究》2022 年第 2 期。

② 参见张丽萍、王广州：《中国家庭结构变化及存在问题研究》，载《社会发展研究》2022 年第 2 期。

③ 参见张丽萍、王广州：《中国家庭结构变化及存在问题研究》，载《社会发展研究》2022 年第 2 期。

④ 参见张丽萍、王广州：《中国家庭结构变化及存在问题研究》，载《社会发展研究》2022 年第 2 期。

⑤ 参见邓婷鹤、郑晓冬等：《家庭结构变迁视角下农村老年贫困研究》，载《统计与信息论坛》2022 年第 6 期。

⑥ 申卫星：《视野拓展与功能转换：我国设立居住权必要性的多重视角》，载《中国法学》2005 年第 5 期。

⑦ 参见俞金晓：《西欧婚姻、家庭与人口史研究》，现代出版社 2014 年版，第 247 页。

⑧ 参见［日］上野千鹤子：《近代家庭的形成与终结》，吴咏梅译，商务印书馆 2005 年版，第 5 页。

暂时拥有了与"母亲"身份相匹配的社会地位。① 从纯粹社会学角度看，仆人、女婢等"服侍成员"是家庭共同体最外圈的组成人员。②

（二）社会性居住权人的居住利益

起源于罗马法的居住权之设立初衷在于，随着"无夫权婚姻和奴隶的解放日多，每遇家长亡故，那些没有继承权又缺乏或丧失劳动能力的人的生活就成了问题。因此，丈夫和家主就把一部分家产的使用权、收益权等遗赠给妻或被解放的奴隶，使他们生有所靠，老有所养"③。"生有所靠、老有所养"八字充分体现了居住权之生存保障目的。从我国国情出发，保障此类弱势群体居住权的逻辑基础在于家庭成员之间相互帮助、扶助的义务以及维护公序良俗与社会主义核心价值观的需要。

社会性居住权人之权利合理使用的利益应得到保护。"家庭共同体的生活是相互的占有和享受，是占有和享受共同的财产。"④ 罗马时代，人们就已经认识到居住权人自己使用房屋与将其出租以获取租金并无本质区别，由此在不改变人役权性质的基础上，设计出允许居住权人出租其权利以收取租金的制度，并将其称为"最人道的做法"⑤。居住权属于使用权的一种，但与完全无法行使收益权能的使用权相比，居住权人享有一定条件下的出租权。这种出租权的设立可能是考虑到在特殊情形下，居住权人因生活拮据而需要出租部分房屋以获取基本生活费用。⑥

当住房被征收或者灭失时，居住权是否消灭，取决于住房所有人能否获得替代性住房补偿。如果房屋灭失后有替代物，权利能够延伸至替代物的用益权上，包括金钱的用益权。房屋灭失后如果获得第三人的赔偿和保险，居住权人可以获得一定赔偿。⑦ 此外，救助性居住权人对于特定的补偿费也应享有收益权。例如，所居住房屋附近有建筑工地而产生噪音污染时，居住权人对噪音污

---

① 参见周群英：《"家里外人"：家政工身份转换的人类学研究——以阈限理论为视角》，载《湖北民族学院学报（哲学社会科学版）》2019 第 2 期；蓝佩嘉：《跨国灰姑娘：当东南亚帮佣遇上台湾新富家庭》，吉林出版集团有限责任公司 2011 年版，第 186 页。

② 参见〔德〕斐迪南·滕尼斯：《共同体与社会——纯粹社会学的基本概念》，商务印书馆 1999 年版，第 80 页。

③ 周枏：《罗马法原论》（上），商务印书馆 1994 年版，第 375—376 页。

④ 参见〔德〕斐迪南·滕尼斯：《共同体与社会——纯粹社会学的基本概念》，商务印书馆 1999 年版，第 76 页。

⑤ 〔意〕桑德罗·斯奇巴尼选编：《物与物权》，范怀俊译，中国政法大学出版社 1999 年版，第 149 页。

⑥ 参见孙宪忠、朱广新主编：《民法典评注：物权编》，中国法制出版社 2020 年版，第 248 页。

⑦ 参见孙宪忠、朱广新主编：《民法典评注：物权编》，中国法制出版社 2020 年版，第 252 页。

染补偿费应有权收取。①

（三）社会性居住权的利益结构

1. 所有权人的利益让渡

居住权属于用益物权中的人役权，其本质是房屋所有权人基于特定人身关系，出于扶助、友善、帮助等意愿，将房屋的使用权能让渡给居住权人。因其人役属性，居住权人还可与其家庭成员、必要的护理人员等一同享有房屋的使用权能。不难看出，在所有权人设定居住权后，房屋即脱离其控制，由居住权实际占有和支配，所有权的权能所剩无几，处于虚化状态。与社会性居住权"生存保障"性质相贴合，此时所有权人的利益随房屋上的权利一道，同步让渡给了居住权人。这里"让渡"强调的是居住利益移交的无偿性与确定性。居住权的登记生效制度能够减少交易风险，②而社会性居住权，尤其是法定居住权，基于特定生存保障目的设立，并无登记生效的当然必要：居住利益让渡的无偿性划分出其与市场交易的界限。居住利益的让渡基础在于家庭结构、亲属关系，在于当事人维护家庭共同体的愿望，让渡作为一种法律行为代表着家庭共同体"内部各个要素、各个矛盾方面交互作用、挤压牵扯的结果"，③因此若以登记确定其生效，极有可能在事实上违背了当事人意愿。从个体上看，居住利益由所有权人流转至居住权人；但在家庭共同体视域下，居住利益的移转始终为家庭结构的稳定服务。真正的"交换"违背了家的本质，④社会性居住权居住利益的流转更应被理解为一种在安宁与和平中进行的、共同体内部利益的合理分配与分享。

2. 居住权人的利益实现

尽管居住权在其效力所及范围内拥有超越所有权的属性，但居住权的设立是有时效的。质言之，所有权人的利益只是进行了暂时的让渡，并不意味着居住权人可以凭借让渡来的利益和权能，对所有权人利益施加实质损害。利益结构的流动性和稳定性决定了居住权人的利益实现必须受到一定程度的限制，即需履行自身必要义务。

首先，居住权人有权利用住宅及其附属设施，但应以不改变房屋的结构或用途的合理范围为限。因从事其他经济活动而对房屋的使用，如从事商业买

---

① 参见王富博：《居住权研究——我国物权立法的继受与创新》，中国政法大学 2006 年博士学位论文，第 55 页。

② 参见屈然：《论我国居住权的设立方式与登记效力》，载《法学杂志》2020 年第 12 期。

③ 胡群英：《社会共同体的公共性建构》，知识产权出版社 2013 年版，第 204 页。

④ 参见［德］斐迪南·滕尼斯：《共同体与社会——纯粹社会学的基本概念》，商务印书馆 1999 年版，第 82 页。

卖，将货物存放于房屋中等行为，[①] 须确认其对房屋所有人并无妨碍。其次，居住权人应承担善良管理人的维护义务，这与承租人的保管义务一致。[②] 最后，居住权人应承担日常维护、物业管理等费用。居住利益的实现起始于所有权人的利益让渡，而居住权人的义务指向的是所有权人的利益保护。两相平衡，方能在保障所有权人财产权益不受侵害的同时，维护居住权人与财产权人的利益结构稳定。

3. 第三人的利益协调

居住利益是家庭共同体内部的利益。不同于投资性居住权，所有权人将居住利益让渡给家庭成员并不影响其所有权的"圆满"状态，此时居住权人与所有权人间的利益平衡点为家庭结构的稳定性。但家庭成员间居住利益的内部流转不具备对外效力，法律应协调居住利益与第三人利益之间的冲突，包括第三债权人利益与第三物权人利益。首先，就承租人等第三债权人而言。我国民法理论及民事审判长期以来均认可"租赁行为发生在先的买卖行为下受让人替代原所有权人成为新的租赁合同当事人"。[③] 所有权比用益物权权能更完备，依凭前述逻辑理路，在所有权变动无法撼动在先租赁合同时，作为用益物权的居住权当然也不能打破在先租赁行为。因而对于房屋出租后设立居住权的，根据《民法典》"买卖不破租赁"的规定，可"举重以明轻"地推定居住权亦不破租赁，原租赁关系继续存续。[④] 但因居住权与租赁权用途属性相似，可通过明确登记客体来协调二者利益。其次，就受让人、抵押权人等第三物权人而言。本文认为，社会性居住权设立宜采登记对抗主义以平衡三方利益。登记对抗主要用来解决从同一人处继受取得物权并就同一物的支配关系冲突。[⑤] 居住权人与第三物权人之间的权益之争，实质在于权衡家庭成员的生存保障利益和善意第三人的信赖利益。若家庭成员内部居住利益流转未通过登记进行外部公示，则第三人无法知晓房屋上负担的居住利益，此时若认为居住权优于物权则不利于维持交易安全秩序与第三人信赖利益保护。简言之，社会性居住权基于生存保障的目的特殊性无需登记即生效，但在登记之前未取得对世性，故无法与第三物权人对抗；如果社会性居住权已经登记，则应按照设立时间来确定各权利的

[①] 参见钱明星：《关于在我国物权法中设置居住权的几个问题》，载《中国法学》2001 年第 5 期。

[②] 参见申卫星：《〈民法典〉居住权制度的体系展开》，载《吉林大学社会科学学报》2021 年第 3 期。

[③] 胡康生主编：《中华人民共和国合同法释义》，法律出版社 2009 年版，第 339 页。

[④] 参见何丽新、朱欣蕾：《〈民法典〉视域下居住权的养老功能与实现路径》，载《厦门大学学报（哲学社会科学版）》2022 年第 2 期。

[⑤] 参见尹田：《法国物权法》，法律出版社 2009 年版，第 558 页。

优先性。适用登记对抗主义更有利于保障居住权人的合法权益，亦可消解善意受让人所有权、抵押权等与居住权人居住权之间的冲突。[1]

而对于非善意第三人，尽管在效力上弱于物权请求权，居住权人作为占有人，也有权依据《民法典》第 462 条第 1 款关于占有保护请求权之规定，请求第三人返还原物、停止侵害、排除妨碍以及消除危险等。[2]

4. 小结

社会居住权利益结构的稳定性在于居住权受益人的人身财产利益得到保障、家庭关系和谐稳定。社会性居住权成立有其自身固有的维护家庭关系之效用，家庭关系与居住利益息息相关。房屋作为家庭中最常见的主要财产，其价值的增长与分配对家庭关系产生重大影响，居住权的成立与否考验着家庭伦理关系的和谐稳定，考验着社会主义核心价值观在广大人民生活实践中的深入贯彻。因此，在涉及社会性居住权的探讨中，需尤其注意"保护家庭关系"与"维护社会秩序"之间的利益平衡。

二、社会性居住权设立的《民法典》体系展开

（一）社会性居住权设立的《民法典》规范格局

社会性居住权，又称生存保障性居住权，以保护社会弱者的居住权益为首要功能，为生活中的弱势方设立，具有扶助、赡养、关怀性质，[3] 不得以意定方式排除。[4] 依据《民法典》第 366 条"满足生活居住的需要"之立法目的，以及第 368 条和第 369 条对设立方式和权利内容的限制性规定，可以看出物权编所确立的居住权制度是以社会性居住权为核心构筑的，服务于社会弱势群体，如老年人、未成年人、妇女等最基本居住需求的解决。相较于投资性居住权而言，社会性居住权的显著特点在于权利人因与房屋所有权人具备特定身份关系而无偿取得居住权。[5] 目前我国《民法典·物权编》第 367 条、第 371 条规定社会性居住权可通过合同与遗嘱两种方式设立。需强调的是，由于前述社会性居住权具备强烈的人役属性，故采用合同形式设立的社会性居住权必须遵循无偿设立的基本原则，且不得转让与继承，否则将打破其保障弱者居住利益

---

[1]　参见屈然：《论我国居住权的设立方式与登记效力》，载《法学杂志》2020 年第 12 期。

[2]　参见申卫星：《〈民法典〉居住权制度的体系展开》，载《吉林大学社会科学学报》2021 年第 3 期。

[3]　参见申卫星：《视野拓展与功能转换：我国设立居住权必要性的多重视角》，载《中国法学》2005 年第 5 期。

[4]　参见杨立新：《中国物权法研究》，中国人民大学出版社 2018 年版，第 570 页。

[5]　参见陈华彬：《人役权制度的构建——兼议我国〈民法典物权编（草案）〉的居住权规定》，载《比较法研究》2019 年第 2 期。

的立法主旨。基于《民法典》居住权制度所承载的功能面向，上述两种意定居住权难以完全发挥社会性居住权保障功能，具有制度局限性，[①] 故基于不同的政策因素考量，社会性居住权还可通过法定方式设立，[②] 此即法定居住权。法定居住权意在保护共同生活之弱势一方的居住利益，通常存在于夫妻关系、父母子女关系中。就此类社会性居住权而言，双方一般不具有通过签订合同来设立居住权的需求。换言之，法定居住权由特定当事人基于法律规定而当然享有，此类居住权效力的取得，无需具备书面合同或者遗嘱的要式要求，无登记生效之必要。

我国《民法典·物权编》仅规定了两类意定社会性居住权的设立方式而缺乏法定居住权。但这并不意味法定居住权在我国缺少规范依据，相反，其更多地呈现在婚姻家庭编中。这是因为法定居住权极强的伦理性与抚养、扶养、赡养等义务具有天然的内生契合性，有利于发挥家庭职能，体现了自然人之间互帮互助的人文关怀精神。此外，学界有观点主张法院裁判是法定居住权的设立方式。[③] 究其本质，以裁判方式设立居住权是法定居住权适用于个案裁判的结果。基于上述分析，法律层面有关社会性居住权设立的规范格局并不周延，从而导致法定居住权定位不明朗，可能造成社会性居住权在适用上操作困难。

（二）法定居住权的规范依据

法定居住权由特定当事人基于法律规定而当然享有，无登记生效之必要。就其实现方式而言，可通过法院裁判实现，属于非基于法律行为的物权变动；[④] 就其制度效用而言，以保护家庭成员居住利益为目的功能，弱势方直接依据法律规定当然享有法定居住权，无需借助"登记"始取得物权效力。法定居住权通常被规定在总则编与婚姻家庭编中，囊括婚姻关系、父母子女关系、监护关系等多种类型。

1. 婚姻家庭编与继承编

（1）婚姻关系中的法定居住权。

《民法典》第 1059 条规定婚姻关系中配偶双方负有相互扶养义务，该条款实质上确立了婚姻关系中的法定居住权。在婚姻关系存续期间，一方对配偶所有的房屋基于扶养义务当然享有居住权。除此之外，婚姻关系中的法定居住权

[①] 参见付一耀：《论裁判方式设立居住权》，载《社会科学研究》2022 年第 6 期。

[②] 参见汪洋：《民法典意定居住权与居住权合同解释论》，载《比较法研究》2020 年第 6 期。

[③] 参见付一耀：《论裁判方式设立居住权》，载《社会科学研究》2022 年第 6 期。

[④] 依据裁判方式取得居住权属于法定居住权的物权取得方式。参见杨立新：《中国物权法研究》，中国人民大学出版社 2018 年版；钱明星：《论我国用益物权的基本形态》，载易继明主编：《私法》第 1 辑第 2 卷，北京大学出版社 2002 年版，第 117 页。

还包括以下三类：

第一，离婚帮助型。我国《民法典·婚姻家庭编》及相关司法解释严格区分个人财产与共同财产，婚后无房产一方基于夫妻关系居住在另一方所有房产下的现象并不少见，这当然符合《民法典》第1059条的法律意涵。婚姻关系终止后一方对另一方所有房屋的法定居住权，则以《民法典》第1090条确立的离婚后有负担能力一方的适当帮助义务为规范依据，该义务作为第1059条夫妻双方扶养义务的延续，① 同样是对离婚后弱势方居住利益的保障。《民法典》颁行前，《最高人民法院关于适用〈中华人民共和国婚姻法〉若干问题的解释（一）》（以下简称"《婚姻法解释一》"）（已失效）第27条就已将房屋的居住权作为对"一方生活困难"帮助的形式；《民法典》颁行后，前述内容在《最高人民法院关于适用〈中华人民共和国民法典〉婚姻家庭编的解释一》（以下简称"《婚姻家庭编解释一》"）并未被实质性废止或修改。② 实践中该权利一般通过法院裁判确认，可视为《民法典》第1090条"协议不成，由人民法院判决"之体现。此外，《婚姻家庭编解释一》第76条第2项规定离婚时无法就共有房屋归属达成协议，可由取得所有权一方给予对方"补偿"，循文义解释，该补偿方式不限于货币补偿。已有法院将居住权作为补偿方式予以确认。③

第二，非婚同居型。非婚同居作为搭伴养老的主要形式，在子女反对父母再婚的情形下成为老年人重组家庭的一种方式。④ 与年轻男女不同，丧偶或离婚的老年人非婚同居不构成对婚姻秩序的破坏，而是在子女干涉再婚自由情形下的劣后选择。他们对外以夫妻名义共同生活，实际上已构成事实婚姻。⑤ 因此，非婚同居的老年伴侣同样可以适用《民法典》第1059条，弱势一方老年人可对其非婚伴侣的房屋享有居住权。同时，老年人事实婚姻中一方死亡的，生存伴侣在未再婚的前提下依旧对另一方房屋享有居住权，具体适用规则与下文生存配偶之适用相同。

第三，丧偶救济型。这是《民法典》第1059条扶养义务在婚姻关系常态发展过程的后端延续，是对继承人的权利限制。⑥ 从规范依据来看，《民法典》

① 参见黄薇主编：《中华人民共和国民法典继承编释义》，法律出版社2020年版，第179页。
② 参见黄忠：《论民法典后司法解释之命运》，载《中国法学》2020年第6期。
③ 参见李某诉张某某离婚纠纷案，重庆市荣昌区人民法院（2022）渝0153民初1024号民事判决书。
④ 参见吴国平：《老年人搭伴养老现象的法律规制研究》，载《老龄科学研究》2018年第6期。
⑤ 参见付一耀：《论裁判方式设立居住权》，载《社会科学研究》2022年第6期。
⑥ 参见申建平：《继承法上配偶法定居住权立法研究》，载《求是学刊》2012年第4期。

第 1130 条和第 1141 条针对缺乏劳动能力且无生活来源的继承人确立了应当予以照顾与必留份制度，第 1156 条针对遗产分割确立了应当有利于生活需要的基本原则。从功能释义来看，第 1130 条与第 1141 条的立法目的在于保障有困难继承人的扶养需求，[①] 第 1156 条与社会性居住权"满足生活居住需要"的价值功能相适配。是以，宜将继承编中的"遗产份额"扩大解释为涵盖被继承人生前所有房屋的居住权，[②] 即使继承人已取得房屋所有权，仍需承认该房屋之上生存配偶的法定居住权负担，比较法亦同。[③]

（2）父母子女关系中的法定居住权。

除婚姻关系外，还存在家庭亲属型法定居住权。一方面，《民法典》第1058 条规定夫妻应共同承担对未成年子女的抚养义务，第 1067 条第 1 款规定父母对未成年子女或者不能独立生活的成年子女负有抚养义务。从正向规范体系来看，第 1067 条的抚养义务属于强制性规定。[④] 父母应当保障未成年子女的生活。[⑤] "生活"的基本范畴包括衣、食、住、行。保障未成年子女"居有定所""住有所居"是父母所负担抚养义务的必然要求。从反向逻辑推导来看，父母是未成年子女的法定代理人，要求其与子女签订居住权合同则必然导致自己代理现象，[⑥] 且未成年子女不具备同意或者追认的行为能力，因而要求未成年子女通过与父母订立合同才取得居住权是不现实的。故未成年子女对父母所有房屋的占有与使用，本质就是行使《民法典》第 1067 条第 1 款抚养义务所确立的法定居住权。

另一方面，《民法典》第 1067 条第 2 款规定成年子女对父母的赡养义务，该款规定同样属于强制性义务规定。居家养老是我国多主体养老模式的核心组成部分，家庭是老年人养老的底线保障。[⑦] 成年子女作为赡养人必须合理解决父母的住房问题，保障其"老有所居"[⑧]。基于此，《民法典》第 1067 条第 2

---

① 参见黄薇主编：《中华人民共和国民法典继承编释义》，法律出版社 2020 年版，第 99 页。
② 需要注意的是，这里所说将居住权视为"遗产份额"为生存配偶享有，与《民法典》第 369 条居住权不得继承的规定并不冲突，前者意在维护生存配偶的居住利益，后者则以避免无特定身份关系的第三人继续占用房屋对所有权人权能的限制为目的。
③ 根据《法国民法典》第 767 条，生存配偶对先亡配偶的遗产享有一定比例的用益权，包括对先亡配偶享有所有权的房屋的居住权。参见张叶东：《论我国法定居住权制度之构建》，载《中国不动产法研究》2020 年第 1 期；《法国民法典》，罗结珍译，中国法制出版社 1999 年版，第 211 页。
④ 参见夏吟兰等：《中国民法典释评·婚姻家庭编》，中国人民大学出版社 2020 年版，第 145 页。
⑤ 《未成年人保护法》第 16 条第 1 项："为未成年人提供生活、健康、安全等方面的保障。"
⑥ 参见罗德轲、王建平：《法定居住权制度的法理基础与类型化展开》，载《南海法学》2021 年第 3 期。
⑦ 参见贺薇：《居家养老服务供给结构的现状与优化》，载《湖北大学学报（哲学社会科学版）》2020 年第 6 期。
⑧ 《老年人权益保障法》第 16 条第 1 款："赡养人应当妥善安排老年人的住房，不得强迫老年人居住或者迁居条件低劣的房屋。"

款的赡养义务即为无房父母对成年子女所有房屋享有法定居住权的规范依据。①

2. 总则编

虽然目前我国法定居住权多见于婚姻家庭编与继承编，但不可将其孤立看待，前述二编中的法定居住权应当与总则编中的有关规定相联系。

第一，监护关系。《民法典》第 26 条与前述父母子女间法定居住权具有直接相关性，但监护关系相比于父母子女关系外延更广，例如其他近亲属担任监护人的情形。根据《民法典》第 34 条第 1 款，监护人负有保护被监护人人身权利及其他合法权益的义务。居住权虽属物权范畴，但其意在维护自然人的居住利益，是对自然人生存基础的物权保障。故针对被监护人人身权利的保护首要在于居住需求的解决，生存保护是人身权利制度的核心基础。该规定中的其他合法权益包括对被监护人精神需求的满足，以及共同居住者对其精神层面的及时关注。因此，该款规定隐含着被监护人对监护人的法定居住权请求权。

第二，民事习惯。基于习惯取得的法定居住权，最典型的实践场域为大龄未婚妇女对父母所有房屋享有的事实居住权。当子女成年后且不属于《民法典》第 1067 条第 1 款规定的"不能独立生活"的人员范围时，依据婚姻家庭编，其不应对父母所有房屋享有居住利益。但结合《民法典》第 10 条之规定，此时大龄未婚妇女可基于民事习惯对父母房屋享有事实居住权。此外，与雇主家庭同吃同住的住家保姆，可以视为家庭共同体的外圈成员，其家庭成员属性和身份关系并非与生俱来，不能依据赡养义务享有居住权。《德国民法典》第 1093 条第 2 款明确规定了雇用的保姆、护理人员等需共同居住者的法定居住权。考虑到我国《民法典》各编的制度供给现状，可根据《民法典》第 10 条之民事习惯，在雇主生命年限内，确认住家保姆享有法定居住权。

第三，公序良俗原则和社会主义核心价值观。因公序良俗原则包含家庭成员相互照料的内涵，依据该基本原则赋予家庭弱势成员法定居住权具备正当性，在《民法典》出台前，已有法院基于公序良俗原则确认弱势方享有居住权。② 同时，法定居住权所要求的家庭成员（广义）均"住有所居"，即《民法典》第 1 条社会主义核心价值观之和谐、友善价值观在"小家"层面的体现。通过法定居住权保护弱者利益，进而实现和谐、友善这一立法目的从"小

---

① 本文将父母范围限定为"无房"者的原因在于，成年子女对父母的赡养不同于父母对未成年子女的抚养，当父母拥有房产时，其不属于社会性居住权的救济对象，只有当父母的居住利益无法得到有效保障时，才对成年子女所有房屋享有法定居住权。

② 参见《最高人民法院公布 10 起残疾人权益保障典型案例》，载《人民法院报》2016 年 5 月 14 日，第 3 版。

家"到"大家"的过渡。

（三）意定社会性居住权的设立规则

与法定居住权相比，意定社会性居住权是以尊重所有权人真实意思为前提实现对社会弱势群体的生存保障功能，以书面合同或遗嘱为要式载体的权利。

1. 合同编

《民法典》第 366～368 条针对以合同作为基础法律关系的社会性居住权予以规制。就其设立规则而言，应当符合合同行为的四个要件：双方行为＋书面形式＋一般条款＋无偿设立。首先，社会性居住权合同是双方意思自治的结果，须满足《民法典》第 143 条民事法律行为有效要件。其次，居住权合同有书面要式的要求，须符合合同编第 469 条合同形式及第 490 条成立时间的规定。再次，《民法典》第 367 条的 5 项内容中仅当事人、住宅位置属于主要条款，其他条款的缺失不影响合同成立，[1] 可依据合同编第 510 条填补漏洞。最后，《民法典》第 368 条末句关于"约定"的但书兼顾意定居住权的社会性功能与投资性功能，[2] 合同型居住权原则上无偿设立，以彰显社会性居住权的恩惠性质。但以国家为所有权人在政策性公租房上为"居住困难"者设立居住权时，[3] 可以适当突破无偿设立的掣肘，这也属于社会性居住权的应有之义。

关于合同型社会性居住权登记问题，本文认为，虽未办理登记但已订立的居住权合同尚具有债权效力，且基于目的解释论，此种居住需求具有紧迫性，登记生效主义不利于救助功能实现。而只有当所有权人与居住权人间的利益平衡被打破，第三人利益流入形成三角结构时，登记作为公示可以发挥对抗第三人的作用以更好地保护权利人的居住利益。简言之，居住权自合同生效即设立，未登记不能对抗善意第三人。

2. 继承编

《民法典》第 371 条"参照适用"的表述意味着对以遗嘱方式设立的社会性居住权概括准用继承编的规定。根据继承编第 1133 条，遗嘱型居住权包括以遗嘱继承方式设立和以遗赠方式设立两类。与合同型社会性居住权不同，遗嘱型居住权是单方意思表示的结果，是自然人生前处理身后事的行为方式。此类社会性居住权以遗嘱为基础法律关系，有效遗嘱是其产生的必要前提。继承编第 1143 条从主体、内容两方面认定有效遗嘱：第一，遗嘱人必须具备完全

---

① 参见孙宪忠、朱广新主编：《民法典评注・物权编》，中国法制出版社 2020 年版，第 243 页。
② 参见汪洋：《民法典意定居住权与居住权合同解释论》，载《比较法研究》2020 年第 6 期。
③ 参见申卫星、杨旭：《中国民法典应如何规定居住权？》，载《比较法研究》2019 年第 6 期。

民事行为能力；第二，遗嘱内容必须与遗嘱人内心意思表示相一致，内容真实，不存在伪造、篡改行为，遗嘱内容的部分无效并不影响居住权事项的效力。同时，遗嘱不局限于书面形式，《民法典》第371条未对遗嘱形式课以严格限制，只要继承编第1134～1139条规定的具体形式符合有效遗嘱要求，均能设立居住权。①

关于上述两类遗嘱型居住权是否参照《民法典》第368条以登记为生效要件，本文认为，二者均采登记对抗主义：以遗嘱继承设立的居住权符合《民法典》第230条之规定，自继承开始时发生物权变动效力，继承人基于死因行为取得居住权，无需登记即生效，采登记对抗为宜；以遗赠方式设立的居住权中，由于遗赠发生债权效力，②其是否以登记为生效要件原理同合同型社会性居住权，自不待言。

三、社会性居住权登记效力的裁判进路

（一）未登记社会性居住权法律适用的现状

基于笔者对实务案例的考察分析，不可否认，法院对居住权纠纷案件的处理结果达到了社会性居住权保障弱势群体之立法本旨，但在法律适用上仍存在一些问题。

1. 适用依据因案由不同而区隔

依据《最高人民法院关于修改〈民事案件案由规定〉的决定》（法〔2020〕346号），《民法典》时代涉及居住权的民事案件案由分为两类：一类为"物权纠纷"下的"居住权纠纷"，当诉争法律关系性质涉及物权变动结果的，由法院依循物权编有关规定处理；另一类为"合同、准合同纠纷"下的"居住权合同纠纷"，当争议法律关系性质与物权变动原因相关时，由法院根据合同规则对居住权争议作出裁判。除前述案由外，基于居住权产生的特定身份关系，居住权纠纷更多地存在于"婚姻家庭、继承纠纷"中。此外，所有权人可以居住权人占有房屋导致自己无法行使所有权为由请求排除妨害，故实践中还存在部分裁判以"物权确认纠纷""排除妨害纠纷"为案由。

笔者选定"民事"案由，按照"物权纠纷"—"用益物权纠纷"—"居住权纠纷"和"合同、准合同纠纷"—"合同纠纷"—"居住权合同纠纷"，以

---

① 参见孙宪忠、朱广新主编：《民法典评注·物权编》，中国法制出版社2020年版，第254页。

② 参见房绍坤：《遗赠效力再探》，载《东方法学》2022年第4期；庄家园：《试论遗赠的债务两分效力》，载《法学家》2015年第5期；刘耀东《论基于继承与遗赠发生的不动产物权变动》，载《现代法学》2015年第1期。

及"婚姻家庭、继承纠纷"的三条路径检索，截至 2022 年 12 月 19 日，"北大法宝"数据库共收录 58 份以"居住权纠纷"为案由的裁判文书，包括判决书 21 份、裁定书 32 份、调解书 3 份、其他文书 1 份；共收录 3 份以"居住权合同纠纷"为案由的裁判文书，其中，裁定书 2 份但原告均撤诉，调解书 1 份但具体内容无法查知。

通过对 32 份有效裁判文书[①]的分析可知：（1）在"居住权纠纷"案由下的 17 份裁判文书中，法院以物权编第 323 条及居住权专章第 366～371 条为主要适用依据，同时还在"裁判说理"部分援引总则编第 8 条公序良俗原则进行论证；（2）在"婚姻家庭、继承纠纷"案由下的 15 份[②]裁判文书中，离婚情境下的居住权纠纷主要表现为双方协议离婚后无居住条件方对另一方所有房屋主张居住权，继承场合中的居住权纠纷则发生在再婚生存配偶与法定继承人之间。在《民法典》颁行之前，法院通常以《婚姻法》第 42 条、《婚姻法司法解释一》第 27 条与《继承法》第 16 条、第 29 条为规范基础；在《民法典》之后，法院主要以《婚姻家庭编解释一》第 76 条第 2 项、继承编第 1133 条为规范基础（见下表 1）。不难看出，案由的不同将直接影响法官裁判思维。虽各类纠纷主要法律关系存在差异，但居住权纠纷究其根本在于居住权与相关权利的冲突，请求权基础在于居住权，适用依据因案由不同而出现区隔可能影响司法的统一性与稳定性。尤其应当认识到，随着《民法典》的颁行，物权法、合同法、婚姻家庭继承法等特别法之间的法际冲突转变为法典各编的法内冲突，法律适用的体系性思维将有助于提升《民法典》的实施效用。

---

① 本文以社会性居住权的效力取得为研究对象，故此处所谓"有效裁判文书"是指涉及本文界定的社会性居住权范畴，且不存在当事人撤诉、主体不适格、管辖争议等单纯程序性处理的裁判文书。

② 参见山东省东营市东营区人民法院（2020）鲁 0502 民初 428 号民事判决书；北京市第一中级人民法院（2020）京 01 民终 8445 号民事判决书；重庆市荣昌区人民法院（2022）渝 0153 民初 1024 号民事判决书；贵州省铜仁市中级人民法院（2021）黔 06 民终 1032 号民事判决书；江苏省南京市雨花台区人民法院（2020）苏 0114 民初 2168 号民事判决书；广西壮族自治区永福县人民法院（2020）桂 0326 民初 1109 号民事判决书；广东省肇庆市端州区人民法院（2017）粤 1202 民初 3161 号民事判决书；上海市嘉定区人民法院（2021）沪 0114 民初 16641 号民事判决书；湖北省孝感市孝南区人民法院（2021）鄂 0902 民初 450 号民事判决书；上海市浦东新区人民法院（2021）沪 0115 民初 20868 号民事判决书；江苏省宿迁市宿城区人民法院（2021）苏 1302 民初 1544 号民事判决书；江苏省苏州市姑苏区人民法院（2021）苏 0508 民初 1766 号民事判决书；北京市丰台区人民法院（2021）京 0106 民初 6688 号民事判决书；浙江省温州市中级人民法院发布 8 起妇女权益保护典型案例之七；最高人民法院发布 13 件人民法院贯彻实施民法典典型案例（第一批）。

表 1　居住权纠纷裁判文书高频援引规范

案由	主要法律适用依据		累计适用频率	
居住权纠纷	总则编：第 8 条		59%	
	物权编：第 366~371 条		60%	
婚姻家庭继承纠纷	《民法典》颁行前	频率	《民法典》颁行后	频率
	《民法总则》第 8 条	50%	总则编：第 8 条	56%
			物权编：第 229 条、第 366~371 条	37.5%
	《婚姻法》第 4 条、第 42 条，《婚姻法解释一》第 27 条	66%	婚姻家庭编：第 1043 条、第 1059 条、第 1088 条；《婚姻家庭编解释一》第 76 条第 2 项	62.5%
	《继承法》第 19 条、第 29 条	33%	继承编：第 1141 条、第 1156 条	37.5%

2. 《民法典》第 368 条适用不足

如图 1 所示，在前述 17 份"居住权纠纷"裁判文书中，6 份认定当事人享有居住权，[①] 但仅 1 份援引《民法典》第 368 条，将登记作为居住权设立的必备要件。此外，在否认居住权存在的 11 份裁判文书中，[②] 仅 4 份以第 368 条为裁判依据，以双方约定的居住权未登记为由认定居住权不成立。可以看出，即使是在制度已作出预设的合同型"居住权纠纷"中，法院也未严格适用第 368 条。同时，不论是正向肯定抑或反向否认的裁判，法院往往侧重确认作为基础法律关系之前置居住权合同的效力，倾向于"取巧式"避让登记环节，例如判决当事人协助办理登记，但并未明确居住权于登记后始设立。也就是说，即使当事人之间有关居住权的约定不符合《民法典》第 367 条的形式要件，法

---

① 参见广东省高级人民法院发布第二批 8 起贯彻实施民法典典型案例之七；四川省攀枝花市中级人民法院发布 2021 年度十大典型案例之八；湖南省岳阳市中级人民法院（2021）湘 06 民终 3340 号民事判决书；甘肃省天水市秦州区人民法院（2021）甘 0502 民初 3448 号民事判决书；辽宁省葫芦岛市连山区人民法院（2021）辽 1402 民初 3522 号民事判决书。

② 参见最高人民法院发布第二批 9 起人民法院大力弘扬社会主义核心价值观典型民事案例之二；湖南省浏阳市人民法院（2021）湘 0181 民初 5828 号民事判决书；上海市第一中级人民法院（2021）沪 01 民终 14649 号民事判决书；北京市第三中级人民法院（2021）京 03 民终 12983 号民事判决书；陕西省西安市中级人民法院（2021）陕 01 民终 13578 号民事判决书；吉林省长春市朝阳区人民法院（2021）吉 0104 民初 10715 号民事判决书；辽宁省朝阳市双塔区人民法院（2021）辽 1302 民初 2228 号民事判决书；北京市朝阳区人民法院（2021）京 0105 民初 45625 号民事判决书；上海市浦东新区人民法院（2021）沪 0115 民初 13021 号民事判决书；福建省闽侯县人民法院（2021）闽 0121 民初 4882 号民事裁定书；北京市西城区人民法院（2021）京 0102 民初 16841 号民事裁定书。

院仍判决当事人享有居住权。司法实务的此种做法是否表明第 368 条并非强制性规定，居住权设立可以突破文义解释下的"登记生效主义"？进一步讲，是否可以说法院在处理未登记的合同型居住权纠纷时，已事实上构成由意定居住权向法定居住权的转换？

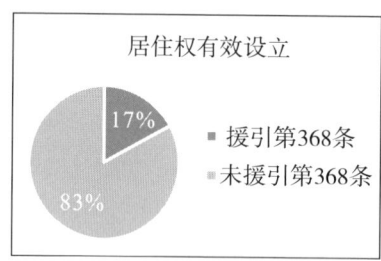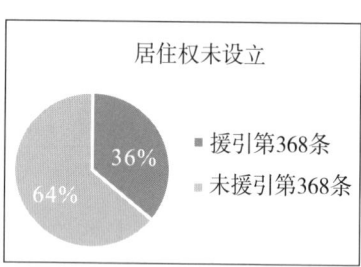

图 1　"居住权纠纷"案由下《民法典》第 368 条适用现状

另外，在前述 15 份"婚姻家庭、继承纠纷"裁判文书中，法院往往依据《民法典》第 371 条直接参照适用继承编规定。如图 2 所示，上述裁判文书中"裁判依据"部分有 80% 援引《民法典》第 366～371 条，但其中 70% 同时援引婚姻家庭编与继承编有关规定，婚姻家庭编与继承编在援引数量上明显高于物权编中居住权相关规定。进一步分析可知，在《民法典》施行后的 10 份裁判文书中，当事人均未办理居住权登记，但法院仍确认一方享有对案涉房屋的居住权。这表明了《民法典》婚姻家庭编、继承编在此类居住权纠纷的适用优势，以及《民法典》第 366～371 条的辅助性适用地位。

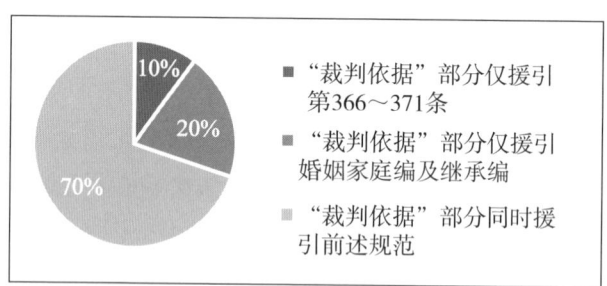

图 2　《民法典》颁行后婚姻家庭领域居住权纠纷规范援引现状

3. 民法基本原则与核心价值观适用逻辑牵强

因社会性居住权立足于家庭结构，基于特定身份关系产生，具有极强的伦理性，故而在社会性居住权纠纷中适用公序良俗原则柔性司法有利于维持稳定的家庭秩序并弘扬友善的价值观。不论是《民法典》实施前还是施行后，公序良俗原则出现在"裁判说理"或者"裁判依据"的占比均高达 50%，是涉居住权纠纷的民事案件当之无愧的高频援引法条。但是，依照法律原则的适用条件，仅当穷尽一切法律规则及习惯均无可适用时，公序良俗原则才可作为弥补规则的手段发挥作用。而在前述案件中，即使尚未穷尽具体规则，法院仍径行将公序良俗原则作为直接的裁判依据。如在陈某与陈某某返还原物纠纷案①中，法院在能依据《物权法》作出判决时，却未以所有权权能为逻辑进路，而是转而认定原告要求被告搬出房屋的行为有违公序良俗原则，继而适用"公序良俗原则"认可被告对案涉房屋享有居住权。此外，在有关居住权纠纷的案件中，法院更多的是将公序良俗原则作为增强法院判决说服力的工具，如在裁判文书说理部分有让老年人搬出房屋的行为"有违公序良俗""违背公序良俗"②。法院以公序良俗原则确认弱势方享有居住权确有必要，但在未穷尽法律规则的情形下，公序良俗原则的适用应当慎重。

社会主义核心价值于《民法典》开篇第1条明确规定，实质上肯定了其作为正式法源的基础性地位。③依据最高人民法院《关于深入推进社会主义核心价值观融入裁判文书释法说理的指导意见》（法〔2021〕21号）第7条，社会主义核心价值观实质上可以被解读为一种"兜底性质的元标准或者元价值，对案件涉及的多元价值进行权衡并形成最终裁判理由"④。司法裁判中适用社会主义核心价值观需"更强理由"，但现有居住权纠纷的裁判中法官适用时说理并不充分。在韩小某诉韩某返还原物纠纷案⑤中，法院认为韩小某要求其父韩某搬出案涉房屋的行为"与传递和谐、友善、法治的社会主义核心价值观相悖"。该判例将国家、社会维度的价值观用于评价个人行为，也并未具体论证如何"相悖"，存在简单化、模糊化处理倾向。⑥这表明居住权纠纷裁判中存在社会主义核心价值司法适用不规范的问题。

（二）法院"规避"登记生效裁判进路的成因

承前所述，法院对社会性居住权效力取得往往采取"规避"登记的裁判路径。产生此种现象的根本原因在于法官对法定居住权在实定法供给认识不足。此种现象在不同时期的裁判文书中均有反映。例如，在《民法通则》时期，在高某与张某某排除妨害纠纷案⑦中，一审法院认为张某某占用高某房屋的行为

---

① 参见浙江省三门县人民法院（2015）台三民初字第141号民事判决书。
② 参见江苏省南通市中级人民法院（2014）通中民终字第0169号民事判决书；江苏省无锡市滨湖区人民法院（2021）苏0211民初82号民事判决书。
③ 参见孙光宇：《社会主义核心价值观的法源地位及其作用提升》，载《中国法学》2022年第2期。
④ 孙光宇：《社会主义核心价值观的法源地位及其作用提升》，载《中国法学》2022年第2期。
⑤ 参见天津市高级人民法院发布11起老年人权益保护典型案例之五。
⑥ 参见于洋：《论社会主义核心价值的司法适用》，载《法学》2019年第5期。
⑦ 参见江苏省南通市中级人民法院（2014）通中民终字第0169号民事判决书。

已构成对高某物权行为的妨害，以《物权法》第 35 条为由否认张某某享有居住权，未认识到张某某基于婚姻关系对案涉房屋的占有、使用属于法定居住权。又如，在《民法典》时期，在余某与涂某 1、涂某 2 继承纠纷案①中，被继承人立有多份遗嘱，仅倒数第二份遗嘱涉及再婚生存配偶余某的居住权。法院一方面确认最后一份遗嘱的效力，另一方面仍以保障再婚生存配偶居住利益为由，确认余某的居住权。这既不符合遗嘱型居住权的取得标准，又未援引《民法典》第 1059 条夫妻间扶养义务、第 1141 条遗嘱中必留份制度等法定居住权取得的依据。如此仅以社会效果为导向而淡化法律涵摄的逻辑，难免落入后果主义的窠臼②。再如，陈某某与吴某某居住权纠纷案，③ 法院以遗嘱型居住权的思路裁判。上述案件均表明法院并未充分把握法定居住权的规范体系，对该类社会性居住权的法定性认识不足。

第一，依通说观点，法定居住权即由法律直接规定产生。依体系解释，结合《民法典》第 367 条"应当采用书面形式订立居住权合同"与第 371 条"以遗嘱方式设立居住权"，可以发现，第 371 条并未以"应当"二字对遗嘱作形式限定，这与第 367 条的立法表述有所区别。故第 367 条的"应当"旨在强调居住权合同的书面形式（要式）要件，而非表明居住权只能以合同或者遗嘱方式设立，这也就暗含了法定居住权存在的制度空间，从体系上强化了法定居住权的实定法表达。

第二，法定居住权主体间的利益结构决定了其往往内蕴于婚姻关系、父母子女关系等广义传统家庭关系中。"法定居住权"虽未明文出现，但《民法典》社会性居住权制度供给并无实质不足，相关规定分散于扶养、抚养、赡养等各类义务之下，可以应用一定的解释方法，实现对家庭共同体内部居住利益的保障。④ 社会性居住权利益结构所呈现的救助功能或称生存保障功能是秩序价值

---

① 参见湖北省孝感市孝南区人民法院（2021）鄂 0902 民初 450 号民事判决书。

② 法律适用应当坚持法律效果、社会效果、政治效果合一，当法院过度注重社会效果，即意味着在司法裁判中居于核心地位的是对后果的考量，而不是依照正常的法律涵摄逻辑而作出裁判。居住权纠纷尤其是婚姻家庭领域中的居住权纠纷，裁判文书说理部分往往以肯定居住权可能达到的社会效果，如保障老年人老有所居、宣传良好家风、弘扬社会主义核心价值观等表述进行论证，不可否认，法院前述做法确实使得社会弱势群体居住利益得到保障，但过以认可居住权后的社会效果为引导难免存在后果主义倒推之嫌。参考王彬：《逻辑涵摄与后果考量：法律论证的二阶构造》，载《南开学报（哲学社会科学版）》2020 年第 2 期；陈辉：《后果注意载司法裁判中的价值和定位》，载《法学家》2018 年第 4 期；陈金钊：《被社会效果所异化的法律效果及其克服》，载《东方法学》2012 年第 6 期。

③ 参见广东省广州市中级人民法院（2022）粤 01 民终 6819 号民事判决书。

④ 参见申卫星：《视野拓展与功能转换：我国设立居住权必要性的多重视角》，载《中国法学》2005 年第 5 期。

在此制度领域的具体化。社会性居住权发挥着维护社会和家庭秩序的重要功能。① 家庭作为整个社会的细胞，其内部的稳定和谐与社会整体的稳定和谐呈正相关。法定居住权通过法律形式对社会主体基本权利进行再分配，使家庭中无权或无能力居有定所的弱势群体具备稳定的居住条件，这与社会性居住权利益结构所要求的正义内涵相呼应。法定居住权直接以法律规定实现了对社会基本权利和义务的重新调整，此即社会体系正义。② 可以说，法定居住权旨在保障家庭结构范畴内共同体成员的居住利益，以维护稳定的家庭内部秩序。而社会性居住权根源于保障家庭成员居住利益的法定居住权，进而扩大到解决整个社会"生存困难"之弱势群体的居住需求，其是以法定居住权为落脚点向社会辐散的救济型权利，是维持稳定社会秩序重要方式。

简言之，前述法院裁判在处理婚姻家庭领域的居住权纠纷时并未援引法定居住权取得的相关规范，根源在于我国《民法典》物权编对社会性居住权规范格局不周延，缺乏其他编引致性条款的规定。法定居住权条文分散导致法院案由选择差异，进而导致居住权司法裁判适用的问题。可以基于体系解释与目的解释的立场，化解法定居住权在司法实践的适用困境，使法官裁判于法有据、有法可依、循法合情。

（三）社会性居住权效力取得的解释论

基于对社会性居住权利益结构与《民法典》规范格局的具体分析，本文认为社会性居住权效力取得宜采取登记对抗主义，遵循"意定—法定—无"的逻辑理路进行判断。

第一，明确社会性居住权效力取得以意定优先，法定补位为原则。意定社会性居住权体现了所有权人对"居住困难"者进行救助的意思自治，因而在当事人作出设立居住权的意思表示时，无论该种意思表示是单方的还是双方的，法院应以此为先。然而，因社会性居住权以维护社会弱势群体居住利益为立法旨趣，若房屋所有权人未对居住权设立作出明确的外部表示，但从解决"居住困难"者之生存需求的立场出发，法院可于裁判中确认弱势方享有居住权，以弥补意定方式在保障弱势群体居住利益方面的缺憾。法院的判决并非创设了新的物权取得模式，居住权人应当满足特定身份条件。法院应于裁判中说明当事

---

① 参见卓泽渊：《法的价值论》，法律出版社 1999 年版，第 177 页；王富博：《居住权研究》，中国政法大学 2006 年博士学位论文，第 42 页。

② 社会体系的正义，本质上依赖于如何分配基本的权利义务，依赖于在社会的不同阶层中存在着的经济机会和社会条件。参见［美］罗尔斯：《正义论》，何怀宏等译，中国社会科学出版社 1988 年版，第 5 页。

人享有此种居住权是以婚姻家庭关系中的法定居住权为基础，因家庭成员相互照料的义务产生。法院此时应当将物权编居住权专章规定与婚姻家庭编或者继承编甚至总则编的相关条文进行体系解释，并辅以法定居住权之目的解释，明确某一特定领域法定居住权效力的发生依据。须注意，援引《民法典》第 10 条时应强化习惯的构成要件分析，只有当该"习惯"具有极强的社会大众认同性与内容确定性，且排除当事人双方之间的习惯，法官在穷尽明确法律规定时方可适用第 10 条为弱势方设立居住权。① 同时，《民法典》第 8 条所载公序良俗原则和第 1 条所载社会主义核心价值观不宜作为唯一的裁判依据。二者作为底线性法律评价标准，在司法适用上具有谦抑性，为避免规则逃逸，② 一般仅可作为论证当事人享有居住权的逻辑补强。反之，当法院无法从利益结构中寻求到当事人取得居住利益与家庭内部成员共同体之间的连接点时，则不应确认当事人对案涉房屋享有居住权。

第二，明确社会性居住权效力取得采登记对抗主义。民法有关居住权的规定实际上体现了利益的安排与衡平，是依靠人的理性而建构的结构。③ 社会性居住权关系中各主体的利益是流动的。当仅有所有权人与居住权人两方主体时，居住利益的流转并不会对第三人产生影响。且所有人让渡居住利益的基础在于家庭结构、亲属关系，双方结构下的利益让渡作为一种法律行为代表着家庭成员维护家庭共同体的愿景。同时，法律实施必然依托于一国的社会现实。结合我国国情，"在居住权制度预设框架内，保护所有的利益诉求，非现有资源所能承受"，④ 而弱者居住利益保障作为国家政策导向下的价值指引，则应当视为居住权制度预期实现的最关键目的。因此，依目的解释，在社会弱势群体"生存困难""居住困难"的解决具有紧迫性时，若严格依照《民法典》第 368 条，认为居住权"自登记时设立"，不利于充分发挥社会性居住权对弱者居住利益的救济功能。针对该条，可从以下三方面解释：首先，法定居住权直接依法律规定取得。从体系上看，第 368 条以合同方式设立的居住权为适用类型，并未对法定居住权作限制。法定居住权相较于意定社会性居住权更侧重对家庭共同体成员居住利益的保障，无登记之必要性，且有利于减轻权利人和登记机构的登记负担。其次，意定社会性居住权自具备法律规定的书面合同、遗

---

① 参见刘成安：《民法典时代民事习惯的司法适用》，载《法学论坛》2022 年第 3 期；侯国跃：《我国〈民法典〉第 10 条中的"习惯"之识别》，载《甘肃政法学院学报》2021 年第 2 期。
② 参见于飞：《〈民法典〉公序良俗概括条款司法适用的谦抑性》，载《中国法律评论》2022 年第 4 期；于洋：《论社会主义核心价值观的司法适用》，载《法学》2019 年第 5 期。
③ 参见何勤华：《西方法律思想史》，复旦大学出版社 2005 年版，第 255 页。
④ 王勇旗：《利益衡量理论在我国居住权立法中的应用》，载《河北法学》2020 年第 8 期。

嘱等形式要件时即确认当事人享有居住权，无需将登记作为居住权物权效力取得的必经程序。一方面，因以遗嘱继承方式引起物权变动的特殊性，当然无需以登记为生效要件；另一方面，判定未登记合同型与遗赠型居住权效力，较好的裁判进路为尊重所有权人对自己财产归属与利用的意思，依循其目的意思与效果意思，于居住权合同、遗赠生效时即确认发生居住权设立的法律效果。最后，社会性居住权整体适用登记对抗模式。遵循前述解释逻辑，社会性居住权在登记之前已生效但尚未取得对世效力，当房屋买受人、抵押权人等第三物权人流入形成三方利益格局时，未登记的居住权人则无法与其对抗。因此，登记对居住权人而言具有极强的公示效果，登记簿上居住权登记的证明力和对抗力均强于合同、遗嘱等证明居住权的书面证据。①

概言之，社会性居住权效力取得首先应看房屋所有权人是否有为他人设立居住权的意思表示。若有则尊重其自由意志，若无则看当事人是否具备享有法定居住权的权利基础，在前述二者均无从探寻时则不应确认当事人享有居住权。同时，为实现社会性居住权保障生存的特定目的，其效力取得宜采登记对抗模式，通过登记强化居住权人权益保护，在所有权人、居住权人与第三人之间达致利益平衡。

四、结语

社会性居住权效力取得是否必须以登记为要件，一直是理论及实务的争论焦点。当前相关法院裁判存在的一些问题，根源在于法官对法定居住权的概念和规范体系认识不足。《民法典》对社会性居住权的规定分散于多编之中，格局虽不完美，但法院仍可结合一定的解释方法予以准确适用。立基于社会性居住权的利益流转脉络与法定居住权的性质和功能，社会性居住权效力取得宜采"登记对抗"模式。当居住利益在双方关系结构下进行内部让渡时，居住权人可依《民法典》第 366 条对房屋占有、使用；而在包括第三人利益的三方关系结构下，基于特定身份关系取得的社会性居住权必须登记才可以取得对世效力，以登记作为居住权人、所有权人与第三方物权人利益平衡的支点。

---

① 参见屈然：《论我国居住权的设立方式与登记效力》，载《法学杂志》2020 年第 12 期。

宅基地"三权分置"制度下
农民财产权利的法律挑战与实施路径

郑雨泽*

摘　要：宅基地"三权分置"制度能够促进农民在宅基地之上的财产合法流转。"三权分置"改革下，仍然面临宅基地公益与私益混淆，各层次权利性质模糊，改革后农民基础权益难以保障的困难。将宅基地上财产权利属性突显可能面临权利主体挑战、农民厌恶风险不愿流转挑战，以及无偿获取与有偿退出之间的矛盾挑战。根据现有改革机制经验，应当在坚持集体土地所有权基础上，确立资格权的成员权属性，属于公益性质以确保农民的基本生存权益；将使用权定性为财产权体系下的用益物权，权利客体为对土地的权利，以实现权利的流转。

关键词：三权分置　财产权利　宅基地使用权　宅基地资格权

一、引言

推进中国式现代化，必须坚持不懈夯实农业农村基础，推进乡村全面振兴。实施乡村振兴战略，需要坚持农业农村的优先发展，坚持农民的主体地位。在农民的生产生活中，土地是"一切生产和一切存在的源泉"[①]，对农村土地资源的高效利用是开展一切乡村振兴工作的前提和基础。在全面推进乡村振兴的背景下，构建更加完善的农村土地法律制度体系是有效化解这一系列问题的关键。农村生产生活中，对于土地的利用分为用于耕作生产的土地承包经

---

* 郑雨泽，四川大学马克思主义学院博士，专业：马克思主义理论（二级学科：马克思主义中国化）。

① 《马克思恩格斯选集》第 2 卷，北京：人民出版社，2012 年，第 707 页。

营制度，以及用于基本生存保障的宅基地使用权制度。对于土地承包经营，乡村振兴战略要求保持土地承包关系稳定并长久不变。同时，《民法典》通过设置可以流转的土地经营权①，实现了承包关系稳定与生产经营土地进行流转可能性之间的平衡。

伴随着城镇化、工业化的持续推进，传统关于宅基地的法律制度体系与新的社会发展需求发生激烈冲突，从根本上动摇了以福利保障为主要功能的宅基地法律制度根基，引发了一系列新的矛盾问题。宅基地制度作为农民基本生存的保障，对于其制度改革需要更为慎重。2018年1月2日，《中共中央 国务院关于实施乡村振兴战略的意见》提出"探索宅基地所有权、资格权、使用权'三权分置'，落实宅基地集体所有权，保障宅基地农户资格权和农民房屋财产权，适度放活宅基地和农民房屋使用权"。至此，农村宅基地迎来了新的制度格局。宅基地"三权分置"制度很好地回应了新时代农民生产生活的需求转变。农民获得更加充分财产权利的同时，能够提高宅基地资源的生产生活价值，助力乡村生产力更加活跃。

因此，将宅基地"三权分置"制度政策转变为法律规范予以落实，必将成为拓宽农民增收致富、迈向共同富裕的关键步骤。在"赋予农民更多财产权利"与"保障农户宅基地用益物权"之间寻求新的制度平衡成为现阶段宅基地法律制度改革的重要目标。然而，相较于土地承包经营制度，对于宅基地"三权分置"政策的讨论与争议也更为激烈。有学者指出，宅基地"三权分置"改革的掣肘在于当下乡村治理机制不够完善、产权观念还不够完善清晰，从而若轻易改革容易造成所有权主体虚置甚至过度"资本化"等问题。② 在具体的制度设计上，除了处于第一层的所有权尚无争议外，对于第二层的资格权利与第三层次的使用权利，具体是否可以分离、权利类型、权利内容等都存有一定争议。③

考虑到农村土地制度改革与相关法律规定的修缮牵一发而动全身，必须审慎稳妥推进。本文基于宅基地"三权分置"制度创新背景，审视宅基地的特殊财产属性，分析赋予农民宅基地财产权利所面临的多重挑战，结合试点改革成果探索农民对宅基地财产权利的实施路径，以期为宅基地"三权分置"制度与

---

① 《民法典》第339条：土地承包经营权人可以自主决定依法采取出租、入股或者其他方式向他人流转土地经营权。

② 参见郑雄飞、刘婕：《"城乡两栖"视角下农村宅基地"三权分置"问题研究》，《华东师范大学学报（哲学社会科学版）》2024年第2期，第110页。

③ 参见汪义双：《论宅基地资格权与宅基地使用权的分离》，《河南农业大学学报（社会科学版）》2024年第1期，第87页。

法律体系的完善提供有益参考。

二、对宅基地"三权分置"制度改革尝试的法律争议

生产关系适应生产力发展是马克思唯物主义亘古不变的真理，习近平总书记指出："新形势下深化农村改革，主线仍然是处理好农民与土地的关系。"[①] 正如恩格斯在《法德农民问题》中所指出的："农民到处都是人口、生产和政治力量的非常重要的因素。"[②] 无论生产力如何发展，农民问题始终是农业农村的核心问题，乡村振兴依靠的仍然是农民的力量。

（一）宅基地公益与私益属性难以拆分

考虑到农村土地与农业、农村、农民的重要性、复杂性和综合性，确保法律制度的修缮充分契合新时代农民追求美好生活的现实需求，2014 年中办国办印发了《关于农村土地征收、集体经营性建设用地入市、宅基地制度改革试点工作的意见》。2015 年 2 月，全国人大常委会通过《关于授权国务院在北京市大兴区等 33 个试点县行政区域内暂停调整实施有关法律规定的决定》，在 33 个试点地区暂停实施《土地管理法》5 个条款、《城市房地产管理法》1 个条款。

从各试点区域的实践情况来看，针对放活宅基地使用权的具体工作有两项：一是宅基地使用权确权登记颁证，二是宅基地自愿有偿退出。农村土地确权登记颁证工作于 2013 年在全国全面开展，[③] 其初衷是弱化农村土地的"公共产品"属性和"福利保障"性质，从某种程度上突出农村土地作为"资产"的"排他性"约束。排他性具有两层含义，一是资源使用的排他性，二是资源收益的排他性。无论是哪种层次的排他性，都无法仅仅通过确权颁证工作对这两个层次基于相应的法律保护与制度配套。确权证书本身仅能够起到对于权利的宣示作用，恐怕难以产生行为约束与优化配置的稳定预期和正面激励。

此外，国土资源部 2016 年正式允许进城落户人员在本集体经济组织内部自愿有偿退出或转让宅基地，探索通过市场手段实现对闲置低效利用宅基地的优化配置。[④] 从权利视角，改革试点区域的尝试可以概括为两种转变，即产权强化与权利分化。产权强化是指在维护农户宅基地主体地位的基础上，通过保

---

① 中共中央党史与文献研究院：《习近平关于"三农"工作论述摘编》，中央文献出版社 2019 年版，第 58 页。
② 《马克思恩格斯选集》第 4 卷，人民出版社 2012 年版，第 356—357 页。
③ 谭羽：《乡村振兴背景下土地经营权市场法律规制度的完善》，《西北民族大学学报（哲学社会科学版）》，2023 年第 1 期，第 100 页。
④ 许明月：《论农村土地经营权市场的法律规制》，《法学评论》2021 年第 1 期，第 94 页。

障农户宅基地资格权和宅基地使用权确权颁证来提升农户对宅基地的权利强度；产权分化则是指，在不触碰宅基地农村集体所有权性质的前提下，一些农民凭借集体成员的身份，借助市场交易实现了宅基地使用权的价值转换，使宅基地使用权暂时具备了社会保障和经济效用的双重价值。将宅基地使用权从产权束中分离出来，重新还原宅基地使用权的物权属性，为实现农民的宅基地财产权利诉求提供了可行路径。

（二）各权利具体性质难以廓清

可以看出，在早期的政策试点与规划中，已经在力图尽可能减轻宅基地本身的"公共福利"与"生存保障"之上的属性，试图通过一定的方式，赋予农民对于宅基地使用权进行处分的可能，从而推动宅基地使用权的流转，实现其在财产法上的物权特性。基于此种思路，2018年1月2日，《中共中央国务院关于实施乡村振兴战略的意见》正式提出了宅基地"三权分置"的改革思路，将宅基地使用权分解为资格权和使用权，分别发挥社会保障功能和经济效用功能。从法律角度观察权利内容类型，宅基地所有权来自农民作为集体的共同所有，属于静态权利，也是维系我国社会主义基本制度的体现。对于宅基地资格权与使用权的具体性质与实现方式，学理与实践上均有较大的争议。在宅基地资格权方面，有学者认为宅基地资格权与原《物权法》上的宅基地使用权一致，是复合性用益物权。[①] 有学者则认为宅基地资格权并不属于法律上的权利，更多的是一种资格和准入门槛。[②] 对于宅基地使用权的权利性质，争议更巨。有观点直接否认宅基地使用权属于物权，认为属于权利人与使用权人所订立的法定租赁合同，自然属于债之关系。[③] 更多观点仍然坚持宅基地使用权属于物权，但究竟属于何种物权，争论仍然巨大。有观点认为"三权分置"后的使用权才是真正的用益物权，应当按照用益物权进行制度设计；[④] 有观点则认为使用权应当是我国法律上不存在的新型权利类型，需要比照域外法上的相关制度重新设计。[⑤]

2021年9月1日起实施的《中华人民共和国土地管理法实施条例》（下文简称新《土地管理法》）在农村集体经营性建设用地入市、土地征收范畴、补

① 岳红强、张罡：《农村宅基地"三权分置"的法律表达》，《北京科技大学学报（社会科学版）》2018年第6期，第10页。
② 刘国栋：《论宅基地三权分置政策中农户资格权的法律表达》，《法律科学（西北政法大学学报）》2019年第1期，第192页。
③ 宋志红：《宅基地"三权分置"的法律内涵和制度设计》，《法学评论》2018年第4期，第142页。
④ 高海：《宅基地"三权分置"的法实现》，《法学家》2019年第4期，第132页。
⑤ 陈小君：《宅基地使用权的制度困局与破解之维》，《法学研究》2019年第3期，第48页。

偿保障、征收程序等多个方面取得了重大突破。在宅基地制度的改革方面，新《土地管理法》新增第 49 条，强调征收宅基地和地上房屋应当按照先补偿后搬迁、居住条件有所改善的原则；并在第 64 条中新增第 6 款，体现国家集约用地方针，鼓励进城居住的农村居民依法自愿有偿退出宅基地。不难看出，新《土地管理法》强调的是保障"户有所居"和"自愿有偿退出"，但是在关于实现农民对宅基地及其房屋的财产权利的法律规定和实施细则上并未有所突破。上文提到的宅基地"三权分置"政策在法律层面的争议并未得到有效回应，足以可见国家对待宅基地法律制度改革的态度慎之又慎，也说明宅基地"三权分置"的政策改革具有较大阻力。

（三）农民基础权利难以保障

正如马克思所言，土地是"一切财富的原始源泉"[①]，已经远落后于现实生活的宅基地法律制度，以及宅基地"三权分置"政策在具体法律中的缺位与空白，更导致了新时代农民日益凸显的宅基地财产权利诉求难以得到回应，也不适宜盘活宅基地"沉睡资产"为乡村振兴提供用地保障的现实要求。2023年中央一号文件《中共中央 国务院关于做好 2023 年全面推进乡村振兴重点工作的意见》再次强调，要"赋予农民更加充分的财产权益"。从全国 104 个县（市、区）和 3 个地级市启动的新一轮宅基地"三权分置"制度改革情况来看，农民的宅基地使用权不同于承包地经营权，在未就宅基地制度试点改革成果取得充分共识的背景下，宅基地"三权分置"制度改革呈现出较大的复杂性、差异性。

多数试点区域在借助宅基地使用权通过市场交易实现财产权利的同时，很难做到同时保障农民的居住权益保障。国家在法律上集中力量维持住农民拥有宅基地使用权的特殊身份，同时又在政策层面鼓励试点，认可宅基地使用权的财产属性。此种法律与政策上的矛盾使得现有试点工作难以突破原有制度窠臼，对于使用权的一些突破与尝试实际仍然在现有的体系之下打转，因此难以真正在政策基础上得到突破。

宅基地"三权分置"制度改革一方面希望能够适度放活宅基地使用权来赋予农民相应的财产权利，另一方面又强调必须守住集体所有权的底线，极力保障农民使用宅基地的资格权利。在前者层面，财产权利的实施本质上是需要将私法上的财产权利回归到市场流通机制之中，使其能够通过交易进行权利流转，从而实现权利财产价值。在我国的社会主义基本制度背景下，实现宅基地

---

① 《马克思恩格斯选集》第 3 卷，人民出版社 2012 年版，第 175 页。

财产价值的必要前提在于农民不因为宅基地使用权利的流转而失去最基本的生存保障。如恩格斯所说"社会主义的同样迫切的职责就在于维护自食其力的农民占有自己的小块土地，而反对国库、高利贷者以及来自新生的大地主方面的侵犯"①，毕竟"生产者只有在占有生产资料之后才能获得自由"②。如何确保农民对所占有宅基地的长期稳定，保持农民对于宅基地之上的财产权利自由移转的同时自身的生存、居住利益不受损，是宅基地"三权分置"制度下的焦点问题之一，也是宅基地"三权分置"制度与法律体系匹配的难中之难。宅基地"三权分置"改革中的"资格权"，实际就是为了解决集体所有权土地制度之下，农民在移转宅基地上财产权利的同时，保证其自身居住利益不受损。

综上，在宅基地"三权分置"改革中，从政策到进入法律实证规定的主要难点即在于如何在集体土地所有制的制度背景之下，在推动农民宅基地之上的财产权利合法流通的同时，保障农民自身的生存居住基本权益。而此两者均有赖于"资格权"和"使用权"在法律体系内的权利性质、内容建构。但目前的立法进程在此方面较为缓慢，有赖于学理上的进一步廓清。

三、赋予农民关于宅基地财产权利的实施挑战

"三权分置"改革之下，将宅基地上的财产权利属性重新赋予农民，仍然面临着一系列问题，主要可以归纳为权利主体不清晰、农民对移转宅基地之上的权利存有顾虑，以及公益属性与私益属性夹杂导致的法律矛盾。

（一）宅基地产权制度下的权利主体挑战

经济学视角之下，可以将产权在不同情境下区分为"法定所有权"和"经济所有权"两个概念。"法定所有权"是对产权主体归属的法律具体界定，而"经济所有权"则是获取自然资源或金融资产收益的权利。经济学理论下经济所有权与法定所有权两者并不冲突，可以归属于同一主体，也可以归属于不同主体。就农村土地上的宅基地而言，其内涵属于由法律界定与保护的土地利益，因此属于"法定所有权"的范畴。而农民对于宅基地之上的财产权利，是指其可以将土地作为一种权利进行流转，所强调的是宅基地产权作为"权利束"的经济学意义。

我国法律对于土地权利的规范包含了较为强烈的国家政治意志，农村土地由集体所有，农民可以在土地上设立承包经营权和宅基地使用权，用以维持、

---

① 《马克思恩格斯选集》第4卷，人民出版社2012年版，第361页。
② 《马克思恩格斯全集》第25卷，人民出版社2001年，第442页。

满足生产利益或基本生活的需要。这实际上意味着，在我国的土地权利体系中，更为重要的倾向与逻辑在于重视"物"而不重视"权"，其着眼点更多聚焦于农民能否切实通过土地本身获得基本的生活依靠。通过将土地所有权归属于集体，并且为农民按照实际需要创设相关用益物权的形式，在保障农民基本生活诉求的同时，对于原有的土地承包经营权与宅基地使用权的转让进行严格限制，以避免农民失去土地。基于我国的城乡二元体制，土地本就是农民赖以生存的基本保障，尤其就宅基地而言，其主要功能转变为社会保障功能后，集体产权的性质在经济上剥离了宅基地作为"财产"的排他性和可转让性的基本属性。

在法律上，农村宅基地的所有权归集体所有，而所有权包含占有、使用、收益、处分以及排除他人干涉的权能。[1] 集体并非法律上的适格主体，其本身也无法作为法律上的意思表示单位行使权利，实际对土地进行利用的是作为宅基地使用权人的农民。"三权分置"制度从此种角度而言，就是为了解决土地的所有权人与真正使用土地权利之人并不一致的现状。在改革之前，农民对于宅基地是以集体成员身份享有宅基地使用权，从而对宅基地进行使用和占有。而实行"三权分置"改革后，宅基地财产权利实质分割为了农民的占有、使用权能，以及建立在占有、使用权能之上的收益权。前者即为政策表达上的资格权，后者则为政策表达上的使用权。

2020 年 12 月《中共中央关于制定国民经济和社会发展第十四个五年规划和二〇三五年远景目标的建议》指出，要"保障进城落户农民宅基地使用权、集体收益分配权，鼓励依法自愿有偿转让"，即在"三权分置"的政策背景下进一步强调关于集体土地所有权与农民享有的使用权，或者说用益物权之间的分离。

（二）宅基地的特殊财产性质导致的财产权利实践挑战

中国自古便有"守田者不饥""万物土中生，离土活不成"的说法，正是基于农民与土地形影不离的生产生活关系衍生出了中国千年来的文化心态和价值观念。农村宅基地不仅仅是农民的安身之所，还是农民重要的精神寄托之所。可以说，在传统农村社会中，地缘与血缘融为一体，宅基地承载了小农家庭对"根基"的依恋、归属和认同，是关系到农村社会和谐与冲突的首要逻辑。中国人逢年过节"回老家"，年迈"落叶归根"、死后"魂归故里"的传统

---

① 杨雅婷：《〈民法典〉背景下放活宅基地"使用权"之法律实现》，《当代法学》2022 年第 3 期，第 80 页。

也很好地印证了"故土情结"。因此，相比于城市土地或其他法律上的"物"，宅基地对农民而言更像一种"人格化财产"。这种特殊的财产性质，源自于农民赋予宅基地的特殊情感，使其具有一种非持有人无法感知的"神秘价值"，即行为经济学中通称的禀赋效应。相对于经济学上的"理性经济人"假设，禀赋效应最初被看作一种"非理性"行为，但大量的经济事实显示，禀赋效应看似"凭空而来"，但却是人类固有的行为偏误之一，并且也是最稳健的行为经济学现象之一。[①] Frenkel 的例证即较为清晰地解释了禀赋效应在交易中稳定存在的原因。[②]

现阶段下，农民基于农户资格向集体组织取得宅基地使用权后，即获得了"身份（资格）"和"地理（区位）"的双重垄断。这在心理上进一步强化了农民对宅基地的情感依赖，并具体反映为在交易中夸大交易价格来规避损失风险的行为，或表现为厌恶交易以减少风险。宅基地区分于一般可替代财物的特殊属性，固然使宅基地使用权有别于一般商品的普遍逻辑，但农户们规避风险的行为某种程度上用自身行为再次使得其所拥有的最大财产利益隔绝在了市场交易之外。土地作为不动产，作为一种财产性利益，在商品交易社会，往往是民事主体最重要的财产利益来源，而农户厌恶交易的行为实际上使得自身最重要的财产被排除了交易可能性。

此外，宅基地制度改革探索过程中大多数地区对闲置宅基地的自愿有偿退出政策实施困难，农民宁愿闲置也不愿退出。有一种可能是，现阶段对宅基地使用权的确权从某种程度上增强了农民的禀赋效应，强化了宅基地的"人格化财产"特征，农户即便愿意退出闲置低效利用的宅基地，也普遍对退地补偿具有较高的期待。对于农民对宅基地的特殊价值属性，有学者表示，可以设置宅基地使用权先买权，平衡宅基地经济价值与居住保障功能的制度张力，该权利的权利主体为本集体经济组织及其成员。[③]

（三）无偿获取与有偿退出的法律矛盾所导致的实践挑战

宅基地使用权的无偿获取体现的是农村集体对农民的社会福利保障特征，而宅基地使用权的有偿退出则体现的是宅基地使用权的财产属性。宅基地的集体所有权实质上具有公法和私法两种面向，在公法上的集体土地所有权体现了

---

① 董志强、李伟成：《禀赋效应和自然产权的演化：一个主体基模型》，《经济研究》2019 年第 1 期，第 185 页。
② See Frenkel, S., Y., and Heller, The Endowment Effect as Blessing, International Economic Journal, 2018（03）：1159.
③ 袁文全、牛小玉：《宅基地使用权先买权的制度逻辑与法律适用》，《东南大学学报（哲学社会科学）》2023 年第 3 期，第 92 页。

国家公权力对宅基地资源的管理、对公共利益的保护，而私法上的物权内容实质上被宅基地使用权所取代。① 诚然，以保障功能为基准的传统宅基地制度是城乡二元社会结构的特殊产物，在特定的历史环境具有强烈的内在关联与互动性，但不可否认的是这种制度设计对中国完成工业化发展积累、稳定城乡社会秩序具有显著绩效。因此，有学者表示，宅基地使用权不过是身披私权外衣的社会保障的替代品，充当着社会治理手段的角色。因此宅基地使用权所奉行的自然也不可能是私法上的私权建构逻辑。②

这就造成宅基地使用权在财产权利构造上的困境，即无法纯粹按照私法上的结构原则、权利类型限制来进行内容的规范。相较于一般财产权，宅基地使用权可以凭借本集体成员的身份获得，取得方式无偿且无期限限制，是一种"特殊的超级用益物权"。③ 但是这种所谓的超级"用益物权"只能在集体成员内部转让，而无法在集体之外流转。本集体成员具有无偿获取使用权的资格，因此，在法律体系上宅基地使用权的用益物权是无法体现财产属性的。④ 同时，现行法律体系对于宅基地使用权的抵押问题也十分谨慎，依照《民法典》第 399 条的规定，宅基地使用权属于不得抵押的财产。因此，不但宅基地使用权不能向一般财产物品一样可抵押，附着于其上的房屋建筑及其他附属设施在司法实践中也往往存在争议。基于功能主义的立场，在我国社会主义公有制的基础上，真正发挥市场第一次财产分配的不是土地所有权而是土地使用权，第三层次的权利才是实现土地资源二次分配的用益物权和担保物权。⑤ 照此逻辑推演，在维持宅基地集体所有权的前提下，将宅基地定义为农民的财产是适当的：集体组织是宅基土地这一资源的所有权人，农民所拥有的并不是宅基土地资源，而是持有宅基地的财产利益。农民可以不拥有宅基地的完整产权，但宅基地必须具备"财产"的基本属性，即排他性和可转让性。这一点在用益物权上可以成立，在此种逻辑之下，各个宅基地试点区域普遍打破了在集体内部转让宅基地使用权的制度禁锢，采取多元化的方式将转让范围扩展到集体外部。在宅基地使用权流转的过程中，集体成员出售、出租或者赠与现有房屋

---

① 温世扬、潘重阳：《宅基地使用权抵押的基本范畴与运行机制》，《南京社会科学》2017 年第 3 期，第 96 页。

② 刘恒科：《宅基地"三权分置"的理论阐释与法律构造》，《华中科技大学学报（社会科学版）》2020 年第 4 期，第 107 页。

③ 刘露：《解释论视角下宅基地使用权的继承性研究》，《华东政法大学学报》2019 年第 1 期，第 133 页。

④ 陈吉栋：《论处分限制与宅基地三权分置》，《暨南学报（哲学社会科学版）》2022 年第 10 期，第 91 页。

⑤ 席志国：《论宅基地"三权"分置的法理基础及权利配置——以乡村矛盾预防与纠纷化解为视角》，《行政管理改革》2022 年第 3 期，第 73—74 页。

后，将不再拥有再次申请宅基地使用权的资格。宅基地"三权分置"不能违反物权法定原则及自罗马法以降的用益物之上不得再为用益的原则，应遵从法律体系的内在逻辑。① 宅基地使用权流转的实现意味着农民让与宅基地使用权，获得了财产性收入，财产性收入替代宅基地承担了农民的社会保障功能。这种宅基地财产权利的赋予形式遵循的是罗马法以来"自己责任"的当然之理。

四、宅基地"三权分置"制度下农民财产权利实施路径探讨

宅基地"三权分置"制度的改革与调整，不论是集体所有权的底线原则，还是保障资格权、放活使用权的政策激励，都是以提升社会总福利为目标。坚持农村集体所有制要求宅基地制度改革"万变不离其宗"，坚守国家对宅基地属于集体资产的法定底线；保障农民宅基地及住房使用资格，是国家尊重农民对宅基地人格化财产禀赋效应的具体回应；适度放活宅基地及其房屋使用权，则是"三权分置"改革显化宅基地财产价值的突破口。宅基地"三权分置"为农民财产权利的实施迈出第一步，但这种权利的实施还缺少合适的路径。既然宅基地使用权具有实现农民财产权利的合理性，那么以"三权分置"为制度枢纽，按照"适度放活"的原则，寻找宅基地制度改革下农民实现财产权利的实施路径就是现阶段制度改革与法律体系完善的重中之重。自全国开展农村"三块地"改革试点以来，各地方政府积极探寻农村宅基地制度改革的新模式、新举措。全国各试点县地理区位和社会经济发展水平迥异，宅基地在不同的区域承载着不同地理和文化价值。②

（一）不同机制为主导的宅基地财产权利实施路径

1. 以市场机制为主导的财产权利实施路径

浙江省义乌市位于浙江省中部，是中国六大经济强县（市）之一。义乌市是全国首批宅基地试点改革县，现已出台了包括《关于推进宅基地制度改革试点工作的若干意见》等多项实践方案，意在挖掘农村宅基地用地潜力，逐步打破城乡建设用地紧张的僵局。义乌市试点改革创新之处在于，在城乡建设用地增减挂钩的制度框架下，借助获取城镇建设用地指标的强烈需求动机，吸引社会经济组织投入资金，以市场手段推动宅基地使用权流通，并确保农村集体和农民获取相应比例的收益。针对不同规划区域的宅基地，义乌市的改革尝试包

---

① 申建平：《宅基地"使用权"实践探索的法理检视与实现路径》，《法学论坛》2023 年 第 6 期，第 135 页。
② 曲颂、仲鹭勃、郭君平：《宅基地制度改革的关键问题：实践解析与理论探释》，《中国农村经济》2022 年第 12 期，第 85 页。

括三种：（1）以城乡社区建设为抓手，对城镇规划建设线以内的宅基地，允许农民用宅基地置换土地性质为国有土地的、可公开交易的高层公寓、标准厂房、仓储物流、商业用房、商务楼宇，或者由政府发放安置凭证，安置凭证可在市域范围内兑现或购买本地取得预售许可的商品房、商业用房及办公用房。（2）放开宅基地跨集体经济组织流转，规定流转使用年限为70年，转让人必须保证流转后仍拥有人均建筑面积不低于15平方米的合法住宅，且不得再申请新的宅基地，同时宅基地使用权让渡范围仅限于本市行政区范围内的村集体经济组织成员，城镇居民不能参与宅基地使用权流转交易，坚决维护宅基地集体所有权性质和村集体组织成员的宅基地使用权资格。（3）宅基地使用权人自愿退出宅基地并复垦为耕地，验收合格后折算为建设用地指标，形成"集地券"，农民获得的集地券可以通过平台进行交易或向金融机构进行抵押融资，首次交易所获得的收益，在扣除土地整治成本和村集体经济组织计提纯收益的10%以外归农户所有，也可以由政府按照600元/米的兜底价格进行回购。

2. 以政府引领为主导的财产权利实施路径

四川省泸县位于四川省南部，北与重庆相连，是四川省主要农产品产区。四川泸县是典型的劳动力输出县，宅基地闲置情况较为严重，"空心村"问题十分突出。获取首批全国人大宅基地改革试点授权后，泸县先后出台了包括《泸县农村宅基地有偿使用指导意见》《泸县农村宅基地有偿退出管理暂行办法》等改革措施，主要探索通过宅基地使用权的退出盘活闲置宅基地显化农民宅基地财产权利。其具体做法可以概括为：（1）推行宅基地有偿退出与使用制度，按照"法定无偿、超标有偿、退出补偿、节约奖励、闲置处罚"的原则，扭转宅基地闲置低效利用现状；（2）探索退出复垦宅基地的集中收储机制，由政府按照集中收储价格收储农民自愿退出宅基地节余的建设用地指标，指标在县域内统筹使用，收储价格为12万元~14万元/亩；（3）针对县内每年建设用地指标供大于求，宅基地退出的节余指标在县内无法消化的问题，泸县尝试宅基地退出复垦节余指标在省域内流转交易。第一轮试点结束时，泸县腾退一户一宅空闲宅基地1200余户，拆除违法占地800余户，新增耕地6300余亩，全县222个改革试点村，通过宅基地退出后的节余指标流转，村集体平均收益超过100万元，集体经济组织不断壮大。如今，四川泸县已蜕变成为全国粮食生产先进县、四川省乡村振兴成效显著县。

3. 对比分析

浙江义乌市和四川泸县两个宅基地试点区域在坚持农村宅基地集体所有制、保障农户宅基地是资格权的前提下，对放活宅基地使用权进行了差异化的路径尝试,都是一种事实上的宅基地"三权分置"探索。受区域异质性影响,浙江义乌市和四川泸县分别借助"集地券"模式和节余指标收储并上市流通的方式在探索宅基地财产权利实施方面取得了积极进展。集地券和节余指标的交易流通本质上是一种对宅基地使用权直接入市交易的替代机制,实际是借助市场力量实现宅基地使用权与农民财产权利的置换。其有效性在于:一方面,顺应了农民对宅基地财权的要求,对集地券的兜底价格回收和对宅基地节余指标的集中收储都保证了风险厌恶者能够得到确定的收入,有利于形成稳定收益预期,在很大程度上降低了宅基地使用权退出的"损失风险"发生概率;另一方面,宅基地集地券和指标收储的改革模式本质上就是化零为整,从而规避了宅基地使用权零散交易的高风险和高交易成本问题,既符合优化乡村用地布局的规划要求,又有利于缓解城乡建设用地指标供需不平衡的现实矛盾。因此,完全按照私法逻辑构造宅基地使用权是适度放活宅基地使用权的逻辑起点,宅基地使用权的适度放活应当坚持宅基地使用权财产化、利用主体市场化、利用方式多样化,从放活要求、放活条件、放活模式、放活方案等方面予以构造。①

(二)以资格权与使用权分离设计资格权

从"三权分置"政策的规范意旨而言,宅基地上的资格权是为了解决农村集体内的农民不因为土地财产利益的让渡而丧失基本生存权利的问题,因此宅基地资格权必须要基于集体组织成员身份获取。②《土地管理法》第34条以及浙江省义乌市的改革试点均对此进行了肯认。就集体经济组织成员的范围而言,《农村集体经济组织法(草案)》第11条的规定或许可资借鉴,其将集体组织成员界定为户籍要素、固定生产生活要素以及基本生存保障要素来进行判断。③

就权利内容而言,宅基地资格权实际上包含了申请宅基地分配、对于宅基地的优先受让、无偿使用和管理宅基地,在宅基地受到损害时主张救济等一系列权利内容。④其中,占据核心权能的自然是对于宅基地的分配请求权。其不属于实体财产权利,表现为一种期待性利益,因此从分配请求权转变为切实的

---

① 杨青贵:《适度放活宅基地使用权的理论逻辑与实现进路》,《农业经济问题》2023年第7期,第72页。

② 康文杰、赵华、杜伟:《全国33个试点县宅基地资格权实现的探索分析与建议》,《农村经济》2022年第8期,第62页。

③ 《农村集体经济组织法(草案)》第11条:"户籍在或者曾经在农村集体经济组织并与农村集体经济组织形成稳定的权利义务关系,以农村集体经济组织集体所有的土地为基本生活保障的农村居民,为农村集体经济组织成员。"

④ 张力、王年:《"三权分置"路径下农村宅基地资格权的制度表达》,《农业经济问题》2019年第4期,第27页。

可以占有、使用宅基地的权利，中间仍具有一定的不确定性。分配请求权的权利性质自然为请求权，宅基地资格权人，即集体经济组织内成员可以向集体经济组织请求分配宅基地。

就宅基地资格权的性质而言，应当属于成员权的一种。[1] 将其定义为成员权也有助于对集体土地所有权的强调。基于成员权的特性，宅基地资格权具有身份性，与集体经济组织成员的身份相伴而生；具有专属性，仅能够由集体经济组织成员享有，成员无法将该权利转让，也不会发生继承的法律效果；同时还具有保障性，宅基地资格权承载了原宅基地使用权上的社会保障职能。集体成员自然可以在存续期间内享有宅基地资格权，其他主体不得非法剥夺集体成员的资格权。

宅基地资格权在我国现有法律规范中尚未得到明确规定。对于宅基地资格权的规范定位，有观点认为可以将其置于《民法典》物权编的"集体所有权"一章中，以体现其落实集体所有权的终极目标。[2] 但因《民法典》刚颁布不久，处于法律安定性的考虑，不易立即对其做出修改。故本文认为可以将其规定在正在修订的《农村集体经济组织法》之中。《农村集体经济组织法（草案）》尚未正式颁布，仍有一定的修改空间。该草案中规定了集体经济组织成员权，且将"依法申请取得宅基地使用权"纳入了成员权的范围，可以将其作为宅基地资格权的来源规范。仅该条文恐怕难以承担资格权的全部内容，故本文主张在《农村集体经济组织法》中以专门一章的行使对资格权进行规范，从而对相关内容作出系统性规定。

（三）以用益物权为基础设计使用权

作为对农民财产权利内容体现的宅基地"使用权"，其权利性质应当为典型的用益物权。权利内容包括且不限于占有、使用、收益等权能。此处的使用权客体并非是宅基地土地本身，而是宅基地资格权人对于宅基地的权利，亦即宅基地"三权分置"之下，宅基地使用权的客体应当为权利，而非土地本身。宅基地使用权的内容形态并非"期待利益"，而已经转化为实体财产权，其内容与权能均与财产利益密切相关，使用权人甚至可以对使用权本身进行处分，与私法普遍意义上的用益物权也不再有不同。宅基地使用权得到设定后，使用权人的权利便得到确定，具有长期性，权利人可直接基于该权利对宅基地进行

---

① 程秀建：《宅基地资格权的权属定位与法律制度供给》，《政治与法律》2018 年第 8 期，第 29 页。

② 管洪彦：《宅基地"三权分置"的权利结构与立法表达》，《政法论丛》2021 年第 3 期，第 157 页。

占有、使用、收益，甚至对该权利进行进一步的处分。

宅基地使用权既然为用益物权，则权利形式自然表现为支配权的行使，即权利人实现本权利，无须他人协助即可对标的物进行处置。① 亦即宅基地使用权人可以就其权利而言排除、对抗他人干涉，甚至以此对抗集体土地所有权人、宅基地资格权人。

就使用权的具体内容而言，其属于财产权的一种，具有财产性。"三权分置"制度下的宅基地使用权剥离了原宅基地使用权的公益属性，纯化为仅仅承担财产权利性质功能的用益物权，不再与身份属性相挂钩，权利内容与经济、财产利益密切相关。同时，使用权可以自由流转，宅基地使用权人虽然不能对宅基地的土地本身进行处分，但是可以对土地之上的权利进行处分。在处分方式上，包含出租、入股、抵押等多种流转方式。

不同于所有权，宅基地使用权作为他物权，具有一定的期限性，否则作为限定物权的使用权将会掏空所有权，导致所有权的虚化，从而违背宅基地"三权分置"制度的政策精神与物权法的基本法理。故宅基地使用权在流转过程中，基于受让行为取得宅基地使用权的权利人，应当具有一定的权利存续期间，具体期限不得超过宅基地资格权的剩余期限。②

若宅基地使用权受到非法侵害，则权利人可以主张基于物权的权利保护方式。宅基地使用权人可以基于《民法典》第233条以下的物权请求权，主张对行为人的排除妨害和消除危险请求权。基于宅基地使用权的绝对权属性，权利人也可主张侵权损害赔偿请求权，故可以主张《民法典》第1165至1167条所规定的侵权损害赔偿。在侵害人所具体承担的责任方式上，包含停止侵害、排除妨碍、消除危险、恢复原状、赔偿损失等多元方式。

五、结语

在坚持农村宅基地集体所有制的基本原则下，将宅基地定义为农民的财产是适当的，集体组织是资源所有者，农民持有宅基地的财产权益。这种财产权益强调的是宅基地产权"权利束"的经济意义，具体体现为一种经济权利，农民可以不拥有宅基地的完整产权，但宅基地必须具备"财产"的基本属性。

"三权分置"的制度创新为宅基地财产权利的实施提供了制度环境，需要适当的实施机制和与之匹配的法律体系，完全将宅基地使用权局限于本集体范

---

① 孙宪忠：《中国物权法总论》（第4版），法律出版社2018年版，第126页。
② 汪洋：《"三块地"改革背景下宅基地使用权继承制度重构》，《河北法学》2021年第10期，第17页。

围内的流转限制不利于宅基地财产权利的实现，拓展宅基地财产权利实现的范围与确保宅基地社会保障功能并不矛盾。顾及宅基地"三权分置"改革的底线原则和宅基地特殊财产属性，须严格按照"适度放活"的原则，采取差异化路径间接实现宅基地的财产价值。

"三权分置"的宅基地制度框架下，需要重新廓清三种权利的权利性质与内容。除了第一层次的集体土地所有权外，宅基地资格权属于成员权的一种，主要承担宅基地制度上的公益属性，而新的使用权则属于财产权框架内的用益物权，其权利客体为对于宅基地的权利而非土地本身。

在"三权分置"的宅基地制度新框架下，探寻宅基地财产权利的实施路径，完善宅基地"三权分置"制度的配套法律体系，一方面需要进一步完善宅基地使用权流转的规制制度，维护好农民的财产权利和村集体的良好运行秩序；另一方面，需充分肯定宅基地制度的社会风险"兜底"功能，在实施路径上更需考虑区域社会经济发展的异质性禀赋效应，重视政府组织对制度实施与律法落地的绩效功能。

债与合同法论

债权人代位权客体范围及法律效果归属问题研究

王炳智[*]

　　摘　要： 债权的本质在于维护财产权移转的秩序而非财产权归属的秩序，而债权人代位权制度要旨则在于尽早实现债权人债权而非单纯地保全债务人责任财产。债权人代位权客体范围及法律效果归属问题的解释论研究立足于《民法典》第535条和第537条原文，在法教义学框架内，通过分析债权基本内涵，理清请求权能作为法律上"可以请求之力"与债权本体的关系，并结合债权人代位权功能、自愿原则等标尺合理界定债权人代位权客体范围。在坚持债权平等原则前提下反思"入库"规则和优先受偿规则在与法条符合性、公平性和实效性上的不足，并基于新债清偿原理和机会平等原则，还原《民法典》第537条只在于解决债权人可诉请求履行问题而非债务人责任财产实际归属问题的条文原意，协调与债权人撤销权受偿规则的关系，维护体系内效力的公平性。

　　关键词： 债权人代位权　实现债权人债权　与债权有关的从权利　新债清偿可以请求之力

一、问题的提出

　　债权人代位权是指当债务人怠于履行债务影响债权人到期债权实现时，债权人可以自己名义代替债务人行使其对相对人的权利，以此保全债务人责任财

---

　　* 王炳智，西南大学法学院网络与人工智能研究中心助理研究员。本文系重庆市社会科学规划项目一般项目"民法典实施背景下重庆市数字资产治理困境与应对研究"（2021NDYB028）的阶段性研究成果。

产，保证债权人的债权如期实现。过去我国在代位权行使条件方面，《合同法》第 73 条规定了"对债权人造成损害"的权利行使标准；在可代位行使的客体范围和法律效果归属方面，《合同法解释（一）》将其限缩至金钱债权并授权相对人向债权人直接履行债务。2021 年我国《民法典》颁布后，《民法典》第 535 条和第 537 条对上述规则的表述作出了调整，将代位权的权利行使标准由"造成损害"修改为"影响到期债权实现"，将代位权客体范围扩大至与债务人债权有关的从权利，并继续沿用了《合同法解释（一）》中对相对人债务履行标的归属的规定。

我国过去债权人代位权制度的设置目的比较简单，主要为解决"三角债"和赖账问题，但即便如此，若仅将代位权的客体范围限定于金钱债权也无法真正满足现实需求。[①] "债"的形式多种多样，大致可分为狭义之债和广义之债：狭义之债即"个别的给付关系"，其从债务人或债权人一方的视角出发，例如当事人移转物的所有权或交付价金，当债务人或债权人的个别给付完成后其对于另一特定方的债务即刻消灭；[②] 而广义之债并不限于此，若交付标的有瑕疵，当事人得基于合同请求减少价金、损害赔偿或解除，其不会因债的移转而影响债的同一性。[③] 显而易见的是若债务人怠于维护其基于广义之债享有的债权时依然可能有损于债务人的责任财产，影响到期债权的实现，因此，无论学界还是司法适用中都尝试结合扩张解释、目的解释的方法或完全从漏洞填补的视角出发做类推适用，以此修正《合同法解释（一）》的规定。

然而，争议更大的问题在于其他两个方面：首先，仍然是代位权行使的客体范围问题，因为无论选择扩大还是限缩都没有真正圈定该客体范围的界限；其次，客体范围扩大后的债之标的是否适宜由相对人向债权人直接履行也并无定论。有学者主张原《合同法》第 73 条规定的"到期债权"从文义上可以包含物权及其请求权（移转占有的权利质权和留置权除外），但反对者认为物权及其请求权因不会罹于时效而在理论上可永久存续，无须借助债权人的代位权实现，况且这会严重干预债务人与相对人间的合同自由，不符合意思自治原则的要求。除代位权行使的客体范围中部分客体存有较大争议外，现有代位权法律效果归属规则是否为大多数人理解的优先受偿规则或称为直接受偿规则也依然存疑，值得探究。例如，一些学者从法律效果上论证认为第 537 条所谓的直接受偿规则其实仍与"入库"规则一致，或者借助抵销原理对"入库"规则进

[①] 参见谢怀栻等：《合同法原理》，法律出版社 2000 年版，第 170 页。
[②] 参见王泽鉴：《债法原理》（第二版），北京大学出版社 2013 年版，第 56 页。
[③] 参见王利明：《债法总则研究》，中国人民大学出版社 2018 年版，第 9 页。

行改良，该观点本质上与前者的结论一致。但另有批驳的观点却基于新债清偿原理主张第 537 条的表述只是债权人对于相对人的"相对性请求"问题，不能决定债履行之标的的最后归属。

因此，本文将在厘清争议焦点基础上，着重就债权人代位权的客体范围与法律效果归属问题进行探讨，通过回溯债权基本内涵、债权人代位权制度的功能以及近年来该制度变化的倾向，透过法教义学重新对《民法典》第 535 条与第 537 条作解释论研究。

二、债权人代位权功能与债权基本内涵为解决争议的主要理论标尺

作为"可以请求之力"的债权基本内涵为债权人代位权客体的类型化界定提供了基础框架，其同时也是澄清《民法典》第 537 条代位权行使法律效果的主要线索。而基于债权人代位权启动条件归纳得出的"实现债权人债权"的制度功能则为解决界定债权人代位权客体范围的部分争议提供了价值指引。过去单纯解决金钱债权的代位问题束缚了代位权制度的手脚，而在"实现债权人债权"功能的指引下，债务人债权以及与之相关的从权利范围将进一步扩大。但仍应以尊重当事人自愿原则为前提，防止该范围盲目扩张，并坚持部分客体判断时须具体问题具体分析的辩证思维。[①] 此外，"实现债权人债权"的代位权功能同时也是对过去保全债务人责任财产说缺陷的弥补与完善，从而既否定了"造成损害－责任财产保全功能－入库规则"的传统逻辑，同时结合债权基本内涵也进一步佐证了《民法典》第 537 条仅是代位权行使的请求权规则而非归属规则的观点，而对该法第 537 条代位权行使法律效果的理解同样也会影响代位权纳入部分争议客体的判断。由于自愿原则作为市场经济体制下整体私法的"灵魂和红线"，其衍生的权利本位、当事人选择主义和处分权主义为学界普遍认同并无较大争议。[②] 因此，本文将重点还原《民法典》第 535 条所体现的债权人代位权功能和阐释债权基本内涵，对存在内在关联的第 535 条和第 537 条进行一并分析，以此为债权人代位权客体范围的界定和行使代位权的法律效果争议探寻理论依据。

（一）作为"可以请求之力"的债权基本内涵提供逻辑起点

传统债权的定义主要是"特定人得对另一特定的人请求为特定的行为"，

---

① 参见伍治良：《我国民法基本原则现代化之标准及趋势》，载《华东政法大学学报》2007 年第 2 期。

② 参见江平、张礼洪：《市场经济和意思自治》，载《法学研究》1993 年第 6 期。

特定人所做行为既可以是作为的也可以是不作为的内容，其可统一概括为"给付"。① 从文义上可知其重视行为本身，因此，有学者主张债权实质上与物权法上请求权和亲属法上请求权类似，即属于实体法中可主张的具体请求权。② 此种定义容易使人忽略债权人也具有对给付结果的受领权和保持该种受领的权益，而债权之"请求权"实际上仅为其各方面法律上之力中的"可以请求之力"，即请求权能，③ 但这观点同时也反映出该权能是债权的主要权能。而债权人代位权作为保全债权及时实现的法定权利也属于债权权能的一部分，具有债权性质，债权主要作为一种请求权能的规定性同样也可以适用于债权人代位权。因此，尽管大部分学者认为《民法典》第537条仅是代位权行使法律效果的归属规则，但本文不敢苟同并会在下文详细阐述。

债权产生的基础是债权债务关系的建立，即债的形成，其本质是"特定当事人间的请求一定给付的法律关系"。④ 而债的发生是债法体系的"逻辑起点"，因此要探究代位权客体的内涵外延，还需回到基于债的发生原因所作的基本分类。⑤ 但有学者批判认为在判断代位权客体范围中债务人的"债权"以及与之相关的从权利时，若通过"狭义之债"和"广义之债"的界分进而形成"狭义之债的从权利"和"广义之债的从权利"的概念，这将与法条文表述的"与该债权有关的从权利"有出入，实际是在混淆概念。⑥ 其实，批判该分析路径的意义不大，有"钻牛角尖"之嫌，无益于范畴的清晰界定。

回溯罗马法，盖尤斯将债主要分为契约之债和私犯之债（或称之为侵权之债），优士丁尼《法学阶梯》将其进一步细化并又延伸出准契约之债和准私犯之债两类。《法国民法典》直接继承，而后《德国民法典》最终确立了主要由合同、侵权、不当得利、无因管理构成债的体系并一直沿用至今。⑦ 我国《民法典》第118条基本继承了前述分类，另外还通过基于"法律的其他规定"所形成的债来做兜底，如缔约过失之债。而债权性质上主要为请求权，传统请求权体系包括基于合同、缔约过错、物权法、侵权行为、无因管理、不当得利的请求权等。⑧ 基于合同的义务又分为主给付义务和从给付义务，除合同适当履

---

① 参见陈华彬：《债法总论》，中国法制出版社2012年版，第10页。
② 参见陈华彬：《债法总论》，中国法制出版社2012年版，第21页。
③ 参见陈华彬：《债法总论》，中国法制出版社2012年版，第21页。
④ 王泽鉴：《债法原理》（第二版），北京大学出版社2013年版，第55页。
⑤ 参见谢鸿飞等：《债法总则：历史、体系与功能》，社会科学文献出版社2021年版，第527—529页。
⑥ 参见韩世远：《债权人代位权的解释论问题》，载《法律适用》2021年第1期。
⑦ 参见谢鸿飞等：《债法总则：历史、体系与功能》，社会科学文献出版社2021年版，第528页。
⑧ 参见［德］迪特尔·梅迪库斯：《请求权基础》，陈卫佐、田士永、王洪亮等译，法律出版社2010年版，第13页。

行中一般的从给付义务外，当主给付义务履行受到妨碍或消灭时也会产生从给付义务。基于主给付义务，债权人享有诉请履行请求权、强制执行请求权（包括财产保全请求权）、自力实现权和处分权（包括抵销权）等。① 基于从给付义务，债权人主要享有主债权的变体，其包括：损害赔偿、解除后给付返还、瑕疵后减价、更换、违约金、有影响债权实现之虞时的代位权、不动产转移登记、注销登记等请求权。基于缔约过错，债权人可享有缔约过错损害赔偿请求权。合同之债主要为意定之债，而基于缔约过失、无因管理和不当得利之债形成的则为法定之债，债权人因此享有相应的债权。而从权利则是指能够增强主权利效力并依附于主权利的权利，因此与债权有关的从权利主要包括：基于主给付义务的利息；基于债的担保，债权人可享有担保物权及其请求权和保证债权；合同解除与撤销、债权人撤销权等形成权；因罹于时效、除斥期间届满、给付不能等形成的抗辩权等。②

（二）"实现债权人债权"的代位权功能提供价值指引

保全债务人责任财产是我国当前主流观点认可的债权人代位权制度应有的目的。③ 由制度目的出发进而在债权人代位权行使的条件方面发展出"无资力说"，即债务人全部的资产不足以清偿全部债务时，债权人代位权作为债的保全之一才有必要行使，否则便会损害债务人与相对人关系中双方当事人的意思自由④。这与过去《合同法》第 73 条"造成损害"的条件相吻合，然而，《民法典》第 535 条此次刻意做了修改区分，即用"影响""到期债权实现"来替换。影响到期债权实现从文义上讲自然包括因债务人责任财产不足导致债权人受损的情形，但该表述又引出以下疑问：当责任财产足以清偿债务时是否还会对债权人造成损害？这一问题的关键在于对"造成损害"条件内涵的理解。

"实现债权人债权"与"保全债务人责任财产"在规范语境上是有交叉的，因为保全债务人的责任财产确实利于实现债权人的债权，但前一规范语言所能涵摄的情形明显要广于后者。之所以要突破债权相对性原则"保全"债务人财产，其规范用意明显在于避免债务人责任财产面临不足以清偿债务的风险，而"实现债权人债权"则不然，因为现实中债务人责任财产虽无不足以清偿债务之虞但仍会影响债权人债权实现的情形时有发生。例如当出租屋受到无权第三

---

① 参见［德］迪特尔·梅迪库斯：《德国债法总论》，杜景林、卢谌译，法律出版社 2003 年版，第 16 页至第 19 页。

② 参见［日］我妻荣：《新法律学辞典》，有斐阁 1983 年版，第 584 页。

③ 参见申卫星：《合同保全制度三论》，载《中国法学》2000 年第 2 期。

④ 参见崔建远：《论中国〈民法典〉上的债权人代位权》，载《社会科学》2020 年第 11 期。

人的妨碍，但因出租人怠于行使妨害排除请求权导致承租人使用权益受害，基于租赁合同可知，虽然债务人（出租人）责任财产足以变价清偿债务，但这仍然影响了债权人（承租人）债权的实现。

有学者认为影响到期债权实现从文义上讲是"一种程度"，这一必要程度便在于实际造成债权人损害，但其同时又将不安抗辩权也纳入代位权规则适用范围内。① 《民法典》第 527 条第 4 款规定，当有确凿证据证明债务人"可能丧失履行债务能力"时，双务合同的另一相对方便可主张不安抗辩权，这也就意味着在未能实际造成债权人损害的情况下可以适用代位权规则，这便与前述学者观点形成了矛盾。矛盾的原因在于前述学者观点的理论预设，即"'造成损害'条件表明债权人代位权制度具备责任财产保全功能"的因果关系是必然成立的，进而可以更便宜地将第 537 条解释为"入库"规则。"造成损害－责任财产保全功能－入库规则"这一由前一规范归纳上升为学说理论进而再解释后一规范的体系解释与目的解释结合的思路，几乎是当下大多数仍坚持"入库"规则的学者的基础逻辑。但该思维逻辑实际无法完全成立，因为当责任财产足以清偿债务时依然可能会对债权人的债权造成损害，换句话说，"造成损害"还可以解释为债权人代位权制度也具备"实现债权人债权"的功能，也就是说"造成损害"规则不是"保全债务人责任财产"结论的充分且必要条件，相反，后者应是前者的必要条件。

因此，无论是基于过去《合同法》第 73 条现成的"造成损害"的旧逻辑还是将《民法典》第 535 条解释为"一种程度"进而又自然推论到"造成损害"的新逻辑，本质上依旧是"新瓶装旧酒"，既使得《民法典》第 535 条的刻意调整失去意义，在逻辑上也依然无法充分证立，因而上述观点不宜采纳。而"实现债权人债权"这一对债权人代位权功能的描述明显更符合第 535 条"影响债权人的到期债权实现"的语境与内涵，弥补了过去只有在实际造成损害时才能代位行权的缺陷。另外，其实从同一条文中"怠于"二字也可窥见端倪。"怠于"通常理解为"债务人应行使权利并能行使而不行使"，该表述反映出债务人债务履行的不及时性，那么，债权人行使代位权便在于使其尽早履行债务实现自身债权权益。②

在日本和法国，债权人代位权制度仅仅是为补充当时还不完善的债权执行制度而设，可通过法定抵押规则实现债权从而减轻债权人诉的负担，避免其他

---

① 参见崔建远：《论中国〈民法典〉上的债权人代位权》，载《社会科学》2020 年第 11 期。
② 参见林诚二：《民法债编纵论——体系化解说》，中国人民大学出版社 2003 年版，第 402 页。

债权人"搭便车",若不符合法定抵销规则仍可作为强制执行程序前的准备程序,在确定代位权成立后即可执行。① 可见,我国《民法典》此次对债权人代位权功能的澄清也顺应了时代发展的潮流,可谓激浊扬清。

三、债权人代位权客体范围应做适度扩张

代位权客体范围可基于上述债权基本内涵并结合前文所述"实现债权人债权"的制度目的和民法自愿原则进一步确定。有学者认为债权人代位权客体不能包括前文所提之债务人权利的权能(即权利的作用),具体而言,债权人不得代位行使债务人债权或物权的"使用、收益、处分"等权能。② 当然,期待权等效力尚不完全的权利毋庸置疑不可代位,但诸如请求权、撤销权、解除权、代位权、抵销权等均属债权权能之一,若不得行使其权能,那《民法典》第535条设定的意义何在?部分学者直接引用"养蚊子"案例解释称代位权所行使之债权具有整体性,并未分离或单独行使某项权能。③ 该理由虽也能排除疑虑,但本文认为,前述学者担忧的关键在于防止债权人代位权被滥用从而具有物权属性。结合债权基本内涵可知债权标的为给付行为而非直接涉及给付行为的对象,其本质属性决定了债权人代位权也不得直接干预给付行为的对象,而必须以相对人行为作媒介,况且代位权行使仍须通过诉讼或仲裁程序。因此,对债权人代位行使债务人债权及与之有关从权利权能的争议在自愿原则和债权基本内涵约束下无须多虑,否则只会因噎废食,钳制债权人代位权制度的发展。此外,对部分争议较大的债权人代位权客体的具体分析有以下三点。

(一)应将债权人代位权和程序法上权利纳入代位权客体范围

部分学者将程序法上权利和债权人代位权排除出代位权客体范围,其认为若允许债权人代位行使债务人的代位权可能会改变代位权自身性质,使其具有支配权的追及效力,不当扩张了其效力。对于程序法权利,他认为应严格"区分实体法和程序法",并且《民事诉讼法》已有制度可满足需要,没有必要再将诉权、强制执行请求权、财产保全请求权等程序法权利纳入代位权客体,但本文并不认同此观点。④

对于债权人代位权而言,首先,根据我国《民法典》第535条,代位权行使仍须通过诉讼程序中的公权力来确认,实质为债权中诉请履行的"可以请求

① 参见杨巍:《〈民法典〉债权人代位权解释论研究》,载《江西社会科学》2020年第12期。
② 参见林诚二:《民法债编纵论——体系化解说》,中国人民大学出版社2003年版,第407页。
③ 参见崔建远:《论中国〈民法典〉上的债权人代位权》,载《社会科学》2020年第11期。
④ 参见杨巍:《〈民法典〉债权人代位权解释论研究》,载《江西社会科学》2020年第12期。

之力"。① 即便胜诉，由于第535条仅为相对性请求规则，不涉及债权标的归属规则，因此，若相对人选择向其他债权人履行时，根据第537条，胜诉债权人还须通过强制执行程序才可能最终实现其权利，这与支配权可以直接行使请求权的追及效力的强度有很大差别。其次，即便允许代位行使债务人的代位权，仍然必须通过代位权之诉确认债务人代位权是否成立，以此类推，由于债的相对性特点，其只为特定当事人所知，不具公开性，因此，层层代位确认代位权成立的成本更大，几乎不可能出现多层代位的情况，无须为此过于担忧。

对于程序法上权利，正如前述对债权内涵的分析，代位权作为债权权能之一，请求权的特性使其常常表现于"实体与程序"之间，刻意区分无太大意义。② 该学者所列举的程序法上权利均为债权权能的一部分，无论从文义上还是法体系角度都可以很自然地推论其应属债务人债权及其从权利的客体范围。而诉讼法中"协助执行"规则并不完备，根据《民事诉讼法》第243条和《民事诉讼法》解释第501条第1款，很明显该规则仍需依赖强制执行程序，而且第501条将债务人可执行客体限制为"到期债权"，明显限缩了代位权客体的范围，与《民法典》第535条规定并不协调。③ 因此，仍有必要将代位权和与债权有关的程序法上权利纳入债权人代位权客体范围之中，该学者的反驳理由不宜采信。

（二）应将物权及其请求权纳入代位权客体范围

部分学者反对债权人代债务人行使其对相对人的物权及其请求权，其主要的理由如下：（1）物权及其请求权无罹于时效之忧，不会因怠于行使而对债权人造成损害，没有启动代位权的必要；（2）代位权本质为债权权能，非独立权利类型，不具有对抗第三人效力，债权人不得请求相对人返还其占有的债务人的财产，否则债权将具有物权效力；（3）严重干扰债务人与相对人间合同自由，不符合意思自治原则。④

然而，依据《民法典》第535条和前文已证立的债权人代位权制度应具备的"实现债权人债权"的根本目的，即便物权在物没有灭失的前提下，理论上可以永久存续，但债权人代位权行使的目的重在债权的早日实现，一直存续却

---

① 参见陈华彬：《债法总论》，中国法制出版社2012年版，第21页。
② 参见陈华彬：《债法总论》，中国法制出版社2012年版，第21页。
③ 参见《最高人民法院关于适用〈中华人民共和国民事诉讼法〉的解释》（法释〔2015〕5号）第501条：人民法院执行被执行人对他人的到期债权，可以作出冻结债权的裁定，并通知该他人向申请执行人履行。该他人对到期债权有异议，申请执行人请求对异议部分强制执行的，人民法院不予支持。利害关系人对到期债权有异议的，人民法院应当《按照民事诉讼法》第227条规定处理。对生效法律文书确定的到期债权，该他人予以否认的，人民法院不予支持。
④ 参见王利明：《债法总则研究》，中国人民大学出版社2018年版，第698—699页。

长期无法实现的权利几乎失去了经济价值，根本无法满足市场交易的需求。其实，其在对"怠于行使"条件的解释中也有多次暗示，如"没有及时主张权利""合理期限内"等表述均反映了代位权行使的及时性特点。[①]

代位权制度设计之初就是对债权相对性突破的例外，债权人得以代债务人向相对人请求并不能反映出其具有对世性，并且债权人依然要通过强制执行程序来实现，这与前述对代位权和程序性权利纳入争议的理由一致。而基于新债清偿原理和债权平等原则的要求，《民法典》第537条也仅是请求权行使规则而非如物权行使效力般的归属规则，债权人代位权行使仍局限于特定债权人与债务人之间，不具有物权效力。

物权及其请求权可具体分为具有担保功能的担保物权、用益物权和所有权。毋庸置疑，担保物权作为与债权有关的从权利，无论从文义还是体系上均无争议。但有学者认为对于移转占有的权利质权、留置权和动产质权，因其为债务人占有债权人不得代位行使，他明显忽略了债权人代位权行使的关键并不在于该标的物是否实际处于债务人控制范围内，只要债务人"怠于"行使其权利影响了债权人到期债权的实现，债权人便有权代位行使债务人的债权以及与之有关的从权利。[②] 对于所有权和用益物权而言，由于物权的"债权化"，例如土地承包经营权，其虽属于所有权，但本质上仍是基于合同产生的债权。[③] 另外，未经登记的动产无法对抗第三人，其实质上与债权的效力相差无几，对于这些物权，意思自治原则对债权人代位权的妨碍作用似乎并不明显。

（三）在纳入合同撤销权、解除权时应受自愿原则约束

自愿原则要求尊重债务人与相对人债权债务关系的意思自由。合同撤销权与解除权均为形成权，依债权人单方意思表示即可终止合同关系，其与债权人撤销权不同，后者为纯有害于债务人权益的情形，此时若债务人怠于履行，债权人代位行使不会实质影响债务人的权益。但合同解除与撤销的情况更为复杂，例如因重大误解导致合同可撤销，此时已做好合同履行准备的当事人仍有可能愿意继续履行合同或协商变更合同条款，若债权人径自撤销该合同将实质性剥夺债务人与其相对人间对合同履行及责任承担方式的选择自由。另外，有学者也认为，行使该权利对债务人责任财产是否更有利不易判断。[④] 因此，对

---

① 参见王利明：《债法总则研究》，中国人民大学出版社2018年版，第704页。
② 参见杨巍：《〈民法典〉债权人代位权解释论研究》，载《江西社会科学》2020年第12期。
③ 参见刘保玉、秦伟：《物权与债权的区分及其相对性问题论纲》，载《法学论坛》2002年第5期。
④ 参见韩世远：《债权人代位权的解释论问题》，载《法律适用》2021年第1期。

于合同撤销权与解除权须结合具体案例具体分析，不宜"一刀切"地将其盲目纳入债权人代位权的客体范围内，防止债权人代位权客体范围的不当扩张。

四、债权人代位权法律效果仅为诉请履行请求权而非客体归属权

当前学界和实务界对《民法典》第537条的解读主要分为三种观点：第一种观点认为第537条的第一句是优先受偿规则，第二句是"限定性入库"规则；① 第二种观点认为第537条第一句是直接受偿规则，但仅为"相对性请求"问题而非债权标的的归属规则，第二句是对债权实现的"外部路径"的注意规定；② 第三种观点则仍坚持第537条是"入库"规则。③ 但无论争论如何，各种观点的价值导向上仍一致坚持维护债权平等性原则，因此，各方探讨总还是有共同的话语基础，只是有规则符合性与有效性的优劣之分罢了。

结合上文对债权基本内涵的分析结论，即债权人代位权作为债权权能同样受债权主要作为"可以请求之力"的规定性约束，本文认为现有《民法典》第537条只是债权人对于相对人的两种请求权行使规则并非代位权行使法律效果的归属规则，主要论证理由和对其他观点的批驳如下。

首先，"入库"规则既不符合我国现行法规定，也不合理地增加了债权人债权实现的风险，不符合代位权制度目的。根据《民法典》第537条，债权人只有在接受债务人履行后，双重债权债务关系才即可消灭。但"入库"规则中，债权人行使代位权后相对人需要向债务人而非债权人实际履行，只允许在符合法定抵销权的情况下由债权人向相对人作出抵销的意思表示后享有事实上的优先受偿权。该规则反映出四个明显的缺陷：一是其债务履行的对象是债务人，与法条文规定的"债权人"不符；二是在债务人向债权人履行结束后，根据第535条规定，双重债权债务即可同时消灭，根本没有作出抵销意思表示的空间；三是"入库"规则只能解释符合法定抵销的情形，若不符合法定抵销规则，债权人只能通过强制执行程序要求债务人履行给付，甚至若债务人受领给付后出现逃避债务、转移财产等情形时，债权人还需先通过债权人撤销权之诉再次保全债务人责任财产，多道程序远不如第537条所规定的两种路径简便易行，不符合效率原则；四是"入库"规则并不公平。行使代位权的债权人即便胜诉也无法真正实现债权，反而要让其他未起诉的人"搭便车"，等待与其共

---

① 参见龙俊：《民法典中的债之保全体系》，载《比较法研究》2020年第4期。
② 参见金印：《债权人代位权行使的法律效果——以〈民法典〉第537条的体系适用为中心》，载《法学》2021年第7期。
③ 参见崔建远：《论中国〈民法典〉上的债权人代位权》，载《社会科学》2020年第11期。

同以债权所占比重分摊，倘若代位权之诉败诉，其诉讼成本便绝无可能再得到回报，如此制度设定将极大挫伤债权人行使代位权的积极性，对于债权人而言是一种不公。①

其次，优先受偿规则与债权平等原则的初衷相悖。将第537条径自解释为完全的优先受偿规则的问题主要发生在债务人责任财产不足以清偿债务的情形中。当只有单个债权人时，该规则并不影响其他主体权益，反而更有益于债权的早日实现，但当同时存在多个债权人时，优先受偿的债权人就会损害其他债权人的合法权益，打破了利益平衡，造成制度运行起点上的不公平。

最后，将债权人诉请求履行的"可以请求之力"和债权行使法律效果归属问题分立是符合我国现行法规定、债权原则和债权基本内涵的最佳选择。② 部分学者认为第537条规定的代位权行使规则遵循新债清偿原理，本文表示赞同。③ 债务清偿可通过向非债权人的免责给付来实现，即在债权并未发生移转的前提下，债权人与债务人达成合意，由债务人通过负担要求相对人向债权人履行给付的新债来清偿其与债权人间的旧债，这类似于德国民法典中的债权"受领授权"。④ 新债清偿下旧债并不当然消灭，即出现相对人无力清偿的情况时债权人依然可向债务人请求给付，而在"入库"规则和优先受偿规则中，债权人却必须承担相对人无力清偿的风险。债务人向债权人履行债务后，新旧债同时消灭，这与第537条第一句完全吻合，并且在最高法院近年来的多次司法审判中也都直接或间接承认了该原理在第537条中的适用。⑤ 在债务人责任财产足以清偿债务的情况下，多个债权人代位权胜诉后，相对人可自行选择向任一债权人清偿，债务履行结束后新旧债即同时消灭，相对人无需再向其他债权人进行清偿。这意味着债权人不会因其代位权之诉率先胜诉而享有优先受偿的权利，而是与其他债权人一样处在同一起点，换句话说就是各债权人真正受领相对人给付的机会依然平等，并且也利于维护债权人、债务人和相对人三方民事主体间的平等关系。债法主要调整市场经济中参与交易活动的经济理性人间

①　参见《中华人民共和国民法典》第537条：人民法院认定代位权成立的，由债务人的相对人向债权人履行义务，债权人接受履行后，债权人与债务人、债务人与相对人之间相应的权利义务终止。债务人对相对人的债权或者与该债权有关的从权利被采取保全、执行措施，或者债务人破产的，依照相关法律的规定处理。

②　参见陈华彬：《债法总论》，中国法制出版社2012年版，第21页。

③　参见金印：《债权人代位权行使的法律效果——以〈民法典〉第537条的体系适用为中心》，载《法学》2021年第7期。

④　参见［德］迪特尔·梅迪库斯：《德国债法总论》，杜景林、卢谌译，法律出版社2003年版，第186页。

⑤　参见贵州新建业工程有限责任公司、陈建光债权人代位权纠纷再审民事判决书（2020）最高法民再231号；参见北京大唐燃料有限公司诉宁波万象进出口有限公司债权人代位权纠纷（2019）最高法民终6号。

的法律关系，趋利避害、追求最大利润并承担相应风险是市场规律的必然要求。[1] 若如"入库"规则般一味追求结果平等，将不利于竞争环境下提高资源配置效率。[2] 而在机会平等基础上的代位权制度还体现了对意思自治原则指引下责任自负、利益自负要求的遵守，并与债权人撤销权的受偿规则保持了一致，避免了效力上的不公平问题。除此之外，结合前文对债权内涵的描述与分析可知债权本质上仍在于维护财产权移转的秩序，而非维护所有权的归属秩序。[3] 代位权作为债权权能之一，其理应符合债权的功能定位，同时，债权人代位权所发挥的可以诉请履行的法律上的"可以请求之力"也更契合债权作为一种请求权的基本内涵。

对于如此区分后代位权行使法律效果如何实际归属的问题，第 537 条第 2 句进一步限制了各债权人代位权行使的效力，即当债务人的债权以及与其有关的从权利被其他债权人申请采取财产保全、强制执行措施时，即便债权人代位权胜诉，该债权人也无法再直接受领相对人的给付。当责任财产足以清偿债务时，若无人提出 537 条第 2 句所列举的程序请求权时，则由相对人自行决定清偿对象，其中无法受到清偿的风险则由债权人自己承担。若有债权人提出上述程序的请求权，由于上述程序优于代位权程序，可类推适用执行程序中债务清偿的顺序和方式。[4] 当债务人责任财产不足以清偿债务时，针对法人而言，其可通过破产程序进行分配，根据《企业破产法》第 16 条、第 17 条和第 113 条的规定，债务人责任财产由破产管理人接管，即便债权人代位权胜诉，因债务人对相对人的债权也属于其责任财产的一部分，相对人对行使代位权的债权人的个别履行将无效，若有遗留财产，最终则依各债权人所占债权比重进行清偿。虽针对自然人没有破产制度，但此时在维护债权平等原则的前提下，依然可以比照上述执行程序中的清偿顺序和方式进行类推适用。

五、结语

债权人代位权客体范围和法律效果归属问题的研究，必须在法教义学分析

---

① 参见王泽鉴：《债法原理》（第二版），北京大学出版社 2013 年版，第 98—99 页。
② 参见吴祖祥、李琴：《代位权法律制度研究》，吉林大学出版社 2007 年版，第 10 页。
③ 参见陈华彬：《债法总论》，中国法制出版社 2012 年版，第 15 页。
④ 参见《最高人民法院关于人民法院执行工作若干问题的规定（试行）》："九、多个债权人对一个债务人申请执行和参与分配 55. 多份生效法律文书确定金钱给付内容的多个债权人分别对同一被执行人申请执行，各债权人对执行标的物均无担保物权的，按照执行法院采取执行措施的先后顺序受偿。多个债权人的债权种类不同的，基于所有权和担保物权而享有的债权，优先于金钱债权受偿。有多个担保物权的，按照各担保物权成立的先后顺序清偿。一份生效法律文书确定金钱给付内容的多个债权人对同一被执行人申请执行，执行的财产不足清偿全部债务的，各债权人对执行标的物均无担保物权的，按照各债权比例受偿。"

框架内，立足现有法条文及法律体系进行解释，从"怠于行使"和"影响债权人的到期债权实现"等决定行使代位权必要性的因素中理清该制度要旨在"实现债权人债权"，而绝非单纯保全债务人责任财产。而债权人代位权目的直接影响着代位权行使客体的范围，并且仍需注意的是虽然基于"实现债权人债权"的目的可将诸如特定物债权和租赁关系中妨碍排除请求权纳入客体范围，但仍需考虑通过债权人代位权实现的必要性，毕竟对于房屋辗转买卖和本文所举租赁权示例而言，当事人也可以通过违约和侵权责任途径来进行救济，由债权人通过代位权来行使是否有越俎代庖的弊端有待社会需要进一步检验，并且仍应受到民法传统的自愿原则和债权基本内涵的限制，不宜随意扩大债务人债权以及与之有关的从权利范围。在物权及其请求权是否可被债权人代位行使的问题中，本文对反对者所声称的意思自治原则理由的反驳稍显吃力，是否严重影响债务人意思自由也与前者一样有待实践验证。虽然新债清偿原理可以较好地解释《民法典》第 537 条的规定，但其对其他程序诸如财产保全、强制执行等程序效力优位的规定可能导致债权人代位权制度面临最终被虚置的风险，因此我们有必要从我国国内已有的立法文献和债权人代位权制度发展史中探究我国自身债权人代位权制度是否也有与法国、日本等国同种制度的类似制度背景，即我国过去和现在是否有将债权人代位权制度作为尚不完善的强制执行程序的准备程序的现实和制度需要。因此，虽行文至此，但上述所提问题仍需要做进一步的文献挖掘与探讨。

代理商合同终止制度的证立与展开

杨亚斐*

摘　要：代理商合同具有实践典型性和规范抽象性，是一种独立的有名合同，性质上是继续性合同。基于继续性合同的特性，不定期代理商合同当事人享有随时终止权，定期代理商合同有重大事由时，无须通知可立即终止。代理商合同终止后产生的损害赔偿的范围要视合同是定期还是不定期而有所不同。不定期代理商合同当事人通知终止合同后，须赔偿对方因合同终止造成的直接损失。定期代理商合同因重大事由终止的，重大事由归责方应赔偿对方履行利益损失。基于代理商行业的特性，代理商合同终止后，代理商可主张商誉补偿请求权，即委托企业在合同终止后基于代理商的前期努力仍能与代理商吸引的客户进行交易获得利益而代理商已无法要求佣金，基于公平原则而赋予代理商的补偿请求权。

关键词：代理商合同　随时终止权　重大事由终止　损害赔偿商誉补偿请求权

随着商业的发展，商事活动越来越复杂，专业化、类型化已成为商业发展趋势。商主体难以完全通过自身的力量实现所有的营业，而需要借助商事代理人的力量。代理商是典型的商事代理人，是受委托企业委任代理其进行缔约或提供缔约媒介的独立商主体，可以降低商人的经营成本，并且能够更加专业、高效地辅助商人完成相关商事活动。代理商在现代商业发展中发挥着越来越重要的作用，关于代理商合同的纠纷也随之增多，尤其是代理商合同解除的纠

　＊　杨亚斐，山西大学法学院博士研究生。本文系 2020 年度教育部人文社会科学研究规划基金项目"民商合一背景下商事代理制度研究"（20YJA820019）的阶段性研究成果。

纷。比较法上大多专门规定商事代理合同，但在实行民商合一立法体例的我国，《民法典》虽专章规定了代理，但规定较为简单且主要涉及民事代理，对商事代理的关注不够。民事代理与商事代理存在较大差异，商事代理绝非仅仅是民事代理适用于商事主体这样简单。代理商代理是典型的商事代理，在我国立法中也没有相关规定。司法实践中对代理商合同解除的处理也较为混乱，缺乏统一的依据，大多完全采用委托合同的规则来解决代理商合同纠纷，没有关注到代理商合同解除的特殊性与复杂性。代理商代理是建立在商事有偿委托的基础上的，不同于民事无偿委托，不应完全适用《民法典》中委托合同的解除规则。代理商合同本质上是一种继续性合同，同时其合同内容较为复杂，解除后的赔偿问题也较为复杂。因此，有必要对代理商合同的解除问题进行研究。本文标题中之所以采用"终止"这一表述，是基于代理商合同是继续性合同的性质，因此采用狭义的"终止"的概念，主要探讨代理商合同的终止事由以及终止后的赔偿、补偿问题。

一、代理商合同终止制度的证立

（一）代理商合同的界定

代理商合同是指代理商受委托企业委任固定持续地为委托企业提供订约服务，并由委托企业支付报酬的合同。代理商合同的界定主要在于代理商的界定，因为对委托企业原则上没有资格要求，几乎任何企业都可作为被代理人，代理商合同的特殊性主要在于代理商的特殊性。不同于企业的雇员，代理商是独立的商主体，有自己的组织机构、经营场所，长期从事代理业务。对于代理商的认定，本文认为应以商行为模式为主，兼采商主体模式。除特殊行业外，我国商法对代理商并没有主体资质要求，任何企业都可作为代理商从事代理业务。实践中的代理商尤其是销售代理商特别之多，无需具备特殊的条件。因此，只要是代理其他企业进行订约并以此营利的独立商主体，都属于代理商。但对于某些代理商，法律对其有资质要求，如专利代理、保险代理、国际货物运输代理商等，这些代理商的成立须具备一定的条件，获得相关部门批准或取得许可证。对于这些代理商，要以商主体模式进行认定，只有经依法批准成立登记的代理商才可从事特定的代理业务。基于此，代理商合同的界定也应以商行为模式为主，兼采商主体模式。对于一般行业，根据合同内容即当事人的权利义务来界定合同的性质，只要是一方主体委托另一方主体代理其进行订约或者提供其他服务的即为代理商合同。对于特殊行业，根据当事人的身份是否登记为特定的代理商再结合合同内容来判断，因为登记为代理商的主体签订的合同并不一定就是代理商合同，代理商也可与其他主体签订租赁合同等合同。

（二）代理商合同应作为独立的有名合同存在

代理商合同具有委托合同的性质，是委托企业委托代理商为其提供一定代理服务的合同，委托企业与代理商之间是委任关系。但是，代理商合同又不是单纯的委托合同，代理商以委托企业的名义进行缔约，法律效果归属于委托企业，是委托企业的代理人，代理商甚至可以使用委托企业的商标等，因此除了委托关系外，代理商合同中还含有代理权授予、知识产权许可等内容，实际上是委托合同要素和其他合同要素一起构成的一个较为复杂的合同。实践中商事主体签订名为"代理商合同"或"代理合同"的现象很多。《民法典·合同编》将行纪合同、中介合同都作为有名合同独立规定，代理商合同的典型性不比这些合同差，应作为与中介合同、行纪合同并列的有名合同，理由在于：

第一，代理商合同具有实践典型性。实践中代理商合同是一种典型的长期商业合同，代理商持续为委托企业提供代理服务，持续性交易关系中权利义务的设定以及合同解除规则，完全不同于一时性契约。此外，代理商合同不同于单纯的委托合同，双方地位并非实质平等。无论是在合同的签订还是履行中，代理商常常处于实际的弱势地位，虽有独立的地位，但通常受到企业指示权的约束。[①] 加之，代理商"长期"受托，所以该合同可能成为其主要的收入来源，类似于劳动合同。并且委托企业在利用代理商寻求到合适的客户群后也可能"过河拆桥"，给代理商造成损失。总之，代理商合同中存在独特而复杂的问题。因此各国商法典都对代理商合同中的权利义务作出了些许特殊规定。

第二，代理商合同具有规范抽象性。正是基于代理商合同的典型性、特殊性，域外立法已经对代理商合同的定义、权利义务关系以及合同终止问题抽象出一整套规范。因此，基于代理商合同的实践典型性与规则的可抽象性，其应作为独立的有名合同存在，适用其独立的系统的规则，而非依附于委托合同。

（三）代理商合同性质上属于继续性合同

代理商合同性质上属于继续性合同。继续性合同，是指契约之内容，非一次的给付可完结，而是继续地实现，其基本特色系时间的因素在债的履行上居于重要地位，总给付之内容系于应为给付时间之长度。[②] 代理商合同的给付内容并非自始确定，而是随着时间的延展，代理商的给付义务不断增加。只要在

---

① 参见汪渊智：《代理法立法研究》，知识产权出版社 2020 年版，第 46 页。
② 参见王泽鉴：《债法原理》，北京大学出版社 2013 年版，第 155 页。

合同存续期间，代理商就一直负有为委托企业尽力服务的义务。代理商给付内容的不确定性，体现为委托企业交付给代理商的业务数量的无限制性。[1] 直至合同期限届满或者一方当事人终止合同，代理商的给付内容和范围才能被最终确定。此外，由于继续性合同的持续性，信赖因素对继续性合同的履行有重要影响，强调当事人之间的信任关系，代理商合同亦是如此。委托企业往往是基于对代理商资本信用、专业知识、技能和经验等的信赖，才委托代理商代为缔结交易或提供交易媒介。代理人是其代理范围内事务的受托人，受托人必须对其委托人履行最大的诚信、忠实和诚实。[2] 同样，代理商也正是基于对委托企业资产信用、产品质量、声誉的信赖，才接受委托为其服务。无论是代理商还是委托企业，任何一方的声誉、能力等都对另一方至关重要。如果双方之间失去信任，难以继续履行合同，则可以终止合同，这正是继续性合同所具备的特征。合同有一时性和继续性之分，二者最显著的差别就在于时间因素对合同给付内容的影响[3]以及合同解除制度上。无论是解除事由还是解除效果，继续性合同都有别于一时性合同。代理商合同作为继续性合同在合同解消后是无法恢复原状的，应适用终止制度。

二、不定期代理商合同的随时终止权[4]

（一）不定期代理商合同随时终止权的理论正当性

《民法典》第563条新增第2款规定"以持续履行的债务为内容的不定期合同，当事人可以随时解除合同，但是应当在合理期限之前通知对方"，赋予不定期继续性合同当事人随时终止权。随时终止权是合同严守与人格自由两种法律价值衡量的结果。继续性合同的给付义务具有无限延续性，加之不定期限，很可能造成当事人永远无法脱离合同，致使其人格自由受到限制。因此对于不定期继续性合同来说，合同严守原则的适用将受到人格自由价值一定的限制。因而，法律赋予不定期继续性合同当事人随时终止权。而代理商合同本质上属于继续性合同，如果没有固定期限，当事人应享有随时终止权，即在没有任何理由的情况下于合理期限之前通知对方即可终止合同。《法国商法典》第

---

① 参见范健：《德国商法：传统架构与新规则》，法律出版社2003年版，第176页。

② See American Law Reports, 4th, Lawyers Co-operative Pub. Co. , 1981, p. 1080.

③ 参见屈茂辉、张红：《继续性合同：基于合同法理与立法技术的多重考量》，载《中国法学》2010年第4期。

④ 《民法典》第563条新增第2款规定："以持续履行的债务为内容的不定期合同，当事人可以随时解除合同，但是应当在合理期限之前通知对方。"根据该文义，本文将该权利称为"随时终止权"。

L134-11条①、《日本商法典》第30条第1款②都规定了不定期代理商合同当事人可提前通知对方当事人后终止合同。我国《民法典》第563条第2款规定了不定期继续性合同的随时终止权，在民商合一的背景下，代理商合同作为继续性合同应该适用该规定。

由于《民法典》第563条第2款为新增规定，司法实践中处理代理商合同终止的问题大多采用委托合同的解除规则。我国《民法典》第933条规定了委托合同的任意解除权，但代理商合同不应适用该任意解除权。首先，代理商合同并非单纯的委托合同。上文已述，代理商与委托企业之间既存在委托关系，也存在代理关系、知识产权的许可关系等。代理商获得利益真正依靠的是委托企业授予的代理权，仅仅存在委托关系，代理商无法从事代理业务，获得收益。其次，主流观点认为，之所以赋予委托合同当事人任意解除权，是因为委托合同是以信任的存在为条件；只要彼此之间丧失信任，当事人就可以不附理由地随时解除合同，不在乎合同是否有期限。③ 我国立法也是基于这一原因而规定委托合同的任意解除权的。④ 一般来说，信任关系主观性较强才能任意解除，其实主要存在于民事委托中。而商事委托中当事人之间的信任关系并非特别强烈。当事人签订委托合同，主要是信任对方的资产情况、专业技能等，该信任关系客观性较强。因此，不能仅依靠当事人主观认为丧失信任就可解除合同，司法机关可以客观地判断当事人之间是否丧失信任，是否可以继续履行合同。代理商合同中，委托企业和代理商之间虽具备信赖，但主观性不强。因此，从信任关系这个角度出发，代理商合同也不应适用任意解除权。最后，代理商代理通常是一种持续性代理，代理期限较长，当事人为履行合同会做大量准备工作，投入人力和财力。若允许任意解除权无限制地适用于商事代理将彻底否定商事代理活动的连续性，并且会破坏商事代理人合理的经济预期。⑤ 无论是哪一方任意解除合同，都会对对方造成严重的损失。因此，对于这种商事有偿委托，当事人不应享有任意解除权。否则，合同的约束力会被消减，也不利于商事交易的正常发展。

---

① 《法国商法典》第L134-11条规定："各方当事人可以在预先通知之后终止不定期代理合同。"
② 《日本商法典》第30条第1款规定："商人与代理商之间未约定合同期间时，可以提前两个月发出预告解除双方间的合同。"
③ 参见江平：《中华人民共和国合同法精解》，中国政法大学出版社1999年版，第352－353页；王利明：《合同法研究》（第三卷），中国人民大学出版社2015年版，第728页；崔建远：《合同法》，北京大学出版社2016年版，第661页；胡康生：《中华人民共和国合同法释义》，法律出版社1999年版，第630页。
④ 参见黄薇主编：《中华人民共和国民法典合同编解读》（下册），中国法制出版社2020年版，第1348页。
⑤ 参见曾大鹏：《民法典编纂中商事代理的制度构造》，载《法学》2018年第8期。

（二）随时终止权不同于任意解除权

第一，二者理论依据不同。随时终止权是基于避免因不定期继续性合同的无限延续造成当事人人格不自由而设置的，是便于当事人脱离合同而规定的，以保障当事人的合同自由。而任意解除权是基于合同当事人的信任丧失而赋予的，只要当事人主观上丧失了信任，不愿再继续履行合同就可解除，赋予当事人极大的解约自由，不论合同为一时性还是继续性、定期还是不定期，完全不同于不定期继续性合同的随时终止权。

第二，二者适用范围不同。随时终止权仅适用于不定期的继续性合同，包括四种情形：一是当事人没有约定期限或约定不明，也无法通过解释确定期限的继续性合同。二是在一些特殊的定期继续性合同中，期限届满，一方当事人继续履行，另一方当事人没有提出异议，此时该类定期继续性合同转为不定期继续性合同。如《民法典》第734条规定"租赁期限届满，承租人继续使用租赁物，出租人没有提出异议，原租赁合同继续有效，但是租赁期限为不定期"。三是约定以某一方当事人终生为期限的继续性合同，如以某个合伙人的终生为合伙期限的合伙合同，也属于不定期继续性合同。四是一些法定特殊情形，如租赁合同中，《民法典》第707条规定"租赁期限六个月以上的，应当采用书面形式。当事人未采用书面形式，无法确定租赁期限的，视为不定期租赁"。该适用范围有两个要素：一是合同性质为继续性合同，二是该继续性合同没有约定存续期限。而适用任意解除权的委托合同根据委托事项的不同，既可能为继续性合同如委托他人长期管理房屋，也可能为一时性合同如委托他人购买某物，且不论委托合同是否定有期限，双方当事人都可任意解除，是基于委托合同的特性而设置的特别规定。

第三，二者行使方式以及解除效果发生时间不同。根据《民法典》第563条第2款规定，不定期继续性合同的当事人行使随时终止权需要在合理期限之前通知对方，也就是说解除权人发出解除通知与产生解除效果之间有一段时间距离，解除的意思表示须在合理期间经过之后才能生效。[①] 而委托合同任意解除权的行使，当事人无须提前通知，解除通知到达对方即发生解除效力，但解除一方应当赔偿对方因解除合同所受的损失，损害赔偿责任作为当事人从合同中摆脱出来的代价。[②] 换言之，不定期继续性合同的随时解除权与通知期间相

① 参见［德］迪特尔·梅迪库斯：《德国民法总论》，邵建东译，法律出版社2013年版，第640页。
② 参见王洪亮：《民法典中解除规则的变革及其解释》，载《法学论坛》2020年第4期。

联结，而委托合同的任意解除权与损害赔偿相联结。

对于不定期代理商合同来说，适用随时终止权更加合理。无论是代理商，还是委托企业，提前通知对方后解除合同更符合效率价值，任意解除权不符合经济理性。在快速发展的现代社会，商业发展尤其强调效率，时间意味着商机。预先通知可以为对方当事人提供一定的准备时间，清理库存、寻找新的交易机会，尽量降低损失，也减少社会资源的浪费。至于预告期的长短，应与代理商合同的存续期间以及业务处理周期有关。《1993 年英国商事代理条例》第 15 条规定：“（1）若代理合同签订是为不定期合同，则任何一方通知对方时即解除。（2）通知的期限应该是——（a）合同第一年为一个月；（b）合同第二年为两个月；（c）合同第三年及以后为三个月。”《法国商法典》第 L134-11 条、《德国商法典》第 89 条都有类似规定。但是，仅仅依据合同存续期限确定预告期还不够全面，不同的代理商合同，内容不同，处理业务的周期也不同。法院可以根据案件具体情况适当调整预告期的长短，但要本着公平、效益的原则。至于预告期的起算点，应以终止通知到达对方时起算。只有在对方知道或应当知道面临合同终止时，对方才会采取减损措施，寻找新的交易伙伴，这时起算预告期，符合公平原则。预先通知符合诚信原则，有利于保护当事人的信赖利益。

三、定期代理商合同的重大事由终止

（一）定期代理商合同重大事由终止制度的理论基础

《德国民法典》第 314 条规定了继续性合同基于重大事由终止的一般规定，即“合同当事人任何一方可以由于重大原因而通知终止继续性债务关系，无须遵守通知终止期间”[①]。继续性合同持续时间长，给付非一时可完成，随着时间的延续，给付随之进行，直至当事人终止合同或者合同期限届满。因此，在持续履行过程中，合同的完全给付需要依赖当事人的诚信。此外，继续性合同给付义务较为复杂，正如王泽鉴先生所言：“雇佣及合伙等契约，基于其继续性的结合关系，特别重视信赖基础，要求当事人各尽其力，实现债之目的，除给付义务外，尚发生各种附随义务，以维护当事人利益。”[②] 履行过程中发生导致当事人丧失对对方的信任的事由时，应该赋予当事人终止权，脱离合同。代理商合同当事人之间的信任对合同的履行也十分重要。除主给付义务外，当

---

① 《德国民法典》，陈卫佐译注，法律出版社 2015 年版，第 120 页。
② 王泽鉴：《债法原理》，北京大学出版社 2013 年版，第 158 页。

事人履行附随义务对合同的存续也具有非常重要的影响。如果一方当事人不适当的履行行为导致对方难以相信其能继续适当履行合同的，哪怕其行为并不构成根本违约，也会破坏对方当事人的信任，因而终止合同。另外，继续性合同存续期间，社会状况以及当事人自身情况都会发生变化，而这些变化也会影响合同的完全履行。这些变化可能并不构成情事变更或者不可抗力，不会给当事人造成给付不能，无法用法定的解除规则来解决此种情况，因而须引入重大事由终止制度。代理商合同也是如此，任何一方的资产信用、专业能力、商业声誉等都对合同履行十分重要。如果一方破产或声誉受损等，虽并不构成不可抗力或者情事变更，但导致当事人丧失对对方的信任，难以继续履行合同，则可以终止合同。

比较法上大都规定了代理商合同的重大事由终止制度，[①] 我国《民法典》规定了不定期继续性合同的随时终止权，但没有继续性合同重大事由终止的一般规定，而在个别典型合同中有相关规定，如第 899 条第 2 款第 2 句规定定期保管合同因特别事由而解除、第 1022 条第 2 款第 1 句规定定期肖像许可使用合同可因正当理由而解除。这些规定中的"特别事由""正当理由"类似于《德国民法典》中的"重大原因"，不同于根本违约、不可抗力、情事变更，否则无须专门规定。无论是保管合同还是肖像许可使用合同，都是继续性合同，也正是基于继续性合同的合同性质才规定该特殊解除规则，可通过类推适用的方法，将该规则类推适用到同样是继续性合同的代理商合同中。

（二）代理商合同中重大事由的认定

关于重大事由的认定，《德国民法典》第 314 条第 1 款第 2 句规定"在考虑到单个案件的全部情事和衡量双方利益的情况下，将合同关系延续到所约定的终止时间或延续到通知终止期间届满之时，对通知终止的一方来说是不能合理地期待的，即为有重大原因"[②]。用"不能合理期待"来解释重大事由，可以说仍然是一个模糊的界定。不过，重大事由的确无法在立法上作出具体的定义，不同的合同，履行情况不同，导致当事人难以继续履行合同的事由也不同。但是，可以认为重大事由的判断主要在于对当事人继续履行合同的不可苛求性，主要表现在以下两方面。

---

① 《1993 年英国商事代理条例》第 16 条规定："异常的情形出现可导致立即解除代理合同。"《德国商法典》第 89a 条第 1 款就规定："任何一方当事人均可以因重大事由而不遵照终止期间终止合同关系。此项权利不得被排除或者限制。"《日本商法典》第 30 条第 2 款规定："当存在不得已事由时，商人及代理商可以不受前款规定的约束随时解除合同。"《瑞士债法典》第 418 条（R）规定："有正当理由时，委托人或者代理人可以随时解除合同并立即生效。"
② 《德国民法典》，陈卫佐译注，法律出版社 2015 年版，第 120 页。

1. 当事人违反义务的行为

主要表现为一方当事人不适当履行合同的行为导致另一方对其丧失信任而难以相信其能够完满履行合同。具体到代理商合同来说，当事人须履行的诚信义务较多。例如，《美国代理法重述》规定了代理人的诚信义务、忠实义务、注意义务、技能义务和勤勉义务、善良管理义务、提供信息的义务。《1993 年英国商事代理条例》第 3 条规定："代理人的代理行为要照顾其委托人的利益并应恪尽职守、诚实守信。"《日本商法典》第 27 条规定代理商的通知义务，第 28 条规定代理商的竞业禁止义务。① 代理商除须根据合同履行主给付义务外，还须根据诚信原则忠实勤勉地为委托企业提供服务，主要表现为尽力缔结义务、保密义务、告知义务、竞业禁止义务、注意义务等。如果代理商违反上述义务，出现懈怠、欺骗等行为，可能并不构成根本违约，但导致委托企业丧失信任难以期待代理商能正常履行合同的，也可终止合同。吉林九鑫药业集团有限公司（下简称"九鑫公司"）与济南东风制药有限责任公司（下简称"东风公司"）等代理销售合同纠纷一案中，最高人民法院认为，九鑫公司作为东风公司新肤螨灵产品的独家销售总代理，其不仅负有向东风公司每月回款 100 万元以上的合同义务，还负有以委托人利益最大化为目标履行代理销售肤螨灵产品合同的法定诚信义务。②

同样，委托企业也负有相关诚信义务，如向代理商提供技术支持、业务培训、相关信息文件、及时通知等，如违反该义务导致代理商丧失信任，代理商也可终止合同。如《美国代理法重述》（第三次）§8.15 就规定"委托人负有与代理人公平和诚信交易之义务，包括向代理人提供委托人知道、有理由知道或应当知道的，在代理人的工作中存在但未被发觉的、可能导致代理人人身伤害或金钱损失的风险信息"。《1993 年英国商事代理条例》第 4 条也规定"委托人在与其代理人的关系中要恪尽职守、诚实守信。特别是，委托人必须——（a）向代理人提供有关货物的必要文件；（b）为代理人获取履行代理合同的必要信息，尤其是委托人一旦预见商业交易的价值将严重低于代理人所正常预期的价值时，要在合理的期间内通知其代理人"。在代理商合同中，委托企业相对来说占据信息优势、经济优势地位，在合同履行过程中更应该积极履行诚信义务，主要包括提供相关信息、文件以及通知等义务，如果违反这类附随义务，导致代理商丧失信任，代理商也可终止合同。在陈某馆与深圳市芊芊健康

---

① 参见刘成杰：《日本最新商法译注详解》，中译出版社 2021 年版，第 66—67 页。
② 参见最高人民法院（2004）民二终字第 163 号判决书。

管理有限公司（以下简称"芊芊公司"）委托合同纠纷一案中，由于委托企业芊芊公司内部人事变动，致使其原承诺的在合肥地区的各种市场支持（产品推广、投放媒体广告、培训等等）没有兑现，代理商陈某馆遂提出解除合同，得到法院支持。[①]

总之，重大事由可体现为一方当事人违反合同义务，且不限于违反合同主给付义务，还包括违反诚信义务。但是，并不是说只要当事人有违反义务的行为，对方当事人就可终止合同。基于继续性合同的特性，当事人违反义务行为达到破坏当事人之间的信任关系，难以苛求对方继续履行合同的程度才可终止合同，这需要法官在具体案件中具体判断。该重大事由终止并不完全等同于《民法典》第 563 条规定的根本违约解除，重大事由并不一定构成根本违约，可能只是一般违约或甚至不构成违约，但基于继续性合同的特性，导致丧失对对方当事人的信任而不愿再继续履行合同。而根本违约制度强调对合同的根本性破坏，通常是当事人不履行或不完全履行合同主给付义务。

2. 合同主客观情况发生变化

主要表现为合同履行过程中发生了当事人订立合同时无法预料的导致难以继续履行合同的事由。从这个角度来说，重大事由的范围较广，除了代理产品的质量问题等涉及合同本身的事由之外，还包括合同之外的一些因素，如一方当事人破产或陷入丑闻等。例如，代理人陷入财务困难，在委托人看来，该困难可能损害代理人妥善开展代理业务的能力，委托人可以此为依据终止合同。[②] 委托企业出现财务困难或商誉受损，导致代理商难以再继续履行合同的，代理商也可终止合同。在这个角度上，重大事由可以体现为破产、财务危机、声誉受损、相关资质吊销、产品质量问题等。

很明显上述重大事由不构成不可抗力。此外，该重大事由也不同于情事变更。所谓情事，是指合同成立后出现的不可预见的情况，即必须是影响社会整体或部分环境的客观情况。[③]"情事"最明显的特征是合同本身之外的不可归责于当事人的对合同履行产生根本性影响的客观事由。情事变更与"重大事由"存在如下区别：第一，内涵不同。情事变更更多是指合同本身之外的一种客观情况发生变化，如国家政策，不能归责于任何一方当事人。而继续性合同终止中的"重大事由"可能是由一方当事人引发的，即归责于一方当事人的事

---

① 参见安徽省合肥市包河区人民法院（2020）皖 0111 民初 2212 号判决书。

② See Richard A. Lord, *Williston on Contracts 4th*：*Forms*，Lawyers Co-operative Pub. Co.，1990，§ 54F：243.

③ 参见彭凤至：《情事变更原则之研究》，台湾五南图书出版公司 1986 年版，第 240 页。

由，也可能是合同交易本身之外的事由，如一方当事人破产、生病、犯罪等。第二，二者对合同履行的阻碍程度不同。情事变更动摇合同根基，导致继续履行合同对一方当事人显失公平。而"重大事由"并不一定会动摇合同根基，而是导致当事人丧失信任无法继续履行合同。因此，两种制度的解除原因是有区别的，对合同履行的冲击程度也不同。

此外，重大事由终止虽是一种立即终止，但也不同于委托合同的任意解除权。任意解除权不要求解除事由，属于无理由解除，而重大事由终止是一种有理由终止。相比较而言，重大事由终止既不会破坏合同严守原则，也关注到代理商合同重视信任的特点，没有为当事人脱离合同设定过高的标准。相比于任意解除权，定期代理商合同基于重大事由终止更为合理。

四、代理商合同终止后的损害赔偿

《民法典》第 566 条第 1 款规定："合同解除后，尚未履行的，终止履行；已经履行的，根据履行情况和合同性质，当事人可以请求恢复原状或者采取其他补救措施，并有权请求赔偿损失。"根据该款规定，合同解除与损害赔偿可以并存。代理商合同终止后的损害赔偿问题，应根据合同定期与否以及不同终止原因确定损害赔偿范围。

（一）不定期代理商合同随时终止的损害赔偿

对于不定期代理商合同，无论是委托企业还是代理商，在合理期限之前通知对方后终止合同，赔偿范围应限于因合同终止给对方造成的直接损失。原因在于，首先，当事人行使随时终止权是合法终止合同的行为，并不是违约行为，不应适用违约损害赔偿规则，无须赔偿对方履行利益。其次，在合理期限之前通知对方，对方当事人可以及时止损，不再继续付出履行成本，为对方当事人提供寻找新的交易机会的时间，能够弥补对方一定的信赖利益损失，原则上无需再给予额外的赔偿。最后，双方当事人订立不定期的代理商合同，一方面是难以预见将来的形势，不方便设定期限，另一方面也有可能是为了不受期限的约束，保持交易的灵活性，随时脱离合同，当事人都不能期待对方永久履行合同，对合同的随时终止是有预期的，不能利用履行利益损害赔偿来限制当事人脱离合同。因此有学者认为，随时终止权的理论与信赖利益无关，不以损害赔偿为法定结果。[①] 至于当事人因信赖合同履行而付出的履行成本、支付的

---

① 参见吴奕锋：《论不定期继续性合同随时终止制度——兼评〈民法典合同编二审稿〉的规定》，载《中外法学》2019 年第 2 期。

必要费用，此类费用为履行过程中的信赖利益，[①] 如代理商为进行代理业务所做的推广宣传、购买设备、租赁店铺等，这些费用是在合同履行过程中逐步得到弥补的。且代理商是具备独立性、营业性的商主体，以获得佣金作为合同对价，除与委托人另有约定，原则上无权就其通常营业所生的费用请求偿还。当然，如果是受委托企业指示专门为该代理业务付出的履行成本，且因委托企业原因终止合同，原则上委托企业应予以赔偿。合同终止后会涉及标的物返还等清算义务，或多或少会给对方带来一些损失，终止一方对此应给予赔偿，这类损失通常体现为标的物返还费用、保管费用等，如在代理商合同中代理销售产品的返还以及因产品的保管产生的费用。

需注意的是，不定期代理商合同当事人行使随时终止权的损害赔偿范围限于直接损失是基于当事人解除合同是合法行使权利而不是因为履行利益难以计算。合法行使权利的行为原则上不应负损害赔偿责任，但基于公平原则，对于因合同终止造成的直接损失予以赔偿较为合理。

（二）定期代理商合同重大事由终止的损害赔偿

对于定期代理商合同，当事人不享有随时终止权，只有出现重大事由时，才可终止合同。因重大事由终止合同，重大事由归责方须赔偿对方损失。重大事由一方面体现为当事人违反合同义务，另一方面体现为合同情况发生变化，但该变化一般是当事人一方风险领域的事由，如财务困难、商誉受损。《民法典》第 584 条规定："当事人一方不履行合同义务或者履行合同义务不符合约定，造成对方损失的，损失赔偿额应当相当于因违约所造成的损失，包括合同履行后可以获得的利益；但是，不得超过违约一方订立合同时预见到或者应当预见到的因违约可能造成的损失。"不履行合同义务或者履行合同义务不符合约定中的"合同义务"，既包括约定的给付义务，也包括法定的附随义务。[②] 因此，代理商合同中，当事人违反合同义务导致对方丧失信任终止合同的，适用违约损害赔偿即可。因一方当事人发生导致对方难以继续履行合同的事由而终止合同的，虽可能不构成违约，但合同终止归责于该当事人，可类推适用违约损害赔偿。

从效益上来说，定期代理商合同因重大事由终止的损害赔偿范围为履行利益也是合理的。因合同定有期限，无论是代理商还是委托企业对合同存续都有

---

① 参见王利明：《违约中的信赖利益赔偿》，载《法律科学（西北政法大学学报）》2019 年第 6 期。

② Vgl. Schlechtriem/Schwenzer/Schwenzer, Kommentar zum Einheitlichen UN － Kaufrecht (CISG)，6. Auflage，München：Verlag C. H. Beck，2013，Art. 74，Rn. 11.

确定的预期，会为履行合同做充足准备以及拒绝其他交易机会等，有较强的期待利益。因归责于一方的事由导致合同终止进而使当事人的期待利益落空，不同于不定期继续性合同的随时终止，重大事由归责方对合同终止有过错，因此赔偿受害方因合同履行可得的利益较为合理。但是有学者认为在委托合同为双务有偿合同，当事人的合同利益取决于其他法律行为是否成立、是否生效履行的情况下，损害赔偿范围一般限于信赖利益，较为适当。① 还有学者认为履行利益模糊难以计算的情形应适用信赖利益损害赔偿。② 代理商合同是一种有偿委托合同且当事人获得利益依赖于代理行为的成立生效及履行，当事人履行利益也的确具有一定的不确定性，无论是代理商报酬的获取还是委托企业利润的获得都取决于代理商与第三人的交易行为是否成立，但定期代理商合同因定有期限，履行利益并非无法计算，可根据履行期限、年度利润或佣金再结合交易习惯、市场价格等因素综合判断。至于委托企业履行利益的计算，可将已履行的年度平均利润作为基点，计算剩余年限的可得利润。而代理商的履行利益，可根据年度平均报酬结合合同剩余期限计算代理商可获得的报酬。当然，履行利益的计算并非绝对，需要法院在具体个案中根据案情以及综合相关因素进行判断，遵循可预见性规则、减损义务规则、过失相抵规则，最终符合公平原则。司法实践中，法院也支持履行利益的赔偿。上海丽仁行房地产经纪有限公司（以下简称"丽仁行公司"）与无锡捷运房地产有限公司商品房委托代理销售合同纠纷一案中，法院考虑到丽仁行公司在 2014 年 1 月 4 日至 2014 年 3 月 8 日期间取得的销售代理费高达 40989603 元，且远超合同约定的阶段考核任务，如代理合同顺利得到履行，丽仁行公司的可得利益应是相当可观的，故无法将本案中的 500000 元违约金认定为超出双方对违约所产生损失的预见范围，支持了代理商要求的履行利益损害赔偿。③ 如长沙朋游网络科技有限公司（以下简称"朋游网络公司"）、永州糖果传媒有限责任公司（以下简称"糖果公司"）特许经营合同纠纷一案中，糖果公司作为代理商代理销售房卡，朋游网络公司无正当理由单方面停止合同的履行，长沙市岳麓区人民法院依据已发生的房卡销售数量、返利情况及违约天数推算出糖果公司在朋游网络公司违约期间的可得利益损失为 1304369 元。④ 在上海爱迪士室内空气技术有限公司诉海

---

① 参见崔建远、龙俊：《委托合同的任意解除权及其限制——"上海盘起诉盘起工业案"判决的评释》，载《法学研究》2008 年第 6 期。

② 参见王利明：《违约中的信赖利益赔偿》，载《法律科学（西北政法大学学报）》2019 年第 6 期。

③ 参见江苏省无锡市中级人民法院（2015）锡民终字第 595 号判决书。

④ 参见湖南省长沙市中级人民法院（2020）湘 01 民终 11200 号判决书。

南世纪盈通网络科技有限公司（以下简称"盈通公司"）销售代理合同案中，法院采用差价法计算可得利益，以合同的履行期为标准，参照相似的市场经营行为，在上年度的利润水平和现实的市场平均利润水平之间确定合理的利润，最终确定盈通公司2004年1月至2005年2月底期间可得利益人民币180万元。① 赔偿履行利益能够更周全的保护对方的利益，较为合理。

五、代理商合同终止后的商誉补偿请求权

（一）权利基础：公平原则

比较法上大都规定了代理商的商誉补偿请求权，《德国商法典》第89b条规定："即使在合同关系终结之后，因与商事代理人争取到的新客户所成立的交易关系，经营者仍然具有显著的利益，商事代理人可以向经营者请求给予适当的补偿。考虑到全部的情况，特别是考虑到商事代理人因与这些客户的交易而丧失的佣金，支付补偿符合衡平原则。"② 《瑞士债法典》第418条（U）③、《韩国商法典》第92条之2④、《1993年英国商事代理条例》第17条⑤、《澳门商法典》第653条⑥也有类似规定。之所以赋予代理商在合同终止后的商誉补偿请求权，是由于代理商在合同存续期间以委托企业名义进行交易，代理商为代理业务付出的努力包括宣传推广等往往会扩大委托企业产品的知名度、消费市场，提升委托企业的商誉。基于此，委托企业在合同终止后可以继续与代理商增加的客户以及新客户进行交易，即代理商在合同存续期间的代理行为的效果延续到了合同终止后一定时期。在代理终止后，委托人也可以继续从因代理人的努力所带来的新客户中获益，因此，需要对代理人进行补偿。⑦

---

① 参见海南省海口市中级人民法院（2004）海中法民二终字第141号判决书。
② 《德国商法典》，杜景林、卢谌译，法律出版社2010年版，第39页。
③ 《瑞士债法典》第418条（U）规定："代理人通过其自己的行为实质性增加了委托人的顾客数额的，在代理关系结束后，委托人或者其合法继承人也通过与增加的顾客进行交易获得了实质性利益的，按照公平原则，代理人或其继承人享有无条件地请求给予合理赔偿的权利。"
④ 《韩国商法典》第92条之2第1款规定："由于代理商的活动本人能够确保新的客户，或者营业性交易显著增多，并且在该合同终止之后本人仍旧取得利益时，代理商可以请求本人给予相应的补偿。"
⑤ 《1993年英国商事代理条例》第17条规定："代理人在下列情况下有权获得补偿——（a）代理人为其委托带来新客户或对增加与现有客户的交易额方面起到重要作用，并且委托人继续从此客户的交易中获得巨大利益。"
⑥ 《澳门商法典》第653条规定："一、代办商除根据以上规定获得赔偿外，合同终止后尚有权取得因顾客而获得之赔偿，但以兼备下列条件者为限：a）代办商为他方当事人招揽新顾客或大量增加与原有顾客之交易额；b）合同终止后，他方显著受惠于代办商开展之活动；c）合同终止后，代办商不再因任何与a项所指顾客商谈或订立之合同而收取回报。"
⑦ Kamil Abdu Oumer, *Mandatory Compensation to Commercial Agents upon Termination of Agency under Ethiopian Law*, Mizan Law Review, Vol. 11：2, p. 436 (2017).

同时，基于对委托企业利益的考量，商誉补偿请求权的适用前提是委托企业在合同终止后基于代理商的前期努力获得了较为显著的利益。因为代理商在履行合同过程中的努力为委托企业带来适当的后续利益是行业特性所致，不能认为代理商的代理行为提升了委托企业的商誉就一定可以获得补偿，必须是为委托企业带来实质性利益。该实质性利益可体现为确实带来了新的客户或者增加了现有客户的交易额等。因此，商誉补偿请求权有利于平衡双方当事人的利益，一方面弥补代理商的损失，另一方面也兼顾到委托企业是否获得显著利益。本质上是在商业判断的基础上，基于公平因素的考量对代理商与委托人之间的利益失衡进行的矫正。①

（二）适用除外情形

不是任何代理商合同终止的情况下代理商都可主张商誉补偿请求权。如果因可归责于代理商的事由终止合同或者经委托企业同意代理商将代理合同概括移转于第三人，则代理商不得主张商誉补偿请求权。商誉补偿请求权是合同终止后才产生的权利，如果合同的终止归咎于代理商，代理商不能从其过错中获利。如果代理商将合同权利义务一并转移给第三人，对于委托企业来说，合同并没有中断，只是当事人发生变更，代理业务照常进行，委托企业须继续向第三人支付佣金，没有获得额外收益。商誉补偿请求权的目的在于矫正双方利益的失衡，如果在这种情况下赋予代理商商誉补偿请求权，对委托企业不公平，违背该权利的初衷。

（三）补偿金数额的确定

《德国商法典》第 89b 条第 2 款对补偿金的范围作出了明确的限制："补偿至多为依商事代理人活动的最后 5 年的平均数额计算的年度佣金，或者为其他的年度报酬；合同关系存续较短的，依活动期间的平均数额确定。"②《瑞士债法典》第 418 条（U）、《韩国商法典》第 92 条也有类似规定。补偿金数额的确定的确比较困难，一方面，代理商在委托关系终止后的佣金损失并非现实存在的客观的经济利益损失，而是商业判断的结果。③另一方面，委托企业获取的利益并不完全依赖代理商前期的努力，最起码代理商没有再参与此后的交易，付出人力和时间成本。况且合同已经终止，自然不能完全依照佣金的计算

---

① 参见雷兴虎、刘浩然：《代理商佣金补偿请求权在商业交易领域的适用》，载《商业研究》2018 年第 9 期。

② 《德国商法典》，杜景林、卢谌译，法律出版社 2010 年版，第 39 页。

③ 参见雷兴虎、刘浩然：《代理商佣金利益保护制度的证立与展开》，载《中南大学学报》2020 年第 2 期。

方式来确定补偿金的数额。因此，只能根据代理商在合同存续期间内的表现大致确定代理商的损失。域外立法采取年度平均佣金确定补偿金数额有一定的合理性，但如果代理商合同存续期限过长，前后期佣金数额差别较大，按照所有年度或者较长年度的平均佣金确定不够公平。建议缩短佣金年度数，补偿金数额为合同终止前三个年度的平均佣金。如果合同存续期限短于三年，则为合同存续期间平均佣金。同时应设定最高额限制，即不得超过合同终止前一年的佣金总额，补偿金只是基于公平原则对代理商的适当补偿，应有所限制。一年佣金总额对于代理商来说是一笔较大的收入，足够弥补代理商的损失。

六、结语

我国实行民商合一的立法体例，没有商法典，也没有关于商事代理的专门规定，《民法典》规定了代理，但没有涉及代理商代理。《民法典·合同编》也没有规定代理商合同，而代理商合同在实践中广泛存在，纠纷也较多。立法上的缺陷导致实践中处理代理商合同纠纷缺乏统一依据，因而需要从理论上对代理商合同的终止给予解释，在《民法典》背景下更好地处理该种纠纷。《民法典》第563条新增第2款为不定期继续性合同的终止提供了一般规定，赋予不定期继续性合同当事人以随时终止权。代理商合同本质上属于继续性合同，因而不定期代理商合同应适用该条款，当事人可预先通知后终止合同。基于继续性合同对信赖关系的要求，定期代理商合同可因重大事由而终止。合同终止后的损害赔偿问题不能一概而论，因合同是定期还是不定期以及解除原因而有所不同。基于代理商行业的特性，代理商合同终止后还会产生商誉补偿请求权，这是一项专属于代理商的特殊商事权利，是根据公平原则设置的平衡双方当事人利益的权利。代理商合同的终止中包含对双方当事人利益的衡量，正确处理代理商合同的终止问题，有利于保障当事人的利益，促进代理商行业的持久发展。

人格权法论

《民法典》视野下性骚扰侵害客体问题研究

王　竹　冯　珂*

摘　要：《民法典》第 1010 条首次在民事基本法层面规定了性骚扰侵权责任及特殊主体的性骚扰防治义务，为性骚扰司法案件的审理提供了规范基础。性骚扰侵害客体是性骚扰侵权认定的症结所在，缺乏清晰的权益保护范围将难以实现对性骚扰侵权行为的准确界定，也会带来"性骚扰条款"在法律解释与司法适用层面的系列问题，影响性骚扰防治的整体效果与规范目的实现。就民法典体系而言，"性骚扰条款"位于《民法典·人格权编》第二章"生命权、身体权和健康权"部分，但性骚扰侵害客体无法完全被物质性人格利益涵盖。性骚扰概念的引入带来了本土化理论难题与司法困境，从解释论的规范视角出发，应当将我国民法典性骚扰侵害客体定位为民事主体的性自主法益，并以此为基础展开体系构建，进而为性骚扰侵权认定提供理论支撑，并服务于我国的司法实践。

关键词：《民法典》1010 条　性骚扰　侵害客体　性自主法益

一、性骚扰的主要理论学说

"性骚扰"概念最早由美国女权主义法学家凯瑟琳·A. 麦金农（Catharine A. MacKinnon）于 20 世纪 70 年代提出。[①] "性骚扰"概念是在女

---

　　* 王竹，四川大学市场经济法治研究所所长，法学院教授、博士生导师。冯珂，四川大学法学院民商法学专业博士研究生。本文系国家社科基金中华学术外译项目"侵权公平责任论：我国侵权法上公平责任的立法与司法研究"（22WFXB006）的阶段性研究成果。
　　① 1979 年，麦金农在其性骚扰法律理论专著《职场女性的性骚扰：一个性别歧视的案例》（*Sexual Harassment of Working Women：A Case of Sex Discrimination*）中首次完整表达了明确的性骚扰定义："身处权力非对等的关系下所遭受之不受欢迎的性要求……具体表现为，不断暗送秋波、言语性的暗示或者戏弄、强迫性接吻、采用解雇来威胁员工、提出下流的要求以及强迫发生性关系等。"

权主义学说的特殊背景下，加之美国独特的种族歧视历史土壤，根据两性地位不对等而引发的不平等理论产生的，目的是防止性别歧视，实现男女平等。在两性不平等的社会结构里，社会生活的方方面面都渗透着对女性的歧视，性骚扰就是最典型的一种性别歧视方式。性骚扰是一种普遍且高发的侵权行为，是世界各国都面临的难题。世界各国的民族文化、宗教伦理等差异必然导致性文化背景与法治环境的不同，对于性骚扰行为的认定也出现了不同的价值判断与解释选择，各国依据不同的理论学说发展出了不同的救济路径。整体而言，反性骚扰的理论学说主要可以分为美国的反性别歧视理论与欧洲的保障人格尊严理论。

（一）美国的反性别歧视理论

在民权运动的推动下，美国通过了一系列保障民权的法案，[①] 为性骚扰从社会学概念转换成法律概念奠定了现实基础。在美国，性骚扰行为主要发生于职场，职场性骚扰被认为是性别歧视，是对女性平等工作权、就业权的侵害。美国法上通过借用已经较为成熟的反种族歧视的话语和内涵来论证性骚扰问题，扩展了工作场域中"歧视"的含义，迅速将性骚扰吸收纳入反歧视体系中，运用相应的政策措施加以规范并取得了良好的效果。[②] 保障民权的法案对治理工作场所性骚扰起到了指导作用。[③] 法院通过判例的形式确认了性骚扰纠纷属于性别不平等的歧视问题，将发生于职场的性骚扰分为交换型性骚扰和敌意环境型性骚扰，[④] 并在后续的司法判例中逐渐完善了性骚扰侵权行为认定的要素。[⑤] 在美国司法机关和行政机关的推动下，以性别歧视为基础，以雇主责任为前提的具有美国特色的反性骚扰法律体系得以建立，这一理论成为美国反

---

① 除《民权法案》外，美国为防止工作场所性骚扰的成文法律还包括《联邦宪法》第 14 条的保护条款、《民权法》、《职业灾害补偿法》、《失业救济法》等。此外还包括了一系列由美国联邦政府平等就业机会委员会公布的文件，如《工作场所性骚扰指南》（1980）、《有关性骚扰之政策指导原则》（1990）、《有关性骚扰近期争议之政策指导原则》（1990）等。

② 参见郦菁：《比较视野中的反性骚扰政策——话语建构、政策过程与中国政策制定》，载《妇女研究论丛》2018 年第 3 期。

③ 1964 年《民权法案》（Civil Rights Act）第七章把"性/性别"（sex/gender）纳入保护，规定了禁止雇主因个人的种族、肤色、宗教、性别或国籍等因素予以歧视。1972 年，《教育修正法案》第九章规定了教育领域禁止性别歧视，1976 年后该法案在司法领域得到了肯定和适用。1980 年，美国平等就业委员会（EEOC）接纳了麦金农关于性骚扰概念的界定，发布了《工作场所性骚扰指南》，在指南中明确给出了性骚扰的定义。

④ 参见耿殿磊：《美国的性骚扰概念及其发展》，载《河北法学》2010 年第 4 期。

⑤ 例如，1974 年 Barnes v. Train 案是美国性骚扰第一案，虽然联邦地方法院没有使用性骚扰一词，但在该案及随后的案件中，法院认定性骚扰是对员工个人的性别歧视行为，违反了《民权法案》第七章的规定；1976 年 William v. Saxbe 案确认了交换型性骚扰；1983 年 Toscauro v. Nimmo 案提出了间接性骚扰；1985 年 Kersul v. Skulls Angels, Inc. 案发展出了"非受雇者性骚扰"的概念；1986 年 Meritor Savings Bank v. Vinson 案确立了敌意工作环境性骚扰也属于性骚扰的类型；1998 年 Burlington Industries, Inc v. Ellerth 案确立了雇主对于性骚扰的替代责任；等等。

性骚扰的主要依据并产生了国际影响。

近年来，美国通过判例的形式不断扩大性骚扰概念的内涵。借助联邦上诉法院以及最高法院的司法判例，美国又形成了一系列的性骚扰侵权规则，包括性骚扰行为的界定、雇主民事责任的性质、归责原则的适用、举证责任的分配、专家证人制度在案件中的认定、如何适用惩罚性赔偿制度等，对诉讼解决性骚扰问题提供了一定的借鉴。① 美国的司法审判难以适用"尊严"这一抽象而主观的概念，也没有配合"人格尊严"这一一般人格权进行审判的法律体系。对性骚扰行为的关注并不在于性骚扰是否侵害到了个体雇员的人格尊严，而主要在于涉及性的因素是否会产生性别歧视的投诉。

依托于性别歧视理论的性骚扰概念界定透过个体间的性吸引看到了性骚扰背后的社会结构问题——权力不平等，使得人际互动中的私人性骚扰行为成为被广泛关注的公共问题。美国反性别歧视视域下的反性骚扰理论将性骚扰上升为社会结构层面的问题，将其纳入整个国家和社会的性别权力脉络中进行审视。性骚扰问题已经脱离了单纯的性吸引和性暴力，其核心在于权力的不平等，是权力支配者利用权力操控受害人内心真意的表现，是体现在性层面的权力与控制的问题。而公权力的介入，对性骚扰受害者的各种救济途径正是为权力弱势一方赋能，彰显公平与自主。②

（二）欧洲的保障人格尊严理论

为了响应联合国 1979 年《消除对妇女一切形式歧视公约》，欧洲于 1986 年通过了《禁止对女性的暴力的解决议案》，该议案明确将"性骚扰"认定为一种不尊重平等待遇原则的行为。③ 1990 年 5 月欧洲共同部长会议通过了《保障工作场所男女两性尊严决议案》，将性骚扰定义为损害他人人格尊严的不受欢迎的性行为或其他以性为目的的行为，奠定了欧盟国家不同于美国以性别不平等为基础的反性骚扰立法基调。1991 年，欧共体执委会制定了《保障工作场所男女两性尊严建议案》，也将性骚扰认定为侵害人格尊严的行为，关注性骚扰的性本质。④ 同年，欧盟通过的《反性骚扰议案施行法》得到了部长会议的认可，该法将性骚扰定义为违背意愿的性本质行为，或其他基于性之行为而

---

① 参见蒋梅：《性骚扰立法的比较研究——兼论中国反性骚扰法之设计》，载《环球法律评论》2006 年第 4 期。
② 参见骆东平：《美国性骚扰概念界定的深层分析》，载《法学论坛》2011 年第 4 期。
③ 参见骆东平、谭彬：《欧盟式性骚扰概念界定的深层分析》，载《山西师范大学学报（社会科学版）》2012 年第 1 期。
④ 参见耿殿磊：《性骚扰概念的产生和流变——国际视角的分析》，载《妇女研究论丛》2010 年第 1 期。

影响男女工作时之尊严者，包括不受欢迎的肢体、言词或非言词行为。2002年9月，欧盟制定了关于性骚扰的统一立法《关于落实男女平等待遇条例》（2002/73/CE）并要求成员国进行国内法转化，该条例明确了性骚扰的定义并规定了雇主防治性骚扰的责任和义务。[①]

1994年，德国《联邦雇员保护法案》规定了禁止职场性骚扰，将性骚扰定义为违反雇主与雇员合同的私法行为，是一种职场霸凌。同年，德国正式制定《第2号平等机会法》，认定性骚扰是一种有性意涵的侵犯受雇者人格尊严的侵权行为。[②] 1992年7月22日，法国颁布法令，对"滥用职权，以命令、威胁或强制手段骚扰他人，以期获得性惠益"的性骚扰行为，要给予法律制裁。1993年生效的法国新刑法中包含了针对特定个体性骚扰的刑法惩治条款，对性骚扰行为人判处1年监禁和10万法郎赔款。1992年11月2日法国在劳工法典中纳入针对"在工作场所，在性方面滥用职权"条款。[③] 无论是刑法还是劳动法的规定都表明了法国治理职场性骚扰的决心，同时反映出职场的性骚扰主要是源于对职务权力的滥用。[④] 法国的反性骚扰立法受到比较权威的学术观点的影响，[⑤] 2001年法国劳动法将性骚扰定义为道德骚扰，2002法国刑法专门增加了禁止"道德骚扰"条款。2012年法国议会将"性骚扰"词语分别纳入刑法第222条第33款和劳动法第1153条第1款，两部法律皆将性骚扰定义为"以降低或者侮辱人格的方式或者为创造针对特定人敌意的工作环境，导致个人尊严受损的行为"[⑥]。

部分欧洲国家尤其是英国，最初受到美国反性别歧视理论的影响，尝试通

---

① 该条例首次对性骚扰进行了定义，即任何不是当事人所期待的、口头的或非口头的或身体的、带有性内涵的、对人的尊严带来损害，并造成一种威吓性的、侮辱和羞辱性的、敌视性工作氛围的行为。此外，该条例就雇主防治性骚扰的义务和责任、受害人赔偿、受害人和证人的保护、举证责任等都作出了明确的规定。

② 德国联邦《第2号平等机会法》第10条第2款将性骚扰界定为："所有具有一种性意涵，而会在工作场所触犯受雇者人格尊严的行为，包括在刑法范畴内的性方面行为举止、其他性方面的行为及要求、具有一种性意涵的肢体接触、具有一项性内容的言语，以及展示明显违反领受人本意的猥亵物品等。"

③ 参见周以光：《评法国妇女反性骚扰斗争及其社会效果》，载《社会科学战线》1995年第1期。

④ 法国是第一个对性骚扰问题有专门的法律规定的国家，对性骚扰问题一直比较关注。在法国，性骚扰一般可以分为两类，一类是影响劳动环境的行为，如性别歧视的言论、猥亵的玩笑、色情的触碰等，这些行为不一定针对特定的人；另一类是性方面的挑逗行为，如通过威胁或许诺的手段，直接侵害特定的个体的职业。

⑤ 法国学者玛丽－弗朗斯·伊里戈扬（Marie-France Hirigoyen）认为工作场所霸凌造成的伤害本质上属于对他人人格尊严的侵害，进一步破坏了良好的工作环境，这是一种违背道德的"人际暴力"。

⑥ 参见郑爱青：《欧盟及其主要成员国反性骚扰立法的主要内容》，载《妇女研究论丛》2006年第8期。

过反性别歧视立法来制止性骚扰,① 后在欧洲人格尊严理论的影响下,英国在审判中逐渐发生了变化,开始更多关注到性骚扰案件中侵害人格尊严的因素。因此,英国议会在 2010 年通过了《平等法案》,重新定义了性骚扰的概念,与欧盟的规则保持了统一。由于欧洲国家有着不同于美国的文化认知与法律价值,缺乏女权主义和民权运动的助力,无法真正接纳反性别歧视作为反性骚扰的法律基础,也难以通过《民权法案》的框架进行救济。② 19 世纪欧洲的劳工运动在政治上取得了积极进展,使欧洲国家普遍有了较为全面的社会福利制度。在这一社会背景下,性骚扰被认为是对劳动者普遍尊严的侵犯以及身心健全的危害,是关乎全体劳工的人权问题,反性骚扰是构建劳工平等待遇的基本要求。欧洲国家在劳工运动的影响下急需建立反性骚扰的法律制度,而大陆法系国家通过立法或颁布行政令的作用大于普通法系国家的司法判例。尽管欧盟各成员国之间也存在着不同的文化价值差异,但人格尊严概念一直是欧洲人比较认可和接受的价值理念,在欧洲一体化进程中人格尊严概念也融入了欧盟国家的价值体系。③ 借鉴美国以性别歧视作为反性骚扰法理依据的经验教训,欧盟主要成员国主要选择以侵害人格尊严来界定性骚扰行为。

二、性骚扰概念的本土化引入与司法裁判现状

(一)性骚扰概念在中国法上的引入

在"性骚扰"概念被引入我国之前,我国大多用"流氓"和"非礼"等概念对应性骚扰行为。中国社会对于性骚扰的关注开始于 1991 年的美国政治丑闻"希尔控告托马斯性骚扰案"。1995 年发生的美国总统克林顿性骚扰案震惊全球,该案件的曝光更使得"性骚扰"一词逐渐被中国公众所熟知,国内学者开始关注美国社会中的性骚扰问题。④ 1995 年,联合国第四届国际妇女大会在北京举行,这是一次关注妇女权益保护的国际性大会,性骚扰也正是由此开始在我国得到了重点关注和重新审视。

---

① 参见耿殿磊:《性骚扰概念的产生和流变——国际视角的分析》,载《妇女研究论丛》2010 年第 1 期。

② 参见范继增、王璟玥:《反歧视抑或尊严:性骚扰概念全球移植下的困境与共识》,载《中德法学论坛》2019 年第 2 期。

③ "人格尊严"从 20 世纪才开始入法规范。20 世纪 30 年代,人格尊严保障规范大多位于宪法条文中,第二次世界大战后欧洲各国对纳粹的行为进行反思,更加确立了对人权的保障。1949 年,联邦德国将对人的尊严的保护明定于作为宪法的基本法之第 1 条第 1 款后,其他欧洲国家陆续将人格尊严保障的条款规定在各自的宪法条文中。

④ 参见李勇:《中国反性骚扰立法的缘起与发展》,载《青海师范大学学报(哲学社会科学版)》2020 年第 4 期。

中国的性骚扰与反性骚扰运动跌宕起伏，30 多年的发展中经历了许多里程碑式的事件。我国的反性骚扰进程是诉讼先于立法的，性骚扰纠纷案件在很长一段时间缺乏法律明确规定。我国的反性骚扰立法进程是由诸多性骚扰热点事件和诉讼案件推动的，由事件引发了一系列的司法问题，最终助推立法的逐步完善。性骚扰立法是解决司法实务困境的前提。我国的性骚扰理论研究与性骚扰法律实践紧密相依，是以诉讼推动立法，理论与实务螺旋上升的发展状态。

从 20 世纪 90 年代末开始，我国的反性骚扰理论进入立法进程，不断有人大代表和政协委员提出制定《性骚扰防治法》的议案，针对各种立法建议，专家学者也展开了广泛的讨论。[①] 最终，在女性反性骚扰诉讼实践的推动下，[②] 我国首次在 2005 年修正的《妇女权益保障法》第六章"人身权利"部分第 40 条明确规定，"禁止对妇女实施性骚扰。受害妇女有权向单位和有关机关投诉"。虽然性骚扰入法填补了立法空白，但法律对性骚扰概念阐释不清，对性骚扰行为认定不明，地方法规中关于性骚扰认定和追责的具体规定也难以统一，产生了性骚扰在诉讼实践中认定难、举证难和获赔难等问题。

性骚扰概念引入后在我国法学界也产生了不同的解释学说与理论争议。王利明教授认为，性骚扰是指以言语、文字、图像、肢体行为等方式，违背他人意愿而实施的以性为取向的、有辱他人尊严的性暗示、性挑逗、性暴力等行为。[③] 林建军教授认为，性骚扰是行为人为满足自己的性需求，通过语言、行为和环境设置等方式违背他人意愿故意实施的侵犯受害人性自主权的不受欢迎的与性有关的行为。[④]

性骚扰概念的不统一主要源于对性骚扰侵害客体这一构成要件的不同理解。王成教授主张从保障人格尊严出发，适用侵权法救济途径。[⑤] 骆东平教授主张借鉴美国的反性别歧视理论，[⑥] 但也认同通过民法上身体自主的学说进行

---

① 陈癸尊等人提出制定专门的《反性骚扰法》，2002 年全国人大代表、西南交通大学陈大鹏教授再次提交《关于制定"反性骚扰法"的议案》，也有建议提出在《妇女权益保障法》中增加禁止性骚扰的条款。

② 2005 年 4 月 14—15 日，"反对工作场合性骚扰国际研讨会"在北京召开，正值 2005 年《妇女权益保障法》修订，同时也是联合国对北京世妇会的十年全球评审之际，为了与国际接轨，也为了更快地将性骚扰防治条款纳入法律，性骚扰条款终于被采纳，作为新修订的《妇女权益保障法》的第 40 条和第 58 条，这是我国法律首次规定禁止性骚扰行为。

③ 参见王利明：《民法典人格权编性骚扰规制条款的解读》，载《苏州大学学报（哲学社会科学版）》2020 年第 4 期。

④ 参见林建军：《性骚扰的法律界定》，载《法学杂志》2007 年第 5 期。

⑤ 参见王成：《性骚扰行为的司法及私法规制论纲》，载《政治与法律》2007 年第 4 期。

⑥ 参见骆东平：《美国性骚扰概念界定的深层分析》，载《法学论坛》2011 年第 4 期。

规范。① 杨立新教授提出应当建立"性自主权",将反性骚扰法律规范纳入民事权利保护体系。② 有学者认为反性骚扰应当属于女职工平等劳动权的重点加以规范,③ 也有学者认为应当根据我国现有的时代文化背景与社会认知构建符合国情的反性骚扰立法。④ 关于性骚扰的解释学说在学理上虽然依旧存在争议,但随着《民法典》的出台,性骚扰侵权行为的性质与单位防治性骚扰的法定义务已经确立,从我国基本国情与民法体系出发,构建中国特色的性骚扰防治法律规范体系的条件已经成熟。⑤

(二)性骚扰纠纷的司法裁判现状

截至 2023 年底,"中国裁判文书网"发布的裁判文书中共有约 870 份包含"性骚扰"字样,其中部分判决书与性骚扰并非直接相关或者并非以性骚扰为主要的诉讼请求,真正的性骚扰纠纷案件数量并不多。即便行为最终能够被认定为性骚扰,也会因为性骚扰侵害客体不明而找不到权利基础,导致诉求难以支持。

妇女权益保障的相关地方性立法对性骚扰的定义和范围同样缺乏统一标准,也没有更具体的操作指南与细则,加之地方性规范的效力不够高,在司法审判实务中存在大量借"名"起诉的情况,法官也很难确定性骚扰侵犯了何种权利。部分案件审理中为了避免错认,严格要求受害人举证证明有明显且严重的性骚扰行为表现,过度依赖警方的出警记录和结案报告,以行政程序辅助确认性骚扰。在判决书说理部分也经常忽视或跳过性骚扰行为认定,不能合理地解决性骚扰纠纷。性骚扰纠纷不及时解决可能会激化当事人之间的矛盾,引发后续的各种报复性行为,甚至引发刑事案件。

尽管实质性的性骚扰案件裁判文书数量不多,通过分析仍然可以发现如下规律:第一,性骚扰纠纷案件主要发生在上海、广东、北京、江苏、浙江等经济发达地区与河南、四川、湖南等人口大省。第二,50%左右的性骚扰案件的案由是劳动、人事争议与劳动合同纠纷,人格权纠纷和侵权纠纷约占 30%。在侵犯人格权的性骚扰案件中,名誉权纠纷案由约占 60%,生命权、健康权、身体权纠纷案由约占 30%,以一般人格权纠纷作为案由的有 8 件,隐私权纠

① 参见骆东平:《再论性骚扰案件的民法客体》,载《三峡论坛(三峡文学·理论版)》2009 年第 1 期。
② 参见杨立新、马桦:《性骚扰行为的侵权责任形态分析》,载《法学杂志》2005 年第 6 期。
③ 参见张晓玲:《人权与性别平等》,载《广州大学学报(社会科学版)》2008 年第 9 期。
④ 参见郦菁:《比较视野中的反性骚扰政策——话语建构、政策过程与中国政策制定》,载《妇女研究论丛》2018 年第 3 期。
⑤ 参见杨立新:《我国民法典人格权立法的创新发展》,载《法商研究》2020 年第 4 期。

纷 7 件，肖像权纠纷 3 件。2018 年新增 "性骚扰损害责任纠纷案由" 后共公布 47 份裁判文书。第三，适用的法律规范主要既有《民法典》《最高人民法院关于民事诉讼证据的若干规定》《最高人民法院关于审理人身损害赔偿案件适用法律若干问题的解释》，也有《劳动争议调解仲裁法》《劳动合同法》和《妇女权益保障法》等。

比较法上，无论是反性别歧视理论还是保障人格尊严理论下的反性骚扰路径，主要用于规范职场性骚扰行为。我国引入性骚扰概念的主要目的是解决职场性骚扰问题，因此以性骚扰为由的案件多发生于劳动、人事争议与劳动合同纠纷在所难免，但在我国此类案件的争议焦点往往并非性骚扰行为。性骚扰侵害的直接客体是性利益，但职场性骚扰侵害的客体不限于受害人的民事权利，可能还会间接侵害到其作为劳动者的工作环境权和就业平等权，[①] 工作环境权是一种人格利益，受民法保护；就业平等权是劳动法规范的范畴。可见，性骚扰法律概念在移植后本土化的过程中出现了 "水土不服" 的情况，我国公众对性骚扰的认知还停留在各种 "耍流氓" 的侵权行为，难以直接嫁接到反对职场性别歧视或保障雇员人格尊严等观念中。我国性骚扰司法裁判的混乱主要是因为性骚扰侵害客体的复杂性和综合性，立法上对于侵害客体没有明确的界定，审判中法官只能根据案件事实自主归类、自由裁量。

在大量以名誉权为案由的性骚扰案件中，大部分是施害方因性骚扰事由被单位解除劳动合同或受害者的披露曝光行为侵犯了施害方名誉权而由施害方起诉，此类并非真正的性骚扰案件，而是性骚扰行为引发的劳动合同纠纷案件和与性骚扰相关的反诉案件。少部分名誉权案件中确实存在性骚扰行为，但诉讼中双方的争议焦点主要集中在性骚扰行为是否给名誉带来了侵害。[②] 我国司法实务中将性骚扰侵害客体指向名誉权一方面是我国特殊的性文化背景决定的，[③] 另一方面是受到了当时的法律规范指引。[④] 薛宁兰教授认为，一直以来将性骚扰侵害的客体认定为名誉权，通过名誉权案由进行诉讼的认识会导致对被骚扰者人格的贬低和被 "污名化"，落入完美受害者陷阱，看似保护了名誉

---

① 薛宁兰：《性骚扰侵害客体的民法分析》，载《妇女研究论丛》2006 年第 S1 期。

② 原告表述中被告的骚扰方式还包括了污蔑、诋毁、造谣等，如利用网络媒体平台进行造谣、恶意传播、恶意宣传。

③ 我国 "谈性色变" 的传统性文化偏向保守，性意识和性教育不够，短期内很难消除性神秘、提高大众的维权意识。在 "贞操重于一切，性羞耻心比权利更重要" 的观念里，遭遇性骚扰甚至被性侵害后部分当事人害怕隐私被公开，名誉有损的恐惧大于受到性骚扰伤害本身，因此由性骚扰引发的双方名誉权的争议占据主导地位。

④ 原《民法通则》（已失效）第 101 条将人格尊严列入对名誉权的保护的条文之中，等于将人格尊严附属于名誉权这一客体，而性骚扰难免牵涉到对性尊严的侵害，以名誉权为由起诉性骚扰行为在我国最容易被公众理解和认同。

和社会评价，实则重新为受害者套上了贞操的枷锁。同时，性骚扰行为通常发生于隐蔽的私人交往中，将性骚扰侵害的客体界定为名誉权不符合侵害名誉权的行为方式通常具有公开性的特点。①

2018 年最高人民法院增加"性骚扰损害赔偿责任"作为独立案由后，性骚扰起诉的案件逐渐增加。独立案由肯定了性骚扰行为的可诉性，给予了受害人维权的正确渠道，解决了性骚扰立案难的问题，性骚扰诉讼案件开始拨乱反正，从利用名誉权转向侵犯人格尊严进行诉讼之路，但我国性骚扰案件的胜诉率依然很低，即使胜诉获赔金额也不高。性骚扰侵犯的民事权利认识不统一导致性骚扰案件案由归类的多样化而引发了裁判乱象，尽管已有独立案由将其定位为人格权侵权纠纷，但具体侵害了何种人格权益依然不明确，必然导致法官在行为认定和损害赔偿裁量时缺乏理论依据，没有厘清性骚扰行为背后真正应受保护的权益就会在司法实践中绕弯路，难以实现有效的救济。

三、性骚扰侵害客体不明产生的法律适用困境

（一）《民法典》性骚扰条款的一般性解读

《民法典》第 1010 条第 1 款规定了性骚扰的主体、主观方面、客观行为这三个构成要件，明确了性骚扰的侵权责任。

第一，《民法典》并没有对受害主体作出限制，为两性提供了平等的保护。主观方面要求侵害行为具有违背他人意愿的特点，这不仅可以将其他与性有关的行为与性骚扰进行区分，也突出了行为人主观上的故意，即明知可能违背他人意愿而为之。② 是否具有合意是区分性骚扰和正常的人际交往行为的关键，通常可以通过双方的身份关系、发生情景、持续时间等进行综合判断。

第二，客观行为上要求性骚扰是涉性的，关注性骚扰的性本质。性骚扰是具有性色彩的与性相关的骚扰行为，③ 性骚扰的行为方式包括但不限于言语、文字、图像、肢体行为等。④ 开放式的列举说明立法时考虑到了性骚扰行为方式的复杂性与多样性，但开放不等于泛化，性骚扰行为认定不宜过于宽泛，以

---

① 薛宁兰：《性骚扰侵害客体的民法分析》，载《妇女研究论丛》2006 年第 S1 期。
② 从法学视角去审视性骚扰行为，不论行为人是基于何种动机实施性骚扰，如私欲发泄、权力压迫、性别歧视、好奇，抑或是羞辱他人，都不难认定其在实施行为时的主观故意。但是如果从其他学科的视角，比如社会学、医学、心理学去研究行为人实施性骚扰的动机可能会有不一样的解释，在司法审判中还需要根据具体情况综合判定，在主观层面需要一个比较统一的认定标准。
③ 虽然关于性骚扰是否一定涉性还存在争议，但目前主流的学术理论主张非性的骚扰或者不基于性的骚扰不是性骚扰，性骚扰应当是涉性的行为。
④ 参见申长慧：《身体哲学视域下身体形式完整权研究》，载《安徽师范大学学报（人文社会科学版）》2023 年第 1 期。

免影响到正常的社交和工作。①

第三，性骚扰是一种侵害人格利益的民事侵权行为，与性侵害有明确的界限。在立法设计上通过《民法典·人格权编》对性骚扰进行规定，一方面为性骚扰受害者明确了诉权，受害人可以通过诉讼的方式请求对方承担"停止侵害""赔礼道歉"以及"赔偿损失"等民事责任。另一方面，通过人格权编体系对性骚扰受害者进行最大程度的保护。② 遗憾和不足在于性骚扰侵害行为针对的客体究竟是何种人格权益规定不明。③

（二）性骚扰客体不明产生的司法裁判困境

《民法典》关于性骚扰的规定使得性骚扰纠纷有了明确的法律依据，构建起了中国特色的反性骚扰司法救济途径，即人格权侵权。《民法典》生效至今，裁判文书公开的性骚扰案件的案由从名誉权或劳动争议逐渐回归到人格权侵权损害，法院在性骚扰的认定和说理上更加充分，体现出《民法典》对于性骚扰治理的积极功效。以"性骚扰损害赔偿责任纠纷"起诉的累计 47 份判决文书中约 30 份因无法查明而没有参考意义，④ 剩余 17 起案件中排除同一案件的不同审理阶段、2 起通过行政诉讼处理的案件，共 9 起案件涉及性骚扰行为的认定与处理。

通过对上述 9 起性骚扰纠纷案件进行分析可以发现以下问题：第一，性骚扰侵害客体不明。《民法典》并没有对性骚扰侵害客体进行明确规定，学理上也没有达成统一的观点，法官难以确定性骚扰具体侵害何种人格权利，只能将其归为对一般人格权的侵害。⑤ 第二，性骚扰行为认定困难。由于性骚扰侵害客体不明，法官在认定时缺乏统一的指向和标准，选择绕开性骚扰行为认定而关注损害结果是否足够严重。第三，性骚扰损害赔偿较少。⑥ 性骚扰造成的主要是精神损害，我国对于人格利益的精神损害赔偿力度不够。⑦ 性骚扰侵害的

---

① 参见沈奕斐：《"性骚扰"概念的泛化、窄化及应对措施》，载《妇女研究论丛》2004 年第 1 期。

② 参见王利明：《民法典人格权编草案的亮点及完善》，载《中国法律评论》2019 年第 1 期。

③ 参见王利明、程啸：《中国民法典释评·人格权编》，中国人民大学出版社 2020 年版，第 216－218 页。

④ 30 份裁判文书中有 2 件是管辖权移送的裁决，16 件原告撤诉（和解、不到庭或原因不明）处理，另 12 件以不宜上网公开为由无法查证。

⑤ 彭某诉赵某性骚扰损害责任纠纷案，重庆市沙坪坝区人民法院民事判决书（2023）渝 0106 民初 2168 号。

⑥ 随着《民法典》性骚扰条款的讨论与立法确认，以性骚扰损害赔偿责任纠纷为案由的案件在 2019—2020 年间极速增加，体现了立法规范的效果。从 2021 年开始性骚扰案件越来越少，此类案件多数以撤诉或不公开处理，难以查证详细的裁判过程。从仅有的几个有判决文书的案例中可以看到，若是发生在政府单位、事业单位的性骚扰，通常在行政处罚后就不再进行民事诉讼要求赔偿。

⑦ 参见王泽鉴：《损害赔偿》，北京大学出版社 2018 年版，第 246 页。

客体不明增加了评估损害后果的难度，不利于争取适当的精神损害赔偿，因此，15 件性骚扰案件中仅有 5 件获得了精神损害赔偿，金额有分别有 3000 元、5000 元、6000 元、10000 元、30000 元不等。

自《民法典》生效以来，引用第 1010 条作为裁判依据的案例共有 7 例，[①] 其中有 3 例涉及第 1010 条的解释，[②] 2 例认定性骚扰成立。[③] 案件在法官说理部分没有对性骚扰侵害的客体进行说明，也没有阐释性骚扰认定的标准，只是笼统地将性骚扰归于对一般人格权的侵害，案件缺乏指导意义。[④] 由此可见，缺乏民法上明确的侵害客体，权益的保护失去了民法上的理论支撑，这是性骚扰在司法中难以认定的根本原因，性骚扰认定困难进一步阻碍受害人获得救济。[⑤]

以一般人格权纠纷为案由的 8 例案件中，[⑥] 法院首先需要判断性骚扰行为是否侵害了人格尊严。性骚扰通常表现为对涉性利益的侵害，并没有出现任何侮辱人格的事实，也不涉及尊严利益的侵害。法官碍于人格尊严这一抽象的概念难以把握而无法展开说理，无奈之下只能直接套用人格尊严、一般人格权等泛化的人格权益进行认定而不顾整个说理部分的法律逻辑。模糊的权益边界导致了性骚扰行为认定困难，损害无法得到赔偿，打击了当事人通过诉讼获得救济的信心，影响法律适用的整体效果。

四、民法视域下性骚扰侵害客体的规范重构

司法实务中性骚扰难以认定的关键在于行为所侵害的权利不明晰，法官凭借自己对第 1010 条内容的理解将性骚扰行为侵害客体作不同的解释或不予论证，造成性骚扰纠纷的判决说理不够充分，论证不够清晰，行为认定困难，赔偿金额认定主观性强。为了厘清性骚扰侵权客体，有必要对性骚扰侵害的客体进行法理剖析，结合司法实务中出现的问题，在《民法典》体系下提出最有益于性骚扰法律适用的理论解释。

---

① 深圳市人力资本（集团）有限公司诉柯宇延劳动合同纠纷案，广东省深圳市罗湖区人民法院民事判决书（2021）粤 0303 民初 20914 号。
② 王某、韦某、王某 2、王某 3 诉被告某生命权纠纷案，广西壮族自治区来宾市象州县人民法院民事判决书（2021）桂 1322 民初 1397 号。
③ 马士梅诉告彭介常性骚扰损害责任纠纷案，安徽省涂州市凤阳县人民法院民事判决书（2021）皖 1126 民初 2657 号。
④ 彭某诉赵某性骚扰损害责任纠纷案，重庆市沙坪坝区人民法院民事判决书（2023）渝 0106 民初 2168 号。
⑤ 参见田岚：《性骚扰对妇女人身权的侵害及法律规制》，载《中华女子学报》2005 年第 3 期。
⑥ 案件中实施性骚扰的方式主要有微信发送带有性暗示的词汇、直接提出性要求、带有性含义的肢体动作、身体的触碰等。被告方通常辩解为双方处于正常的人际交往互动中，言语和肢体接触并无不当，不承认对原告的行为属于性骚扰和侵犯，认为原告是诬告并侵犯其名誉。

（一）人格尊严

1. 人格尊严的法律内涵

人拥有尊严和理性，是人与动物的本质区别。[1] 性骚扰侵害客体为人的人格尊严契合了世界人权保护的理念。[2] 有学者认为，人从性的角度是一种性存在，性是每个人人格的一部分，人的尊严就是性的尊严，性的尊严也就是人的尊严。[3] 近代民法上，人格是以人的伦理价值为基础的，人的伦理价值又具体表现为"生命、身体、健康、自由、尊严、名誉"等范畴，这些范畴作为人格之基本伦理要素需要得到实体法保护。[4] 人格权的设立是对人格伦理价值"内在于人"的保护，人格权是对人本体的一种保护方式。[5] 不论是人格权利还是人格法益，都表达着人的人格伦理价值，都具有主体性。

2001年《最高人民法院关于确定民事侵权精神损害赔偿责任若干问题的解释》第1条便将人格权细化为9种具体人格权，人格尊严权作为一种具体人格权位于其中。《民法典》第990条明确规定："除前款规定的人格权外，自然人享有基于人身自由、人格尊严产生的其他人格权益。"这一款被看作是我国一般人格权的规定，缓和法律条款的限定性与社会生活的开放性之间的紧张关系。[6]

人格尊严作为一种源权利和原则性条款存在着，正因为历史的渊源与广泛的价值认同，[7] 性骚扰侵害客体容易被指引到已经存在的被广泛认可的人格尊严或一般人格权上。[8] 人格尊严被放置人格权益的高位，可以对一些没有明确规范的人格利益在一定程度上起到兜底保护的作用，[9] 但人格尊严作为人格权益之一，仅是性骚扰侵权行为可能间接侵害到的一种法益，不能涵盖全部的性骚扰行为也无法触及性骚扰的性本质，在法律适用中往往难以建立起合理的逻

---

[1]　参见王晖：《人之尊严的理念与制度化》，载《中国法学》2014年第4期。

[2]　世界性学会发布的《性权宣言》（Declaration of Sexual Rights）宣称："性权乃普世人权，以全人类固有之自由、尊严与平等为基础。"人的尊严着眼于人的本质，更倾向于道德规范。

[3]　参见赵合俊：《人权视角下的贞操文化批判》，载《现代妇女》2011年第2期。

[4]　参见马俊驹：《人格和人格权理论讲稿》，法律出版社2009年版，第71页。

[5]　参见马俊驹：《人格和人格权理论讲稿》，法律出版社2009年版，第74—75页。

[6]　参见上官丕亮、薛洁：《宪法上人格尊严与民法上人格尊严的相异与交互》，载《湘潭大学学报（哲学社会科学版）》2019年第6期。

[7]　中西方传统文化差异下，中国文化以儒家为主导，以道家为补充，具有一套自己的伦理道德评价标准，鲜明的重义轻利、以人为先的人生哲学，浓厚的民为邦本、民贵君轻的文化品格，这些文化都是以维持社会秩序稳定为本位的。而西方从文艺复兴到启蒙运动，完善了平等、自由、天赋人权的基本理念，这些都是针对个人而言的。我们能够快速接受性骚扰侵害的是人格尊严而非性权利也是因为我们的传统文化认知里缺乏自主与自由的概念，个人权利意识不足。

[8]　参见马俊驹：《人格和人格权理论讲稿》，法律出版社2009年版，第71页。

[9]　参见王利明：《法上的利益位阶及其考量》，载《法学家》2014年第1期。

辑关联，不具有针对性与说服力，适用人格尊严作为性骚扰侵权客体的合理性有待进一步论证。

2. 人格尊严难以认定为性骚扰侵害客体

第一，人的尊严强调的是人的主体性，但大部分性骚扰行为并非指向否定人的主体价值，破坏人基本的人格尊严，也不涉及虐待与歧视行为，更不存在贬低、毁损人格尊严的情形。如夏某某诉张某某一般人格权纠纷案①中，并没有涉及对于人格尊严的侵害，而是针对性利益的冒犯。法官说理部分也只能用"对人起码的尊重"这一口语化表述模糊处理，案件自由裁量的主观性太强。

第二，人格尊严概念过于泛化，具有高度的弹性和不确定性，直接作为性骚扰侵害的客体并不准确。人格尊严作为一项源权利是大多人格利益的基础，缺乏清晰的权利边界也没有统一的认定标准，难以评价其受到侵害的程度。在彭某诉赵某性骚扰损害责任纠纷案②中，法官从破坏了一般人对性的羞耻心的事实认定直接跳转到侵犯他人的人格尊严和人格自由的说理路径让人费解。

第三，人格尊严与性自主分属于不同的伦理价值范畴，不能混淆等同。虽然性与尊严在伦理属性中有一定的关联。如性羞耻感所隐含的性伦理是由社会所建构的性的尊严感，正是这种关联让公众容易将二者混淆。人格尊严属于尊严范畴的人格伦理价值，是被法律所保护的一种人格伦理价值，已经上升成为一种独立的法益。性一直被视为最隐私的事情，一旦被无礼冒犯容易触发尊严价值，但这两者之间的因果关系不是必然的，需要个案判断。

综上所述，人的尊严是由人的主体性决定的，性的尊严属于人的尊严的重要内容，但尊严的认定无法统一，只能作为一种不被侮辱、贬低的泛化的权利而存在，不能准确界定其内涵和范围，故难以适用，因此人的尊严需要通过具体的权利保障来实现，人格尊严在保护的精度和力度上都不如性权益本身。

（二）从性自主权到性自主法益

1. 性自主权的法律内涵

性自主权的概念和内涵在学术上存在不同的界定。王利明教授认为性自主权指的是自然人保持性纯洁的良好品行，依照自己的意志支配其性利益的具体人格权，自18周岁起方可行使该权利，支配自己的性利益。③ 杨立新教授认

---

① 夏某某诉张某某一般人格权纠纷案，河南省周口市中级人民法院民事判决书（2019）豫 16 民终 4647 号。

② 彭某诉赵某性骚扰损害责任纠纷案，重庆市沙坪坝区人民法院民事判决书（2023）渝 0106 民初 2168 号。

③ 王利明等：《民法学》，法律出版社 2020 年版，第 915 页。

为性自主权的核心是性的自由与纯洁，自然人有权利保持性纯洁的良好品性，享受性自由与性尊严等人格利益。权利内容既包括与性相关的身体利益也包括精神利益。根据内在结构可以分为四项权能：请求权、选择权、拒绝权、保持权。① 有学者认为性自主权是公民在恋爱、结婚、离婚等与性有关的事件上不被他人或社会强制的一种状态，特别是在性伴侣的选择和性交的决定方面所享有的自由权，是一种主要存在于性关系或亲密关系中的性自由权，包含了婚姻自主权。② 也有学者将性自主权定义为依法自主表达其性意愿、自主决定实施性行为，实现其性欲望的权利。性自主权表现出半克减性、非财产性、专属性和性别上的无差异性特征，在内容上由拒绝权、自卫权、承诺权、选择权构成。③《性权宣言》认为性权是作为性存在的一种人权，从人权保护的视角将性权利划分了十一类。其中性权利的核心是性自主权，而性自主权的关键是性自由，自由的反义是强制和干预，性自由拒绝性强制和性干预，而性侵害和性骚扰行为正是对自然人性自由的强制和干预。④

性自主权是从贞操权发展而来的，不同于贞操这一封建概念，性自主权是一项现代的权利。性自主权所保护的性的精神利益是自由、平等、尊严等基本的人格利益在性领域的具体化表现，⑤ 尽管《民法典》未把性自主权确定为一项具体的人格权利，但性自主权的立法问题一直被学界广泛讨论着。⑥

2. 性自主权设权难题

性自主权是以性利益为客体的一项独立的人格权。性自主既包括性生理的自主，也包括性精神的自主。⑦ 杨立新教授认为，对性骚扰予以法律规制的中心价值就是保护性自主权。刑法中对性自主权的保护没有异议，与性暴力犯罪相比，性骚扰行为在主观动机、行为方式、行为违法性与社会危害性等方面都存在差异，但本质上都是对自然人性自主权不同程度的侵害，其侵害客体是相同的。⑧

反对性权利作为一项独立的人格权利的理由主要有三。第一，从民族心理

---

① 参见杨立新、张国宏：《论构建以私权利保护为中心的性骚扰法律规制体系》，载《福建师范大学学报》2005 年第 1 期。

② 参见梁清富、李将涛：《论性自主权及其社会强制》，载《法学研究与探索》2002 年第 2 期。

③ 参见郭卫华：《论性自主权的界定及其私法保护》，载《法商研究》2005 年第 1 期。

④ 参见郭卫华：《性自主权研究——兼论对性侵犯之受害人的法律保护》，中国政法学出版社 2006 年版，第 49—52 页。

⑤ 参见何立荣、王蓓：《性权利概念探析》，载《学术论坛》2012 年第 9 期。

⑥ 参见齐云：《〈人格权编〉应增设性自主权》，载《暨南学报（哲学社会科学版）》2020 年第 1 期。

⑦ 参见张新宝：《中国侵权行为法》，中国社会科学出版社 1998 年版，第 398 页－407 页。

⑧ 参见杨立新：《我国民法典人格权利法的创新发展》，载《法商研究》2020 年第 4 期。

和我国性文化看，被作为封建遗毒而被废除的"贞操权"存在对女性的禁锢和压迫，性自主权又与贞操权有着千丝万缕的联系，容易被混淆和误解。第二，性利益涵盖的内容复杂，包括性生理权益和性精神权益，还可能涉及名誉、隐私、平等、自由、尊严等多项人格权利，更适合分散到各项具体的人格权利中搭配一般人格权进行保护。第三，侵害性自主权的行为已经通过公法进行调整，根据一事不再罚的原则，不应当再科加民事责任。

笔者认为，一项权利的设定是受害人民事权益保护与相对人行为自由间利益衡量的结果。第一，相对义务的履行可能会限制行为的自由。第二，民法中性自主权的范围尚未清晰界定，侵害行为的违法阻却事由（同意的标准）难以统一。第三，性自主权作为民事权利目前缺乏一定的认知基础，需要继续加深人们对于性法益的保护意识，达成社会共识后才能得到充分认同。① 《民法典》没有贸然设立性自主权正是考虑到性权利的特性，性自主权的设立暂时还缺乏足够的理论支撑。

3. 性自主法益

性利益的特殊性与复杂性使得任何想要绕开性本质去保护性利益的方法都难以达到应有的效果，只能徒增论证的难度，阻碍性利益保护。刑事或者行政处罚只能起到警示和惩罚犯罪的作用，难以抚慰已经遭受伤害的受害者，民事责任可以提高行为人的违法成本，预防侵权行为再次发生。加强性利益的民法保护，厘清性利益保护的范围，确立侵害性利益的民事赔偿制度具有必要性和紧迫性。② 笔者曾提出，涉性的人格利益是一个涉及一般人格权、物质性人格权和精神性人格权，即整个人格权体系的综合性利益集合。民法上涉性的人格利益不仅包括了性自主利益，还包括了性健康利益、性身体利益、性名誉利益和性隐私利益。③ 虽然目前性自主权难以设立，但性利益的重要性不言自明，作为性利益核心的性自主利益应当上升为一种法益受到保护，待权利能够清晰界定时再纳入权利保护体系亦可，对于法益的保护相较于权利本身更具有开放性与灵活性。第 1010 条性骚扰的规定正是民法对于性自主法益的承认与保护，虽暂未确立为具体的人格权利，但通过对不同主体义务规则的设立，从另一个面向表达了对性自主法益的保护。

---

① 参见方新军：《权益区分保护的合理性证明》，载《清华法学》2013年第7期。
② 参见田岱月：《性自主权的民法体系化构建研究》，载杨遂全主编：《民商法争鸣》第18辑，四川大学出版社2021年版，第24—25页。
③ 参见王竹：《论性自主权的确立》，载杨立新主编：《民商法理论争议问题：侵权行为类型与发展中的人格权》，中国人民大学出版社2008年版，第381—382页。

（三）人格尊严与性自主法益之辩

人格尊严概念的原则性导致难以对人格尊严的应用和效力领域作出限制性的界限划分，由于对其理解过于泛化，这一原则就等于空洞的公式而非能够具体适用的规范性内容。[①] 人格尊严与性骚扰侵害的利益无法准确涵摄，使其难以作为性骚扰侵害客体在司法实务中进行认定。一方面，法官会碍于人格尊严条款过于抽象和宽泛，直接跳过或简化说理论证过程，凭借个人理解套用人格尊严概念对性骚扰行为进行牵强的定性。另一方面，如果案件审理中在讨论是否认定为性骚扰行为时重点关注的是人格尊严，对于部分不涉及侵害人格尊严的性骚扰行为难以界定，会出现法律适用的错漏。尊严是"不受支配"的自治，是"免于歧视、免于冒犯"的要求，主要强调自我决定与不受侵犯的特质。[②] 并非所有的性骚扰行为都会触发人格尊严的侵害，性骚扰无法脱离性本质。如果把人格尊严视为性骚扰侵害的唯一客体可能会导致人格尊严的适用范围被无限扩张，反而不利于人格尊严的保护。

与人格尊严的内涵不同，性自主法益是受到法律承认与保护的性利益，是性骚扰侵权行为侵害的直接客体。判断人与人之间涉性的关系是否涉嫌违法的关键要素在于同意（自由和自主地表达）。对于一些具有明确性指向的性暗示、性挑逗等行为，需要结合受害人的反应与案件发生的情景判断是否存在高度的冒犯。虽然性骚扰所侵害的性利益与性自主权所包含的内容并非完全一致，性自主法益之外可能还包含了性的尊严、隐私、名誉等其他性人格利益，但性骚扰行为侵害的核心依然是性自主决定法益，也应当从性自主这项人格利益出发解决性骚扰问题。性自主权利虽然暂时难以设立，但性自主法益已经通过第1010条的义务规则内容在某种程度上得到了认可和设定，受到法律保护，用性自主法益作为性骚扰侵害的客体来解释第1010条具有积极的意义。

五、结论

本文通过对性骚扰概念引入后产生的理论争议进行梳理，对性骚扰司法实务中产生的裁判乱象进行评述，认为人格尊严作为性骚扰侵害客体，难以在司法实务中解决性骚扰行为认定与损害赔偿的问题。在《民法典》第1010条的规范路径下重新审视我国性骚扰的侵害客体问题，通过对性自主权进行深入分析发现性自主法益作为性骚扰侵害客体更具有合理性。未来，应当在性自主法

[①]　参见王晖：《人之尊严的理念与制度化》，载《中国法学》2014年第4期。
[②]　参见王旭：《宪法上的尊严理论及其体系化》，载《法学研究》2016年第1期。

益的基础上，对我国性骚扰侵权行为进行更为细致的体系化构建，包括性骚扰侵权的构成要件、认定标准、免责事由，以及性骚扰行为与言论自由等可能产生的权利冲突问题。

亲属继承法论

论离婚抚养纠纷中的未成年子女意愿陈述

李晓璇[*]

摘 要:《民法典》第 1084 条第 3 款将八周岁以上未成年子女的意愿提升为必须呈现在诉讼中作为裁判依据的重要内容。为使未成年子女意愿陈述在诉讼程序中得到切实正视和妥当关照,在诉讼法上界定未成年子女意愿陈述的性质和程序规则具有重要意义。未成年子女的意愿陈述与证据在功能上相同,性质上符合证据的属性,在类型上应作为意见证据规则拘束范围外的特殊证人证言。在具体的取证、质证、认证程序上,为实现离婚抚养纠纷判决"最有利于未成年人"原则,应基于未成年人的群体特征以及充分保护未成年人利益的价值导向,结合家事案件审判程序的特殊性,采取法院专业化调查收集、重视真实性的非当面质证等方式,根据未成年子女的心智与成熟程度对其意愿给予相当的考量。

关键词:离婚抚养纠纷 未成年子女意愿 意见证据 证明程序

一、问题的提出

离婚纠纷中,父母争夺未成年子女直接抚养权[①]的矛盾和纠纷尤为激烈,

---

　* 李晓璇,北京大学法学院博士研究生。本文系 2020 年国家社会科学基金一般项目"诉之类型的体系化研究"(20BFX085)的阶段性研究成果。
　① 在离婚后父母双方与子女之间的亲权关系并不消灭,父母仍有对未成年子女抚养、教育的权利与义务。法院在抚养纠纷中所裁判的实际只是由何方直接抚养孩子,另一方仍需以提供抚养费的形式进行间接抚养而非不再抚养孩子。因此本文中将法院裁判的对象称为"直接抚养权",一方面体现前述考量,另一方面也顺应《民法典》第 1084 条的用语。此外,还有学者指出,此种"抚养权"的称谓应修改为"共同居住",避免"在提法上给人一种只有取得直接抚养权的父母一方才能拥有孩子的教育抚养权的印象",凸显子女本位而非为父母设权。参见雷春红:《论离婚后未成年子女抚养探望规定的缺失与修正——以儿童最大利益原则为切入点》,载《时代法学》2020 年第 5 期。

多方的公开数据显示，子女抚养问题是离婚纠纷中的核心争议。① 因此，如何确定未成年子女的直接抚养权是法院无可回避的重要问题。未成年子女是具有独立人格和利益的独立个体，而非父母或家庭的附属。如何最大程度保护未成年子女合法权益、保障子女健康成长应当是直接抚养权确定中最重要的立足点和出发点。② 即使未成年人并不具备完全行为能力，但其自身的意愿亦不能完全被无视。③ 离婚抚养纠纷中对未成年人的独立意愿陈述日益得到重视。④

《最高人民法院关于人民法院审理离婚案件处理子女抚养问题的若干具体意见》（以下简称《抚养意见》）第 5 条规定："父母双方对十周岁以上的未成年子女随父或随母生活发生争执的，应考虑该子女的意见。"而《民法典》第 1084 条第 3 款修改了《婚姻法》第 36 条第 3 款，明确规定直接抚养权的裁判"按照最有利于未成年子女的原则判决"，将《抚养意见》第 5 条对未成年子女意见的重视提升为法律，规定"子女已满八周岁的，应当尊重其真实意愿"，进一步将"考虑"这一极具倡导性、裁量性的用词更改为更有强制力的"尊重"。《未成年人保护法》第 107 条第 2 款也明确人民法院审理离婚案件，涉及未成年子女抚养问题的，应当尊重已满八周岁未成年子女的真实意愿。由此，已满八周岁的未成年子女的意愿不再是隐匿于诉讼外的可考虑因素，而成为必须呈现在诉讼中的作为裁判依据的重要内容。

面对《民法典》中出现的一系列制度创新，作为程序法的《民事诉讼法》，应该充分发挥其工具价值，在制度上重新进行解释或创新，来服务于《民法典》的实际落地。⑤ 因此，随之而来的问题将是，诉讼场域中，未成年子女作出的意愿陈述在法律属性上如何认定？在程序方面的具体规则如何安排？这些将决定如何适用民事诉讼法上的相应诉讼程序，以及是否需要对既有规定进行适当解释或必要增补。司法实践中，子女意愿的考量虽也在裁判文书中有所体

---

① 例如，最高人民法院 2016 年公布的数据，全国离婚纠纷案件中，96％的案件涉及子女抚养问题，而 2018 浙江省法院离婚纠纷司法大数据也显示，当事人的第一大诉求"不是房子而是孩子"。参见最高人民法院信息中心：《司法大数据专题报告之离婚纠纷》，载人民法院网，https://www.chinacourt.org/article/detail/2016/12/id/2491837.html，2022 年 11 月 29 日访问；浙江省高级人民法院：《2018 浙江省法院离婚纠纷司法大数据》，载钱江晚报客户端，https://baijiahao.baidu.com/s?id=1625497967932171333&wfr=spider&for=pc，2022 年 11 月 29 日访问。

② 《最高人民法院关于人民法院审理离婚案件处理子女抚养问题的若干具体意见》（法发〔1993〕30 号）开宗明义地规定未成年子女在离婚问题原则上应"从有利于子女身心健康，保障子女的合法权益出发，结合父母双方的抚养能力和抚养条件等具体情况妥善解决"。

③ 参见吴鹏飞：《儿童权利一般理论研究》，中国政法大学出版社 2013 年版，第 168 页。

④ 本文以"离婚抚养纠纷"指称离婚诉讼中对直接抚养权的纠纷及诉讼，以区别于民事案由中指向抚养权变更的"抚养纠纷"。同时，限于篇幅和现行法规定，本文的主要研究对象限定为法律明确规定的"八周岁以上未成年子女"的意愿。

⑤ 参见张卫平：《民法典的实施与民事诉讼法的协调和对接》，载《中外法学》2020 年第 4 期。

现，并且是法院审酌子女最大利益确定孩子将来抚养人的主要衡量因素，① 乃至成为法院裁判时的决定因素，② 但法院裁判往往仅是对《抚养意见》第 5 条的简单回应，即仅在裁判理由中简单表述概述为"充分考虑子女意见"，而未成年子女意愿表述在诉讼中的具体形式也不固定，呈现为"询问笔录"③ 或当事人提供的"证言"④ 等。

尽管对于离婚抚养纠纷中未成年子女意愿的研究已有不少，但未成年子女意愿陈述往往被置于未成年人权利保护的整体语境之下，多数文献主要是基于此强调未成年人子女意愿的重要性，但此种研究往往仅具宣誓和价值明晰的意义，欠缺具体操作性。另有观点建议给予未成年子女独立的当事人地位，以保障其利益在诉讼中得到充分考虑。⑤ 诚然，就未成年子女的权利保障而言，存在生理或心理缺陷的未成年人并不能通过意愿陈述表达其利益倾向，且离婚纠纷还涉及抚养费、探望以及财产分割。赋予未成年人独立的当事人地位，通过设置特别的权益代表人或诉讼代理人，在案件中传达未成年子女的声音和独立诉求确有必要。⑥ 但是，一方面此种立法论观点尚需进一步的立法支持，无法为当下的司法实践提供直接的支持，解释论层面如何在当下法律规范中定位未成年子女意愿陈述仍是需要解决的问题；另一方面，即使为未成年子女设置独立的当事人地位并由第三方作为其利益代表人，仍无法回避其相应的意愿陈述在诉讼中的法律属性判断及程序规则设置，特别是未成年人并不是诉讼的直接参与人而是由其利益代表人或"程序辅助人/监理人"代为提出最有利于未成

---

① 参见江钦辉：《离婚案件未成年子女直接抚养人酌定之考量因素检视——以 H 州 S 市法院近 5 年（2015—2019 年）离婚纠纷判例为分析样本》，载《新疆社会科学》2020 年第 4 期；赵莉、丁钰：《离婚案件中涉及未成年子女抚养权归属存在的问题及对策——以南京市六家基层法院四年（2011—2014 年）离婚纠纷案件判决书为样本》，载《中华女子学院学报》2016 年第 1 期。

② 例如，在一场历时近五年的离婚抚养纠纷案中，最终的再审裁判认为双方物质教育条件基本相当，但"赵某 2 现年已满十周岁，具有一定的识别能力能正确表达自己的意愿，其本人明确要求跟随母亲谢某生活""根据《最高人民法院关于人民法院审理离婚案件处理子女抚养问题的若干具体意见》第三条第（二）项、第五条的规定，在充分考虑赵某 2 意愿的基础上，结合本案具体情况，赵某 2 由谢×抚养更有利于其健康成长"。参见谢某与赵某 1 婚姻家庭纠纷，四川省高级人民法院（2016）川民再 208 号判决书。

③ 参见凌×等离婚纠纷案，北京市第一中级人民法院（2015）一中民终字第 05773 号判决书。

④ 参见夏某 4、邓某同居关系纠纷案，云南省昭通地区（市）中级人民法院（2020）云 06 民终1700 号判决书。

⑤ 参见骆正言：《〈民法总则〉未成年人"自我决定权"条款的解释及完善》，载《民商法论丛》2019 年第 1 期；但淑华：《离婚案件中未成年子女的参与权》，载《中华女子学院学报》2021 年第 1 期。

⑥ 司法实践中已有法院在抚养纠纷中以设立代表人的形式代表未成年人直接参与诉讼。例如上海普陀区法院聘请区妇儿工委办的妇女干部以及团区委的青少年社工作为本案患有遗传代谢病，并伴有脑萎缩、癫痫的未成年子女的权益代表人，由其代表未成年人作为独立的诉讼主体直接参与诉讼。参见"未成年人权益保护与少年司法制度创新典型案例之三：李某诉沈某某离婚纠纷案——首创儿童权益代表人机制代表未成年人直接参与诉讼"，最高人民法院 2019 年 7 月 26 日发布。

年子女的方案。

因此，为使未成年子女意愿陈述在诉讼程序中被真正正视和妥当关照，从程序的角度保障未成年子女表达意愿的权利，实现《民事诉讼法》与《民法典》全方位连接，实有必要尽快在民事诉讼法上明确未成年子女意愿的法律属性以及相应的程序规则。下文将分别就此两方面展开分析。

二、未成年子女意愿陈述的性质界定

性质界定之所以作为研究之基础，在于其可以将法条及司法解释涵摄于特定概念之下，从而使理论解释正当化、一体化并避免彼此间的矛盾；同时，相应概念将作为法律解释与法律续造之逻辑演绎的起点。[①] 从而形成规整、简明、逻辑通顺的解释体系。对于未成年子女意愿的理解，也应从其性质界定入手，从而可以明晰其在民事诉讼中的定位，并进而界定其在提出、运用方面的具体程序。

（一）证据方法认定

离婚抚养纠纷虽然一般附属于离婚纠纷，但离婚诉讼是婚姻关系的变更之诉，离婚抚养纠纷诉讼具有独立的诉讼标的。在婚姻关系存续期间，婚姻关系双方对未成年子女均具有直接抚养权，而在婚姻关系消灭后，虽然父母与子女之间的关系并不消灭，但在我国法下直接抚养权将仅归属于一方，而无直接抚养权的一方将承担支付抚养费的义务并获得探望权。因此，离婚抚养纠纷诉讼应为变更直接抚养权归属的形成之诉，诉讼标的为直接抚养权。

基于离婚抚养纠纷中直接抚养权的裁判应遵循"最有利于未成年人原则"，离婚抚养纠纷诉讼的主要事实应为何方当事人更适合直接抚养子女这一评价性事实。而此一评价性事实的认定，需要法官基于多重因素通过利益衡量的方法作出。[②] 未成年子女的意愿是子女基于其成长、生活经历以及感情倾向所作出的愿意随父母何方生活（被何方抚养）意愿倾向。对其心理真实感受、意愿的尊重对于未成年人身心健康发展具有重要意义。根据《民法典》与《未成年人保护法》对尊重八周岁未成年子女真实意愿的规定，未成年子女的意愿是法官判决时应当充分考虑的因素。未成年子女的真实意愿陈述是展示未成年子女意

---

① 参见［德］卡尔·拉伦茨：《法学方法论》，陈爱娥译，商务印书馆 2003 年版，第 316－317 页。

② 参见朱晓峰：《抚养纠纷中未成年人最大利益原则的评估准则》，载《法律科学（西北政法大学学报）》2020 年第 6 期。相关衡量因素包括当事人意愿、子女意愿、经济情况、教育情况、过往抚养付出等。参见前文，另可参见江钦辉：《离婚案件未成年子女直接抚养人酌定之考量因素检视——以 H 州 S 市法院近 5 年（2015—2019 年）离婚纠纷判例为分析样本》，载《新疆社会科学》2020 年第 4 期。

愿的方式，因此，未成年子女的意见陈述与证据方法在功能上相同，用以证明案件事实，影响法官心证。

有学者注意到《民法典》第 1084 条对未成年子女意愿的强调与证据方法的关联，但将未成年子女视作一种新类型的诉讼参加人（"意见陈述人"），认为其意见陈述与证据方法无关。[①] 笔者对此持保留态度。首先，未成年子女的意愿陈述作为主观意愿表达仅存在意思表示真实与否的问题，而不存在成立与否或内容真实与否问题，从而并不构成类似当事人事实主张的证明对象本身。进而，尽管该意愿陈述直接指向直接抚养权的归属，但法院并不受此一陈述的完全约束。一方面，法院还需结合其他因素，如既往照顾、教育环境、父母意愿等对未成年子女的短期与长期利益综合评判以确定如何最有利于子女；[②] 另一方面未成年子女限于其认知能力可能作出非理性的选择，其可能倾向于选择使自己最自在的方案而非对其成长利益最佳的方案，如选择对自己管教宽松的一方。因此还需考虑其年龄、成熟程度给予其意愿相应的尊重程度。[③] 此外，未成年子女意愿陈述可能包括基础事实与最终意愿两部分内容。虽然意愿陈述最终落脚于随父或随母生活的意愿，但未成年子女做出意愿陈述所依赖的生活经历等事实基础与最终的意愿表达紧密联系在一起，可以体现其意愿表达的逻辑合理性和客观合理性，是法官判断其作出的陈述是否真实及判断是否理性的依据，同样影响法院对离婚抚养纠纷主要事实的认定。因此，未成年子女的真实意愿陈述在诉讼中发挥证据证明事实的功能，是法院认定事实、作出裁判的根据之一。

此外，即使未成年子女是一类新的诉讼参加人，其在诉讼中作出的用以辅助法官认定事实的意见陈述仍旧应以证据方法视之。鉴定人、有专门知识的人在诉讼中对于专门问题所作的陈述也是意见陈述，此种陈述用以辅助法官对相关事实的认定，也同样属于证据方法，被设置为独立的鉴定意见或归于既有证据中的当事人陈述（尽管有专门知识的人所作意见陈述被归类为当事人陈述并不妥当，后文将详述）。因此，未成年子女的意愿陈述应可归属于证据的范畴。

[①] 参见张卫平：《民法典的实施与民事诉讼法的协调和对接》，载《中外法学》2020 年第 4 期。

[②] 参见朱晓峰：《抚养纠纷中未成年人最大利益原则的评估准则》，载《法律科学（西北政法大学学报）》2020 年第 6 期；实践案例如刘某某与陈某某离婚纠纷案，福建省福清市人民法院（2014）融民初字第 1826 号民事判决书，本案中虽然婚生女陈某甲与婚生子陈某乙均愿意跟随原告生活，但原告只愿意直接抚养陈某甲。

[③] See Richard Neely, *The Primary Caretaker Parent Rule: Child Custody and the Dynamics of Greed*, Yale Law & Policy Review, No. 3, 1984, p. 173. 转引自雷文玫：《以子女最佳利益之名：离婚后父母对未成年子女权利义务行使与负担之研究》，载《台湾大学法学论丛》第 28 卷第 3 期。

（二）证据属性审查

"证据的属性是判断某物是否为证据的标准，是证据区别于其他非证据事物的标志。"[1] 根据《最高人民法院关于适用〈中华人民共和国民事诉讼法〉的解释》（以下简称《民诉解释》）第104条，能够反映案件真实情况、与待证事实相关联、来源和形式符合法律规定的证据，应当作为认定案件事实的根据。尽管实体法已经将未成年子女的意愿陈述作为法院作出裁判的依据之一，赋予其证据的功能，但从诉讼法的角度来看，只有具备客观性、关联性、合法性三个属性，用以证明事实的材料才能够作为法院认定事实的根据，成为法律性质上的证据。因此，尚需从前述三方面审视未成年子女意愿陈述。

证据的客观性要求其在形式上为客观存在的实体，在内容上是对案件事实的客观记录和反映。形式方面，未成年子女意愿陈述呈现为客观存在的言词；内容方面，未成年子女意愿虽然是未成年子女的主观判断，会受到自然人的思维和主观因素的影响，但已满八周岁的子女为限制民事行为能力人，具备一定的判断和表达能力，其基于过往生活经历和自身切身感受作出的真实意愿表达并非臆测或虚构，能够反映案件的真实情况。

证据的关联性要求证据与案件事实存在某种联系，对于证明案件事实有实际意义，是证据必备的自然属性，在证据规则中发挥着基础性和根本性的作用。在离婚抚养纠纷中，法院以实现未成年人利益最大化为原则认定直接抚养权的归属。随着当代人权运动的发展，包括未成年人在内的每个人都被视为是其自身事务的最终决定者。[2] 同时，子女真实意愿反映了未成年人对一同生活的一方的依恋，并且凝聚了其在过往家庭生活中的感受，满足其真实意愿对于未成年子女内心的满足与身心健康成长具有重要意义。因此，未成年子女的真实意愿是法官作出事实认定的重要考量因素，与直接抚养权纠纷的主要事实有紧密关联。

证据的合法性包括来源与形式的合法性。来源上，需保证证据的形成、取得不（严重）违法，主要是对取证程序的要求，不影响静态的客观证据本身；而形式合法则意味着证据材料应当符合法定证据类型。由于我国采取了封闭的证据类型，因而证据合法性层面需判断未成年子女意愿能否划归为既有的法定证据类型。

---

① 汤维建：《关于证据属性的若干思考和讨论——以证据的客观性为中心》，载《政法论坛》2000年第6期。

② 联合国《儿童权利宣言》第十二条强调了为保障儿童权利，应当保障其有权对影响到其本人的一切事项自由发表意见，特别应有机会参与诉讼。

三、未成年子女意愿陈述的证据类型归属

未成年子女作出的陈述并非书证、物证等实物证据，而是以人的表述来证明待证事实的言词证据，在证据形式上与我国法定证据类型中的当事人陈述、证人证言与鉴定意见相同。实际上，我国言词证据的分类取决于作出表述的主体地位，因此对未成年子女意愿陈述的证据类型进行确定也是对未成年子女本身的诉讼地位的回应。

由于鉴定意见需由具备鉴定资质的专业人员作出，故无需再议，下文将围绕当事人陈述与证人证言展开。

（一）当事人陈述之否定

我国当事人制度体系的构建可以视为围绕诉讼主体与诉讼标的的关系来构建的，即与诉讼标的有直接利害关系的当事人（原告、被告及共同诉讼人），以及与诉讼标的有独立请求权的第三人和有法律上利害关系的无独立请求权第三人。但当下的当事人体系没有办法拟合未成年子女在诉讼中扮演的角色。

首先，目前的法律制度下，离婚抚养纠纷诉讼中直接抚养权变更的当事人为父母双方，未成年子女仅就自身意愿发表陈述，非案件的直接当事人。而由于直接抚养权是指父母对其子女的一项人身权利，未成年子女不可能对直接抚养权有独立的请求权，因此不可能成为有独立请求权的第三人。由于未成年子女与父母何方一同生活关系到他们自身健康成长等重大利益，且直接抚养权本身为人身权利，法院对直接抚养权归属的裁判对未成年子女的人身权益影响重大，故未成年子女与案件处理结果有法律上的利害关系，其法律上地位与无独立请求权第三人接近。但是，既有制度下，辅助型无独立请求权第三人①参加诉讼以辅助一方为目的，依附于诉讼当事人的地位与立场，不能提出独立的请求。而未成年子女在诉讼中陈述其意愿尽管可能在结果上与作为当事人的一方立场相同，但其仅代表自身利益与想法，并非基于其父母的立场，否则即抹杀了未成年子女的独立人格和《民法典》尊重子女意愿的立法旨意。

其次，未成年子女作为当事人或第三人参加诉讼尚需面临诉讼行为能力的阻碍。无诉讼行为能力人参加诉讼应当由其监护人作为法定代理人代为诉讼。而根据《民诉解释》第83条，无民事行为能力人、限制民事行为能力人的监护人是他的法定代理人，未成年子女在诉讼中将再次被父母所代表。考虑到父

---

① 由于未成年子女在抚养纠纷诉讼中不可能被判决承担责任，故此处不再考虑学理上的被告型无独立请求权第三人。

母作为离婚抚养纠纷当事人与未成年人子女的利益并不一致，而未成年人独立、真实意愿的表达对于尊重未成年人独立人格、辅助法官判断未成年子女利益最大化方案才有意义，因此，父母并不适宜作为未成年子女在离婚抚养纠纷诉讼中的代理人。比较法上，其他法域通过在离婚程序中引入独立主体，例如英国的儿童律师、德国的程序辅助人、我国台湾地区的程序监理人等，为离婚案件涉及的未成年子女提供专业支持和帮助，以补足借由其他法定代理人在法庭上维护未成年人利益所可能发生的不足或缺失。^① 目前我国尚无此一制度设置，在缺乏扩张监护人范围的制度且未经必要的选定程序前，未成年子女并不能容纳于我国的当事人制度体系。

因此，目前的制度下，未成年子女意愿陈述尚不能作为当事人陈述。

（二）证人证言之扩展

证人资格的限制较少，了解案件情况且能够正确表达意思的人均可作为证人。^② 在案情了解上，未成年子女基于过往的亲身经历与情感的真切感触，对由哪一方更适合直接抚养自己的争议事实最为了解；在意思表达上，根据《最高人民法院关于民事诉讼证据的若干规定》（以下简称《证据规定》）第 67 条第 2 款，待证事实与其年龄、智力状况或者精神健康状况相适应的无民事行为能力人和限制民事行为能力人，也可以作为证人。只要有基本的思维逻辑与表达能力，未成年子女对于未来想同父母何方生活的真实意愿表述即应视为符合其年龄、智力情况。因此，未成年子女符合证人资格要求。将其定位为证人可以使其获得不依附于当事人双方并且不受制于诉讼行为能力的诉讼地位。

尽管未成年子女满足证人资格，但法律上的证人证言还受到内容方面特定证据规则的限制，对于未成年子女的意愿陈述而言，将其确认为证人证言最大的障碍是《证据规定》第 72 条的规定。根据该条，证人应当客观陈述其亲身感知的事实，作证时不得使用猜测、推断或者评论性语言，这也被称为"意见证据规则"。未成年子女的意愿陈述虽然可能包含亲身感知的事实，但最终落脚于对自身主观意愿的表达，并非客观陈述。如严格适用此条，未成年子女的意愿陈述将无法归类为证人证言从而在当下民事诉讼法律制度中将可能丧失形式上的合法性。

但是，尚需追问的是，证据法上因何为证人证言设置意见证据规则，意见

---

① 参见姜世明：《家事事件法论》，元照出版公司 2013 年版，第 147 页。
② 《民事诉讼法》第 72 条："凡是知道案件情况的单位和个人，都有义务出庭作证。有关单位的负责人应当支持证人作证。不能正确表达意思的人，不能作证。"

证据规则是否有限制适用的空间，从而审视离婚抚养纠纷中未成年子女的意愿陈述是否应受到此一规则的限制。

1. 意见证据规则的设置目的

意见证据规则源自英美证据法，并且区分为普通证人的意见证据规则与专家证人的意见证据规则。对于普通证人，意见证据规则要求法官排除普通证人就争议事实给出的相关意见：证人只能就其感觉、感知的事实给出具体的陈述，但不能给出自己基于这些感觉、感知的事实得出的推论、看法、猜测或观点等。① 我国意见证据的规定与此基本相同。学者将此一规定背后的法理主要总结为：其一，证人发表的意见超出其感知的事实，可能存在错误，会使事实认定者产生预判或被误导；其二，对事实进行评价推断是事实审理者的职权，普通证人并不能僭越。② 但事实审理者对事实的评价推断并不能视为完全不可被"侵犯"的职权，对比英美法系的专家证人和大陆法系的鉴定人，对于超出事实认定者认知与能力范围的事实，允许专家基于其掌握的专门性知识，并结合个案的具体情况，给出相应的推论或意见。因此，从根本上说，对于普通证人的意见规则限制是基于其所作出的推断完全可以由法院就其客观陈述而作出，在事实认定者具备能力对某事实进行推断和判断时，即无需证人越俎代庖。③

就我国制度而言，根据最高人民法院对于《证据规定》第 72 条所做的释义，限定证言为客观陈述即基于普通证人的猜测判断可能对于人民法院查明案件事实产生误导和影响。④ 而同时，在专业问题的事实认定上允许鉴定人和专家辅助人提供意见证据。因此，我国对意见证据规则的限制与比较法上对普通证人意见证据的限制在考量上一致，即法官有能力作出判断而证人的判断可能对法官造成不当影响。

将视角拉回本文的离婚抚养纠纷中。《民法典》第 1084 条第 3 款明确规定了"按照最有利于未成年子女的原则"处理离婚抚养纠纷。一方面，未成年子女真实意愿陈述是基于其自身过往生活经验和情感依赖而作出的判断，反映了

---

① 早在 1622 年的一个判例中，爱德华·柯克大法官就指出："证人不应该用他'认为'或者'自己相信'这样的字眼。"参见［美］约翰·W. 斯特龙：《麦考密克论证据》，汤维建等译，中国政法大学出版社 2004 年版，第 24 页。
② 参见何挺：《普通证人意见证据：可采性与运用规则》，载《中国刑事法杂志》2010 年第 10 期；马贵翔、张海祥：《意见证据规则探析》，载《华东师范大学学报（哲学社会科学版）》2009 年第 2 期。
③ 参见李学军：《意见证据规则要义——以美国为视角》，载《证据科学》2012 年第 5 期。
④ 参见最高人民法院民事审判第一庭编著：《最高人民法院新民事诉讼证据规定理解与适用》，人民法院出版社 2020 年版，第 644 页。

其内心的情感倾向。未成年子女此种意愿的得出所依赖的客观事实基本不可能完全呈现于法官面前；同时，由于性格、心理状况和年龄心智区别，法官即使了解了所有过往事实也并不能替代未成年子女自己所作出的判断。另一方面，法院需要进行认定的事实为当事人何方直接抚养未成年子女最有利于未成年子女的利益。此一评价性事实本身的认定必须在具体环境中通过对案涉可能影响未成年子女利益的要素进行比较衡量而确定。未成年子女的真实意愿陈述有助于法官进行前述利益衡量，从而更好地确定如何裁判可以更有利于未成年子女身心健康和利益保障。

事实上，比较法上的意见证据规则并不完全排斥普通证人发表意见，对于证人根据自己亲身感知的事实所做的推测，能够有利于了解证人证言或认定争议事实的意见不会被直接排除。[1] 值得注意而是，我国刑事诉讼规则中已经设置了意见证据规则的例外。《关于办理死刑案件审查判断证据若干问题的规定》（法发〔2010〕20号）第12条第3款规定"证人的猜测性、评论性、推断性的证言，不能作为证据使用，但根据一般生活经验判断符合事实的除外"。因此，未成年子女基于自身亲历事实所作出的意愿陈述并不应受《证据规定》第72条的限制。或言，从解释上应当限缩《证据规定》第72条的规定，为其附加"法官有能力作出判断而证人的意见可能对法官认定事实造成不当影响"的条件限制。

2. 我国意见证言规则的补充必要

在既有规则上，我国民事证据制度中除了鉴定意见外也已经容纳了特定的意见证据，即有专门知识的人（专家辅助人）对专门问题所作的意见陈述。但证据类型上，专家辅助人的意见陈述被归入了当事人陈述。在理由层面，最高人民法院指出，基于辅助法庭对专业问题进行事实认定的方式上大陆法系鉴定制度与英美法系专家证人制度的法系分野，我国采纳大陆法系的鉴定制度而否定专家证人制度，专家辅助人并非专家证人，并受制于前述意见证据规则，[2] 故而将其意见归为当事人陈述。但是，专家辅助人制度设立目的其一为克服或防止法院专家的鉴定意见当中可能存在的瑕疵与偏颇；其二则是期待有关专家

---

[1] 例如，美国《联邦证据规则》第701条规定："如果证人不是以专家证人的身份作证，其意见或推论形式的证言仅就该意见或推论属于（a）合理地基于该证人的感知，并（b）有助于清楚了解该证人证言或决定争点事实，且（c）不是基于本规则第702条所规定的科学、技术或其他专门知识为限。"日本《刑事诉讼法》第156条则直接一般性地规定："准许证人供述其根据自己实际经历过的事实所作的推测。"

[2] 参见沈德咏：《最高人民法院民事诉讼法司法解释理解与适用》，人民法院出版社2012年版，第395页。

从专业角度出发对专业问题提出意见。在功能方面既包含补强当事人的质证能力，[①]也包括辅助法官理解专门性问题，发现案件真实。[②]而对当事人质证能力的补强也同样需要基于科学依据而非作为一方利益的直接代言人。[③]《民事诉讼法》第82条（原第79条）也在原本2002年《证据规则》的基础上将"对专门问题进行说明"明确为"对鉴定意见或专业问题提出意见"。因此，将专家辅助人的意见陈述归入当事人陈述实际一方面混淆了意见与客观陈述，另一方面预设了专家的偏私立场，同时进一步掩盖了专家辅助人的意见证据程序构建。

首先，当事人陈述作为证据方法是对其亲历的客观事实的陈述，而专家辅助人是基于自己专业领域的知识以科学的态度对涉及案件的专门问题进行解释，并发表自己意见，带有天然的独立性和主观性；[④]进而，预设立场反映了对专家辅助人可能因利益关系而产生立场偏差的警惕，但专家辅助人对专业问题提出的意见应当基于其掌握的科学知识、原理和正确操作。专家辅助人虽受当事人委托，但是其作用仅限于对涉及本职专业的问题在法庭上提出专业性意见，其并不完全受制于当事人的意思作出表示和行为，而应遵循科学态度与职业操守。径行将其作为当事人的"喉舌"一定程度上可视为赋予其为当事人利益而说假话的权利，[⑤]给专家辅助人意见的偏袒性注入了合法性根据，并非正确的价值导向，也不利于法官对事实的认定。同时，由于使专家辅助人意见寄身于当事人陈述下，民事证据规则上也并未对专家辅助人做申请出庭外具体的举证、质证和证据的审核认定规则，而当事人陈述的相关规则均以"当事人"为主体，并不直接适用于专家辅助人。使专家辅助人回归独立的证人（广义）身份，正视其提供的意见证据更为妥当。[⑥]在专家辅助人的出庭上也适用证人出庭的具结制度及作伪证的惩戒措施，强调专家在专业上应当秉持客观、中立

---

① 参见奚晓明：《中华人民共和国民事诉讼法修改条文理解与适用》，人民法院出版社2012年版，第198页。

② 参见王胜明：《中华人民共和国民事诉讼法释义》，法律出版社2012年版，第731页。

③ 参见李永泉：《功能主义视角下专家辅助人诉讼地位再认识》，载《现代法学》2018年第1期。

④ 参见窦淑霞：《法官对专家辅助人意见的采信与心证形成的路径分析》，载《法学杂志》2018年第2期。

⑤ 参见毕玉谦：《辨识与解析：民事诉讼专家辅助人制度定位的经纬范畴》，载《比较法研究》2016年第2期。

⑥ 多有学者主张应当将专家辅助人的意见作为单独的证据类型，实际上是将广义的证人证言进行精细化划分，笔者此处将其归为证人证言中的意见证言是基于其本质特征在既有证据类型中的归类。参见邵劭：《论专家证人制度的构建——以专家证人制度与鉴定制度的交叉共存为视角》，载《法商研究》2011年第4期；毕玉谦：《专家辅助人制度的机能定位与立法性疏漏之检讨》，载《法治研究》2019年第5期；窦淑霞：《法官对专家辅助人意见的采信与心证形成的路径分析》，载《法学杂志》2018年第2期。

立场，在庄严而神圣的法庭上既要对一方当事人负责，又要对科学和专业负责，还要对法律负责。①

综上，未成年子女意愿陈述既不满足意见证据规则的适用目的，意见证据规则也本应设置必要的限制适用空间。因此，仍有将未成年子女意愿陈述容纳于证人证言的空间。从此一角度来说，《民法典》对离婚抚养纠纷中未成年子女意愿的规定也恰恰为证人证言制度的扩充提供了契机，即在解释上进行必要的漏洞补充限缩意见证据规则的适用范围，将专家辅助人证言、未成年子女陈述等特殊意见证言纳入证人证言的范围。

同时，由于证人能力仅取决于证言内容与其判断能力的关系，并没有具体年龄的限制，将未成年子女的意愿陈述作为证人证言还可以避免以年龄为界限对未成年子女意愿考量进行一刀切。我国《民法典》以未成年限制民事行为能力人的标准，即八周岁作为应当尊重意愿陈述的标准。但具体年龄并不能直接决定未成年子女的认知和判断能力，也就不能作为子女作出意愿陈述的表达能力与理性的判断标准。一刀切的做法也不符合家事审判人性化审判理念的要求。② 实践中也有法院顾及未达到限制年龄的未成年子女也具有一定的理解力和判断能力而尊重其意愿陈述。③ 基于此，《民法典》第 1084 条的"应当尊重"应视为对证明力的规定，也即已满八周岁未成年子女的意愿在法官最终的裁判中一般给予更多的考量，而并非径行在诉讼中排除对未满八周岁未成年子女意愿陈述的取证与考量。

四、未成年子女意愿陈述的特殊证明程序

对未成年子女意愿陈述的定性一方面是明确未成年子女与其意愿陈述在诉讼程序中的明确地位，另一方面也是更重要的，正是在此基础上构建有利于保障未成年子女充分表达其真实意愿的诉讼程序。

联合国儿童权利委员会第 12 号一般性意见中指出，正确运用儿童利益最大化原则须保证听取儿童意见的权利。《民法典》第 1084 条第 3 款在规定了"按照最有利于未成年子女的原则判决"的基础上，进一步规定尊重未成年子女的真实意愿，正是前述原则的体现。"在诉讼活动中，听取未成年人意见是

---

① 参见沈德咏：《最高人民法院民事诉讼法司法解释理解与适用》，人民法院出版社 2012 年版，第 395 页。
② 《最高人民法院关于进一步深化家事审判方式和工作机制改革的意见（试行）》第 2 条："牢固树立人性化的审判理念，对当事人的保护要从身份利益、财产利益延伸到人格利益、安全利益和情感利益，保护当事人隐私，注重人文关怀。"
③ 参见辽宁省铁岭市中级人民法院（2016）辽 12 民终 336 号民事判决书。

未成年人参与权最为基础的行使方式，也是未成年人人格独立和人格尊严的体现、保护未成年人独立利益的需要，与最有利未成年人原则的要求密切相关。"① 因此，为实现判决最有利于未成年子女的原则，在未成年人意愿陈述层面，一方面需要保障有具体程序切实保障未成年人意愿得以表达并被听取，另一方面应通过必要的程序改造保障未成年子女意愿陈述的真实性。为实现前述目标，结合未成年子女作为未成年人的群体特征、对未成年人利益给予充分保护的必要性以及家事案件审判程序的特殊性，未成年子女意愿陈述的证明程序，包含调查收集、质证、认证规则，均应具有一定的特殊性。

（一）调查收集程序

在调查收集的主体方面，一般诉讼中，证人一般由当事人申请，但在离婚抚养纠纷中，未成年子女的意愿陈述应当由法院主动且独立地调查收集。

第一，基于家事纠纷解决的涉他性和公益性，在普通民事诉讼中适用的处分原则和辩论主义在家事审判中受到限制，若对案件的审理和纠纷的解决确有重要意义，法官可以依法主动开展调查取证工作，也即家事审判应适用职权探知主义。在职权探知主义模式下，作为判决基础的事实，其收集、提出的权限和责任均被赋予了法院，对此我国立法虽然没有系统规定，但理论界对此并无分歧。② 《最高人民法院关于进一步深化家事审判方式和工作机制改革的意见（试行）》（以下简称《深化家事审判意见》）第 3 条即规定"切实转变工作方式，强化法官的职权探知、自由裁量和对当事人处分权的适当干预"。

更进一步，离婚抚养纠纷深切关涉未成年子女利益，基于未成年子女的独立人格及其应享有的利益表达权与客观上的表达途径欠缺，以及子女意愿对于法官判断何方更适宜直接抚养未成年子女的重要性，未成年子女的意愿陈述应当由法院主动收集。《深化家事审判意见》第 48 条亦明确，与未成年人利益保护相关的事实，法院应根据当事人的申请或者依职权进行调查取证。在既有的民事诉讼法律规范中，未成年子女的意愿陈述属于涉及身份的关系的证据，符合《民诉解释》第 96 条对现行《民事诉讼法》第 67 条第 2 款"人民法院认为审理案件需要的证据"的解释。

第二，由于作为当事人的父母很容易对未成年人意愿产生诱导和干扰，为了保障未成年子女意愿的充分、真实表达，法院不仅应当在当事人未提及未成年子女意愿时主动调查收集未成年人对其意愿的陈述，更应当作为收集未成年

---

① 王广聪：《论最有利于未成年人原则的司法适用》，载《政治与法律》2022 年第 3 期。
② 参见傅向宇：《家事审判中职权探知的限度》，载《中外法学》2021 年第 1 期。

子女意愿陈述的唯一适格主体。一方面，未成年子女囿于自身年龄和认知能力，本身的意愿和表达即容易受到外界因素的干扰；另一方面，未成年子女的生活依赖于父母，长期受到父母的抚养与教育，往往难以对抗父母的意见，且离婚诉讼中未成年子女仍与父母双方或一方生活在一起，父母在心理与空间上也具有干扰和影响的便利。例如，在"盐城中院、市妇联联合发布十个 2020 年度婚姻家庭典型案例之九：苏某与吴某离婚纠纷案"中，二审合议庭查明"两小孩表达意愿的录像视频系在庭审前一天吴某利用小孩年幼无知去刻意制造的对其有利证据"①。

调查收集不仅是调查收集未成年子女意愿，还包括确认案件中涉及的未成年子女是否真正具备陈述意愿的能力。对此，不能仅依靠作为当事人的父母的陈述，而应当切实展开调查。目前最高人民法院推行的家事审判改革中设置了家事调查官的角色，并允许法院可委托其对子女的抚养情况、子女的心理状况及学习状况等展开调查，在调查方式上则可采取当面交流与走访社区、学校等方式。② 基于此，对未成年人意愿陈述能力的调查也可以由法院委托家事调查官完成。

在意愿内容的调查收集方式上，应当注重询问人员和方式的专业性。由于未成年人心理尚不完全成熟，在理解、表达和沟通上与成年人不尽相同。同时，未成年子女面对父母离婚也往往处于痛苦、低落的情绪中，让其表达在父母中选择一方继续共同生活的决定也会使其面临心理、伦理上的压力。为保障其愿意陈述并且陈述真实意愿，应由掌握了与未成年人身心发展相关事务，经过专门培训，特别是经过未成年人心理、发展以及其他相关人类和社会发展领域的培训专业知识的专职人员进行询问。③ 同时，为了排除外界干扰并为未成年人创造轻松、安全的氛围以降低未成年人的戒备心和隔阂感，应当对未成年人设置单独且适当的询问室并由专业人员单独进行询问。如法官委托专业人员进行询问时，为避免对未成年人不当诱导，应同样适用回避制度。同时，需要对询问过程进行同步录音录像，以便于法庭上呈现，并保障法官保留对询问程

---

① 参见"江苏省盐城市中级人民法院与市妇联联合发布十个 2020 年度婚姻家庭典型案例"，2021 年 3 月 6 日发布。
② 参见《最高人民法院关于进一步深化家事审判方式和工作机制改革的意见（试行）》第 21、22 条。
③ 参见朱晓峰：《抚养纠纷中未成年人最大利益原则的评估准则》，载《法律科学（西北政法大学学报）》2020 年第 6 期。

序和内容适当性的审查。① 既有的家事审判改革已经注重吸纳具有心理学、社会学和医学知识背景的专业人员作为司法辅助人员，并且对法官也提出了除法律知识外应掌握社会学、心理学、教育学知识的要求。② 但对于单独询问未成年子女以获取其意愿陈述仅作为"必要"时"可以"采取的方式，缺乏必要的程序规定。这侧面反映了未成年子女意愿陈述尚未被正视为离婚抚养纠纷诉讼中的重要证据方法。

（二）质证与认证程序

证人以出庭作证并接受审判人员和当事人的询问为原则，但对于离婚纠纷中的未成年子女，其应被允许不出庭作证。结合前述法院依职权询问未成年子女意愿并同步录音录像的制度安排，其意愿陈述应以录像的形式在法庭上呈现。未成年子女的意愿陈述重在表达其真实想法，不存在对错或成立与否的问题，而仅需保障其意愿表达的真实性。如迫使未成年子女在法庭上直面父母双方，陈述其愿意随父母何方生活并接受父母询问，会对其产生巨大的心理压力，产生拒绝陈述或违心变更意愿的风险。

在质证内容上，只要未成年人是陈述自身对于希望随何方一同生活的意愿，即符合关联性的要求。当事人主要需围绕真实性、合法性予以质证。真实性方面，由于未成年人意愿内容本身并无所谓真伪，当事人应围绕该意愿陈述在意思表达上的真实性展开。但由于未成年人意愿的陈述是经由法院（或委托专业人士）询问并同步录音录像，对该陈述真实性的质证实际将主要转化为对于取证合法性的质证，如询问人员与当事人一方是否有利害关系、询问方式是否涉嫌诱导等，并可以在必要时申请重新询问。同时，未成年子女的意愿陈述中可能包含有对过往生活经历的客观陈述，对此一客观事实部分当事人仍有质证的可能，并可基于此判断未成年子女意愿陈述的真实性。

在证据的审核认定上，真实性不存疑问的未成年子女意愿陈述应当被作为法院认定何方直接抚养未成年子女的重要根据。但法官尚需根据未成年子女的心智与成熟程度对其真实意愿进行剖析。从最有利于未成年人成长和利益保护的原则出发，未成年子女的意愿如基于过往相处经历中的感情依赖，则应给予其意愿更多的考量，如较多基于经济诱惑或某方管教较松，则需再结合父母双

---

① 在此方面，刑事诉讼中对于询问遭受性侵、暴力伤害的未成年被害人时的保障值得借鉴。参见《最高人民法院关于适用〈中华人民共和国刑事诉讼法〉的解释》第 556 条第 2 款：审理未成年人遭受性侵害或者暴力伤害案件，在询问未成年被害人、证人时，应当采取同步录音录像等措施，尽量一次完成；未成年被害人、证人是女性的，应当由女性工作人员进行。

② 参见《最高人民法院关于进一步深化家事审判方式和工作机制改革的意见（试行）》，第 5、47 条。

方的其他条件更加慎重地对待。由于未成年子女的意愿陈述不仅是单纯的证人证言，更体现为对未成年人人格及合法利益的关注，如最终法官在综合父母意愿、经济情况、教育条件等作出与未成年人意愿不一致的裁判，应当在判决书中说明其权衡的理由，以充分尊重子女的表达意见权。[①] 同时，考虑到未成年子女阅读判决书并不容易，有必要考虑由相关人员——如在取证时询问未成年子女意愿的专业人员等——向未成年子女进行解释，以使其能够了解法院的顾虑所在，消除其抵抗情绪，从而真正尊重未成年子女意愿，使判决最有利于未成年人。

五、结论

针对《民法典》第 1084 条的新规定，本文聚焦于抚养纠纷中的未成年子女意愿陈述。就此一陈述而言，基于其功能、特征以及既有证据类型，应当定位为一类特殊的证人证言。考虑到家事案件中涉未成年人意愿的广泛性，是否在家事案件中将未成年子女意愿陈述设置为单独的证据类型也是可以进一步讨论的问题。证人证言的定位使《民法典》第 1084 条第 3 款的"有利于未成年人子女的原则"具备了程序建构的空间，基于抚养纠纷的身份关系纠纷性质及未成年人保护，未成年子女意愿陈述在取证上应当采职权主义并需充分考虑未成年人的特征以保障未成年子女表达意见的权利。

此外，未成年子女意愿陈述作为被《民法典》第 1084 条特别规定的内容，对于意见证据规则的补充完善以及专家辅助人意见的合理定位均提供了进一步讨论的空间和依据，故而本文的意义不仅限于明确未成年子女意愿陈述的法律属性及程序规则，或许还可基于此进一步考虑单独意见证据类型的设置。

[①] 参见丁启明：《离婚监护案件"子女最佳利益"原则的重新审视——以联合国儿童权利委员会第 14 号意见书为视角》，载《东南司法评论》2016 年第 9 卷。

侵权法论

自动驾驶汽车交通事故责任问题
在意大利：现状与展望

徐铁英[*]

摘　要： 2018 年 2 月 28 日发布的《智慧道路法令》为自动驾驶汽车在意大利的上路测试扫除了法律上的障碍，亦引发对此等汽车发生交通事故后的责任承担的思考。意大利交通事故责任具有自身特点，向来重视对交通事故受害者的保护，一方面将车辆的驾驶人、所有人、公共道路的管理者认定为责任主体以令受害者获得更多的保障，另一方面以连带责任、客观责任等立法技术进一步提高受害者的受偿可能性。在此背景下，《智慧道路法令》以道路基础设施的数字化为目标，对公共道路管理部门的注意义务提出了更高要求，进一步降低了对自动驾驶汽车发展的担忧。

关键词： 智慧道路法令　物件看管责任　连带责任　过错责任

一、意大利道交事故责任体系概况

自动驾驶汽车在效率、安全方面的优势众所周知，但是，如同一切人的造物一样，它们也存在致害风险。一旦此等风险化为现实损害之后，责任应当如何确定？由谁承担？在那些自动驾驶汽车可能对传统法制带来的诸多问题中（例如，所产生数据的归属、隐私的保护等等），责任问题显得格外突出且十分

　＊　徐铁英，四川大学法学院副教授，四川大学法学院罗马法与意大利法研究所主任，法学博士。本文系国家社科基金中华学术外译项目"侵权公平责任论：我国侵权法上公平责任的立法与司法研究"（22WFXB006）的阶段性研究成果。

急迫，毕竟，配备自动驾驶系统的车辆在行驶过程中已造成不止一起事故。① 如何为事故造成的责任找到适当的承担者，一直是学者探讨的焦点。

自动驾驶汽车的研究、制造、上路测试已经在全球范围内广泛开展。截至2019年底，已有多个国家和地区开始对自动驾驶汽车进行专门立法，意大利作为汽车产业大国，亦属其中。早在2010年上海世博会期间，一家名为VisLab的意大利机构便组织配备有自动驾驶设备的车队从意大利帕尔马市出发，穿越15926公里的路程来到上海。② 菲亚特（FIAT）亦开展无人驾驶汽车的研制。在立法层面，意大利在2018年第一次通过有关自动驾驶汽车上路测试的法律。意大利基础设施和运输部部长于2018年2月28日发布《智慧道路与关联/自动汽车上路测试的落实方案与运作工具》法令（又称2018年2月28日智慧道路法令③）。它的诞生引起了实务界和学界的极大关注。值得注意的是，该部法令对于测试活动中民事责任的承担主体作出了规定，明确指出上路测试的申请人应当在申请中指明车辆所有人作为《道路法典》（Codice della strada）第196条和《意大利民法典》第2054条第3款的责任主体〔（第11条第1款a）项〕。可见，自动驾驶汽车交通事故的责任承担问题，离不开作为其前见的现行法制。因此，有必要先介绍该国现行法律对于机动车交通事故责任承担的总体图景，而后在此基础之上，审视前述法令可能会对这幅较为成熟的图景留下怎样的痕迹。

与我国相似，意大利的道路交通事故责任承担规则由多部法律法规协作处理，除了《意大利民法典》中的一般性侵权责任规范（第四编债第九题不法行为）、特殊性侵权责任规范④、专门立法《道路法典》和责任保险规范⑤。无论如何，自动驾驶汽车责任承担规则在将来的任何发展、变化甚至突变，都离不开作为其出发点的这些前见。

---

① 2016年5月，特斯拉无人驾驶汽车造成了全世界第一宗自动驾驶系统致人死亡的车祸，http://tech.sina.com.cn/roll/2017-03-26/doc-ifycspxn9900655.shtml，2019年12月25日访问。相关统计见List of self-driving car fatalities，https://en.wikipedia.org/wiki/List_of_self-driving_car_fatalities，2019年12月28日访问。

② 参见VisLab洲际无人驾驶挑战网站，http://viac.vislab.it/，2019年12月1日访问。

③ decreto 28 febbraio 2018 smart road，载https://www.certifico.com/，https://www.certifico.com/categorie/274-news/5996-decreto-28-febbraio-2018-smart-road，2019年12月25日访问；G. Delle Cave：Il Decreto c.d. Smart Road：sviluppo delle infrastrutture stradali，载www.altalex.com，https://www.altalex.com/documents/news/2018/08/23/il-decreto-cd-smart-road-sviluppo-delle-infrastrutture-stradali，2019年12月25日访问。

④ 如规范生产者责任的《消费法典》（Codice del consumo）。

⑤ 如1969年12月24日第990号法律《机动车与船舶民事责任的强制保险》以及2005年9月7日第209号法令《私人保险法典》。

二、驾驶人/所有人根据第 2054 条的车辆行驶责任

（一）第 2054 条及其规范流变

在意大利侵权责任体系中，《意大利民法典》第 2054 条是规范汽车运行责任的基础规范，其文曰：

> 无轨车辆的驾驶人，应当承担车辆行驶造成的人身或财产的损害的赔偿责任，除非证明已尽一切可能避免损害发生。

> 车辆之间发生相撞的，在出现相反的证据前，推定各方驾驶人一起同样地造成对各自车辆的损害，哪怕仅仅其中一方遭受了损害。

> 车辆的所有权人或者作为其替代的用益权人、依保留所有权的条款取得车辆的买受人，承担连带责任，除非能证明车辆的行驶违背其意思。

> 在任何情况下，上述各款所指明的人，应当对车辆的制造瑕疵或者缺乏保养所导致的损害承担责任。

《意大利民法典》第 2054 条是在先前关于车辆交通事故的特别法的基础上发展而来的，它可追溯至 1912 年 6 月 30 日第 739 号法律（1928 年和 1933 年两次修订）。该法第 5 条规定了车辆的所有人与驾驶人"当他们未证明已经尽了一切注意以避免损害发生时"承担连带责任；以及有利于受害人的规定，"在任何情况下，都不能将由于车辆的建造与缺乏维护导致的损害认定为不可抗力"。从文字看，1912 年第 739 号法律已经包含了嗣后《意大利民法典》第 2054 条第 3 款、第 4 款的主要内容，余下的，由 1933 年 12 月 8 日第 1740 号国王令补全，它后来转化成《道路法典》第 120 条，规定如下："一车辆对人身或财产造成的损害，推定驾驶人有过错。此等推定只有在此人证明自己已经尽了一切注意以避免损害发生的情况下方可排除。"不难看出它与第 2054 条第 1 款的关系。可见，《意大利民法典》第 2054 条文本的绝大多数内容只是对此前特别法规定的接纳。该条第 1 款、第 2 款规定了车辆驾驶人的责任承担，第 3 款规定了所有人以及替代其位置的人（用益权人、依保留所有权的条款取得车辆的买受人）与驾驶人一道承担连带责任，第 4 款规定前述人等对车辆的制造瑕疵或者缺乏保养所导致的损害承担责任。将前述四款糅合在一起的公因式，是损害乃是由于车辆被投入行驶（circolazione）而造成的这一事实。

裁判界认为，"行驶"指的是车辆位于适宜于通行之处（包括属于私人的处所），此时哪怕半辆处于停止状态也应判定为"行驶"；相反，如果它处于一

个不对通行开放的处所，即便其已开动起来，也不应认定为"行驶"。① 本条所指"车辆"为何？第1款已明确将有轨的车辆排除出去，原因在于，当一辆车被投入行驶之后，这一事实本身就产生了相当的风险。相较之下，有轨车辆的运行虽然也会产生一定风险，但是相较于普通车辆显著较小。背后的理由也是清晰而简单的：有轨车辆沿着轨道前进，其他的道路交通参与者可以简单地预料到它的轨迹，从而以较小的成本避免事故的发生。因此，有轨车辆所造成之损害适用规范一般过错侵权责任的第2043条即可。此外，车辆不仅包括汽车，还包括摩托车、畜力车、自行车、无轨电车、农用车以及压路机。②

（二）车辆驾驶人的责任

第2054条第1款的责任主体为车辆驾驶人。根据传统观点，归责原则为过错责任，且采举证责任倒置的模式，③ 属于所谓的过错推定责任。于是，"证明已尽一切可能避免损害发生"曾一度等同于不存在过错。如今，裁判界的通说已经发生改变，认为过错的阙如不再构成免责事由，唯有当损害在因果关系上并非是由于驾驶人的活动造成之时，例如，由受害人或者第三人造成，或者由意外事件造成，④ 驾驶人才无须担责。通说认为，第2054条第1款责任为客观责任（responsabilità oggettiva）。此等转变也与强制责任保险的推广有关，在此背景下，法官愈发不愿意"放过"驾驶人，而是选择救济交通事故的受害者。

第2054条第1款规范的是车辆与非车辆之间发生事故造成损害的情形。车辆之间致损的责任承担，责任主体自然还是车辆驾驶人，由第2054条第2款规范。这种做法与我国《道路交通安全法》第76条区分"机动车之间发生交通事故"与"机动车与非机动车驾驶人、行人之间发生交通事故"的二元化规制有异曲同工之处，尽管不完全一致。因此，根据第2054条第2款，车辆之间的责任承担采过错推定，推定事故双方过错相同，除非有反证。

（三）车辆所有人的责任

第2054条第3款在前两款中的驾驶人承担责任的基础上，课加车辆所有人及替代其位置的那些人（用益权人、附保留所有权条款买卖的买受人、依据

---

① Cfr. C. Salvi, *La responsabilità civile*, 2a ed., in *Trat. dir. civ.*, dir. da Judica e Zatti (seconda edizione), Milano 2005, p. 207.

② G. Visintini, Trattato breve della responsabilità civile, Padova 1996, p. 9.

③ C. Castronovo, La nuova responsabilità civile (terza edizione), Giuffrè, Milano 2006, p. 286.

④ Cfr. C. Salvi, *La responsabilità civile*, 2a ed., in *Trat. dir. civ.*, dir. da Judica e Zatti (seconda edizione), Milano 2005, p. 208.

融资租赁合同使用车辆的人①），就此承担连带责任。易言之，当涉事车辆的驾驶人与其所有人发生分离时，只要驾驶人的责任已经成立，此等责任原则上由多人承担，从而有利于保护受害人。此处规定连带责任的理由如下：首先，立法者早已预见到车辆的广泛使用，为了保护受害者，遂规定所有权人的连带责任。② 如此安排，与我国以车辆的"保有人"为核心构筑的责任主体制度大相径庭。其次，车辆的所有人以及那些替代其位置的人并非因其过错而承担责任。事实上，所有权人之所以对其所有物（车辆）所造成的损害承担责任，其法理依据类似于《意大利民法典》第2051条规定的看管物件致害责任情形。③ 第2054条第3款与第2051条的不同之处有二：第一，前者以另一主体（驾驶人）的责任已经成立为前提；第二，责任不是因为对车辆的管控，而是所有权人的资格与身份。他的"意思"，与其行为的具体形态无关，而在于行使其法律上的支配力从而使得车辆被投入行驶，进而造成风险。④

驾驶人与所有人这两类责任主体的免责事由是不同的：对于驾驶人，除非证明车辆行驶与损害之间的因果关系由于外在因素（受害人、第三人或者意外事件）被切断，否则，要对所生损害承担责任；对于所有人，则只能够通过证明车辆的行驶违背其意思的方式，方可避免承担责任。例如，窃贼偷走车辆，上路伤人。

（四）车辆驾驶人/所有人对制造瑕疵的责任

第2054条第4款规定，车辆驾驶人/所有人无论如何都要对车辆的制造瑕疵或者缺乏保养所导致的损害承担责任。这也是一种客观责任。⑤

第2054条第4款与第2053条（建筑物倒塌责任）都是关于客观责任的规定，免责事由也是一样的，都是证明损害非由"制造瑕疵或者缺乏保养"（difetto di manutenzione o vizio di costruzione）造成的，仅仅在这两项免责事由的前后顺序上有别。二者在规范结构上的一致性，体现的是二者规范意旨的同质性。可见，只要"制造瑕疵或者缺乏保养"与损害之间有因果关系，即令相关主体承担责任。车辆驾驶人、所有人等确实对于"缺乏保养"难辞其咎，

---

① 后者由1992年4月30日第285号共和国总统令第91条引入。

② La responsabilità e il danno, p. 495.

③ Cfr. C. Salvi, *La responsabilità civile*, 2a ed., in *Trat. dir. civ.*, dir. da Judica e Zatti (seconda edizione), Milano 2005, p. 210. 关于意大利法上的看管物件致害责任，参见徐铁英：《意大利法上的物件看管致害责任》，载《私法研究》第22卷，法律出版社2018年版。

④ Cfr. C. Salvi, *La responsabilità civile*, 2a ed., in *Trat. dir. civ.*, dir. da Judica e Zatti (seconda edizione), Milano 2005, p. 211.

⑤ P. Timarchi, La responsabilità civile: atti illeciti, rischio, danno, Giuffrè editore, Milano 2017, p. 397.

若因此发生损害，令其承担责任，并无问题。有疑问的是，"制造瑕疵"显然是由产品生产者（车辆制造商）而非前述车辆驾驶人、所有人造成的，为何驾驶人、所有人却被要求对此瑕疵造成的损害承担责任？原因在于该款制定的时代背景。一方面，1942 年制定《意大利民法典》时，尚且不存在生产者责任（responsabilità da prodotto）这种合同外责任，因此，车辆瑕疵所致事故的受害人无法直接从制造者处求偿。站在彼时立法者的立场，为了使受害者可以得到赔偿，令第 2054 条第 4 款诸主体承担责任是唯一的可行之道。① 另一方面，彼时立法时，第 2054 条第 1 款的责任以过错为要件，车辆瑕疵所致事故的受害人无法证明很可能不存在的过错。

三、生产者责任

2005 年 9 月 6 日第 206 号法令，即《消费法典》的颁布，对产品领域的责任承担问题影响甚大。

显然，车辆符合该法令第 115 条对产品的宽泛界定。因此，根据该法令第 114 条，只要车辆存在缺陷，生产者即应对其产品造成的损害承担责任。这是一种客观责任，生产者不能通过证明自己无过错而免于责任。第 117 条第 1 款将"未能提供可合理期待的安全"的产品认定为缺陷产品，"可合理期待的安全"认定则基于：（1）产品投入流通的方式、提供的产品介绍、性能说明、使用说明和警示；（2）合理指定的产品用途，以及与此相关的合理预见的消费者行为；（3）产品投入流通的时间。第 117 条第 2 款规定，不能仅因在任何时期有更完善的产品投入影响而将产品认定为缺陷产品。第 117 条第 3 款规定，产品不能提供同一批次的其他样品正常提供的安全的，为缺陷产品。在自动驾驶汽车的责任承担领域，《消费法典》有如下几方面的影响。

首先，它替换了《意大利民法典》第 2054 条第 4 款的部分规定。如前所述，第 2054 条第 4 款的设立具有特定的历史背景，以最大限度地保护受害人。如今，这个需求已经可以通过产品责任（《消费法典》第 114 条）获得满足。与现代化大规模生产相伴而生的广泛损害，可能由一名并非产品之买受人的消费者（如买受人的家属）或者第三人（如有缺陷的车辆撞倒的一名行人）承受，② 不会因为受害人与生产者之间没有合同关系而使得前者处于无法求偿的窘境。

---

① C. Castronovo, La nuova responsabilità civile (terza edizione)，Giuffrè，Milano 2006，p. 439.
② P. Timarchi, La responsabilità civile: atti illeciti, rischio, danno, Giuffrè editore, Milano 2017，p. 407.

其次，与一般的客观责任相比，产品责任有自己的特征。一般的客观责任系针对与风险活动（attività rischiose）无关之人遭受的损害，这类人常常谈不上进行自我保护以免于风险。于是，未获得赔偿的损害遂构成风险活动的外部不利益（diseconomie），而客观责任却使之"内化"，也就说是，让从事风险活动的人承担责任。就产品责任（或称生产者责任）而言，损害来自用户或者产品消费者的活动，[①] 通常而言，该人对于此等损害，尚有较大行动空间去避免其发生。[②] 之所以作此区分，原因在于，不能将一切损害现实化的风险均归于产品生产者头上，而宜区分不同的风险，将其中的一些归于生产者，另一些归于用户，通过这种合理的分配，促使双方都在自己的能力范围内去采取措施降低风险。一方面，生产者的设计缺陷、制造缺陷与警示缺陷，固然可能导致损害的发生；另一方面，致害事故的发生也往往与产品使用者相关，特别是在他对产品欠缺维护或者使用过度的情况下。就自动驾驶汽车而言这种情况并不鲜见，例如未及时更新软件、私自采用非官方补丁、在不适宜车辆行驶的气候条件下出行，这些都有可能促成损害的发生或者扩大。

再次，"可合理期待的安全"应当从谁的角度出发去认定？为讨论这一问题，可以首先将产品区分为两类：第一类是那些使用起来只有可能对使用者造成损害的产品，第二类是那些使用起来还可能对第三人造成损害的产品。[③] 车辆显然属于第二类。在第一类中，产品使用者可合理期待的安全性格外重要。它在《消费法典》第 117 条第 1 款 a）项[④]获得确认。在第二类中，当面临可能涉及产品使用者之外的第三人安全的产品时，光是告知买受人大概不足以阻止损害的发生。例如，在传统车辆和自动驾驶汽车共用的道路上，传统车辆的驾驶人是否可通过一定外部表征（甚至是道路管理部门的提示），得知自己身边运行着的是自动驾驶汽车，从而施加更强的注意。

当以产品投入流通时的科学认知和技术水平尚不足以完全预见风险时，生产者不承担客观责任（第 118 条 e）项）。鉴于各种情况，可能缺陷在产品投入流通时尚未存在（第 120 条）。

---

① 即使用产品。

② P. Timarchi, La responsabilità civile: atti illeciti, rischio, danno, Giuffrè editore, Milano 2017, p. 408.

③ P. Timarchi, La responsabilità civile: atti illeciti, rischio, danno, Giuffrè editore, Milano 2017, p. 413 s.

④ 产品投入流通的方式、提供的产品介绍、产品性能说明、使用说明及警示。

四、公共道路管理部门根据第2051条的责任

无论是传统车辆，还是新型的自动驾驶汽车，其行驶均仰赖于道路处于适于通行的状态。对此，公共道路的管理部门（amministrazione pubblica）负有维护道路的法定义务，若由于违反此等义务而造成损害，根据意大利法，公共道路的管理部门应承担民事责任。对于传统车辆而言，前述责任不成问题，受害人可依据《意大利民法典》第2051条的看管物件致害责任请求损害赔偿。例如，路面上有陷阱[①]、坑洼[②]，致使受害人落下导致损害的。[③]

相较于传统车辆，自动驾驶汽车对于良好路况的依赖更高，例如，各种指示牌能否被并载传感器正确识别？道路参与各方之间巨量的数据传输是否可以得到保障，从而实现V2I（汽车－基础设施）和V2V（车间信息交换）水平？这些新情况对基础设施的管理者即道路管理部门提出了更高的要求。当此等要求未得到满足从而导致（参与）损害的发生时，管理机关可能要承担相应的责任。也就是说，在这种情况下，公共道路处于其管理机关的看管（custodia）之下，因道路原因造成损害的，车辆一方可免于承担责任，并由道路管理部门承担最终责任。

五、强制责任保险

意大利在车辆行驶致害问题上引入强制责任保险的年代较晚。1969年12月24日第990号法律《机动车与船舶民事责任的强制保险》初次引入这类强制保险，该问题如今主要由2005年9月7日第209号法令《私人保险法典》规制（特别是第122条以下）。《私人保险法典》第122条第1款规定，车辆若未就《意大利民法典》第2054条以及《道路法典》第91条第2款中针对第三者的责任获得保险覆盖，则不能在公共用途的道路以及类同区域投入行驶；该条第2款接着规定，对于车辆搭乘者遭受的人身损害责任，亦为本保险覆盖，不论运输以何种名义作成。

第128条规定了强制责任险的最高额度。对于一起事故，不论受害人的人数以及损害的性质，保险金给付的最高额度是一定的，具体数字由ISVAP

---

① Raffaele Plenteda－ "Danni da insidia stradale：sì a responsabilità oggettiva del Comune"，nota a Tribunale di Verona，sez. II civile，sentenza 22 settembre 2012，n. 1951.

② Manuela Rinaldi－ "Buca stradale：sì alla responsabilità solidale fra appaltatore e comune"，nota a Cassazione civile，sez. III，ordinanza 23 luglio 2012，n. 12811.

③ 所谓物件看管致害责任，参见徐铁英：《意大利法上的物件看管致害责任》，《私法研究》第22卷，法律出版社2018年版。

（保险业监督机关）提议后，经产业部长批准生效。产业部长可以参考意大利国家统计局公布的消费价格指数的变化，并在听取 ISVAP 的意见后，通过部长令提升前述额度。

六、基于智慧道路法令的展望

从形式上看，2018 年 2 月 28 日智慧道路法令对于民事责任的承担的相关规定本身并无新意，① （其第 11 条第 1 款 a）项明确规定，申请人在提出上路测试的申请时，应当在申请中指明其所有人作为《道路法典》第 196 条②和《意大利民法典》第 2054 条第 3 款的责任主体。这似乎意味着，本法令无意基于自动驾驶汽车的特殊性，对现行法框架下的责任承担模式作出变革。自动驾驶汽车之所以与众不同，一方面，因为它是自动的，从而将驾驶人解放出来；另一方面，因为它们相互之间的"关联"（veicoli connessi）以及与道路等基础设施的关联，从而提高效率、降低风险。相关的责任承担问题必须考虑这方面特点。2018 年 2 月 28 日智慧道路法令因为准许自动驾驶汽车的上路测试而受到关注，它规定自动驾驶汽车获得批准后可以在意大利进行测试（第 9 条）、申请程序（第 11 条）、道路条件（第 13 条）、对民事责任投保（第 19 条）等等。然而，从它的全称《智慧道路与关联/自动汽车上路测试的落实方案与运作工具》可知，它对自动驾驶汽车上路测试的规制是与所谓"智慧道路"（Smart Road）的建设紧密联系在一起的。③

（一）公共道路管理部门承担更高义务

在道路交通活动中，作为运输工具的车辆之所以会因其可能引发的责任而

---

① M. Martorana, F. Vannucchi：Auto a guida autonoma：la tecnologia, i vantaggi e i rischi，载 www. agendadigitale. eu, https://www. agendadigitale. eu/cultura-digitale/veicoli-autonomi-fra-privacy-ed-etica-vantaggi-e-svantaggi-della-nuova-mobilita/，2019 年 12 月 14 日访问。

② 《道路法典》第 196 条的规定与《意大利民法典》的诸项规定一致，其第一款规定的是车辆的所有人及替代其位置之人要为违反该法典规则的驾驶人承担连带责任，与《意大利民法典》第 2054 条相比，明确新增了融资租赁合同的租赁人；第二款规定是该问题上的替代责任；第三款规定的是组织体对其成员的行为应承担责任。

③ 因此包含了不少定义、技术性规则与技术性分类，例如智慧道路的定义（第 2 条）、智慧道路的分级（第 5 条）、智慧道路的功能性特征（第 6 条）及其贯彻落实的时间和方式（第 7 条）和费用（第 8 条）。

备受关注，主要原因之一即在于，该车辆并非道路的排他利用者。① 正是由于其他的道路利用者（其他传统/自动驾驶车辆、非机动车、行人）的存在，车辆行驶才会造成相当大的危险。② 智慧道路法令的目标就是"促进对现已存在的基础设施资产的重视……将道路基础设施数字化（digitalizzazione），以支撑关联的和更先进水平的自动驾驶车辆"（第 3 条第 1 款）。自动驾驶汽车发送/接收大量数据，这些数据及其传输将它与基础设施以及同一道路上的其他自动驾驶车辆联系起来，致使自动驾驶汽车的利用能够显著降低交通事故发生率。将车辆与基础设施和其他车辆连接起来，也是本法令的关注所在。应用于道路的合作系统分为 V2I 与 V2V 两类（第 1 条第 1 款 o）项），前者系指车辆与基础设施之间的交互系统，它们能够输送与交通行驶的安全相关的信息与服务，后者指的是用于车辆之间的交互与合作的系统。

目前，自动驾驶汽车尚未广泛投入使用，但是从已经发生的几起事故中，我们可以预测当它们被大规模投入市场之时，公共道路的管理部门可能要负担的义务。一方面，根据前述第 2051 条，管理部门应当妥善维护路况从而避免损害发生，尤其是妥善维护新增的摄像头、传感器、网络传递。另一方面，有可能发生新的告知义务。例如，当管理部门探知一定路段的车辆（传统车辆以及自动驾驶车辆）的颜色、形状等外观情况③（显然，它们通常由车主自己选择、决定）与周围车辆的颜色、形状等外观情况或者与特定的天气、气象条件结合，将极大地提升行驶风险的时候，道路的管理部门是否负有告知、提示义务？甚至更进一步，是否有义务设计出适当的分流机制，避免二者进入特定距离？若答案为有，那么，此等义务的违反将招致责任。

---

① 自动驾驶技术并非为车辆所独享。事实上，海陆空三大交通运输方式中的另外两种即航海与航空运输中，自动驾驶早已作为成熟技术多年来获得广泛的应用，且并未出现严重问题。可见，陆上运输或者说车辆在道路交通活动中，具有若干不同于飞机和船舶的显著差异。这涉及所谓的"路权"问题。首先，在航空运输与海洋运输中，不存在所谓路权问题，因为承载飞机的天空和承载船舶的海洋，并非人的造物；与天空、海洋不同，车辆行驶需要道路，它们基本上都是人的造物。其次，有了路，车辆可在其之上行驶，然而，除了这辆车，其他参与者也对道路行驶的安全性发挥自身的影响。自动驾驶车辆、传统车辆、行人、路上可能存在的障碍物、收发各种信号的基础设施，共同作用于道路功能的正常发挥。

② 否则，它所能造成的损害，大概只能由它自己承受，民法上的机动车交通事故责任大概就没有存在的余地了。

③ 2016 年 5 月，特斯拉无人驾驶造成了全世界第一宗自动驾驶系统致人死亡的车祸。特斯拉表示，在强烈的日照条件下，驾驶员和自动驾驶系统都未能注意到拖挂车的白色车身，因此未能及时启动刹车系统。而由于拖挂车正在横穿公路，且车身较高，这一特殊情况导致 Model S 从挂车底部通过时，其前挡风玻璃与挂车底部发生撞击，驾驶员不幸遇难。参见《无人驾驶汽车事故不断 谷歌特斯拉 Uber 谁也没逃掉》，载新浪科技 2017 年 3 月 26 日，http://tech.sina.com.cn/roll/2017-03-26/doc-ifycspxn9900655.shtml，2019 年 12 月 25 日访问。

（二）连带责任可减少自动驾驶汽车上市阻力

在意大利民法上，为了最大程度保护交通事故的受害者，车辆的所有人要与驾驶人一起承担连带责任，除非出现特定的免责事由。这是意大利现行法制的特征，也将影响未来的自动驾驶汽车交通事故责任承担问题。与其迥异的是我国现行法上，对于交通事故的民事责任，仅仅例外地规定连带责任，限于类型封闭的三类情形：以买卖或者其他方式转让拼装或者已经达到报废标准的机动车发生交通事故造成损害的机动车的转让人和受让人（《民法典》第1214条），拼装车、已达到报废标准的机动车或者依法禁止行驶的其他机动车被多次转让并发生交通事故造成损害情形中的所有的转让人和受让人（《道路交通事故赔偿司法解释》第4条），套牌机动车发生交通事故造成损害，且被套牌机动车所有人或者管理人同意套牌的，应当与套牌机动车的所有人或者管理人承担连带责任（《道路交通事故赔偿司法解释》第3条）。它们都涉及严重违背交通安全法规的行为，可责性极强。相形之下，在意大利法中，连带责任的基础仅仅在于车辆被投入行使，且没有违背其所有人的意思。根据这一传统，自动驾驶汽车的受害者一般也可以享受连带债权，获得较好的保障。这似乎有利于自动驾驶汽车获得认可。

（三）车辆之间发生交通事故的过错推行

意大利民法也将交通事故区分为两类：车辆与非车辆之间发生的，以及车辆之间发生的。区别对待的考虑，显然与我国法的理由一样，即赋予相对弱势的一方更强有力的保护。对前一种情形，第2054条第1款实际上规定了客观责任，不对主观过失作要求。对于后一情形，第2054条第2款推定各方车辆均有过错，且过错程度相同。自动驾驶汽车的"过错"如何认定常引起争议。第2054条第2款原则上应当可以适用于自动驾驶车辆。首先，只要是车辆之间发生的事故造成了损害，各方车辆都被推定为有过失。其次，各方车辆被推定为有过失，且过错程度相同。最后，以上推定在出现反证之前，均维持其存在。

中国《民法典》中的医疗责任：以英澳为视角 *

[澳] 马克·伦尼著　杭广远译**

摘　要：通过逐条解读中国《民法典》第七编第六章中有关医疗责任的条款，并结合与之相对应的英澳法律，可以发现中国《民法典》中的医疗责任范围比英澳法律更广，英澳法律对过失行为的因果关系的判断极其复杂，而中国《民法典》并未作出明确规定。通过比较分析，英澳医疗责任法比中国《民法典》中的规定更加全面细致，中国《民法典》中的医疗责任条款在适用时仍然需要解释来澄清含糊之处，并且可以借鉴英澳判例法中的相对应规则解决中国《民法典》存在的法律漏洞。

关键词：医疗责任　过失　英澳判例法　注意义务　因果关系

经过漫长的酝酿期，中国《民法典》于 2021 年 1 月 1 日施行，并废除了 2009 年的《侵权责任法》。本文反映了《民法典》第七编（侵权责任）的一个方面，即第六章规定的医疗损害（medical negligence）责任。值得注意的是本文的重点是第七编的这些规定如何与英格兰/威尔士和澳大利亚这两个主要判例法法域中关于医疗过失的判例法规则相对应。虽然英格兰和澳大利亚的法律在这一领域存在一些差异，但正如下文所述，我们更应该关注这两个法域之间的重大相似之处。

---

* 感谢伦敦大学国王学院法学院的同事 Colm McGrath 博士提供的意见。中文摘要和关键词系译者所加。

** [澳] 马克·伦尼，伦敦国王学院潘迪生法学院教授，新英格兰大学法学院教授，澳大利亚法律研究院研究员。杭广远，苏州大学王健法学院博士研究生。本译文系国家社科基金重大项目《民法典解释的社会主义核心价值观融入研究》（19VHJ011）的阶段性研究成果。

应该澄清一点，与作为单一法律体系运作的英格兰和威尔士不同，澳大利亚是一个由六个州和两个地区组成的联邦。虽然联邦议会对整个澳大利亚拥有立法权，但它仅有权根据澳大利亚联邦宪法规定的权力进行立法。① 私法问题本身不是联邦可以立法的领域。然而，在澳大利亚历史的大部分时间里，澳大利亚最高法院即澳大利亚高等法院的判例维持了私法的统一性，因为高等法院的判例对澳大利亚法院系统中的所有其他法院都具有约束力。只要与医疗责任有关的法律是法官制定的判例法，在澳大利亚的法域之间就会有相当大的一致性。然而，在 21 世纪初，作为侵权法改革计划的一部分，澳大利亚所有法域内都通过了改革侵权法的立法。虽然在所有法域中有一些修正案是相同的，但也有很多部分存在差异。其结果是，有关医疗责任的侵权法可能会因澳大利亚管辖权而有所不同。

一、中国《民法典》第七编第六章与英澳医疗过失（medical malpractice）侵权责任

需要注意的是，第七编似乎远远超出了在英格兰和澳大利亚被视为"医疗责任"的范围。事实上，在这些法域中，责任规则几乎仅仅包括过失侵权责任（liability in the tort of negligence）和非法接触侵权责任（liability in the tort of battery），与提供医疗记录和数据有关的问题由其他法律领域处理。

本文将逐条介绍第七编第六章中的条文，并与同一主题的英澳法律进行比较分析。

（一）第 1218 条

第 1218 条规定，患者在诊疗活动中受到损害，医疗机构或者某医务人员有过错的，由医疗机构承担赔偿责任。

本条是关于责任归属的规定。在英澳法律中，绝大多数情况下被起诉的主体不是医疗专业人员，而是医疗专业人员工作的医疗机构（有时与医疗专业人员一起）。医疗机构承担的责任是替代责任（vicarious liability），是基于医疗专业人员所负第一性责任（primary liability）的第二性责任（secondary liability）。这种第二性责任应与医疗机构对其自身过失所负的第一性责任（例如，医疗保健系统失灵而不是个别医疗专业人员的过失）区别开来。

有两种方法可以使医疗机构对医疗专业人员的侵权行为负责。第一种是通过替代责任原则。这要求医疗专业人员是医疗机构的雇员，或者属于英格兰中

---

① Constitution of the Commonwealth of Australia，s 52.

的"类雇员"（akin to an employee）。^①第二种是侵权行为必须发生在雇佣关系存续期间，^②或者雇员的侵权行为与受雇原因之间存在密切联系。^③这两种要求在医疗责任案件中很少出现问题。如果医疗专业人员不是雇员，还有其他方法可以使医疗机构承担责任，而无需进行困难的"类雇员"认定。在针对医疗专业人员的大多数诉讼中，几乎没有人怀疑密切联系检验不能得到满足。如果医疗专业人员在其工作的一部分程序中存在过失，那么很明显该行为与工作之间存在密切联系。只有在非常罕见的案例中，比如医疗专业人员殴打患者，才是与医疗责任案件相关的密切联系检验。

即使医疗专业人员不是雇员，在英国法和澳大利亚法中，医疗机构通常也要对医疗专业人员的侵权行为负责。这是因为医院等医疗机构就其同意向患者提供的服务对患者负有禁止转委托（non-delegable）的注意义务（duty of care）。^④这是确保患者得到合理的注意义务，并且该义务不能雇用能胜任的医疗专业人员的机构代替履行。如果医疗专业人员的过失对患者造成伤害，那么医疗机构就违反了对患者负有的禁止转委托的注意义务。至于替代责任，在极少数情况下，医疗专业人员的过失附属于其所受雇的工作，医疗机构可能不承担责任，但出于实际目的，这些情况将非常罕见。虽然有关禁止转委托的注意义务是否可以延伸到被委派人的故意不法行为方面，澳大利亚法和英国法存在分歧，^⑤但这些问题很少出现在医疗责任案件中。

虽然英澳判例法还通过替代责任或禁止转委托的义务使医疗机构承担责任，但在没有立法禁止的情况下，它并不排除医生的个人责任（如第1218条规定）。尽管实践中在医疗机构工作的医疗从业者很少被起诉，但英澳判例法在这方面的责任范围可能更广。无论医疗从业者与医疗机构的关系如何，对患

---

① Hollis v. Vabu Pty Ltd (2001) 207 CLR 21；Cox v. Ministry of Justice [2016] AC 660. 虽然英国法律确实承认与雇员"类似"的人的责任，但这并不能取代传统规则，即被归类为某个独立承包商的雇主不对独立承包商的侵权行为承担替代责任：Barclays Bank plc v. Various Claimants [2020] UKSC 13。

② Prince Alfred College Incorporated v. ADC (2016) 258 CLR 134. 如果雇员的行为是故意不法的，则可以通过询问雇员是否被赋予与原告有关的任何"特殊"角色来更严格地调整问题。

③ WM Morisons Supermarkets plc v. Various Claimants [2020] UKSC 12.

④ Cassidy v. Ministry of Health [1951] 2 KB 343, 362-3, 364-5 (Denning LJ), approved by Lord Sumption and Baroness Hale in Woodland v. Swimming Teachers Association [2014] AC 537. 在澳大利亚，参见 Commonwealth v. Introvigne (1982) 150 CLR 258. 有关医院没有对患者承担禁止转委托的注意义务的观点，参见 C Beuermann, Do Hospitals Owe A So-Called "Non-Delegable" Duty of Care to their Patients?, 26 Medical Law Review 1, (2018).

⑤ 比较 State of New South Wales v. Lepore (2003) 212 CLR 511 (Australia) 和 Armes v. Nottinghamshire County Council [2018] AC 355 可知。

者来说实际意义不大。①

(二) 第 1219 条

第 1219 条涉及知情同意问题。医务人员在诊疗活动中应当向患者说明病情和医疗措施。如果需要实施手术、特殊检查、特殊治疗的，医务人员应当及时向患者具体说明医疗风险、替代医疗方案等情况，并取得其明确同意。不能或者不宜向患者说明的，应当向患者的近亲属说明，并取得其明确同意。医务人员未尽到上述义务，造成患者损害的，医疗机构应当承担赔偿责任。

第 1219 条涉及英澳判例法中的两种不同行为：过失和非法接触 (battery)。英澳侵权法也对与医疗责任有关的上述两种侵权行为作了重要区分。过失侵权通常被认为源于上议院在 *Donoghue v. Stevenson* 案②中作出的具有里程碑意义的判例，要求被告负有照顾原告的法律义务，而违反该义务则会在任何过失责任产生之前就导致法律认可的损害。③ 确定注意义务是否存在适当的一般检验标准，或者即使存在这样的检验标准，也有一段长年累月的历史。④ 但幸运的是，没有必要为了目前的目的重新审视这个问题，因为医疗专业人员对患者不造成人身伤害的注意义务是公认的注意义务。⑤

非法接触属于历史悠久的一类侵权行为，为身体自主权 (personal autonomy) 提供了最低程度的保护。⑥ 尽管定义不同，非法接触可以被定义为导致被告与他人直接触碰 (contact) 的一种行为。在英国法中，非法接触因被告的故意而发生。⑦ 在澳大利亚法中，非法接触可因被告的故意或过失而发

---

① 有观点指出，让医疗专业人员中的个体免于承担侵权责任风险，可能会降低专业标准，并导致中国患者与医疗专业人员之间发生矛盾关系。参见 Vincent Johnson，*The Importance of Doctor Liability in Medical Malpractice Law：China Versus the United States*，5 St Mary's Journal on Legal Malpractice & Ethics 1，(2020).

② Donoghue v. Sterenson [1932] AC 562.

③ 比较 Rothwell v. Chemical and Insulating Co Ltd [2008] 1 AC 281 与 Dryden v. Johnson Matthey Plc [2019] AC 403 案可发现，针对医疗专业人员的索赔几乎不会存在问题，因为过失造成的身体伤害几乎总能构成可诉损害。在极少数情况下，对健康没有不良影响的生理变化可能不构成"人身伤害"。在英格兰和澳大利亚法律中，都不承认不良医疗结果机会的丧失是医疗过失案件中的可诉损害，参见 Gregg v. Scott [2005] 2 AC 176. Tabet v. Gett (2010) 240 CLR 537。

④ 在英格兰，决定一项"新"的注意义务成为一般规则的最新案件是 Robinson v. Chief Constable of West Yorkshire [2018] AC 736；澳大利亚的最新案件是 Sullivan v. Moody (2001) 207 CLR 562.

⑤ 请注意，此处提到了人身伤害。如果原告遭受其他类型的伤害（例如，由于依赖医生向患者提供的投资建议而造成的纯粹经济损失），则注意义务可能会更加复杂。由于此类案件与医疗责任无关，因此本文不再进一步讨论。

⑥ 关于简短的历史，参见 C Beuermann，*Are the Torts of Trespass to the Person Obsolete? Part 1：Historical Development*，25 Tort Law Review 102，(2018).

⑦ Letang v. Cooper [1965] 1 QB 232.

生。① 其结果是，在澳大利亚（并且在没有法定变更的情况下），被告的任何导致与他人直接触碰的行为都是可诉的。但是，该规则的实际效果是证明责任倒置，因为普遍认为，如果被告能够证明接触不是故意或过失导致的，则可以免除其非法接触的责任。②

尽管存在这些差异，但英国法和澳大利亚法关于医疗责任方面的非法接触在实践中的适用基本相同。这是因为在医疗手术中与另一个人的身体接触几乎肯定是直接和有意的（如外科医生使用手术刀切割皮肤）。其结果是，任何涉及与他人碰触的医疗手术都是表面上的非法接触。在医学手术中，重要的不是是否有非法接触的初步证据，而是是否有可援引的免责事由。

在医疗责任背景下，对非法接触最重要的免责事由是同意（consent）。然而，与包括判例法体系在内的许多法律体系不同，在其他法域，防止医疗手术构成非法接触所需的同意并不等同于"知情同意"。特别是，未能提供有关手术的信息以及未告知与之相关的风险，同意未必能够阻碍非法接触行为目的的实现。这是因为医疗专业人员未能提供信息或告知手术风险是过失侵权，而不是非法接触。③ 这意味着只有因疏忽未能提供信息和告知风险才是可诉的。如下文所述，英国法和澳大利亚法现在都承认以患者为中心来确定信息提供和风险提示方面的过失，一个行为可诉，必须满足这里的过失要件。

此外，由于过失侵权需要提供损害的证据才能提起诉讼，索赔人或者原告必须证明被告未能提供信息或者告知风险而导致了损害。被告未告知与手术相关的风险，索赔人接受了手术，风险成为现实并造成损害。索赔人只要主张如果被告知了风险就不会接受手术，也不会因此受到伤害。这在某些情况下不难认定。④ 但是，如果索赔人主张他们仍然会在不同的时间或地点接受手术，又该如何认定？这是否足以使索赔人获得因风险具体化所造成的损害的赔偿呢？

---

① Williams v. Milotin (1957) 97 CLR 465. 一般而言，这意味着原告只需要陈述直接接触是由于被告的行为而非高速公路事故造成来提出诉讼理由：Venning v. Chin (1974) 10 SASR 299。

② 最近对该立场的重申，参见 State of New South Wales v. Ouhammi [2019] NSWCA 225，虽然其中一名法官认为，对被告的要求更高，但多数观点（其他两名法官接受的观点）是，对过失或故意的反驳就足够了。

③ Chatterton v. Gerson [1981] QB 432；Rogers v. Whitaker (1992) 175 CLR 479. 也可参见 C Beuermann, Are the Torts of Trespass to the Person Obsolete? Part 2：Continued Evolution, 26 Tort Law Review 6，9—10 (2018)，有关这一立场的矫正正义的评价，参见 A Beever, A Theory of Tort Liability, Hart Publishing，2016, p. 15.

④ 关于回答这个问题存在"后见之明"的危险，参见澳大利亚高等法院在 Rosenberg v. Percival (2001) 205 CLR 434 案中的判决。在某些法域，除非违反利益，否则表明原告如果被警告有风险会做什么的证据，现在是不被接受的，参见 Civil Liability Act 2002 (NSW) s 5D (3)。

在有争议的判例中，英国①和澳大利亚②的最高法院都认为，即使原告在以后不可避免地会面临同样的手术固有风险，但只要能够证明被告未提供信息或者未告知风险而导致了损害即可主张赔偿。尽管澳大利亚的部分法域限制了原告提出的关于被告告知风险他们会做什么的证据价值③，但是这些规定在这一点上并没有改变法律（尽管它们可能与法院作出的裁判有关，如果风险被披露，索赔人会推迟手术）。④

如果未提供信息或者未告知风险并不会影响同意来对抗非法接触行为，那么在什么情况下对非法接触行为的同意将无效？对于非法接触行为，如果患者同意进行一般性质的触碰，则同意将有效。⑤ 例如，如果要在患者的腿部实施手术，并且患者同意实施手术，只要医疗专业人员在该人的腿部实施手术，将会得到患者的有效同意以对抗非法接触行为。如果医疗专业人员实施手术存在疏忽，或者未能提供信息或告知风险，则唯一可以提起的诉讼就是过失侵权诉讼。

虽然过失行为本身并不会使得对非法接触行为的同意无效，但在英格兰和澳大利亚，都有有关触碰行为目的的欺诈。在这两个法域中，最主要的案件都涉及一名牙科医生欺骗性地建议进行牙科治疗，并征得病人的同意，结果后来发现牙科治疗是不必要的。⑥ 医疗专业人员以欺诈的方式声称他持有本没有的资格是否会使患者对治疗的任何同意变得无效，这是一个难题，但最近的判例法表明这种情形下患者的同意是无效的。⑦ 医疗专业人员的资格与接触的目的有关，同意由医疗专业人员触碰可能在性质上不同于同意由不太熟练的医疗专业人员触碰。然而，必须接受的是，关于这一问题目前并没有权威性的观点，在这些情况下同意的界限仍不明确。

如果发生了非法接触的侵权行为，医疗专业人员应该对非法接触直接造成的所有身体伤害负责。⑧ 然而，在许多情况下，患者的主张并不是非法接触造成了任何伤害（还有可能改善了患者的健康），而是患者的自主权受到了侵犯。与过失侵权需要提供损害证据才能提起诉讼不同，非法接触侵权不要求原告因

---

① Chester v. Afshar［2005］1 AC 134.
② Chappel v. Hart（1998）195 CLR 232.
③ 参见 Rosenberg v. Percival（2001）205 CLR 434.
④ 例如 Duce v. Worcestershire Acute Hospitals NHS Trust［2018］EWCA Civ 1307。
⑤ Chatterton v. Gerson［1981］QB 432；Rogers v. Whitaker（1992）175 CLR 479.
⑥ Appleton v. Garrett（1997）8 Med LR 75；Dean v. Phung［2012］NSWCA 223.
⑦ 参见 R v. Tabassum［2000］2 Crim App R 328；Dean v. Phung［2012］NSWCA 223.
⑧ J Cartwright, *Remoteness of Damage in Contract and Tort*：*A Reconsideration*, Cambridge Law Journal 488,（1996）.

非法接触而遭受任何伤害。它本身就是可诉的（没有伤害证据）。只要有人对他人施加了非法接触，并且没有免责事由，就可以提起诉讼。[①] 这反映了这样一个事实，即非法接触保护自主权的利益，而不保护造成伤害的行为（尽管非法接触造成的损害也可以得到赔偿）。根据非法接触的方式，因非法接触导致的痛苦和焦虑，可获得物质性损害赔偿（substantive damages），在一些案例中，也有可能获得精神性损害赔偿（aggravated damages）和惩罚性损害赔偿（exemplary damages）。[②]

就第 1219 条而言，未告知接触行为的性质（例如，告诉患者她正在做腿部手术而不是手臂手术），将会使得违反第 1219 条的某些行为被认定为非法接触行为。除了出现某种管理上的误解，上述情况非常罕见。例如，患者知道她正在进行腿部手术，但医疗专业人员告知她正在进行手臂手术，并完成了该手术。

在英澳法律中，未能提供必要的信息、风险和替代治疗方案只能在过失侵权中才可以得到救济，并且只有在表明未能提供该信息是疏忽的情况下才能获得救济。这表明第 1219 条中的责任基于过错（fault）标准。未能提供第 1219 条要求的必要信息或告知风险将导致过错推定（presumption of fault）。[③] 在英澳判例法中，这种情况下的疏忽是通过以患者为中心的调查来作出判断的，在许多情况下，从业者的过错只是在于没有向理性的患者提供合理的信息来决定是否接受手术。从这个意义上说，第 1219 条和判例法中的义务是相似的，如果未告知必要的信息，则会引发第 1219 条规定的过错推定责任，而在判例法中，未披露相同的信息将满足过失侵权中的过失要求。

虽然在实践中判例法对"过错"的要求可能没有太大差异，但触发诉讼的损害可能会存在显著差异。普通法上的过失侵权诉讼要求过失产生可诉的损害，而自主权或自决权的丧失本身是否足以将其归类为这类目的的损害是非常

[①] 在英国法中，原告还必须证明被告的非法接触行为未得到同意 [Freeman v. Home Office (No. 2) (1984) QB 524]，尽管在被告没有提供有关同意的证据的情况下，原告将简单地在诉状中说明这一责任。在澳大利亚，更好的观点是将同意作为严格的免责事由，由被告抗辩和证明 [Department of Health and Community Services v. JWB & SMB ('Marion's Case) (1992) 175 CLR 218, 310—311 (McHugh J)]。

[②] Lewis v. Australian Capital Territory [2020] HCA 26, [160] – [161] (Edelman J).

[③] YANG Lixin, *Tort Liability Law of China*, translated by WANG Zhu & DONG Chunhua, Jan Sramek Verlag, 2018, p. 265.

值得怀疑的。① 非法接触和过失之间的关键区别在于，非法接触行为不需要损害，一旦没有有效的同意，触碰行为就可被起诉。② 反之，在过失侵权诉讼中，未披露风险只会在造成可诉的损害时才会引起责任。同时，过失侵权诉讼的其他要素也必须满足，这可能会进一步限制过失侵权责任。

因此，第1219条可能比英澳法体系为患者自主权提供了更大的保护。这是因为根据第1219条，"损害"似乎包括患者在没有知情同意治疗的情况下失去自主权。③ 在英澳法体系中，只有当同意未能满足非法接触的要求时，才会达到第1219条中的效果，即使如此，除非有理由裁判一般（非金钱）赔偿，否则也只会以象征性赔偿（nominal damages）的形式来表示损害赔偿。

第1219条与判例法中允许在患者不同意的情况下向其近亲属提供信息的规定既相似又不同。在普通法中，如果缺乏行为能力与患者的年龄有关（即患者是儿童），通常可以由患者的父母或监护人表示同意。④ 如果丧失行为能力与精神障碍有关，监护人、相关授权书持有人（holder of power of attorney）或被授权的医务人员可能能够同意治疗。虽然家庭成员可能是监护人，但某人本身就是家庭成员这一事实并不一定允许该人代表另一位无行为能力的家庭成员表示同意，法院还保留同意接受医疗的权力。⑤ 因此，根据第1219条的规定，自动允许近亲属同意比同等的英澳判例法中的规定更广泛。

此外，第1219条允许近亲属接收信息并在患者不宜接收信息的情况下表示同意。此处"不宜"的含义尚不清楚，中国侵权法中的相应规定被批评过于

---

① 一般情况下，参见英国［R (Lumba) v. Secretary of State for the Home Department［2012］1 AC 245］和澳大利亚（Lewis v. Australian Capital Territory［2020］HCA 26）的侵权诉讼中对"惩罚性赔偿"的拒绝。在英格兰，在 Shaw v. Kovac［2017］1 WLR 4773 案中，因过失未能提供信息或风险建议而丧失自主权的裁决被明确驳回。虽然 Rees v. Darlington Memorial Hospital NHS Trust Health［2004］1 AC 309 案中作出了丧失自主权的裁决，其中过失包括避孕手术失败，但后来的案件将该裁决解释为基于机会的丧失，而不是纯粹由于丧失自主权，参见 Shaw v. Kovac, 4791 (Davis LJ), Lewis v. Australian Capital Territory,［168］–［169］(Edelman J)。

② 即使在非法接触中，也可能不会判给惩罚性损害赔偿，尽管如上所述，可能会结合非法接触行为导致的痛苦、担忧等情况判给非金钱损害赔偿（本文中称为"一般损害赔偿"），参见 Lewis v. Australian Capital Territory［2020］HCA 26,［160］–［161］(Edelman J)。

③ YANG Lixin, *Tort Liability Law of China*, translated by WANG Zhu & DONG Chunhua, Jan Sramek Verlag, 2018, p. 265；WANG Zhu & Ken Oilphant, *Yangge Dance: The Rhythm of Liability for Medical Malpractice in the People's Republic of China*, 87 Chicago-Kent Law Review 21, 45 (2012). 前述作者认为，在没有身体伤害或严重情感伤害的情况下，侵犯患者自主权或尊严无权获得赔偿。

④ NHS, Children and Young People: Consent to Treatment (Mar. 29, 2019), https://www. nhs. uk/conditions/consent-to-treatment/children/；NSW Health, Consent to Medical and Healthcare Treatment Manual (February, 2020).

⑤ 参见 Mental Capacity Act 2005 (UK) Part 2。

含糊。[①] 然而，它似乎至少涵盖了诊疗的例外，即寻求患者同意会对患者造成伤害。[②] 在这种情况下，近亲属可以代表患者同意。虽然"近亲属"一词也含糊不清，但似乎有这样一种做法，要求病人在接受医疗机构治疗时确认近亲属。[③]

（三）第 1220 条

第 1220 条规定，不能取得患者或者其近亲属意见的，在紧急情况下，经医疗机构负责人或授权的负责人的批准，可以立即实施相应的医疗措施。

根据英澳法律，在没有法定授权的情况下，此类案件根据必要性原则处理。虽然第 1219 条允许家庭成员代表无行为能力的患者表示同意，但英澳法律是不允许的。在英国法和澳大利亚法中，如果患者暂时或永久缺乏同意进行医疗手术的能力，则承认判例法中的紧急事务抗辩权（defence of necessity）。[④] 暂时丧失行为能力的最常见例子是，事故受害者失去意识或以其他方式丧失行为能力。试图提供帮助（包括医疗）的人，只要干预措施旨在治疗紧急的伤害，就不会构成非法接触。对于医疗专业人员来说，这意味着治疗可以稳定患者，并使他们恢复到能够同意（或不同意）进一步医疗的状态。[⑤] 然而，在患者暂时缺乏行为能力的情况下，医疗专业人员不能采用专业人员认为应该治疗但不危及生命的医疗方案来治疗患者。为了尊重患者的自主权，医疗专业人员应该做的是使患者恢复行为能力的治疗，然后就医疗专业人员认为应该进行的进一步医疗方案征求患者同意。[⑥] 第 1220 条未规定这些情形；但是，在第 1219 条的背景下考虑第 1220 条，在紧急情况下似乎不太可能让医疗专业人员进行有效但非必要的医疗。[⑦]

如果患者永久性丧失行为能力，则适用不同的规则。假如患者永远无法恢

[①] WEI Zhu, *The Tort Law of P. R. China and the Implementation of Informed Consent*, 6 Asian Bioethics Review 125, 134 (2014).

[②] ZHAO Xiju, *The new Tort Liability Law and the journey towards informed consent in China*, Medical Law International 156, 164 (2012).

[③] WANG Zhu, *The Tort Law of P. R. China and the Implementation of Informed Consent*, 6 Asian Bioethics Review 125, 135 (2014).

[④] Re F; F v. West Berkshire Health Authority［1989］2 AC 1; Hunter and New England Area Health Service v. A［2009］NSWSC 761.

[⑤] Re F; F v. West Berkshire Health Authority［1989］2 AC 1.

[⑥] Re F; F v. West Berkshire Health Authority［1989］2 AC 1; Mental Capacity Act 2005 (UK) s 4 (3).

[⑦] 第 1220 条列出了"抢救处于紧急情况下的患者"的例子，表明只有有限的介入才能得到保护。参见 WANG Zhu, *The Tort Law of P. R. China and the Implementation of Informed Consent*, 6 Asian Bioethics Review 125, 135－136 (2014).

复到完全行为能力，英国和澳大利亚的法院有权作出符合患者最大利益的决定。① 理论上，如果实施的医疗手术不符合患者最大利益的判断，则实施该手术的医疗专业人员可能会要对非法接触负责。在实践中，有一些手术可以让医疗专业人员在治疗前寻求法院的指令，以确保治疗的合法性。患者家属将参与决策过程。②

（四）第 1221 条

第 1221 条是规定患者的损害结果因过错责任产生的若干条款中的一条。在英澳术语中，它设定了在治诊断患者时判断医疗专业人员的注意标准必须达到诊疗时的"医疗水平"（medical level）。第 1221 条重申这一责任由医疗机构承担。

在英澳法律中，英格兰和澳大利亚③在医疗责任的义务违反问题上存在着细微差异。目前，至少在判例法中，这两个法域所采用的处理方式非常相似。④ 虽然从理论上讲，确定违反义务的标准因素适用于医疗过失案件（伤害的可能性、伤害的严重性、预防措施的成本、被告行为的社会效用），但在大多数医疗过失案件中，判断违反义务的关键点在于被告的行为和与该行为有关的被认可的行业标准（professional practice）之间的关系。在 20 世纪，在这两个法域的普遍观点是，如果医疗专业人员按照"负责任的医疗意见"进行诊疗，那么医疗专业人员的诊疗行为就不构成过失侵权。在 McNair J 第一次向陪审团提出了该标准之后，该标准被称为 Bolam 标准。⑤ 其效果是使违反义务的问题成为医疗职业体而不是法官/陪审团的问题。一旦有证据表明医疗专业人员遵循了负责任的做法，就不可能认定为过失。虽然原告通常可以主张这不是该地区其他医疗专业人员认可的做法，来质疑医疗专业人员所遵循的是否是负责任的做法，但这一质疑的采纳完全取决于医学证据。

---

① Re F；F v. West Berkshire Health Authority［1989］2 AC 1；Department of Health and Community Services v. JWB & SMB（'Marion's Case)（1992）175 CLR 218. 其中许多权利都有了法定基础，参见 Mental Capacity Act 2005（UK）s 4。

② 在英格兰的背景下评估最佳利益，参见 H Taylor, What are "Best Interests"? A Critical Evaluation of "Best Interests" Decision-Making in Clinical Practice, 24 Medical Law Review 176，（2016)。澳大利亚有关该项规则的例子，参见 NSW Health, Consent to Medical and Healthcare Treatment Manual (February 2020) chapters 7−8, 还可参见 Department of Health and Community Services v. JWB & SMB（'Marion's Case)（1992）175 CLR 218。

③ 比较 Bolam v. Friern Hospital Management Committee［1957］1 WLR 582 和 Rogers v. Whitaker（1992）175 CLR 479。

④ Bolitho v. City & Hackney Health Authority［1998］AC 232；Montgomery v. Lanarkshire Health Board［2015］AC 1430。

⑤ Bolitho v. City & Hackney Health Authority［1998］AC 232；Montgomery v. Lanarkshire Health Board［2015］AC 1430。

对医疗专业人员而非患者的关注引发了批评，认为该标准过于偏向医学专业的专业知识，而不是患者的自主权。当所称的过失与病人的诊疗无关，而是指称未能向病人提供有关进行医疗手术的充分信息，以致病人无法适当同意治疗，从而侵犯病人的自主权时，这种批评尤其有力。因为要考虑因过失未能向患者提供信息的情况，澳大利亚高等法院放弃了 Bolam 标准，转而采用更加突出患者自主权的标准。1992 年，在 *Rogers v. Whitaker* 案①中，高等法院裁定 Bolam 标准不是用来判断医疗专业人员过失的适当标准。在提供医疗信息和建议的案件中，高等法院认为医生必须采取合理的注意措施，以提示患者建议的治疗可能涉及的重大风险。如果处于类似情况的理性人（reasonable person）重视风险，或者如果医疗专业人员知道或者应该意识到特定患者会对风险表示担忧，则该风险被视为重大风险。虽然 *Rogers v. Whitaker* 案是一起过失提供信息的案件，但在 1999 年 *Naxakis v. Western General Hospital* 案②中，澳大利亚高等法院明确表示，在 Rogers 案中不采纳 Bolam 标准不仅适用于过失提供信息的案件，而且适用于对医疗专业人员的所有过失行为索赔的案件。

虽然 *Rogers v. Whitaker* 案的解决方案在过失提供信息的案件中被普遍接受，但在诊疗案件中，不采 Bolam 标准的争议要大得多，因为在诊疗案件中，法官或陪审团显然没有能力对与诊疗选择相关的复杂医学证据作出判断。2002 年，澳大利亚联邦政府、州政府和领地政府同意成立一个专家小组来审查过失法律的实施，如何评估"专业的"过失问题被认为至关重要，以至于专家小组必须将这一问题作为首要事项（preliminary matter）来处理。③ 2002 年过失法律审查小组（以下简称"Ipp 报告"，以小组主席、新南威尔士州上诉法院的 David Ipp 法官的名字命名，在澳大利亚广为人知）的建议是：应通过立法规定，如果所提供的治疗符合该领域内大量德高望重的从业者广泛持有的意见，则不得将其视为过失，除非法院认为该意见不合理。④ 遗憾的是，这一建议并未在整个澳大利亚法域得到统一采纳（或在某些情况下根本没有获得通过）。以新南威尔士州（作为澳大利亚最大的司法管辖区）为例，相关条款规定在 2002 年新南威尔士州《民事责任法》（the Civil Liability Act）第 6 部分第 50 节中。

---

① Rogers v. Whitaker（1992）175 CLR 479.
② Naxakis v. Western General Hospital（1999）197 CLR 269.
③ Review of the Law of Negligence: Final Report（Commonwealth of Australia，September 2002）xi.
④ Ipp Report，Recommendation 3.

第 50 节　专业人员注意标准

（1）如果确定专业人员的行为方式（在提供服务时）在澳大利亚被同行专业意见广泛接受为合格的专业做法，则从事某一职业的人（"专业人员"）不会因提供专业服务而产生过失责任。

（2）但是，如果法院认为同行的专业意见不合理，则不能就本节的目的依赖该意见。

（3）澳大利亚就某一事项广泛接受的同行专业意见存在不同，这一事实并不妨碍本节所依赖的任何一种或多种（或全部）意见。

（4）同行的专业意见不必是通说（universally accepted），但必须是广为采纳的有力说（widely accepted）。

虽然该规定比有关医疗专业人员的规定更广泛（尽管没有定义"专业"，但它显然涵盖了法律、医学和会计等既定的"专业"），但第 1 款中使用的语言显然是 Bolam 标准中的语言。第 3 款和第 4 款详细阐述了同行专业意见的含义，而第 2 款则对标准何时适用施加了不合理（irrationality）限制，该限制源自英国判例法（见下文）。虽然该条文足够宽泛，足以涵盖向患者提供有关医疗手术的信息，但正如下文所指出的那样，第 50 条不适用于因发出（或未发出）警告、建议而引起的责任，也不适用于与专业人员提供专业服务相关的人员死亡或受伤风险等其他信息而引起的责任。[①] 这些规定实际上是对医疗专业人员恢复了 Bolam 标准，并以采纳的观点不合理为例外限制，相比之下，*Rogers v. Whitaker* 案所确立的标准仍然是确定医疗专业人员在提供医疗手术相关信息方面是否存在过失的法律。[②]

英格兰和威尔士目前对这一问题的处理反映了新南威尔士州的立场。与澳大利亚法院不同，英国上议院似乎已经接受了 Bolam 标准，并适用于向患者提供有关建议医疗信息的案件。[③] 在 1998 年的 *Bolitho v. City & Hackney Health Authority* 案中，上议院为 Bolam 标准的适用增加了浓墨重彩的一笔。虽然按照负责任的医疗机构的意见通常可以排除对医疗专业人员的过失认定，

[①]　Civil Liability Act 2002（NSW）s 5P.

[②]　在澳大利亚，第 50 节的规定是否应该作为免责事由而不是影响违反义务，仍存在一些争论。参见 P Vines & N Kozlina, Using the Wider Common Law as a Baseline to Defend Subversion by Statute? The case of the professional negligence 'defence' in NSW, 22 Torts Law Journal 250,（2015）；McKenna v. Hunter and New England Local Health District［2013］NSWCA 476；Sparks v. Hobson［2018］NSWCA 29。

[③]　Sidaway v. Board of Governors of the Bethlem Hospital［1985］AC 871. 在 Montgomery v. Lanarkshire Health Board［2015］AC 1430 案中，英国最高法院怀疑 Sidaway 是否支持将 Bolam 标准应用于提供信息和建议的案例。

但如果认为此种做法不合理，将不会采纳 Bolam 标准。① 负责任的医疗机构的意见存在不合理之处是一个法律判断的问题，而非医学判断。这是 Ipp 专家小组于 2002 年在澳大利亚建议并在第 50 条中作出的解释。最后，在 2015 年 *Montgomery v. Lanarkshire Health Board* 案中，英国最高法院认为，Bolitho 中规定的修改后的 Bolam 标准不适用于提供信息。② 这将受到与 *Rogers v. Whitaker* 案中基本相同的标准的约束，该标准侧重于理性的患者希望得到的信息，而不是将医疗专业人员认为应该提供的信息进行医学评估。

从对英澳判例法的讨论中产生了两个比较问题。第一个是第 1221 条中"医疗水平"的含义是什么？特别是，这是否意味着这个水平是由医疗行业自己来判断？③ 中国医疗责任法反复出现的一个主题是，将过失或事故的证明留给医疗行业的困难。④ 虽然在过去对医疗过错的判断留给医疗专业人员或医院代表，医疗过失造成的损害大多是通过行政申请（administrative claim）程序索赔，但医疗证据是否在医疗责任的认定上具有决定性影响的问题仍然存在。特别是，第 1221 条没有考虑法院以医疗做法不合理为由（根据 Bolitho 标准）而无视其医疗证据的范围。这是一个重要的问题，因为如果医疗行业不完全控制违反义务要求的行为，那么对医疗事故的司法控制范围将大大扩大。⑤

（五）第 1222 条

虽然第 1221 条规定了一般注意标准，但第 1222 条提供了三个被推定为未达到一般注意标准的示例。一是医疗机构在诊疗活动中违反法律、行政法规、规章或者其他有关诊疗程序、标准的规定。尽管该条仅提及医疗机构，但如果这些规定与医疗专业人员的治疗有关，且未遵守相关规定，医疗专业人员也将被推定为有过错（根据第 1218 条，医疗机构将承担责任）。⑥ 虽然这一规定与英澳法律有一些共同之处，但也存在着重要差异。如上所述，无论是通过第 1222 条第 1 款中规定的合法政策、指导方针还是其他方式，这些关于一般的医疗活动的证据都很重要，因为未能遵守既定的专业标准是能够证明医疗专业

---

① Bolitho v. City & Hackney Health Authority [1998] AC 232.

② Montgomery v. Lanarkshire Health Board [2015] AC 1430.

③ 对这一问题的肯定意见，参见杨立新：《论医疗过失的证明及举证责任》，载《法学杂志》2009 年第 6 期。

④ WANG Zhu & Ken Oilphant, *Yangge Dance：The Rhythm of Liability for Medical Malpractice in the People's Republic of China*，87 Chicago-Kent Law Review 21，31－33，37－38（2012）.

⑤ DING Chunyan, *Medical Negligence Law in Transitional China*（*Doctoral Thesis*，University of Hong Kong，July 2009）137－144.

⑥ DING Chunyan, *Medical Negligence Law in Transitional China*（*Doctoral Thesis*，University of Hong Kong，July 2009）137－144.

人员存在过错的有力证据。然而，在立法没有明确规定的情况下，这种不作为不能作为证明过错的确凿证据，在形式上也不会改变被告需要承担反证自己没有过失的证明责任。同样，遵守既定的专业标准并不能确保医疗专业人员没有过错，不遵守并不意味着已经确立了过失。第 1222 条第 1 款在多大程度上与英澳判例法一致取决于该推定是否可反驳。如果是可反驳的，第 1222 条第 1 款改变了实践中的证明责任，以便由作为被告的医疗专业人员提供证据证明自己没有过失。相反，如果第 1222 条第 1 款在形式上改变了证明责任，被告仅能在特定情况下反证自己没有过失，或者如果它确立了一个不可反驳的推定，那么它对原告来说比英澳判例法在类似情况下更为有利。至少有一位学者认为，第 1222 条确立了一个不可反驳的推定。① 通常来说，2009 年《侵权责任法》和新《民法典》中的规定没有倒置（reverse）医疗责任案件中过失或因果关系的证明责任。②

虽然第 1222 条第 1 款与英澳判例法的医疗责任有一定联系，但第 1222 条第 2 款和第 3 款却并非如此。这两款都涉及原告无法查阅医疗记录。它们的存在是由于中国医学法中长期以来的一种观点，即医疗机构和医疗专业人员要么会篡改这些证据（比如通过伪造，更改记录），要么在某些情况下根本无法提供。③ 立法者假定未采取上述措施相当于医疗机构存在过错，显然希望阻止这种做法，并鼓励及时披露导致病人受伤的医疗手术的细节。在英格兰或澳大利亚的立法中都没有类似的规定。但是，根据一般证据法，在一方当事人应拥有证据的情况下未能提供证据，可能使事实裁判者（法官或陪审团）对未能提供证据的当事人作出不利的推论。④ 如果证据被篡改或非法销毁，除了上述不利的推论外，这可能构成藐视法庭罪。⑤ 更普遍的观点认为，在医疗责任案件

---

① YANG Lixin, *Tort Liability Law of China*, translated by WANG Zhu & DONG Chunhua, Jan Sramek Verlag, 2018, p. 277; WANG Zhu & Ken Oilphant, *Yangge Dance: The Rhythm of Liability for Medical Malpractice in the People's Republic of China*, 87 Chicago-Kent Law Review 21, 47 (2012).

② WANG Zhu & Ken Oliphant, *Yangge Dance: The Rhythm of Liability for Medical Malpractice in the People's Republic of China*, 87 Chicago-Kent Law Review 21, 47–48 (2012). 值得注意的是，有学者认为，如果原告在案件中确立了表面证据（prima-facie case），则证明责任可以倒置，这相当于普通法的事物本身说明（resipsa loquitur）规则。参见 YANG Lixin, *Tort Liability Law of China*, translated by WANG Zhu & DONG Chunhua, Jan Sramek Verlag, 2018, p. 276–278. 关于这一条款的历史，参见 YANG Lixin & XI Chao, *The Rise and Decline of the Reversal of the Burden of Proof in China's Medical Negligence Law: A Political Economy of Law Making Perspective*, 12 The China Review 33, (2012).

③ Benjamin J Liebman, *Malpractice Mobs: Medical Dispute Resolution in China*, 113 Columbia Law Review 181, 191 (2013).

④ Jones v. Dunkel (1959) 101 CLR 298.

⑤ 例如 Crimes Act 1900（NSW）s 317（Tampering with evidence）.

中，医疗责任案件中隐瞒证据的不当改变不应由特定于该背景的规则处理，而应由更普遍地适用于民事诉讼案件的证据规则处理。

（六）第 1223 条

本条规定，医疗机构应对任何药品、医疗消毒剂或医疗器械的缺陷，或因输入不合格的血液而对患者造成的损害承担责任。在英澳法律中没有直接的对等条款。这一规定的不同之处在于，它可能将医疗机构和药品、消毒剂、器械、血液的制造商或供应商的责任等同起来。此外，它还要求医疗机构对这些产品的缺陷负严格责任（而不是基于过错的责任）。虽然英澳法律在这些情况下承认严格的责任，但根据传统的产品责任法，责任是强加在产品的制造商或生产者身上。[①] 虽然处于医疗机构地位的实体可能根据合同法（在澳大利亚，可能根据澳大利亚消费者法对违反消费者保证的规定）承担侵权责任，但针对医疗机构的任何侵权责任都是基于过错的。

虽然第 1223 条规定，医疗机构对因产品缺陷而受到损害的患者负有严格责任，但医疗机构有权对药品的上市许可持有人、生产者或血液提供机构进行追偿。正如杨立新所指出的，其结果是，医疗机构只有在自身过错造成患者伤害的情况下，才承担最终责任。非医疗机构自身过错造成的损害，仅在无法确定产品生产者、销售者的情况下，医疗机构才在无过错的基础上承担最终责任。这些规则对受害方没有影响，受害方可以选择起诉任何一家医疗机构、销售者或生产者；它们与这些当事人之间的责任归属有关。[②] 因此，第 1223 条的最终目的不是让医疗机构对其可能提供给患者的产品缺陷负责，而只是为了让受到伤害的患者更容易找到可以立即获得赔偿的被告。如果产品的生产者有偿付能力，该风险由医疗机构而不是患者承担，则医疗机构可以避免此种损失。

第 1223 条是第六章中专门针对中国具体情况的规定之一。正如王竹和Oliphant 所指出的那样，中国医院作为药物提供者在中国医疗保健中发挥着特殊作用。中国医院从药品销售中获得大量收入，在某些情况下，医院是中国某些药品的唯一销售商。[③] 第 1223 条反映了医疗机构是这些药品对患者的"公众形象"这一现实，它被视为医疗机构对患者负有首要的、严格的责任，同时

---

① YANG Lixin, *Tort Liability Law of China*, translated by WANG Zhu & DONG Chunhua, Jan Sramek Verlag, 2018, p. 271-273.

② YANG Lixin, *Tort Liability Law of China*, translated by WANG Zhu & DONG Chunhua, Jan Sramek Verlag, 2018, p. 271-273.

③ WANG Zhu & Ken Oliphant, *Yangge Dance: The Rhythm of Liability for Medical Malpractice in the People's Republic of China*, 87 Chicago-Kent Law Review 21, 46 (2012).

为前者提供了向产品实际生产者追偿的权利。根据英澳产品责任法，一个自称生产产品的实体可以作为生产者承担严格责任。虽然该条规定与中国法上的规定不能形成一个完美的类比，但两者的立场相似。① 在中国的背景下，医疗机构被视为这些产品实际上的生产者，对它们施加严格的责任似乎是合理的。

（七）第 1224 条

该条规定表面上针对医疗机构列出了三种免责事由。事实上，从英澳的角度来看，只有第一种情况才被视为免责事由。该种情形是指患者或者其近亲不配合医疗机构按照程序和标准进行诊疗。普通法中类似的制度是与有过失（contributory negligence）抗辩或者自担风险（volenti non fit injuria）（接受风险）的抗辩。在普通法中，后一种免责事由的问题在于，它要求原告既了解风险又接受风险，即使了解风险可能成立，从患者的行为中推断其是否接受风险也是较为困难的。更接近的类似制度是与有过失，与有过失是指患者未能对自己的安全采取合理的注意。在医疗专业人员试图诊断或治疗患者时，患者不予以配合将属于该项免责事由。但是，第 1224 条允许抗辩方在近亲属不配合的情况下进行诊疗活动。将他人的过失归咎于原告在英澳判例法②中众所周知，但在当代实践中不常见，并且也不能适用于家庭成员的行为（除非该行为受到患者本人的影响，在这种情况下，这将是患者自己的过错）。

在实践中，第 1224 条第 1 款在某些情况下将作为医疗责任诉讼的部分免责。显然，如果患者没有起诉，医疗机构就不需要援引本款保护自己。如果患者的索赔是基于医疗机构或医务人员的过错，对"医疗机构应承担相应的赔偿责任"这一但书最合理的解读是，它允许在双方都有过错的情况下，在医疗机构和患者之间分摊责任。这也是英澳过失法的立场。③

与第 1224 条第 1 款不同，第 1224 条第 2 款和第 3 款规定了医疗机构或医务人员是否违反了对患者应尽的义务。第 1224 条第 2 款规定，如果医务人员在紧急情况下（如在紧急情况下救治处于危急状态的患者），履行了合理的诊疗职责，则不承担责任。这与英澳法律中的相关规定是类似的。例如，英国2006 年《赔偿法》（the Compensation Act）第 1 条规定，在确定被告是否应采取特定措施达到注意标准时（无论是采取预防风险措施还是其他方式），法院应考虑采取这些措施的要求是否可能会阻止在一定程度上或以一定方式进行

---

① Consumer Protection Act 1987 (UK) s 2 (2)；Australian Consumer Law, s 7.

② Glanville Williams, *Joint Torts and Contributory Negligence*, Stevens & Sons Press, 1951, p. 432-436.

③ 参见 Law Reform (Contributory Negligence) Act 1945 (UK)。

适当的活动；或阻碍个人履行与适当的活动有关的职能。这项规定的一个适用情况是，医疗专业人员在紧急情况下采取行动治疗受伤人员；如果注意标准没有充分考虑到紧急情况，这可能会阻止医疗专业人员进行干预以提供帮助。2015年《社会行为与见义勇为责任法》（the Social Action, Responsibility of Heroism Act）也存在类似的担忧，特别是第4条，该条要求法院考虑，当个人在紧急情况下英勇干预以帮助处于危险中的个人时，是否发生了被指控的过失。虽然这些规定超出了医疗专业人员的范围，但很明显，他们也能够利用这些规定来抗辩，他们没有违反在紧急情况下对接受治疗的人应尽的注意义务。[1]

第1224条第2款中"合理的诊疗"一词表明，在确定什么是合理的诊疗时，必须考虑紧急情况，这一点与英澳法律一样。在没有法定免责事由的情况下，采取行动的人不会被免除注意义务，但如果在确定什么是合理的时候不考虑紧急情况，那对被告来说将是不公平的。

虽然第1224条第3款和英澳法律中相关条款的操作方法类似，但在确定过失时所考虑的背景可能与英澳法律不同。该规定避免了由于当时的"医疗水平"而难以诊疗的责任。诊疗可能困难的一个原因是可用的医疗设备有限。对医务人员的任何过错只能基于未能使用所提供的设备，除非医务人员存在过错，未能确保医疗设备可用。这与英澳法律的立场类似，医疗专业人员只能用他们拥有的设备进行诊疗，如果以他们没有的设备作出判断，显然是不公平的。但是，如果"医疗水平"是指医疗专业人员本身的标准，这不符合英澳法律中的规定。医疗专业人员缺乏经验与确定注意标准无关。英国法一直坚持这一立场，并适用于医疗专业人员以外的领域。[2] 虽然在澳大利亚从未建议医疗专业人员使用该标准，但有一些权威人士认为，在某些情况下缺乏经验可能是一个相关因素，[3] 而澳大利亚高等法院在2008年 *Imbree v. McNeilly* 案中并没有采纳这一建议。[4] 医疗从业者的额外技能（additional skill）是否可以提高注意标准是一个更困难的问题。在某一特定专业领域工作的医疗专业人员，是根据该专业领域内合理的专业人员标准来判断的。因此，神经外科医生是根据

---

[1] 对于这一立法的讨论，参见 J Goudkamp, *Restating the Common Law? The Social Action, Responsibility and Heroism Act 2015*, 37 Legal Studies 577, (2017).

[2] Nettleship v. Weston [1971] 2 QB 691. 在这一点上，Browne-Wilkinson VC 在英国上诉法院 Wilsher v. Essex Area Health Authority [1987] QB 730 案中的少数判决中建议，缺乏经验与违反义务有关，这些义务至少发生在一些针对医疗机构的过失诉讼中，但这一观点未被接受，参见 Fb v. Princess Alexandra Hospital NHS Trust [2017] EWCA Civ 334, [54] — [62] (Jackson LJ)。

[3] Cook v. Cook (1986) 162 CLR 376.

[4] Imbree v. McNeilly (2008) 236 CLR 510.

合理称职的神经外科医生的标准而不是全科医生的标准来判断的。关于在专业领域内，额外的专业知识是否可以提高注意标准，没有明确的答案。该问题超出了本文的范围，但要注意过失法的存在是为了规定最低标准，而将标准提高到该最低标准之外则可能属于合同法的调整范围。①

第二个在英澳法中与确定医疗水平无关的因素是医疗专业人员为患者提供服务的地域。特别是，无论是在城市还是在偏远地区提供服务都无关紧要，对医疗专业人员的注意标准是相同的。如果农村医疗人员的能力不如城市从业人员，这不是一个可以考虑的理由。鉴于中国在这一领域的历史和现实，在确定适当的"医疗水平"时可能会考虑这些因素。特别是，医疗专业人员所处地域可能与适用于诊疗的注意标准相关。②

（八）第 1225 条

从表面上看，这一规定与责任无关，而是与医疗机构保持准确记录以及应患者要求及时提供这些记录的需要有关。对于考虑医疗责任的英澳法律人来说，第六章的该条规定看起来很反常。记录保存是建立医疗机构的监管制度的问题，未能按要求向患者提供记录通常不会引起侵权诉讼，而是属于合同法或数据保护法调整的范围。上文已经讨论了医疗机构未能在诉讼案件中提供证据的问题。

虽然第 1225 条要求保存记录，然后根据要求将其交付给患者，但没有规定违反该条规定的法律后果。根据第 1222 条第 2 款和第 3 款的规定，未能提供记录或更改记录会导致过错推定，但不清楚这些规定是否适用于最初没有创建记录的情况。从普通法的角度来看，法院很可能将未能保存记录作为过失的证据，从而得出与第 1222 条第 2 款和第 3 款明确提及的其他作为和不作为相同的结果。③

---

① Fb v. Princess Alexandra Hospital NHS Trust [2017] EWCA Civ 334，[61] - [62] (Jackson LJ).

② 对于在确定中国医疗责任案件的注意标准时是否应承认"地点"原则的不同意见，参见 WANG Zhu & Ken Oilphant, *Yangge Dance: The Rhythm of Liability for Medical Malpractice in the People's Republic of China*, 87 Chicago-Kent Law Review 21, 50 (2012); YANG Lixin, *Tort Liability Law of China*, translated by WANG Zhu & DONG Chunhua, Jan Sramek Verlag, 2018, p. 275. 该文认为应考虑区域因素的观点; DING Chunyan, *Medical Negligence Law in Transitional China* (Doctoral Thesis, University of Hong Kong, July 2009) 141-157, 该文认为不应引入地方性规则来确定医疗标准。

③ YANG Lixin, *Tort Liability Law of China*, translated by WANG Zhu & DONG Chunhua, Jan Sramek Verlag, 2018, pp. 280-281. 杨立新建议将第 1225 条与第 1222 条一起解读，以便将过错推定附加到医疗机构未能遵守第 1225 条的情形。

（九）第 1226 条

对于英澳法律人来说，这一条款规定在侵权责任一章中显得格格不入。它对患者的隐私和个人信息施加了保密义务。未经患者同意，传递此信息或将其放置在可以自由访问的公共论坛上，将构成侵权责任。

本条保护的是患者在隐私和个人数据方面的利益。尽管它们之间存在联系，但又不完全相同。在英澳判例法中，有关患者的一些信息，例如他们正在进行重大的医疗手术，可能不是由医疗责任中的个人数据保护条款，而是应由承担保密义务的一般法律调整。[①] 毫无疑问，患者向医疗专业人员提供的信息至少有些方面是保密的，因此医疗机构负有保密义务。这将包括作为诊疗的一部分向医疗专业人员提供的个人信息，以及医疗专业人员建议的实际诊疗方案。虽然这一义务可能基于合同，但它不是一项要求，因为即使双方之间没有合同，衡平法也承认保密义务。无论这项义务的依据是什么，都存在允许违反该项义务的情况（例如，披露信息符合公众利益）。在英格兰和威尔士，滥用医疗记录也有可能引起对滥用私人信息侵权行为的索赔，[②] 如果披露方是公共当局，则根据 1998 年英国《人权法》（the Human Rights Act）对公共当局提出索赔，指控其侵犯了《欧洲人权公约》 （the European Convention on Human Rights）第 8 条规定的个人隐私权。[③]

一般情况下，对在其业务中收集医疗信息的人员施加了法定限制。在澳大利亚的州和联邦层面，这些通常是作为更广泛的数据保护法的一部分而实施的。此类立法对个人数据的收集和使用规定了严格的义务，并且可以为信息主体提供补救措施，包括数据滥用造成损害的情况。[④]

虽然有相当多的学术争论，但在英格兰和澳大利亚的立场是，医疗专业人

---

① 关于个人信息方面的隐私义务，参见 Prince Albert v. Strange（1849）47 ER 1302；Stephens v. Avery［1988］Ch 449（UK）；Moorgate Tobacco Co Ltd v. Philip Morris（No. 2）（1984）156 CLR 414（Australia）。

② Campbell v. MGN Ltd［2004］2 AC 457.

③ Human Rights Act 1998（UK）s 6.

④ 在英格兰和威尔士，参见 General Data Protection Regulation 2016/679，Art 82；Data Protection Act 2018（UK）s 168-169. 英国医学协会的访问记录：Updated to reflect the General Data Protection Regulation and Data Protection Act 2018（May，2018）https：//www. bma. org. uk/media/1868/bma-access-to-health-records-nov-19. pdf. 在撰写本文时，正在等待英国最高法院在 Lloyd v. Google LLC 案中就滥用信息本身（相对于此类滥用造成的任何间接损害）是否可以根据数据保护立法获得赔偿作出判决（尽管该判决将基于现已废除的立法，但在现行立法制度下仍具有重要意义）。在澳大利亚，参见 Privacy Act 1988（Cth）s 25，Health Records and Information Privacy Act 2002（NSW）ss 21，Part 6；Privacy and Personal Information Act 1998（NSW）Part 3 Division 3.

员和患者之间不存在信义关系（fiduciary relationship）。① 例如，在 *Breen v. Williams* 案中，澳大利亚高等法院拒绝承认医疗专业人员与患者之间存在一般信义关系。② 然而，有观点认为，医疗专业人员与患者关系的某些特定组成部分可能受信义义务（fiduciary duties）约束，这些义务被认为主要与患者的经济利益有关，从而可能会引起此种义务。③ 例如，医疗专业人员不应将患者转诊至与其有经济利益的专科病理学诊所，也不应开出该专业人员每开一次处方都从制造商收取费用的药品，而不遵守施加给受托人的义务（在适当的情况下可能意味着根本不参与该行为）。④ 但任何此类义务并不包括向申请人提供其医疗记录（不过应当指出的是，病人现在可享有获得这些记录中所载信息的法定权利）。⑤

（十）第 1227 条

本条规定禁止医疗机构及其医务人员违反诊疗规范进行不必要的检查。虽然提及"诊疗规范"可能意味着诊疗过程中存在过失，但提及"不必要"则表明医疗机构或医务人员的过错在于进行诊疗本身，而不是在诊疗过程中存在疏忽。在英澳判例法中，进行涉及与患者身体触碰的不必要的诊疗可能相当于非法接触。在没有欺诈的情况下，如果同意身体触碰本身，但不同意触摸的目的，则会出现对非法接触的同意是否无效的难题。至少在刑法中（非法接触在英澳法律中既可以是犯罪也可以是侵权），英国的一个案例认为女性同意让被告触摸她们的乳房是无效的，因为触摸的目的不是为了医疗目的。⑥ 如果这个案例中的判决是正确的，则在不需要诊疗的大多数情况下，即使超出了触摸目的的欺诈行为，同意也可能会失效。在这方面，第 1227 条比同等的英澳法律要清晰得多。⑦

---

① D Nestorovska, Revisiting Breen v. Williams：Breathing Life into a Doctor-Patient Fiduciary Relationship, 25 Journal of Law and Medicine 692，（2018）；A Grubb, The Doctor as Fiduciary, 47 Current Legal Problems 311，（1994）.

② Breen V. Williams（1996）186 CLR 71.

③ 在英国背景下，参见 P Bartlett, Doctors as Fiduciaries：Equitable Regulation of the Doctor-Patient Relationship, 5 Medical Law Review 193，（1997）。

④ 这种行为也被专业机构禁止，但这并不赋予患者要求赔偿的权利，参见 D Nestorovska, Revisiting Breen v. Williams：Breathing Life into a Doctor-Patient Fiduciary Relationship, 25 Journal of Law and Medicine 692，702-703（2018）。

⑤ 例如，Access to Health Records Act 1990（UK）；and for Australia Privacy Act 1988（Cth）s 6D, Sch 1 Art 12；Health Records（Privacy and Access）Act 1997（ACT）；Health Records Act 2001（Vic）；Health Records and Information Privacy Act 2002（NSW）.

⑥ 参见 R v. Tabassum [2000] 2 Crim App R 328；Dean v. Phung [2012] NSWCA 223。

⑦ 英澳对这一问题的立场非常复杂，因为提出这一问题的大多数案件都是刑事案件，而且许多案件现在都参照适用这一领域的具体刑法规范（如 Sexual Offences Act 2003（UK）ss 74-76））作出判决。

（十一）第 1228 条

本条规定，医疗机构及其医务人员的权益受法律保护。此外，扰乱医疗机构秩序，妨碍医务人员工作、生活，侵害医务人员合法权益的，依法追究法律责任。

从英澳法律的视角来看，这可能是第六章所有条文中最奇怪的。该条似乎重申了一个非常基本的原则：医疗机构和医务人员受到法律的保护，任何违反该项原则的人，都应承担法律责任（推测这里的责任不是侵权责任，因为没有使用承担侵权责任的表述方式）。相比之下，本条中医疗机构和医务人员值得法律保护的规定看起来既涉及刑法又涉及民法，并且表现为"美德信号"的形式。该规定显然源于中国医疗责任的混乱历史，历史上对出现医疗事故的医疗机构和医务人员有相当大的敌意和愤怒。① 虽然英澳医疗机构和医务人员受一般法的保护，但尚未发现有必要像第 1228 条中那样专门作出规定，即使有类似规定，似乎也不太可能被归类为侵权责任。因此，第 1228 条被视为一项独特的规定，是对中国医疗的历史实践作出的回应。

二、英澳法律人会觉得中国《民法典》少规定了什么——一个示例

关于因果关系的法律，特别是因果关系的证明，2009 年《侵权责任法》之前的中国医疗法中并不明确，无论是《侵权责任法》还是《民法典·侵权责任》编第六章，都没有对这一问题作出明确规定。然而，对于英澳法律人来说，医疗责任中一些最困难的问题与因果关系有关。

例如，在过失侵权诉讼中，一旦确定违反注意义务，原告必须证明违反义务是造成损害的原因。对于所有过失侵权案件，大致包括两个要素：事实因果关系（factual causation）和法律因果关系（legal causation）。在澳大利亚法域，这一要求现已成为法定依据。例如，根据 2002 年新南威尔士州《民事责任法》第 1A 部分第 3 节的规定，过失造成特定损害需要包括以下要素：（a）过失是损害发生的必要条件（事实因果关系）；（b）过失人的责任范围应扩大到由此造成的损害（责任范围）。② 根据这些规定，证明责任显然仍由原告承担。③ 虽然这排除了在证据不确定的情况下使用反向证明责任协助原告的可能性，但其他各节允许缓和事实因果关系规则以利于原告。以下是关于事实因果

① B Liebmann, Malpractice Mobs: Medical Dispute Resolution in China, 113 Columbia Law Review 181, Part III (2013).
② Civil Liability Act 2002 (NSW) s 5D (1).
③ Civil Liability Act 2002 (NSW) s 5E.

关系的规定。

在根据既定原则确定一个例外情况时，不能被认定为发生损害的必要条件的过失是否能够用来认定事实因果关系，法院应考虑（除其他相关事项外）是否以及为何应由过失方承担损害责任。①

这个看起来很奇怪的规定可以通过查看（它所依据的）Ipp 报告来解释。② 澳大利亚法院可能会根据上议院在 *Fairchild v. Glenhaven Funeral Services Ltd* 案③中的裁判来缓和对事实因果关系的要求，这将在下文讨论。而澳大利亚法院没有以此种方式制定法律，④ 该条允许对事实案件的规则进行这样或那样的修改，以使在原告无法证明被告的行为是原告损害的必要条件的案件中胜诉。这似乎使对损害风险的重大贡献是充分的，并允许在多次因果关系充分的情况下适用众所周知的 NESS 标准。⑤

"赔偿责任范围"问题在功能上等同于适用英格兰的损害的遥远性（remoteness of damage）规则。本节的目的是取消诸如"法律因果关系""近因果关系"（proximate causation）和"遥远性"等表述，这些表述被认为错误地暗示了调查中考虑的因素是因果因素。⑥ 相反，"责任范围"要求法院调查对被告事实上造成的损害的责任是否应受到限制，如果应受到限制，应给予何种限制。虽然这与在"遥远性"检验中考虑的因素相关，例如，原告所遭受的类型、种类，损害是否是被告过失的合理可预见的结果，或者在被告的过失行为和原告的损害之间有没有介入因素（Intervening acts），但在理论上对责任范围内的调查可以考虑的因素没有限制。

澳大利亚高等法院在医疗专业人员责任范围内考虑了本条规定。在 *Wallace v. Kam* 案⑦中，原告接受了背部手术，而医疗专业人员因过失未能就手术进行时会出现特定不良后果告知风险。手术后出现了不良结果（手术过程中没有过错）。初审法官认为，即使告知这一风险，原告也会接受手术，因此无论如何都会发生不良结果。然而，原告辩称，他也未被告知另一种未发生的风险，如果告知这一风险，他就不会接受手术，也不会受到伤害。根据这些事实，事实因果关系的检验得到满足，未能告知第二种风险是伤害的必要条

---

① Civil Liability Act 2002 (NSW) s 5D (2).
② Ipp Report，pp. 109—112.
③ Fairchild v. Glenhaven Funeral Service Ltd [2003] 1 AC 32.
④ Alcan Gove Pty Ltd v. Zabic (2015) 257 CLR 1，[15].
⑤ Strong v. Woolworths Ltd (2012) 246 CLR 182.
⑥ Ipp Report，pp. 114—117.
⑦ Wallace v. Kam (2013) 250 CLR 375.

件，因为如果他被告知此种风险，他根本不会接受手术，因此第一种风险也不可能成为现实。

然而，澳大利亚高等法院认为，损害没有通过"责任范围"的检验。对过失未能告知风险的责任不是基于失去选择权或暴露于未披露风险的一般考量，而是"避免发生患者不准备接受的特定身体伤害"。① 简而言之，原告声称的伤害是，即使在手术前告知了风险，他也会因为手术而准备好承担风险的伤害。无论第二种风险存在何种过失，此种风险都没有实际发生并造成损害，因此，被告的责任范围不应延伸到仅与未告知第二种风险巧合相关的损害。②

在英格兰关于事实因果关系的法律有许多方面与澳大利亚不同。关于事实因果关系，英格兰的法院认为，如果科学界尚不能确定某种特定疾病的因果关系时，那么对事实因果关系的通常或者必要条件的检验就会存在例外。这种例外是在间皮瘤（一种由暴露于石棉粉尘引起的癌症）的背景下建立的，目前仍然存在争议的是，例外的范围在这种情况之外仍然不确定。英国法还承认，如果被告的过失对原告的伤害产生了"重大贡献"，则存在充分的因果关系。在原告的伤害是可分的情况下，可以很容易地计算出被告对原告伤害的比例，这可以有效地发挥作用。例如，如果原告的受伤是由于接触灰尘，灰尘越多损伤越严重，则适用该规则将使被告仅对其过失暴露给原告灰尘而造成的那部分伤害承担责任。然而，当适用于原告的伤害不可分的情况下，这种对因果关系认定的缓和也是有争议的。虽然这些缓和可以适用于医疗责任案件，但显然它们仅是例外情况，"要不是"（but for）规则仍然是对事实因果关系的一般认定标准。③

尽管英格兰和澳大利亚的相似案件的结果在责任范围方面有很大的相似性，但英国法院并未采用适用于澳大利亚的"责任范围"方法。被告的过失行为与原告的损害之间的介入行为等问题，是综合考虑介入行为与原过失的关联性、介入行为是积极作为还是不作为、是否有过错等诸多因素来确定。④ 如果介入行为本身就是医疗过失行为，那么它不会阻断最初的侵权行为与损害结果

---

① Ibid，380，[8].
② 对这一裁判的分析，参见 T Carver and M Smith，*Medical Negligence，Causation and Liability for Non-Disclosure of Risk：A Post-Wallace Framework and Critique*，37 University of New South Wales Law Journal 972，(2014).
③ 这方面的法律很复杂，超出了本文的范围。详细讨论参见 M Lunney，D Nolan & K Oliphant eds.，*Tort Law：Text and Materials*，Oxford University Press，2017，p. 230−255.
④ Knightley v. Johns [1982] 1 WLR 349.

之间的因果关系。①

损害的遥远性还要符合可预见性（foreseeability）规则的要求，因此索赔人遭受的损害的类型必须是被告过失造成的可预见的结果。② 但在实践中，这很少在医疗专业人员的责任中发挥作用。这是因为在索赔人遭受人身伤害的情况下，对伤害的类型和种类进行了非常广泛的解释，③ 我们在此考虑的医疗专业责任也是常见的情况，因此，只要被告的过失导致的人身伤害是可预见的，那么索赔人遭受的任何人身伤害都不会太遥远。此外，即使索赔人的损害程度是不可预见的，只要损害的类型或者种类是可预见的，这就足以使索赔人获得损害的全部赔偿。④

除了上述因素，尽管英国法律不承认正式的"责任范围"规则，但类似的概念"义务范围"已被用来限制被告对过失造成的实际损害的责任。这一限制最近已经扩展到医疗专业责任。在 *Khan v. Meadows* 案⑤中，原告前往被告医生处确定她是否是血友病基因的携带者，因为她想确定她怀孕的孩子是否有患血友病的风险。由于医生的过失，索赔人被错误地告知她不是该基因的携带者。索赔人后来怀孕并生下了一个被诊断患有血友病的孩子。索赔人辩称，如果她知道她的孩子有患血友病的风险，她就会堕胎。几年后，这个孩子又被诊断出患有自闭症。这位母亲要求赔偿抚养血友病和自闭症患儿的费用。虽然前一项索赔得到支持，⑥ 但最高法院驳回了与儿童自闭症相关的赔偿费用。医生只负责就特定风险（与血友病基因相关的风险）提供建议，如果允许回溯（患有自闭症的孩子）风险，则该风险超出了医生被要求履职的范围，将责任延伸得太远。这种方法在很大程度上取决于要求医疗专业人员履职的性质。例如，如果在 *Khan v. Meadows* 案中，医生被要求提供的咨询是全面孕检而非孕检中的特定风险，那么很难看出自闭症的风险超出了医生的职责范围，而责任将取决于是否存在与未告知自闭症风险相关的过失行为（违反义务问题）。然而，正如 Khan 案中所明确指出的，在大多数涉及医疗专业人员责任的情况下，很容易发现损害属于责任范围。例如，如果医疗专业人员对索赔人的腿部进行手

① Mahony v. J Kruschich（Demolitions）Pty Ltd（1985）156 CLR 522；Wright v. Cambridge Medical Group［2013］QB 312.

② Overseas Tankship（UK）Ltd v. Morts Dock and Engineering Co Ltd［1961］AC 388 Wagon Mound（No. 1）.

③ Page v. Smith［1996］AC 155.

④ Smith v. Leech Brain & Co Ltd［1962］2 QB 405.

⑤ Khan v. Meadows［2021］UKSC 21.

⑥ 虽然英国法不允许赔偿因被告医疗专业人员的过失而出生的健康孩子的抚养费用（McFarlane v. Tayside Health Board［2000］2 AC 59），但它确实允许赔偿抚养出生时即残疾的孩子相关的额外费用（Parkinson v. St James and Seacroft University Hosptial NHS Trust［2002］QB 266）。

术存在疏忽，则任何腿部受伤以及与腿部受伤有关的间接伤害都属于职责范围。但在这种情况下，如果在手术过程中出现与医疗专业人员的过失无关的风险（例如，任何手术的一般风险），那么此种伤害可能会超出职责范围。医疗专业人员的任务是对腿部进行手术，任何与该手术无关的不良结果都可能被认为不在职责范围内。

从英澳视角来看，对过失行为中的因果关系问题的简单概述显示了该领域的复杂性。但令人惊讶的是，中国《民法典》侵权责任编第六章对此几乎没有提及。在制定医疗责任案件的因果关系细则方面，中国法院显然还有很多工作要做。

三、结论性思考

比较英澳医疗责任法和中国《民法典》中的医疗责任规定，可以得出三个结论性的思考。

第一个结论性思考是，普通法系以案例为基础的法律体系所提供的细节意味着英澳医疗责任法比中国《民法典》所提供的医疗责任法要全面得多。当一个以法典为基础的体系与判例法体系相比较时，很难确切地知道，英澳判例法所能精确解决的问题在中国医疗责任法下如何处理，这在一定程度上是不可避免的。研究表明，在解释第六章所规定的条文时，可能要更加灵活地解释条文所暗含的文义，这是因为要么条文中遗漏了太多细节，要么条文本身并不能够"实际"适用。[1] 特别是，当受害人和行为人对损害的发生均无过错，双方均应根据法律规定分担损失的规定，保留了难以理解的"公平"条款，[2] 允许在实践中行使相当大的自由裁量权。[3] 从英澳的视角来看，有可能削弱新法典规定（以及之前的侵权责任法）所提供的确定性。

第二个结论性思考是，尽管上述成文法系和普通法系之间存在差异，但仍有一些领域需要释明，第六章要澄清的含糊不清之处是否比最终文本更多。例如，在2009年《侵权责任法》颁布之前，证明过错和造成损害的证明责任问题由来已久。[4] 2009年的《侵权责任法》以及中国《民法典》第七编第六章的

---

① 例如，参见 Leibman 对中国医疗纠纷解决的研究：B Leibman, Malpractice Mobs：Medical Dispute Resolution in China, 113 Columbia Law Review 181, Part II (2013)，以及同一作者关于机动车辆责任条款的研究，参见 B Leibman, *Ordinary Tort Litigation in China：Law versus Practical Justice*?, 13 Journal of Tort Law 197, (2020)。

② 第1186条（2009年《侵权责任法》第24条）。

③ B Leibman, *Malpractice Mobs：Medical Dispute Resolution in China*, 113 Columbia Law Review 181, 216−219 (2013)；YANG Lixin, *Tort Liability Law of China*, translated by WANG Zhu & DONG Chunhua, Jan Sramek Verlag, 2018, p. 149−150。

④ WANG Zhu & Ken Oilphant, *Yangge Dance：The Rhythm of Liability for Medical Malpractice in the People's Republic of China*, 87 Chicago-Kent Law Review 21, (2012)；YANG Lixin & XI Chao, *The Rise and Decline of the Reversal of the Burden of Proof in China's Medical Negligence Law：A Political Economy of Law Making Perspective*, 12 The China Review 33, (2012)。

规定仍然有许多问题未得到明确。① 造成这一问题的其中一个原因可能是，各利益攸关方在幕后正在游说这些条款以保护他们的利益，而不一定试图澄清法律中所有先前存在的不确定性。正如有学者指出，中国的侵权责任法需要被视为一种政治经济学的实践，医疗责任法也不例外。②

最后的结论性思考是，虽然上述不确定性造成了一些困难，但它也允许在不与法典的整体结构矛盾的情况下纳入来自其他法律制度的想法。例如，在医疗过失案件中，详细阐述英澳对责任范围／义务范围的立场的一个原因在于，这种论证方式提供了一种确定责任限制的结构，其中医疗专业人员在某种程度上毫无疑问的具有过错。通过关注医疗专业人员对患者承担的责任性质，为责任范围／义务范围提供了一个有用的分析结构，使承担的责任与支付损害赔偿的责任保持一致。如果可以使中国的法律更加明确和公平，第六章似乎没有任何规定禁止中国法院在医疗责任案件中采用这一条款或者英澳医疗责任法中的其他概念。

四、结论

在中国，对医疗专业人员侵权行为造成的损害的关注由来已久。中国《民法典》第七编第六章的规定与 2009 年《侵权责任法》中的规定基本相同，试图提供一个比最高人民法院认可的、在替代路径下产生的医疗过失行政程序和侵权诉讼更统一和更一致的结构。③ 从英澳的角度来看，至少在概念层面上有很多熟悉的内容，但同时也存在着显著差异。虽然其中一些代表了解决特定法律问题的不同方法，例如"知情"同意的处理方式，但其他一些方法是中国医疗专业人员和患者在面临"实际"的特殊挑战时所作出的回应。毫无疑问的一点是，在中国，关于医疗损害的法律处理将是一个具有重大公共意义的话题，英国和澳大利亚等判例法法域的发展仍将值得关注。④

---

① WANG Zhu & Ken Oilphant, *Yangge Dance*: *The Rhythm of Liability for Medical Malpractice in the People's Republic of China*, 87 Chicago-Kent Law Review 21, 50−51 (2012).

② ZANG Wei, *Understanding the Law of Torts*: *A Political Economy Perspective*, University of Pennsylvania Asian Law Review 171, 218−223 (2016).

③ WANG Zhu & Ken Oilphant, *Yangge Dance*: *The Rhythm of Liability for Medical Malpractice in the People's Republic of China*, 87 Chicago−Kent Law Review 21, 28−40 (2012).

④ Heng Li et al, *Claims, Liabilities, Injuries and Compensation Payments of Medical Malpractice Litigation Cases in China from 1998 − 2011*, 14 BMC Health Services Research 390, (2014); Heng Li et al, *Retrospective analysis of Medical Malpractice Claims in Tertiary Hospitals of China*: *the View from Patient Safety*, 10 BMJ Open e034681, (2020).

商事法论

双层股权结构下公司董事信义义务的认定标准

——以美国判例为分析视角

张叶东[*]

摘　要：在双层股权结构下，股东群体不同的利益诉求必然导致董事会分层，由此传统的一元信义义务体系将遭受前所未有之冲击，股东的利益遭受冲击而董事会的力量却进一步扩大，此消彼长的态势不利于股东利益的保护。传统信义义务的失灵呼吁新型信义义务的重构，美国司法判例确立了双层股东结构下的双层信义义务体系，对类别董事会采取与普通董事会不同的信义义务判断标准，通过界定类别股的性质系债权还是股权，确定类别股股东的核心利益是财产权还是控制权，基于此将董事信义义务进一步类型化为普通董事信义义务和类别董事信义义务，有针对性地将认定信义义务的标准设置为偏重保护股东财产权或偏重保护股东控制权，从而形成多元立体信义义务架构，制约类别董事会的权力扩张，保护股东群体利益。

关键词：双层股权结构　董事信义义务　类别股　认定标准

一、问题的提出

从传统公司法的角度来看，信义义务（Fiduciary Duty）是公司法体系中董事与股东法律关系中非常重要的内容，具体来说董事针对股东负有信义义务，包括忠实义务（Duty of Royalty）和勤勉义务（Duty of Care）。需进一步

---

* 张叶东，复旦大学法学院博士研究生。本文系国家社科基金一般项目"注册制下证券发行信息披露有效监管研究"（16BFX133）的阶段性研究成果。

说明的是，传统公司法体系中的信义义务仅指针对单一股东群体的信义义务，这一义务的理论假设前提是股东同质化。但是从实践的经验和教训来看，股东同质化只不过是幻想，股东异质化才是真正的客观现实，具体而言，异质化的股东所反映的是各自不同的利益诉求。引入双层股权结构有利于董事会加强对公司的控制权，但由此所产生的问题是，一方面中小股东逐步丧失对董事会的控制和约束，其利益难以获得保障；另一方面董事会权力不断扩大，虽能激发董事会的创造力，但如若不能受到约束，董事会也会进一步侵犯中小股东利益。对于这一问题，其研究实质是找出在类别股股东所对应的董事会与普通股股东所对应的董事会项下，两者分别所对应的董事信义义务的认定标准，因此确立董事对普通股股东和类别股股东不同的信义义务认定标准是本文研究的重点。

二、双层股权结构下董事信义义务之嬗变

信义义务的认定标准关乎公司治理结构，传统信义义务的内容和规定建立在采取传统的一股一权公司治理架构的基础上，但是在引入双层股权结构后，公司治理会发生两点变化：其一，股东利益遭受冲击；其二，董事会所应具备的潜能在被激发之后获得了释放。

（一）股东利益遭受冲击

相较于传统管理模式，在双层股权结构的管理模式下，股东对管理层的控制力、约束力被大幅度削弱。在此模式下一旦削弱或剥夺了股东的投票权，股东群体对管理集团本已孱弱的牵制作用也将彻底消失。与此同时，由于在双层股权模式下大股东和它所选任的管理层实质上控制公司，敌意收购措施针对该双层股权结构公司的威胁以及牵制也会大幅度削弱，使双层股权公司走上无制约、无限扩张的黑暗之路。由此，外部控制权市场也丧失了提供控制权争夺机会的可能，届时，即便公司董事、大股东未能合理履行信义义务，小股东也只能通过用脚投票的方式维护自己的利益。[①] 在这种情形下，股东对公司董事的控制力减弱，传统的信义义务的规制在差异化表决权制度体系下会出现失灵的情况。在传统公司法的话语解释体系下，忠实义务是公司董事针对公司所负有的信义义务之一，其内容是在董事自身利益与公司的利益发生冲突与矛盾时，董事应当维护公司的利益，不得利用既有地位和特权侵犯公司利益为自己或第

---

① 参见刘海东：《双层股权结构下的股东利益保护与董事的忠实义务》，载《东岳论丛》2018 年第 8 期。

三人牟利。同时公司董事也负有对公司勤勉尽责的信义义务，也就是说董事应当做到以理性人标准在类似情形下所表现出的谨慎、勤勉和技能，从而实现公司的利益最大化和最优化。然而双层股权结构推行后，在现行法下，董事被约束的机制就出现了缺失，因为国内尚无双层股权结构下董事对类别股股东信义义务的法律层面的相关规定，这就会使董事无视类别股股东权益，且董事对公司的控制权进一步加强，股东维权的成本更高，法律障碍也难以逾越。由此在采取双层股权结构的背景下，基于传统公司法上董事信义义务的失灵，有必要探索信义义务在此种特殊情形下的具体适用标准，以破除法律上的障碍，保护股东利益。

（二）董事会的潜能得以激发并释放

尽管在现行法律框架之下适用双层股权公司管理架构会损害股东利益，但在此模式下，一方面，上市公司控股股东可以加强自身对公司的控制力，采取的方式包括换股要约、投票权的特别分配、投票权转换以及新股发行等，在此基础上由控股股东选任董事进入董事会，从而执行控股股东意志下的方案，并进一步确保未来公司的发展方向能够与公司创始人的意志保持一致；另一方面，公司管理层所富含的能量也因董事会控制模式的适用被充分发掘出来，具体而言，管理团队运营公司无疑会给股东手中的股份创造更大的价值，因为他们专业且利益较为统一。[①] 其背后的法理在于：第一，管理层在双层股权结构管理模式下可以更高效地投入人力资本。第二，挖掘公司控制权溢价的功能在双层股权结构管理模式下获得充分体现。第三，在双层股权结构管理模式下管理者更加注重长期利益，短视行为可以得到有效遏制。第四，公司管理层在双层股权管理模式下能够获得更多激励，摆脱风险厌恶的束缚，从而掌握并有效运用更广阔的商业机会。在现行法律体系下采用双层股权结构，虽然股东利益遭受冲击，董事的信义义务对类别股股东层面也存在缺位情形，但是双层股权结构下董事会的潜能将持续获得激发。故在当前背景下虽存在坚持一股一权公司治理结构的立法限制，但在双层股权结构推行后，董事的信义义务内容必然要进行修改，对普通股股东和类别股股东必然要采取不同的信义义务标准方能保护股东利益，进一步激发董事会潜能。

双层股权结构公司中的董事信义义务引入了新的变量，即类别董事会，以至于传统公司法信义义务理论难以解释和适用这一变化。结合双层股权结构公

---

① 参见刘海东：《双层股权结构下的股东利益保护与董事的忠实义务》，载《东岳论丛》2018 年第 8 期。

司在中国的适用情况，可以看出不同的董事会对应不同的股东，只有通过个案讨论不同股东的性质，才能够有效建立起类别股股东与类别董事会之间的逻辑对应关系，进而针对类别董事会和普通董事会适用不同的信义义务标准，并结合个案得出可量化的、可体现高低程度的适用标准。接下来的第三部分笔者将借鉴美国立法及相关司法判例的经验，结合美国法上对双层股权结构下董事信义义务适用标准的高低程度，并通过案例表格梳理进行分析总结，以期找出相应的双层信义义务适用规律。

三、美国立法及司法判例的经验总结

（一）美国立法例之模糊界定

美国学者的研究显示，董事所负的信义义务起源于普通法，并已在商业协会立法中被纳入法典。根据《美国标准公司法》第 8.30 条，每一位董事必须以诚实守信的态度积极行事，从而达到并实现公司利益最大化和最优化。该职责的性质和范围被描述为"复杂而灵活"，且应视情况而定。信义义务要求董事不应局限于短期利润或股票价值。也就是说，当公司是一个永续运作的联合企业的时候，董事作为公司的重要人员应当重视和着眼于公司的长期利益而非短视地计较当前的利益得失。客观存在的情况是，信义义务的内容是随着情况变化而非一成不变的，但是无论怎样董事所负有的信义义务是强制性的，董事们必须为公司的利益考虑行事。基于对信义义务内涵的理解，董事要想实现公司利益的最大化和最优化，就必须着眼于公司的长远利益而非短期利润或股票价值。[1] 因此，从历史来看，在美国放开对双层股权结构的管制之后，双层股权结构管理模式被大量运用于公司治理领域之中。[2]

（二）美国判例中的认定标准

基于双层股权结构本身弱化了股东的力量，使得股东对公司的控制减弱，对董事履行信义义务的监管陷入困难，从而在一定程度上冲击了股东利益，却强化了董事会以及董事的职权，引发了一系列诉讼纠纷。基于此，美国法院在司法裁判中针对此类问题通过大量判例对双层股权结构公司中董事的信义义务进行规制，其中美国 1987 年的 Jebwab 案首次确立公司董事对优先股股东的信义义务认定标准，而 2017 年的判例即 *Ford v. VMware* 案对前述标准进行

---

[1] See Andrew Mihalik, *Golden Leash Arrangements：A Legal and Policy Analysis*, 74 U. T. Fac. L. Rev. 49, Law Reviews and Journals；Timeline：Jan 01, 2016 to Dec 31, 2016, p9.

[2] 参见蒋小敏：《美国双层股权结构：发展与争论》，载《证券市场导报》2015 年 9 月号。

更深的细化，通过对两个重要判例进行分析对比，再辅以其他类似判例进行梳理，可以为我国未来立法和司法提供经验借鉴。

1. Jebwab 案中确立的公司董事对优先股股东信义义务认定标准

特拉华州法院针对优先股的裁判逻辑分析框架经历了一元到二元的转变。在创设 Jedwab 案裁判路径之前，该法院针对优先股的解读始终是坚持优先股股东的权利仅仅限缩于合同权利，并且采取的是严格文义解释的方式解释优先股合同权利，认为优先股并不受董事信义义务保护，保护力度不如普通股。

Jedwab 基本案情如下：

MGM Grand Hotel，Inc，特拉华州公司（简称"MGM Grand"或"公司"），其在内华达州的拉斯维加斯和雷诺拥有并经营着度假酒店和博彩设施，MGM Grand 已与 Bally Manufacturing（也是一个特拉华州公司，以下简称"Bally"）达成协议，Bally 考虑了其子公司和 MGM Grand 之间的并购。在并购完成后，本公司所有类别的已发行股票将转换为现金收付权。被告 Kerkorian 个人拥有和通过其全资拥有的 Tracinda 公司，有权从拥有的 MGM Grand 已发行和未偿付普通股的 69%，以及其仅有的其他类别股票，即 A 系列可赎回优先股（简称"优先股"）的 74% 中受益。Kerkorian 积极参与了与 Bally 的拟议并购谈判，并使 Bally 同意投票支持他的股票。由于《并购协议》和公司章程都没有规定，在获得超过半数的投票批准后，才可以进行此类交易，因此 Kerkorian 投赞成票的协议确保了交易获得批准。无论是 Kerkorian 还是 MGM Grand 的任何董事或管理人员，都不是 Bally 的股东，也不是 Bally 的管理人员或董事。记录披露，该等人士亦从未与 Bally 或其董事、高级人员或控股人士有商业关系或社会关系。至少在作为并购协议谈判的一部分即公司获得 Kerkorian 股票期权之前，Bally 尚未持有 MGM Grand 的任何股票。案情显示，原告是 MGM Grand 公司优先股股东。该股东代表除 Kerkorian 和 Tracinda 以外的所有此类优先股股东提起集体诉讼，并寻求初步和永久地执行拟议的合并。该理论的要旨强烈想要主张的是，MGM Grand 的控股股东和董事的公司对于并购的实行将构成对期待公平交易的此类优先股股东（如 Kerkorian）。并购被认为是对优先股股东所犯的一种错误，主要是因为并购协议被指打算在并购生效时，在公司股东之间不公平地分配 Bally 应支付的全部对价。特拉华州衡平法院最终判决：原告股东对被告提出的初步禁令动议被驳回，因为原告未能证明被告在拟议的并购交易中违反其信义义务而获得最终胜诉的必要可能性。^① 该案法官确立了 Jebwab 规则，即首先明知受托人违反信义而与受托人共同参与的，可以对受损害的信义承担由此产生的责任。其次，根据普通公司法，在当事人之间没有例外协议的情况下，所有股份的同等的。因此，与优先股相关的优惠和限制只存在于产生这种权利或限制的明示条款（合同性质）中。但是，没有赋予优先股权利的谈判条款，并不意味着不存在任何权利。再次指明特别股的权利、优先权等的凭证，没有处理表决权的规定或者没有在清算时产生权利的规定的，不是该股票没有表决权或者清算时没有权利的事实。相反，在这种情况下，优先股具有与普通股相同的表决权，或与普通股相同的参与公司清算的权利。最后有关优先股与普通股之间的优先权或限制的事项，公司及其董事的责任本质上是合同性质的，其责任范围可参照证明该合同的具体文字予以适当界定；但是特殊的情况是，如果优先股股东所主张的权利不是优先于普通股的权利，而是与普通股同等享有的权利，那么这种权利的存在和相对应的义务的范围可以采用公平和法律标准来考量。

从 Jedwab 案的梳理可以看出，Jebwab 裁判规则第一次尝试以优先股二元权利的视角对案例事实进行切入剖析，开创性地构建了董事针对优先股股东信义义务的法律分析框架：优先股的内容可以被分为两大部分。一部分是优先股不同于普通股的优先权或者受限制的合同权利，在此基础上适用严格文义解释方法，以优先股合同中的相关表述为准，在此时董事信义义务无适用优先股情形之可能；另一部分则是优先股与传统普通股共通的部分或交叉的部分的权利，董事针对这些公司立法赋予而非合同性的权利承担信义义务。由此可见，Jedwab 案的高明之处在于其不再片面地纠缠于类别股权的权利如何定性，究竟是债权还是股权，取而代之的是承认优先股混合的权利性质，即兼具股权与债权的之特性。从优先股权利内部的机理入手，根据趋向债权、股权两极区分为不同的内容组成，分别对应排除或适用董事信义义务的范围，由此升级了"区分类别股权倾向性性质进而断定董事信义义务适用空间"的裁判方法。

2. Ford 案中确立的双层股权结构公司董事信义义务认定标准

Ford 案的基本案情是：VMware 公司系双层股权结构的公司，2004 年，EMC 公司以 6.35 亿美元收购了 VMware 公司。2007 年，在为 VMware equity 的首次公开发行做准备时，EMC 公司迫使 VMware 公司采用了一份经过修订和重述的公司注册证书（"双层股权结构章程"）。

双层股权结构章程授权了两类 VMware 普通股。A 类股每股有 1 票，B

① Jedwab v. MGM Grand Hotels, Inc., 509 A. 2d 584, Civil Action No. 8077, p5.

类股每股有 10 票。B 类股份还具有其他特殊投票权，如选举 VMware 公司董事会 80％成员的专有权（"VMware 公司董事会"），双层股权结构将其称为"I 组成员"。B 类股股东有权与 A 类股股东一起投票选举 VMware 公司董事会剩余 20％的成员，即《双层股权结构》所称的"第二组成员"。B 类股还拥有基于章程的特殊否决权。EMC 公司通过其主导的投票地位控制了 VMware 公司和 VMware 董事会的人事任免。EMC 公司通过其 B 类股的所有权，控制了一组成员的选举。EMC 公司通过持有 35％的 A 类股和全部 B 类股，控制了二组成员的选举。实际上，EMC 公司控制 VMware 公司董事会由 7 名 EMC 公司工作人员和 2 名独立的外部董事组成。在诉讼期间，VMware 公司董事会的 5 名成员同时还担任 EMC 董事会成员（以下简称 EMC 董事会）。被诉讼方作为被告是 VMware 董事会的成员，他们也是 EMC 的董事，或者是 EMC 子公司的员工，并因其职务对 EMC 负有义务。为了简单起见，本判决所指的这些被告为"双层董事"。2015 年 10 月，EMC 公司与 Denali Holding 公司（以下简称 Denali）达成并购协议。将近一年后，也就是 2016 年 9 月，这笔交易完成。通过合并，Denali 收购了 EMC 的所有股份，其中包括 EMC 在 VMware 公司 81％的股权。在并购协议生效时，EMC 中的每股公开上市的普通股会被转换为能够获得 24.05 美元的现金加上 0.111 股 Denali 的 V 类普通股的权利。V 类股是 Denali 新发行的与合并相关的一类股权，是一种追踪股票，它能追踪 Denali 作为合并的最终获益方在合并中获得的 VMware 股票价值 65％的绩效情况。一名 VMware 公司的少数股东提起诉讼，声称要代表 VMware 公司并作为 VMware 普通股推定持有人提起代表诉讼。诉状列举了 EMC 公司与 Denali 公司合并对 VMware 公司及其普通股交易价格产生的一系列负面影响。起诉书试图将这些负面影响转化为对以下三个信义义务的违反的请求：（1）EMC 公司作为 VMware 的前并购控股股东，其违反了对 VMware 公司的信义义务；（2）隶属于 EMC 公司的担任 VMware 公司的董事会的成员违反了对 VMware 公司的信义义务；（3）Denali 公司（这个因涉嫌协助和教唆其他被告违反信义义务从而成为 VMware 的控股股东的公司）违反了对 VMware 公司的信义义务。起诉书还将某些 Denali 附属分公司列为被告。特拉华州衡平法院判决：法院对起诉人反对并购协议和并购报告的主张不予支持。依据第 12（b）（6）条的规则，法院驳回原告起诉。①

在分析思路中，法院指出：忠实义务规定，公司及其股东的最大利益优先

① Ford v. VMware, Inc., 2017 Del. Ch. LEXIS 70, C. A. No. 11714-VCL, p6.

于董事、高级管理人员或控股股东所拥有的、一般不为股东所共有的任何利益。本委托代理原理通常适用于控股股东，只有当控股股东利用企业实体去采取以下行动——当一个股东，其通过股票的所有权实现其权利，指导公司的行动来行使这样的权利——他承担注意义务和对公司管理者的忠实义务。当大股东不采取此类行动时，一般不会对其施加特别责任。因此控制人通过履行并购的承诺来以促进公司完成并购的贸易目标的方式行使权利，并没有违反任何义务。从特拉华州衡平法院分析的这一段表述可以看出，法院强调公司董事应当尽其最大职责履行对股东的信义义务，那么从本案来看，VMware公司采取了双层股权结构，股东对应分为一组股东和二组股东，其中一组股东属于普通股股东，对应权利为一股一权，二组股东属于类别股股东，对应权利为一股十权。然而在这样的股权架构下，EMC公司仍然通过持股控制了VMware公司的一组董事会和二组董事会，即分别对应普通股股东利益和类别股股东利益的双层董事会。从这里采用双层董事会的表述可以看出，美国法上代表普通股股东利益的董事会和代表类别股股东利益的董事会其负有的信义义务是分别对应的，也就是说是双层信义义务。虽然在双层股权结构下，信义义务的内涵并未发生实质改变，但是双层董事会对普通股股东和类别股股东分别负有的信义义务在范围、行使方式上必然会存在差异。

3. 美国类案对比分析与总结

从以上Jedwab案可以得出，法官确立了董事对优先股股东与普通股股东不同的信义义务标准。并且法院同时也指出Jedwab案所确立的Jedwab裁判规则可以扩展适用于类别股，从而逐步解决董事针对类别股股东信义义务边界不明的问题。Ford案中公司的治理结构便是典型的不属于优先股的类别股治理结构，即多重表决权机制的双层股权结构，故由Ford案法官对该规则的适用可以看出将Jedwab案中确立的判断标准扩展适用至董事对类别股股东的信义义务是完全可行的。

同时，笔者通过阅读美国大量判例梳理了采取双层股权结构公司项下董事会违反董事信义义务遭中小股东诉讼的法院判决案例共计31个。对案例表格统计如表2所示：

表 2　美国双层股权结构公司项下董事会涉诉案例

案例名称	诉由类型	法律依据	是否适用集团诉讼	裁判结果	百分比	公司章程
1. In re Gaylord Container Corp. Shareholders Litig. 1996 Del. Ch. LEXIS 149（1996年）	董事的信义义务、股东维权（表决权）	1. the Moran rule，Moran v. Household International 2. the business judgment presumption 3. the enhanced scrutiny standard. Cf. In re Santa Fe Pac. Corp. Shareholder Lit.，Del. Supr.，669 A. 2d 59 (1995)	是	被告请求驳回原告诉讼请求的动议不成立		
2. In re Gaylord Container Corp. Shareholders Litig. 747 A. 2d 71（1999年）	确认案件为集团诉讼	1. the good faith business judgment 2. Moran and Unocal test.	是	法院支持原告方诉求，承认该案为集团诉讼		
3. In re Gaylord Container Corp. Shareholders Litig. 753 A. 2d 462（2000年）	董事的信义义务	1. Summary Judgment，Ct. Ch. R. 56(c). 2. the Unocal test，Unocal，493 A. 2d 946. 3. the business judgment. 4. fairness test，Id. at 1377 n. 18. 5. Moran 500 A. 2d at 1350. 6. Unitrin，651 A. 2d at 1376	是	被告的简易判决动议获得批准，本案特此驳回		
4. Hollinger Inc. v. Hollinger Int'l. Inc.，858 A. 2d 342	董事的信义义务、股东维权（表决权）	1. Del. Code Ann. tit. 8，§ 271 2. the Gimbel test 3.8 Del. C. § 251(g)(7)(i)(A).	否	原告请求法院发布初步禁令的动议被驳回		
5. In re EZCORP Inc.，2016 Del. Ch. LEXIS 14	董事的信义义务	1. Del. Code Ann. tit. 10，§ 8106. 2. Chancery Rule 12(b)(6) 3. entire fairness standard 4. 8 Del. C. § 141(a) 5. Chancery Rule 23. 1	否	原告诉讼请求部分受支持，部分被驳回		

续表

案例名称	诉由类型	法律依据	是否适用集团诉讼	裁判结果	百分比	公司章程
6. Lacos Land Co. v. Arden Group, Inc., 517 A. 2d 271	股东维权（表决权）	1. Del. Code Ann. tit. 8, § 151(a) 2. Del. Code Ann. tit. 8, § 202	否	支持原告诉讼请求		
7. In re Banyan Mortg. Inv. Fund Shareholders Litig., 1997 Del. Ch. LEXIS 123	认可和解协议效力	1. 原告代表在和解协议中取得了比其他原告方更多的利益 2. Del. Ch. Ct. R. 23	是	不认可和解协议效力		
8. Kaiser Aluminum Corp. v. Matheson, 681 A. 2d 392	股东维权（表决权）	1. Model Simplified Indenture ("MSI"), Section 10.06 2. RESTATEMENT (SECOND) OF CONTRACTS § 206 (1981)	否	支持被上诉人（原审原告）诉讼请求		
9. In re Gaylord Container Corp. Shareholders Litig., 747 A. 2d 71	股东权益诉讼	1. Del. Ch. R. 23(C) 2. Section 203 of the Delaware General Corporation Law, 8 Del. C. § 203. （特拉华州公司法第203条） 3. Del. C. §327 判例: 1. Unocal Corp. v. Mesa Petroleum Co., Del. Supr., 493 A. 2d 946 (1985) 2. Moran v. Household Int'l. Inc., Del. Ch., 490 A. 2d 1059. 1071 3. Wells Fargo & Co. v. First Interstate Bancorp., 1996 Del. Ch. LEXIS 3	是	法院批准了原告关于个人阶段证明的动议。因为被告的董事会采用了旨在阻止公司收购的股东权利计划. 该计划侵犯了原告自由出售其股票的个人权利. 也构成了一种需要阶段证明的"特殊损害"		

续表

案例名称	诉由类型	法律依据	是否适用集团诉讼	裁判结果	百分比	公司章程
9. In re Gaylord Container Corp. Shareholders Litig., 747 A. 2d 71	股东权益诉讼	4. Lipton v. News Int'l, Plc, Del. Supr., 514 A. 2d 1075, 1078 (1986) 5. Kramer v. Western Pac. Indus., Inc., Del. Supr., 546 A. 2d 348, 351 (1988) 6. Parnes v. Bally Entertainment Corp., Del. Supr., 722 A. 2d 1243 (1999) 7. Schnell v. Chris-Craft Industries, Inc., Del. Supr., 285 A. 2d 437 (1971) 8. In re Tri-Star Pictures, Inc. Litig., Del. Supr., 634A. 2d 319, 330—331 (1993) 9. Avacus Partners, L. P. v. Brian, 1990 Del. Ch. LEXIS 178 10. Carmody v. Toll Bros., Inc., Del. Ch., 723 A. 2d 1180, 1189 (1998) 11. Grimes v. Donald, Del. Supr., 673 A. 2d 1207, 1213 (1996)	是	法院批准了原告关于个人阶层证明的动议，因为被告的董事会采用了旨在阻止公司收购的股东权利计划，该计划针对了原告自由出售其股票的个人权利，也构成了一种需要阶层证明的"特殊损害"		
10. Reyes v. AT&T Mobility Servs., LLC, 2013 U.S. Dist. LEXIS 202820	劳动纠纷诉讼	1. Federal Rule of Civil Procedure 23(e) 2. Fair Labor Standards Act ("FLSA")	否	最终判决支持集体诉讼和解，支持劳动者服务奖励，支持律师费和补偿费用的诉求		

续表

案例名称	诉由类型	法律依据	是否适用集团诉讼	裁判结果	百分比	公司章程
10. Reyes v. AT&T Mobility Servs., LLC, 2013 U.S. Dist. LEXIS 202820	劳动纠纷诉讼	3. California Business & Professional Code, section 17200, et seq. 4. Labor Code Private Attorneys General Act ("PAGA")	否	最终判决支持集体诉讼和解，支持劳动者服务奖励，支持律师费和补偿费用的诉求		
11. In re Gaylord Container Corp. Shareholders Litig., 753 A.2d 462	股东派生诉讼	Del. C. § 203 § 203. Business combinations with interested stockholders. 与利害关系股东的商业联合	是	由于上述原因，被告请求即决判决的动议获得批准，本案不予受理。如上要求	董事会成员的提名必须在年会召开前 60 至 90 天提出；股东采取的任何行动只能在股东大会上进行，不得经书面同意；特别股东会议只能由董事会或董事长召集；公司章程可由股东投票修改，但须获得 2/3 的赞成票；实施所有防御措施的章程条款只有在获得 66%（2/3）的赞成票后才能加以修正	

续表

案例名称	诉由类型	法律依据	是否适用集团诉讼	裁判结果	百分比	公司章程
12. In re IAC/InterActive Corp.，948 A. 2d 471	股东派生诉讼	判例：1. Bebchuk v. CA，Inc.，902 A. 2d 737，740－741 (Del. Ch. 2006) 2. Citadel Holding Corp. v. Roven，603 A. 2d 818，822 (Del. 1992) 3. Harrison v. PPG Indust，Inc.，446 U. S. 578，588，100 S. Ct. 1889，64 L. Ed. 2d 525 (1980) 4. WILLISTON ON CONTRACTS § 32.10 (4th ed. 1999) 5. Wood v. Coastal States Gas Corp.，401 A. 2d 932，937 (Del. 1979) 6. Pierce v. Int'l Ins. Co.，671 A. 2d 1361，1366 (Del. 1996) 7. Allied Capital，910 A. 2d at 1034	是	法官作出了有利于被告的判决，该诉讼因不公而被驳回。Liberty 作为股东无权同意拟议的分拆。诉讼中的原告律师被指示根据意见准备一份判决文件，并在通知后 5 天内提交	IAC 公司章程 Section 2.03 (a) 节	

续表

案例名称	诉由类型	法律依据	是否适用集团诉讼	裁判结果	百分比	公司章程
13. In re Banyan Mortg. Inv. Fund Shareholders Litig., 1997 Del. Ch. LEXIS 123	股东权益诉讼	Court of Chancery Rule 第 23 条 (a) 款规定，集体代可以代表所有集体成员起诉。"只有当：(1) 集体成员如此众多以至于所有集体成员共同来起诉不可行时，(2) 有关于集体共同的法律诉求或事实的问题 (3) 代表人的诉求或抗辩与该集体的诉求是共通的，及 (4) 代表人将公平及充分地保障该集体的利益	是	法院没有批准原告股东就公司合并提起的被告公司提起的集体诉讼的和解协议。法院认为，无法得出原告是适格的集体诉讼代表人的结论。因为和解协议会使原告获得与诉讼集体中其他股东相比更大的好处，不符合 23 条规定的"代表人将公平及充分地保障该集体的利益"		
14. Lacos Land Co., Inc., v. Arden Group, Inc., 517 A. 2d 271	股东权益诉讼	Court of Chancery Rule 第 12 条 Court of Chancery Rule 第 4 条	否	根据原告的动议，法院初步禁止发行新股。法院认为：(1) 该适当事的明确威胁对投票产生了不适当的影响；(2) 委托书中载有对董事计划后投票权的重大错误陈述或遗漏，从而使基于代理人的股东批准存在重大缺陷		

续表

案例名称	诉由类型	法律依据	是否适用集团诉讼	裁判结果	百分比	公司章程
15. Ira Trust FBO Bobbie Ahmed v. Crane, 2017 Del. Ch. LEXIS 843	股东权益诉讼	Court of Chancery Rule 12 (b) (6) 判例: 1. Williams v. Geier, 671 A. 2d 1368, 1376 (Del. 1996) 2. In re Crimson Expl. Inc. Stockholder Litig., 2014 Del. Ch. LEXIS 213, 2014 WL 5449419, at *12 (Del. Ch. Oct. 24, 2014). 3. In re Delphi Fin. Gp. S'holder Litig., 2012 Del. Ch. LEXIS 45, 2012 WL 729232, at *12 n. 57 (Del. Ch. Mar. 6, 2012) 4. In re John Q. Hammons Hotels Inc. S'holders Litig., 2009 WL 3165613, at *7－8, 12 (Del. Ch. Oct. 2, 2009) 5. In re LNR Prop. Corp. S'Holders Litig., 896 A. 2d 169, 178 (Del. Ch. 2005)	是	法院判决被告的动机成立		
16. Ford v. VMware, Inc., 2017 Del. Ch. LEXIS 70	董事的信义义务、少数股东保护、集团诉讼	特拉华州衡平法院第 12 (b) (6) 条之动议	是	被告请求驳回原告诉讼请求的动议成立		双层股权章程

续表

案例名称	诉由类型	法律依据	是否适用集团诉讼	裁判结果	百分比	公司章程
17. Lewis v. Playboy Enters.，279 Ill. App. 3d 47	双层股权结构、董事的信义义务、少数股东保护	735 ILCS 5/2－1005 (b) 735 ILCS 5/2－1005 (c)	否	巡回法院的判决予以维持		双层股权章程
18. Business Roundtable v. Securities and Exchange Commission 647 F.3d 1144 (D. C. Cir. 2011)	董事的信义义务	15 U. S. C. §78k－1(a)(2) 17C. F. R. §240. 19c－4 17C. F. R. §240. 14a－4(b)(2) 17C. F. R. §240. 19b	是	法院批准了复审请求，撤销了被上诉人采纳被质疑规则的命令。法院认为该规则具有控制各层股东阶段分配的效力，超出了被申请人的权限		双层股权计划
19. In Re Delphi Financial Group Shareholder Litigation C.A. No. 7144－VCG	股东们至少在对创始始股东的措控这一层面，显示出成功的可能性。然而，该交易相对于市场价格有较大溢价，因为损害赔偿可以作为一种补救措施，而且目没有其他潜在买家，因此该股票余额的禁令不能被支持	Netsmart, 924 A. 2d at 192. QVC, 637 A. 2d at 45. 8 Del. C. § 242. Dunlap, 878 A. 2d at 442. Netsmart, 924 A. 2d at 208	是	原告提起的初步禁令的动议被法院驳回		双层股权章程

续表

案例名称	诉由类型	法律依据	是否适用集团诉讼	裁判结果	百分比	公司章程
20. In re Republic Airways Holdings Inc.，2016 Bankr. LEXIS 1927	违约损害赔偿	1. USCS Bankruptcy R 8005 2. Fed; R. Bankr. P. 9019 (a) 3. 11 U.S.C. § 364 (a) 4. 11 U.S.C. § 364(b) 5. 11 U.S.C. § 364(c) 6. 11 U.S.C. § 364(d) 7. 11 U.S.C.S. § 363(b) 8. 11 U.S.C.S. § 363 (m) 9. Bankruptcy Rule 6004(h)	否	法院批准了被告的和解动议		
21. Verdeyen v. Board of Education, 150 Ill. App. 3d 915	学校雇员认为学校董事会侵犯了其资历权，违约起诉	立法意图是允许1976年7月1日之前雇用的未经认证的护士继续在雇用她们的地区工作，并能够转移到雇用她们的其他地区，但并不意味着这些护士将自动被视为有资格任职	否	它肯定了巡回法院给予董事会的简易判决		
22. Thorpe v. CERBCO, 1995 Del. Ch. LEXIS 96	董事的信义义务	董事没有给公司造成损害，也没有给自己带来实质性的利益	否	法院就股东声称违反信托义务的行为作出有利于董事的判决		
23. Estate of RICHARD R. SIMPLOT v. COMMISSIONER of INTERNAL REVENUE	A股和B股的评估：按照公司市场价值平评估价市场价值评估估值是溢价还是溢价评估	法院假设了特定的买受人，并将所有A股作为一个整体分配给A股股东，这是错误的；没有任何依据规定股票价值是按比例分配的	否	判决被撤销并发回，因为原告每单位股票的公平市场价值被确定，而且出于遗产税的目的，也不会对控股股票溢价评估		

续表

案例名称	诉由类型	法律依据	是否适用集团诉讼	裁判结果	百分比	公司章程
24. Amanda Acquisition Corp. v. Universal Foods Corp.		《威廉姆斯法》调整的投标行为包括：投标时间，披露情况，投标超过投标人愿意购买的价格比例，以及最优价格规则。法院认为，与威斯康星州的《反收购法》与《威廉姆斯法》并存；因此《威廉姆斯法》并未取得优于《威斯康星州反收购法》的地位。此外，《商业条款》赋予国会在几个州之间管理商业行为的权力。法院认为，威斯康星州的《反收购法》并非违宪	否	法院确认了地区法院的判决		
25. IRA Trust FBO Bobbie Ahmed v. Crane		Kahn v. M&F Worldwide Corp., 88 A. 3d 635 (Del. 2014) 案中法院列出了适用于冲突交易的商业判断审查标准所要求的六个要素。因此，原告未能提出充分质疑，重新分类受商业判断规则的约束	是	董事会的动议获得批准		

续表

案例名称	诉由类型	法律依据	是否适用集团诉讼	裁判结果	百分比	公司章程
26. Espinoza v. Zuckerberg	股东派生诉讼	Court of Chancery Rule 56 Court of Chancery Rule 12(b)(6) Section 228 of the DGCL Business & Corporate Law	无	被告就第Ⅰ项（违反受托义务）及第Ⅲ项（不当得利）要求简易判决的提议让法院驳回而被告想让法院驳回的第二项（浪费公司资产）的提议批准；鉴于原告没有说明合理该浪费索赔，因此该索赔被驳回		
27. Pierre-Val VS. Buccaneers L.P	劳动报酬追索诉讼	FLSA and Florida Minimum Wage Act ("FLMWA") Rule 23 of the Federal Rules of Civil Procedure ("FRCP")	是	达成和解，法院认为，结算组律师和原告组能充分代表实施和解协议，并和满足联邦民事诉讼规则第23条的要求		
28. Carr-Jordan v. Nationstar Mortg. LLC	借款纠纷诉讼	the Real Estate Settlement Procedures Act the Fair Credit Reporting Act the Fair Debt Collection Practices Act Federal Rules of Civil Procedure 8 and 12	是	法院驳回了诉讼中的所有诉请，因为没有明确要求索赔，并判决原告命令发出后14天内提交修改后的诉讼请求。如果原告未在14天内提出，法院将立即驳回此诉讼		

— 187 —

续表

案例名称	诉由类型	法律依据	是否适用集团诉讼	裁判结果	百分比	公司章程
29. LACOS LAND CO. V. ARDEN GROUP	股东权益诉讼	Pursuant to Rule 23.1 of the Rules of the Court of Chancery	否	法院批准了股东与公司之间达成的和解协议，因为向股东开出的更优惠的条件完全符合他们在和解协议中承担的独特义务		
30. In re Gaylord Container Corp. V. Shareholders Litig.	股东权益诉讼	Section 203 of the Delaware General Corporation Law; 引用1996 Del. Ch. LEXIS149案例	4年后被STRING认定为是集团诉讼	驳回被告提出的异议，判决被告的"股东权益计划"旨在阻止公司收购，影响了原告出售股票的个人权利与自由，造成了"特殊伤害"		
31. Goers v. L. A. Entm't Grp.，Inc.	劳动报酬追索诉讼	Article 29，Chapter 8，Section 216，paragraph (b) of the United States Code Section 23(b) of the Federal Rules of Civil Procedure Article 10，Section 24 of the Florida Constitution	是	法院部分批准集团诉讼原告诉讼资格的认证，驳回最低工资索赔的集体认证。并要求原告根据建议书修改并提交新的起诉状		

根据表格梳理可知，在这 31 个案例中，法院判决支持的共有 13 个，法院判决驳回的共有 11 个，剩余 5 个为和解案例，而判决驳回的原因主要是基于商业判断规则。所以总体来看，法院对于采取双层股权结构下的股东利益采取的是倾向保护的策略，据此笔者认为美国通过法院判例的形式已逐步确立起保护类别股股东利益的判决机制。

具体而言，重新构建董事对类别股东信义义务规则的逻辑起点在于类别股股东得受董事信义义务保护的确认。在此过程中应当特别注意特别股是公司法体系下的法定化权利，特别股股东以及传统普通股股东都是公司财产的所有人，因此他们都是董事信义义务的受益人或称受信义务方，特别股合同是可以被董事信义义务填补漏洞的不完全合同，但同时也不能忽视类别股的债权属性。根据类别股混合合同法体系框架之下的合同性权利以及公司法体系下的法定权利进行考察，特别股权利的衍生可能散布于两种权利性质之间的范围内。因此笔者建议采纳类型化路径，综合考虑类别股权性质以及类别股股东缔约能力两个方面，区分判断董事对类别股股东信义义务的成立或不成立。

第一步，区分类别股的不同性质。具体而言，类别股性质上更倾向于债权时，适用合同裁判路径来予以保护；性质上更接近于普通股的类别股时，应当针对类别股合同没有规定的股东权利提供董事信义义务保护。这一区分方法当然比前述认定所有类别股群落均可以或者均不可以受董事信义义务保护这一笼统论断更为进步，但是仍然存在缺陷：通过剖析类别股的权利性质可以看出，能够把类别股鲜明区分为债权或股权两个类别之中的并不是类别股群落的常态。从客观现实情况来看，类别股股权内容中大多是债权与普通股内容相互交融，在一定程度上导致对类别股进行债权抑或是股权的客观判断形成巨大困难。尤其是针对类别股权利构成中债权与普通股内容几乎同等的情形，在此情况下单纯恪守合同范式下的类别股约定条款或者公司法体系下的董事信义义务，都不利于对类别故股东进行有效的保护。

第二步，在个案具体事实情况的分析中进行认定并区分类别股投资者。具体来说，针对类别股股东信义义务保护的类型化，应当对类别股股东的商事缔约能力进行类型化划分，从而决定是否给予董事信义义务的保护。举例来说，在创业企业投资的风险投资家，他有能力与创业公司就类别股合同条款进行协商并讨价还价，他们所达成的协议近乎完全合同，适用合同法体系保护就可以，没有为持有优先股的风险投资家提供董事信义义务保护的必要性。但是持有公开发行类别股的公众投资者则缔约能力比较弱，他所持有的类别股通常是由公司单方面制定的，这一合同无疑是不完全合同。此时应当适用信义义务对公众类别股东提供信义义务保护，从而填补不完全的长期类别股合同。

综上所述，应当针对类别股的特殊性，确立董事对类别股股东不同于普通股股东的信义义务，在公司法体系上形成双层信义义务体系，由此开始对信义义务的框架结构体系进行重新构建，在司法实践过程中也应注意类别股之债权与股权交叉融合的特殊属性，不能一味采取公平标准采用同样标准的信义义务，而应当区别对待，针对具体情形的类别股进行类型化，然后类型化为不同种类的信义义务标准。因此，以上分析了传统信义义务在双层股权结构公司中的失灵，以及结合美国司法判例确立的判断标准，下文笔者将针对双层股权结构下董事信义义务的认定标准提出相应修改的修改建议。

四、双层股权结构下公司董事信义义务认定标准之修改建议

双层股权结构下公司董事信义义务认定标准的修改，应当结合新《公司法》关于类别股的修订内容，由最高人民法院出台司法解释和相应指导意见，做好解释适用工作，进一步类型化双层信义义务的标准认定，把握好信义义务程度的判定。根据新《公司法》（修订草案）第180条，董事对公司负有忠实义务，不得利用职权谋取不正当利益；董事对公司负有勤勉义务，执行职务应当为公司的最大利益尽到管理者通常应有的合理注意。在此基础上，最高人民法院应当出台具体司法解释以及指导意见，对双层股权结构公司董事的信义义务进行标准上的细化，同时最高院可以结合个案进行认定，并发布指导性案例，以明晰这类案件的裁判标准。具体包括以下两个方面的认定。

（一）忠实义务

股东把他们的投票权交给董事会之后，公司和股东将面临董事逃避挣脱忠实义务束缚的危机。公司创始人通过双层股权结构管理模式加强了对公司的控制力，但诚如孟德斯鸠所言："绝对权利导致绝对滥用"，因此，为有效实施双层股权结构制度，立法者、公司必须针对董事权力的行使进行限制，并给予合理的引导和约束。结合 Ford 案中公司双层董事会均被外部公司收买控制这一点来看，确实印证了股东让渡投票权后会产生股东力量弱化而董事力量相对增强的此消彼长之态势。

针对双层股权结构下出现的股东利益受损、董事力量增强的情况，一些学者有针对性地提出了一些建议，包括：（1）调整董事薪酬给付安排；（2）权利分配在董事会内部的适用；（3）完善派生诉讼机制；（4）超级表决权的幅度进

行适度限缩；（5）投票权中的监督价值和理念应当得到尊重。①

　　然而这些建议仅仅是从外在或者说从器物上去解决当前双层股权结构下对董事的监管，却没有能够从内在制度本身或者说从公司治理的精神实质层面去改变董事忠实义务的内容从而达到有效监管董事的目的。在双层董事会结构下，不同的董事会对应着不同的股东利益群体，分为普通股股东对应的普通董事会和类别股股东对应的类别董事会，普通董事会对应一套忠实义务的判断标准，而类别董事会对应另外一套忠实义务的判断标准。双层董事信义义务的标准应当具体个案认定，具体分两步走：第一步，判断类别股的性质是偏向于债权还是股权，即判断该类别股股东的目标主要是参与公司分红还是参与公司治理；第二步，根据前述分析出的类别股性质得出相对应的不同的忠实义务判断标准。如若是为了参与公司分红，则该类别股股东对应的董事会其所负忠实义务内容应较普通董事会更少，即类别董事会所负忠实义务在范围上较普通董事会更狭窄，因为此种类别股股东在一开始便放弃了对公司的控制权来换取更多的财产权益，那么对应的类别董事会的忠实义务缩小则是应有之义；如若是为了参与公司治理，则该类别股股东对应的董事会其所负忠实义务内容应较普通董事会更多，即类别董事会所负忠实义务在范围上较普通董事会更宽泛，因为此种类别股股东将公司投票权交由董事会掌管，但其目的是更好地控制公司，董事会掌管投票权后必然会扩张其权力范围，为了制约董事，提高类别董事会的忠实义务标准可以从根本上抑制类别董事会过度扩张的权力，形成良好的公司治理结构（如表3所示）。

表3　双层股权结构下公司董事信义义务标准的影响因素

影响因素	董事薪酬多少	董事权力大小	有无派生诉讼机制	超级投票权的幅度	有无投票权监督机制
标准提高	多	大	有	大	有
标准降低	少	小	无	小	无

（二）勤勉义务

　　通过以上分析，类别董事会的忠实义务可以通过对比参照系普通董事会的忠实义务标准进行提高或降低从而约束不同类型的类别董事会，而程度标准的判断主要涉及董事薪酬多少、董事权力大小、有无派生诉讼机制、超级投票权

①　参见刘海东：《双层股权结构下的股东利益保护与董事的忠实义务》，载《东岳论丛》2018年第8期。

的幅度和有无投票权监督机制等因素。不同于忠实义务，勤勉义务本身的标准便具有不确定性，因此双层股权结构的采用从客观上并不会影响类别董事会和普通董事会履行职责的内容，在范围上也不会有太大变化。但是针对双层董事会的主观认定必然会存在差异，仅仅是主观认定的差异并不能够总结出普遍适用的标准，因此对双层董事会的勤勉义务的认定仍应当采取传统的勤勉义务认定模式，即一般标准和商业判断规则。

美国《示范公司法》第8.30条规定了勤勉义务的三个标准，即董事会的所有成员在履行其职责时应：（1）善意；（2）注意；（3）合理相信。[1] 第一条标准规定董事的行为必须是善意的。具体而言，善意是一种主观道德评价，针对的是董事的诚实状态，也就是董事认知经营事务的能力。如果董事在内心中针对经营决策及其后果尽到了适当的注意义务，就是善意的。反之如果董事明知他的行为将会损害公司利益而故意放任这种情况的发生，或者因为疏忽大意没有足够注意导致不利后果的发生，就是恶意。第二条标准规定董事在实施经营决策行为时应当恪尽职守，尽到适当的勤勉、注意和技能义务。对董事的注意程度采取的标准是"理性人标准"，即要求其尽到"处于相似位置的合理谨慎的人在类似的情况下所应当尽到的注意义务"。董事的注意义务特殊在于：作为一种管理义务，一个董事具备或者应当具备有关专业方面的知识、能力但却没有利用这种知识和能力的，就不能被认为尽到了注意义务。如果董事采取不作为，也就是说根本不履行其职责，放任公司错误的经营决策行为发生，也是违反注意义务的。在Francis v. United Jersry Bank案中，法院裁定：一个人一经担任董事，就意味着承诺了法定的义务与责任，徒挂虚名者，不为法律所容忍。[2] 第三条标准规定合理相信。具体而言，董事管理的是他人的财产和事务，所以他必须根据自己的判断以自己合理相信最符合公司利益的方式进行经营决策。合理相信的标准要求董事在作出商业决策时应当做到尽职调查，即对相关的事务进行必要的调查和了解。法律的灵活性就在于：在缺乏其他信息的条件之下，董事有理由相信内部人所提供的信息是真实充分的。

此外，经营判断规则又称商业判断规则是与董事的勤勉义务关系密切的另一个规则，它发展于美国的长期司法实践中，这一规则确立了这样一项内容，即董事的商业决定不受司法机关干涉，其实质是为法官提供了较为具体的勤勉义务判断标准。经营判断规则是指董事为公司利益最大化和最优化作出商业决

---

① 参见沈四宝编译：《最新美国标准公司法》，法律出版社，第101页。
② See Francis v. United Jersry Bank 87 N. J, 15（1981）432 A. 2d 814.

策，其前提是董事善意且充分地了解了相关信息，即便事后再来看这一决策是错误的并且给公司带来了损害，法院也拒绝追究董事责任。这一规则的适用需满足三点：（1）董事与决策事项无利害关系；（2）董事对有关决策事项了解的程度达到在当时情况下有理由相信为适当的程度；（3）董事理性地相信此项决策符合公司最佳利益。

由此可见，勤勉义务的主观要素较多，更多偏向于个案认定，因此在传统公司法上其判断标准也是非常模糊和不具体的，但是双层股东结构给法院带来了一个契机，即通过司法裁判中类型化普通董事会和类别董事会的勤勉义务标准。针对一般事项，类别董事会和普通董事会的成员均作为同等的理性第三人，法院对他们是否履行勤勉义务的判断标准应当是相同的；但是针对类别董事会才有的职责和事项，法院应采取类似于专家注意义务的标准，提高对类别董事会成员的勤勉义务，以敦促其尽职尽责。

五、结语

股东的利益偏好和诉求是根据情况的不同而变化的，基于这一现实情况，不同的股权规则需要相互配合适用，双层股权结构管理模式在平衡和克服股权融资与控制权的矛盾的基础上，可以有效地激发公司董事勤勉尽责的潜力，应当作为一种有效手段纳入公司内部治理体系框架之下。双层股权结构的主要目的在于激发公司活力、提升公司绩效，充分满足不同股东群落的利益偏好，而这一目的的实现在于投票权的让渡。但是，投票权的让渡也造成了一系列隐患，最典型的就是公司董事能否再继续恪守信义义务。在双层股权结构管理模式之下，唯有重建董事信义义务法律规制体系，形成双层信义义务法律规制体系，才能从根源上控制董事信义义务风险，防止董事以让渡来的权力反噬剥削股东，并最终确保股东与董事双方利益的平衡，只有这种建立在股东与董事利益平衡基础上的双层股权结构才能与我国公司法实践的现实相匹配和融合。当前，我国已然初步具备了双层股权结构管理模式生存的土壤，未来应当放弃固守多年的一股一权教义，将双层股权结构这一优质制度播种在我国公司治理实践的土壤之下，形成多元化的双层信义义务治理体系，从而对"软化"我国僵化的股权结构、激发公司发展活力产生显著的积极效果。

股权激励合同法律性质的研究

赵正阳　郑小敏[*]

　　摘　要：股权激励合同纠纷是否属于劳动争议？对于各类股权激励合同纠纷的定性，审判实务中经常出现对相似问题的相反认定。本文主张应回归股权激励法律关系本身，从其法律关系的主体及内容入手剖析；对于股权激励合同纠纷的主管问题，建议应根据被激励主体是否为实质意义的高管、激励内容与劳动关系的履行关联是否密切、对劳动关系部分是否存在争议而分类讨论。
　　关键词：股权激励合同性质　股权激励合同纠纷　主管问题　实质意义的高管

　　股权激励是指以本公司股票、股权或股份为标的，对董事、高级管理人员、核心员工等进行的长期性激励。截至 2021 年 11 月份，A 股上市公司当年共发布了 796 份股权激励计划，为前一年同期的近 2 倍。[①] 股权激励计划的激增也伴随着股权激励合同纠纷的上升。处理该纠纷，当事方首先需要解决一个问题——案由。这就引出了我们要讨论的话题，即股权激励合同纠纷是属于劳动争议，还是属于普通合同纠纷？不同案由划分意味着不同的裁判规则，这会直接决定仲裁前置、诉讼时效、举证责任、服务期限及其违约金的效力等规则适用。因此，区分股权激励的合同性质，明确其纠纷主管规则具有重要意义。

一、股权激励的种类及其纠纷的裁判情况

　　证监会制定的《上市公司股权激励管理办法》（以下简称"《股权激励管理

---

　　[*]　赵正阳，北京卓纬（上海）律师事务所律师。郑小敏，北京卓纬（海口）律师事务所律师。
　　[①]　参见张晓洁：《年内 A 股近 800 份股权激励计划发布》，载《经济参考报》2021 年 11 月 24 日，第 3 版。

办法》")总体上是从资本市场监管者的角度出发,对股权激励操作进行规制。实务操作中,股权激励的工具形式比较多样,常见的有以下几项:股票(股权、股份)期权、限制性股票(股权、股份)、虚拟股票(股权、股份)、股票增值权、员工持股计划、延期支付等。其中,以A股上市公司为样本观察,2019年度股权激励的使用形式中,限制性股票占58%,股票期权占25%,限制性股票与股票期权的复合形式占16%,剩下的股票增值权以及其他形式约占1%。①

劳动争议,是指劳动者与所在单位之间因劳动关系中的权利义务而发生的纠纷。因履行劳动合同发生的争议、因劳动报酬发生的争议等,归入劳动争议管辖,适用劳动裁判规则。② 那么,股权激励相关的纠纷是否属于劳动争议?审判实务中,对于各类股权激励合同纠纷的定性,可谓众说纷纭。特别是在不同地域,经常出现对相似问题的相反认定。笔者在威科先行案例库进行关键词③的检索后发现,截至2021年12月31日,股权激励合同纠纷的案由中,与公司、证券、保险、票据等有关的民事纠纷案由为464件,占比为36.19%;合同、准合同纠纷案由为385件,占比为30.03%,劳动争议、人事争议案由为377件,占比为29.41%。笔者将北京、上海、广州、深圳等地法院对各类股权激励的概念、性质,以及对股权激励合同纠纷定性有详细说理的判例进行梳理,形成以下列表:

---

① 参见德勤 Deloitte:《2019—2020年度A股市场长期激励调研报告》,载微信公众号"德勤 Deloitte",https://mp.weixin.qq.com/JW3wRonn19HvVYLJe—Blmw,2023年1月8日访问。

② 《中华人民共和国劳动争议调解仲裁法》第2条:因履行劳动合同发生的争议,适用该法。《最高人民法院关于审理劳动争议案件适用法律问题的解释(一)》第一条:用人单位与劳动者发生的下列劳动争议,适用本法:……(二)因订立、履行、变更、解除和终止劳动合同发生的争议;(三)因除名、辞退和辞职、离职发生的争议;……(五)因劳动报酬、工伤医疗费、经济补偿或者赔偿金等发生的争议。

③ 进入威科先行法律信息库,依次点击"案例""裁判文书""高级搜索",在"关键词"栏目中依次输入"劳动争议""劳动纠纷",在"搜索范围"栏目中输入"裁判理由及依据",在"搜索模式"栏目中选择"常规",在"包含以下任意一个关键词"中输入每种激励种类的名称,调整语序后再次输入,如"股权期权""期权股权""股票期权""期权股票"。

表 1　法院对股权激励及其合同纠纷定性

序号	种类	概念	结算形式	是否享有股东权利	裁判观点	
					认定为劳动争议的理由	认定为非劳动争议的理由
1	股票（股权、股份）期权	公司授予激励对象在未来一定期限内以预先确定的价格购买本公司一定数量股票（股权、股份）的权利	权益结算	行权后取得股东权利	1. 股权激励协议（以下简称"协议"）以存在劳动关系为前提① 2. 协议具有明显人身属性② 3. 协议双方非平等民事主体③ 4. 结合现行法规判断④	1. 期权关系与劳动关系具有独立性⑤ 2. 协议双方为平等的法律关系⑥ 3. 期权利益不属于劳动报酬⑦ 4. 期权的来源为单位公司关联方⑧
2	限制性股票（股权、股份）	公司授予激励对象的部分权利受到限制的本公司股票（股权、股份）	权益结算	享有一定股东权利，一般限制转让	1. 协议以存在劳动关系为前提⑨ 2. 协议具有明显的人身属性⑩ 3. 限制性股票属于劳动报酬⑪ 4. 协议的签订、履行与双方劳动关系的建立、履行紧密相连⑫	1. 选择签订协议并未受到与劳动者身份有关的限制⑬ 2. 协议双方为一般平等民事主体⑭ 3. 限制性股票及其收益高于劳动法确定的对普通劳动者的保护标准⑮ 4. 协议并非约定劳动关系的产生、变更、消灭⑯

---

① 参见辽宁省沈阳高新技术开发区人民法院（2019）辽 0192 民初 192 号判决书、广东省深圳市中级人民法院（2019）粤 03 民终 20883 号判决书。
② 参见广东省广州市中级人民法院（2021）粤 01 民终 9011 号判决书。
③ 参见广东省广州市中级人民法院（2019）粤 03 民终 20883 号判决书、江苏省南京市雨花台区人民法院（2019）苏 0114 民初 2705 号判决书。
④ 参见广东省广州市中级人民法院（2021）粤 01 民终 9011 号判决书。
⑤ 参见北京市朝阳区人民法院（2020）京 0105 民初 18152 号判决书。
⑥ 参见广东省深圳市前海合作区人民法院（2015）深前法涉外初字第 284 号判决书。
⑦ 参见广东省深圳市前海合作区人民法院（2015）深前法涉外初字第 284 号判决书。
⑧ 参见广东省深圳市前海合作区人民法院（2015）深前法涉外初字第 284 号判决书。
⑨ 参见广东省深圳市中级人民法院（2021）粤 03 民终 1551 号判决书。
⑩ 参见广东省广州市中级人民法院（2021）粤 01 民终 9011 号判决书。
⑪ 参见（2019）京 0108 民初 57122 号判决书、（2020）京 03 民终 13230 号判决书。
⑫ 参见广东省深圳市中级人民法院（2021）粤 03 民终 1551 号判决书、北京市海淀区人民法院（2019）京 0108 民初 57122 号判决书、广东省深圳市中级人民法院（2021）粤 03 民终 1551 号判决、四川省高级人民法院（2018）川再 409 号判决书。
⑬ 参见广东省广州市中级人民法院（2020）粤 01 民终 4433 号判决书。
⑭ 参见广东省广州市中级人民法院（2020）粤 01 民终 4433 号判决书。
⑮ 参见广东省高级人民法院（2019）粤民再 227 号判决书。
⑯ 参见广东省高级人民法院（2019）粤民再 227 号判决书。

序号	种类	概念	结算形式	是否享有股东权利	裁判观点	
					认定为劳动争议的理由	认定为非劳动争议的理由
3	员工持股计划	激励对象个人出资认购本公司部分股票（股权、股份），并委托公司进行集中管理	权益结算	享有股东权利	1. 协议具有福利待遇的性质① 2. 协议具有人身属性② 3. 协议权利义务的履行及终结基于公司管理规定和劳动关系的解除③	未见相关案例
4.	虚拟股票	公司授予激励对象一种虚拟的股票，激励对象可以此参与公司的分红并享受股价升值收益	现金结算	不享有股东权利，一般不能转让	1. 协议基于劳动者的身份④ 2. 虚拟股票是一种特殊劳动报酬⑤	1. 虚拟权益不属于劳动争议⑥
5	股票增值权	公司授予激励对象的一种权利，激励对象可以在规定时间内获得一定的股票上涨所带来的收益	现金结算	不享有股东权利，一般不能转让	1. 股票增值权系激励性奖金⑦ 2. 争议性质是双方对劳动合同履行过程中的权利和义务发生争议⑧ 3. 股票增值权所对应的现金价值是公司给予劳动者的一种特殊劳动报酬⑨	未见相关案例
6	延期支付	公司为激励对象（通常为管理层）设计薪酬计划，其中部分薪酬、奖金不在当年发放，存入延期支付账户。在一定期限后，再以公司股票或现金方式支付给激励对象	权益结算/现金结算	以股票结算时可享有股东权利	未见相关案例	1. 延期支付属于公司法意义上的高管薪酬纠纷⑩

① 参见广东省深圳市龙华区人民法院（2020）粤 0309 民初 1029 号判决书、北京市第一中级人民法院（2021）京 01 民终 156 号判决书。

② 参见北京市第一中级人民法院（2021）京 01 民终 156 号判决书。

③ 参见北京市第一中级人民法院（2021）京 01 民终 156 号判决书。

④ 参见上海市第一中级人民法院（2018）沪 01 民终 6881 号判决书。

⑤ 参见上海市第一中级人民法院（2018）沪 01 民终 6881 号判决书。

⑥ 参见广东省深圳市南山区人民法院（2017）粤 0305 民初 20995 号判决书。

⑦ 参见四川省成都市锦江区人民法院（2020）川 0104 民初 7386 号判决书、浙江省杭州市滨江区人民法院（2016）浙 0108 民初 5757 号判决书。

⑧ 参见浙江省杭州市滨江区人民法院（2016）浙 0108 民初 5757 号判决书。

⑨ 参见北京市朝阳区人民法院（2019）京 0105 民初 79095 号判决。

⑩ 参见上海市闵行区人民法院参见（2015）闵民二（商）初字第 146 号判决书。

二、判定股权激励合同性质的几种值得商榷的观点

鉴于上述司法实务层面对股权激励合同纠纷的性质判定的莫衷一是，笔者试先行归纳出常见的对股权激励合同性质的几种值得商榷的观点。

（一）认为目前有关股权激励的税务政策以及《股权激励管理办法》是评价其合同性质的依据

相当一部分判决①结合国家财政、税务等部委有关股权激励的税务政策以及《股权激励管理办法》的相关规定，认定双方当事人关于股权激励的争议属于劳动争议审理的范畴。如《财政部、国家税务总局关于个人股票期权所得征收个人所得税问题的通知》②认为股权激励收入"是因员工在企业的表现和业绩情况而取得的与任职、受雇有关的所得"，应按"工资、薪金所得"适用的规定计算缴纳个人所得税。国家税务总局《关于印发〈股权激励和技术入股个人所得税政策口径〉的通知》③认为股权激励"实质上是企业给员工发放的非现金形式的补贴或奖金，应在员工取得时计算纳税，这也是国际上的通行做法"。而财政部、国家税务总局《关于完善股权激励和技术入股有关所得税政策的通知》④同样规定了股权激励以个人所得税处理的计算缴纳规则。以上回答似乎都侧面肯定了股权激励的劳动报酬属性。但是，笔者认为，以上回答均为国家财税机关在税法的角度对股权激励的规制，并不等同于劳动法意义上的划分。而《股权激励管理办法》则是站在监管者的角度，对股权激励进行的规

---

① 参见广东省广州市中级人民法院（2021）粤 01 民终 9011 号判决书、辽宁省沈阳高新技术开发区人民法院（2019）辽 0192 民初 192 号判决书、广东省深圳市中级人民法院（2017）粤 03 民终川 1326 号判决书。

② 《财政部、国家税务总局关于个人股票期权所得征收个人所得税问题的通知》规定：二、关于股票期权所得性质的确认及其具体征税规定（一）员工接受实施股票期权计划企业授予的股票期权时，除另有规定外，一般不作为应税所得征税。（二）员工行权时，其从企业取得股票的实际购买价（施权价）低于购买日公平市场价（指该股票当日的收盘价，下同）的差额，是因员工在企业的表现和业绩情况而取得的与任职、受雇有关的所得，应按"工资、薪金所得"适用的规定计算缴纳个人所得税。

③ 国家税务总局《关于印发〈股权激励和技术入股个人所得税政策口径〉的通知》规定：5. 什么是股权激励？为什么股权激励要纳税？答：与奖金、福利等现金激励类似，股权激励是企业以股权形式对员工的一种激励。企业通过低于市场价或无偿授予员工股权，对员工此前的工作业绩予以奖励，并进一步激发其工作热情，与企业共同发展。股权激励中，员工往往低价或无偿取得企业股权。对于该部分折价，实质上是企业给员工发放的非现金形式的补贴或奖金，应在员工取得时计算纳税，这也是国际上的通行做法。

④ 财政部、国家税务总局《关于完善股权激励和技术入股有关所得税政策的通知》规定：一、对符合条件的非上市公司股票期权、股权期权、限制性股票和股权奖励实行递延纳税政策（一）非上市公司授予本公司员工的股票期权、股权期权、限制性股票和股权奖励，符合规定条件的，经向主管税务机关备案，可实行递延纳税政策，即员工在取得股权激励时可暂不纳税，递延至转让该股权时纳税；股权转让时，按照股权转让收入减除股权取得成本以及合理税费后的差额，适用"财产转让所得"项目，按照 20% 的税率计算缴纳个人所得税。（三）本通知所称股票（股权、股份）期权是指公司给予激励对象在一定期限内以事先约定的价格购买。

范，并没有直接明确其合同性质为劳动关系。相反，《股权激励管理办法》第9条"上市公司依照本办法制定股权激励计划的，应当在股权激励计划中载明下列事项：（十三）上市公司与激励对象之间相关纠纷或争端解决机制"的表述，实际上是认可股权激励争议解决的约定管辖，可以理解为其间接地否认了股权激励合同纠纷的劳动争议属性——劳动争议不能约定管辖，只能通过强制前置的仲裁程序解决。① 因此，目前有关股权激励的税务政策以及《股权激励管理办法》等并不能作为评价股权激励合同性质的依据。

（二）认为股权激励的结算形式是评价其合同性质的依据

实务中，有法院②将给予员工的股票增值权、分红权等虚拟股票（股权、股份）对应的现金价值视为是公司给予劳动者的一种特殊的劳动报酬，从而将案件归入劳动争议范畴。有法院③认可公司对股权激励工具的"正式股权"和"虚拟股权"的划分，认为员工如接受的是正式股权，即成为正式股东，则拥有《公司法》规定的股东的所有权益（享有股东权利的股权激励类型请见本文前述表格），员工在获得股权后起诉，应属股权纠纷，不属于劳动争议。与此同时，有法院④则认为即便是虚拟股权也不属于劳动争议受案范围，该观点在二审⑤亦得到了维持。从会计处理的角度来看，上市公司股权激励的支付应以股份支付处理。⑥ 根据《企业会计准则第11号——股份支付》，股份支付确实被分为以权益结算的股份支付和以现金结算的股份支付。⑦ 以权益结算的股份支付，包括期权股票、限制性股票等。以现金结算的股份支付，则包括虚拟股票、股票增值权等。⑧ 但笔者认为，此仅为会计处理准则，从民事法律关系的角度来看，无论是以权益结算的限制性股票、股票期权等，还是以现金结算的虚拟股票、股票增值权等，都只是公司进行股权激励对价的等价物的形式，是

---

① 《劳动争议调解仲裁法》第21条：劳动争议由劳动合同履行地或者用人单位所在地的劳动争议仲裁委员会管辖。
② 参见北京市朝阳区人民法院（2019）京0105民初79095号判决书。
③ 参见广东省深圳市前海合作区人民法院（2018）粤0391民初3301号判决书。
④ 参见广东省深圳市南山区人民法院（2019）粤0305民初51号判决书。
⑤ 参见广东省深圳市中级人民法院（2018）粤03民终13820号判决书。
⑥ 王一锗：《上市公司股权激励的会计处理实务分析》，载《现代商业》2012年第21期。
⑦ 财政部《企业会计准则第11号——股份支付》第2条：股份支付，是指企业为获取职工和其他方提供服务而授予权益工具或者承担以权益工具为基础确定的负债的交易。股份支付分为以权益结算的股份支付和以现金结算的股份支付。以权益结算的股份支付，是指企业为获取服务以股份或其他权益工具作为对价进行结算的交易。以现金结算的股份支付，是指企业为获取服务承担以股份或其他权益工具为基础计算确定的交付现金或其他资产义务的交易。
⑧ 参见王一锗：《上市公司股权激励的会计处理实务分析》，载《现代商业》2012年第21期。

股权激励的工具，其本身的金融属性并不能决定股权激励协议的性质。[①]

（三）认为股权激励的标的是否由第三方提供是评价其合同性质的依据

实践中，有法院认为[②]，如果股权激励的标的由公司的关联方提供，其持股认购及收益计划的股权激励仍具有福利性质，但因员工系直接向关联公司支付款项并获取收益，故应该向关联公司主张收益。但更多的法院则认为[③]，劳动者任职于 A 公司，接受了 A 公司的关联公司 B 公司的股票期权，其与单位公司的关联公司之间通过期权授予构建的权利义务不属于劳动合同关系中的权利义务。笔者认为，如果股权激励协议中约定的内容与劳动者在劳动单位的履职情况有相当关联性，那么该股权激励其实就是对劳动关系的维系与巩固，其期待权及行使就是单位公司对劳动者的劳动对价的补充。即便股权激励的标的是单位公司的关联公司，也应理解为该股权激励是单位公司指示第三方向劳动者履行劳动对价义务的关系，而不应将其分裂开来，片面地认为该股权激励只是劳动者和与其不存在劳动关系的主体之间的普通民事合同关系。此外，有观点认为，在非上市公司股权激励中，由于非上市公司不具有发行股票的资格，股权激励标的可能来源于其上市的关联公司[④]。如果以股权激励的标的由第三方提供，即否定股权激励合同的劳动关系属性，那么可能导致用人单位动辄"安排关联公司进行股权激励"来限制劳动者权利。因此，股权激励的标的是否系第三方提供不应为评价其性质的标准。

三、股权激励的合同性质分析

笔者认为，对股权激励的法律定性，应回归其法律关系本身，从其法律关系的主体及内容入手来解构、探析。

（一）主体层面：被激励主体是否为公司实质意义的高管

股权激励的对象主要为高管（包括董事、《公司法》规定的高级管理人员等）与核心员工（包括具有卓越经营、技术能力的精英员工等）。区分股权激励的法律属性是劳动关系还是普通合同关系，首先需要判断被激励主体的身份，换言之，即需要判断被激励主体与公司之间的关系。需要特别说明的是，

---

① 参见刘晓倩、吴圣奎：《股权激励收益是否具有劳动报酬属性之法律认定：基于 149 个劳动关系相关股权激励判例的类案分析》，载《中国人力资源开发》2020 年第 9 期。
② 参见广东省深圳市龙华区人民法院（2020）粤 0309 民初 1029 号判决书。
③ 参见广东省深圳市前海合作区人民法院（2015）深前法涉外初字第 284 号判决书、湖南省长沙县人民法院（2018）湘 0121 民初 4035 号判决书、浙江省杭州市中级人民法院（2018）浙 01 民终 7357 号判决书。
④ 参见吴义和：《股权激励合同的法律性质》，华东政法大学 2015 年硕士学位论文。

由于高管与公司可能构成委任关系与劳动关系的双重属性，[①] 本文只讨论股权激励项下高管与公司的关系。如果双方不存在劳动关系，其股权激励就不存在劳动关系的属性。《公司法》列举了高级管理人员，具体是指公司的经理、副经理、财务负责人，上市公司董事会秘书和公司章程规定的其他人员[②]。有学者认为，此为狭义上的对于高管的划分，而广义上的高管一般还包括公司的董事、监事等公司决策或监督机构的成员。[③] 在股权激励的视角下，广义高管（以下简称"高管"）与核心员工在与公司的关系层面有较大不同，可从以下几方面评述：

1. 在经济关系层面，仍以上市公司为例，高管股权激励平均权益价值约是非高管的 5 倍，其中，对 CEO 的股权激励平均权益价值更是达到了非高管的 6.5 倍。[④] 此时，高管与企业之间的股权激励关系的隶属性、不对等性已相当微弱，双方的合作共赢关系属性更为明显。若仍将双方关系评价为劳动关系，显然有悖劳动法对劳动者"倾斜保护"的立法目的。[⑤] 而核心员工获得的权激励及其收益之所以会高于劳动法确定的对普通劳动者的保护标准，[⑥] 是因其在知识、经验、能力等方面具有的生产力创造价值决定了在劳动力市场其能够获得高于市场平均水平的报酬。因此，用人单位授予员工股权激励仍是对其劳动力价值的认可与激励。[⑦]

2. 从谈判关系来看，核心员工处在企业中的中低层级，拥有的社会资源相对有限，谈判地位较弱；高管、董事处在企业中的中高层级，掌握的社会资源较丰富，议价能力较强。不同于主要发挥其技术技能的核心员工，高管主要发挥其概念技能、人际技能，其劳动者的身份相对弱化，[⑧] 甚至可以参与股权激励计划规则的制定。出于高管自身利益的考虑，管理层可能没有从利于公司发展的角度选择适合于被激励主体的股权激励方式。[⑨] 实践中，还出现了高管

---

① 参见最高人民法院（2020）最高法民再 50 号判决书。
② 《公司法》（2018 年修正）第 216 条："本法下列用语的含义：（一）高级管理人员，是指公司的经理、副经理、财务负责人，上市公司董事会秘书和公司章程规定的其他人员。"
③ 参见王学力：《我国上市公司高管人员薪酬差异情况分析》，载《中国劳动》2014 年第 5 期。
④ 参见德勤 Deloitte：《2019－2020 年度 A 股市场长期激励调研报告》，载微信公众号"德勤 Deloitte"，https://mp.weixin.qq.com/s/JW3wRonn19HvVYLJe－Blmw，2023 年 1 月 8 日访问。
⑤ 参见李哲：《公司高级管理人员雇员地位问题之探讨——从一则高额经济补偿金案例谈起》，载《兰州学刊》2007 年第 12 期。
⑥ 参见广东省高级人民法院（2019）粤民再 227 号判决书。
⑦ 参见章晓明：《公司股权激励纠纷裁判理念反思》，载《经济法论坛》年第 1 期。
⑧ 参见广东省高级人民法院（2019）粤民再 227 号判决书。
⑨ 参见肖淑芳、石琦、王婷：《上市公司股权激励方式选择偏好——基于激励对象视角的研究》，载《会计研究》2016 年第 6 期。

借股权激励计划进行职务侵占的行为。①

3. 从组织关系来看，大陆法系国家一般将高管与公司视为委任关系，而普通员工则是劳动关系。② 根据现代公司治理的理论，经营权与所有权分离，董事等公司的管理层接受公司股东的委托，对公司进行经营管理。此时，高管在某种程度上代表"公司"。③ 在生产资料的要素中，普通员工是劳动，而高管是在"管理劳动"。此外，《公司法》（2018 年修正）规定非由职工代表担任的董事、监事由股东会选举或更换。而经理、副经理、财务负责人则由董事会决定聘任或者解聘。④ 而劳动者一般为高管代表公司进行聘用或解聘。事实上，综合各国立法，对劳动者身份的排除一般包括对雇主的排除和对强势劳工的排除。⑤ 因此，有学者总结⑥，雇主内部之间的关系应由委任关系调整之，而雇主与雇员之间的关系应由劳动关系调整之。

此外，为防止公司逃避义务，将本属于普通雇员的员工也归入高管行列，有学者⑦建议在判断员工是否符合实质意义的高管身份时，应把握两点：（1）该员工的职权是否属于实质意义上的高管；（2）该员工的收入是否属于实质意义上的高管。因此，公司的非职工代表的董事、监事等实质意义上的公司高管，即便与公司签署"劳动合同"，在股权激励项下，该主体亦不宜享有"雇员"或"劳动者"身份，其与公司订立的股权激励协议也就不具有劳动合同或其组成部分的属性，宜以普通民事合同审视之。

综上，笔者认为，如被激励主体为公司实质意义的高管，则该公司与其形成的股权激励约定，则应视为普通合同关系；如被激励主体并非公司实质意义高管的员工，则应继续审视股权激励约定的内容。

（二）内容层面：股权激励约定的权利义务是否与劳动关系有相当关联性

笔者以为，在确定股权激励的主体为非实质意义高管的员工之后，判定股

---

① 参见广东省深圳市中级人民法院（2018）粤 03 刑终 1750 号裁定书。
② 参见谢增毅：《公司高管的劳动者身份判定及其法律规则》，载《法学》2016 年第 7 期。
③ 参见谢增毅：《公司高管的劳动者身份判定及其法律规则》，载《法学》2016 年第 7 期。
④ 《公司法》（2018 年修正）第 37 条："股东会行使下列职权：（二）选举和更换非由职工代表担任的董事、监事，决定有关董事、监事的报酬事项。"第 46 条："董事会对股东会负责，行使下列职权：（九）决定聘任或者解聘公司经理及其报酬事项，并根据经理的提名决定聘任或者解聘公司副经理、财务负责人及其报酬事项。"
⑤ 参见李凌云：《委任关系与劳动关系的三种状态》，载董保华主编：《劳动合同研究》，中国劳动社会保障出版社 2005 年版，第 81 页。
⑥ 参见李凌云：《委任关系与劳动关系的三种状态》，载董保华主编：《劳动合同研究》，中国劳动社会保障出版社 2005 年版，第 81 页。
⑦ 参见李哲：《公司高级管理人员雇员地位问题之探讨——从一则高额经济补偿金案例谈起》，载《兰州学刊》2007 第 12 期。

权激励内容的性质，应结合具体情况进行综合分析，重点审视其与劳动合同之间的关联程度。试举例说明：例1，股权激励协议约定"在达到公司规定的个人表现，公司业绩、竞业限制、服务期限、在职与否等劳动指标要求时，才可给予期权、限制性股票、虚拟股票等的行权权利"。此时，股权激励关系与劳动关系的约定高度重合，股权激励成了维系、巩固劳动关系的工具。例2，双方只约定"行权的时间，并未约定前述劳动指标要求，甚至没有约定是否须在职"①。此时，股权激励协议虽是因劳动关系而起，但其约定、履行都与劳动关系高度分离，与劳动关系再无关联。现就此两种协议的性质区别分析如下：

我国台湾地区学者王泽鉴先生将非典型合同分为纯粹非典型契约、契约联立、混合契约②。纯粹非典型契约，"是指以法律全无规定的事项为内容，即其内容不符合任何有名契约要件的契约"③。一个特定的股权激励协议一般包含了属于劳动合同（此处将劳动合同亦视为一种典型合同）、附条件买卖合同、赠与合同、委托合同的要件。因此，其应不属于纯粹非典型契约范畴。而契约联立，"是指数个典型或者非典的合同具有相互结合的关系"④。其主要分为两种情况："1. 单纯外观的结合，即数个独立的契约仅因缔结契约的行为（如订立一个书面）而结合，相互间不具依存关系。"⑤ 前述例2的中股权激励协议与劳动合同宜应归入此类。"2. 具有一定依存关系的结合，即依当事人之意思，一个契约的效力依存于另一个契约的效力。其个别契约是否有效成立，虽应就各该契约加以判断，但设其中的一个契约不成立、无效、撤销或解除时，另一个契约亦同其命运。"⑥ 例1股权激励因劳动关系而起，其履行与劳动履行情况相关联，因劳动关系终止而变更或终止。同时，设股权激励无效、撤销或解除时，并不影响劳动关系的继续履行。因此，例1中股权激励与劳动合同应不属于契约联立的两种情形。混合契约，是指"由数个典型或（或非典型）契约的部分而构成的契约。混合契约在性质上系属一个契约，与契约联立有别，应予注意"⑦。其中的典型契约附其他种类的从给付，是指"即双方当事人所提出的给付符合典型契约，但一方当事人尚附带负有其他种类的从给付义务。例如，甲租屋于乙（租赁契约），附带负有"打扫"义务（雇佣的构成部

---

① 参见上海市浦东新区人民法院（2013）浦民二（商）初字第3288号判决书。
② 参见王泽鉴：《债法原理》（第一册），中国政法大学出版社2001年版，第111页。
③ 参见王泽鉴：《债法原理》（第一册），中国政法大学出版社2001年版，第111页。
④ 参见王泽鉴：《债法原理》（第一册），中国政法大学出版社2001年版，第111页。
⑤ 参见王泽鉴：《债法原理》（第一册），中国政法大学出版社2001年版，第111页。
⑥ 参见王泽鉴：《债法原理》（第一册），中国政法大学出版社2001年版，第111页。
⑦ 参见王泽鉴：《债法原理》（第一册），中国政法大学出版社2001年版，第112页。

分）……于此类型混合契约，原则上应采吸收说，适用该典型契约（租赁）的法律规定"①。事实上，"劳动关系具有持续性特征，而这种持续性内容是很难通过一纸合同最终确定的。因此，在劳动关系中，双方当事人为了保持这种持续性还会达成更多的合意。而这些合意的达成不一定都要订立另外的合同，因为它们都是劳动关系的产物"②。例 1 中，协议的签订、履行与双方劳动关系的建立、履行有相当关联性。劳动合同的主要对价是劳动者的劳动与公司的劳动报酬，股权激励应视为是对劳动关系的从给付，即对劳动关系的维系与巩固。因此，此时宜应认定股权激励仍为劳动关系。

综合上述分析，笔者试提出判断股权激励性质的判定方法：第一步，从主体入手，如被激励主体为公司实质意义的高管，则该股权激励属于普通合同关系，如被激励主体并非公司实质意义的高管，则应继续审视股权激励的内容；第二步，从内容入手，在被激励主体并非公司实质意义高管的员工的情况下，如股权激励约定的权利义务与劳动关系并无相当关联性，则该股权激励属于普通合同关系，如股权激励约定的权利义务与劳动关系有相当关联性，则该股权激励属于劳动关系。

四、股权激励合同纠纷主管问题的建议

（一）被激励主体为实质意义的高管，如发生争议，建议应以普通合同纠纷处理

根据上述分析，如果股权激励协议由实质意义的高管与公司签订，其协议性质体现更多的是对委任关系，而非对劳动关系的激励，该协议具有一般平等民事主体的合同特点。如发生争议，应以普通合同关系纠纷审视之。

（二）被激励主体为非实质意义高管的员工，且激励内容与劳动关系的履行有相当关联性的，如发生争议，建议应以劳动争议处理

如果股权激励协议由核心员工等非高管的劳动者与公司签订，且约定的内容与劳动合同的履行密切关联，其协议性质应属于劳动合同的组成部分。如发生争议，则根据《中华人民共和国劳动争议调解仲裁法》"因履行劳动合同发生的争议，适用该法"的规定，由劳动仲裁管辖。从另一个角度来看，此时，股权激励约定的附条件的给付，可以视作公司对劳动者劳动对价，也即劳动报

---

① 参见王泽鉴：《债法原理》（第一册），中国政法大学出版社 2001 年版，第 113 页。
② 李帛霖：《劳动争议受案范围的认定研究——一种民事案由确认思路的变通适用》，载《重庆广播电视大学学报》2018 年第 2 期。

酬的补充。根据《最高人民法院关于审理劳动争议案件适用法律问题的解释（一）》"因劳动报酬发生的争议，适用本法"的规定，亦应归入劳动争议管辖。具体处理时，应按照劳动争议的裁判规则。

（三）被激励主体为非实质意义高管的员工，且激励内容与劳动关系的履行关联不大，如对劳动关系部分无争议的，建议应以普通合同纠纷处理

如果是核心员工等非高管的劳动者与公司签订，协议内容与劳动合同的履职情况关联不大，其亦应视为普通合同关系。如发生争议，且对劳动关系部分无争议，则亦应将其归入普通民事合同纠纷处理，处理时应适用普通民事合同纠纷裁判规则。对其中服务期的违约金等对员工权利的限制，应视为有效。

（四）被激励主体为非实质意义高管的员工，且激励内容与劳动关系的履行关联不大，如对劳动关系部分亦有争议的，应分别处理

由于劳动争议仲裁前置的特殊属性，导致其无法与普通合同纠纷纳入同一程序处理。关于此种情况，有学者认为："如果股票期权激励合同涉及劳动关系争议内容处理的，应该进行争议分离，当事人将股票期权激励争议与劳动争议一并向法院起诉的，法官应释明，告知当事人该争议不属于本案的受理范围，需另行申请劳动仲裁。"[1] 笔者虽不赞同将所有的股权激励合同视为普通合同关系，但赞同将实质为普通合同关系的股权激励合同纠纷与劳动争议分开处理。如果争议既涉及实质为普通合同关系的股权激励合同纠纷，又涉及劳动争议，当事人一并申请劳动仲裁的，仲裁机构应告知其就该股权激励合同纠纷部分，需另行提起民事诉讼；当事人一并提起民事诉讼的，人民法院应告知其就劳动争议部分，需另行申请劳动仲裁。

以上四种主管规则，可能会暂时增加劳动仲裁或民事诉讼立案时的审查成本。但笔者认为，一旦主管规则得以明确，并一以贯之，将会倒逼当事人在进行股权激励约定时将协议关键特征显著化，这些具有显著性特征的约定反过来会逐渐降低立案的审查成本。最终，整套主管规则会形成良性循环，从而更加精准地实现对当事人权益的保护。

五、结语

霍姆斯在其《法律的道路》一书中指出："法律研究的目的是一种预测，即对公共权力通过法院的工具性的活动产生影响的预测。"[2] 在现行法律层面

---

① 范围：《公司股票期权激励争议处理研究》，载《当代法学》2016 年第 2 期。
② ［美］霍姆斯：《法律的道路》，李俊晔译，中国法制出版社 2018 年版。

对股权激励以及纠纷的合同性质没有明确规定，审判实务中又标准不一时，我们有必要对其进行研究与分析，从而为我们的经济活动的后果提供预测。同时，2021 年 12 月 1 日施行的《最高人民法院统一法律适用工作实施办法》明确未来对于裁判分歧，除了以"较为系统、完整的司法解释和审判工作会议纪要"之外，将采用"审判委员会法律适用问题决议"的形式，对于裁判分歧"研究成熟一项，即可提交讨论一项；议决一项，即可将确定的裁判规则印发适用一项"。笔者以为，有时候作出选择比选择本身更为重要。希望借此契机，尽快解决股权激励及纠纷的法律适用问题，从而正确引导人们的经济活动。

实务争鸣

论商品房预售资金的公私合作监管模式

郑兴华*

摘　要： 优化对商品房预售资金的监管是促进房地产交易制度乃至整个房地产行业良性循环和稳健发展的重要举措。但是传统单纯由政府这类一元主体对预售资金实行的"管理型"监管模式日渐陷入治理窘境，未能真正优化监管以提升监管效能。面对商品房预售资金监管传统模式存在的问题，应当进行必要的检视以提取有益经验，同时尝试在公私合作理论基础上构建新型预售资金监管模式，形成政府指导监督、市场自主管理、社会能动参与的监管格局，通过凝聚政府—市场—社会等公私主体的监管合力以提升监管效能，推动实现"管理型"监管向"治理型"监管转型。

关键词： 预售资金　监管模式　公私合作　协同治理

一、引言

优化对商品房预售资金的监管是党中央提出促进房地产市场平稳健康发展的重要举措。党的二十大报告指出，必须坚持房子是用来住的、不是用来炒的定位，加快建立多主体供给、多渠道保障、租购并举的住房制度。[①]实际上这不是"住房不炒"定位首次被提及。自从 2016 年 12 月召开的中央经济工作会议首次提出"房子是用来住的、不是用来炒的"的定位后，"住房不炒"的定位连续多次被中央经济工作会议提及并逐步成为社会共识。尤其是 2022 年 4 月 29 日召开的中央政治局会议，不仅再次强调了要坚持"住房不炒"的定位，

---

* 郑兴华，四川大学法学院博士研究生。
① 参见习近平：《高举中国特色社会主义伟大旗帜 为全面建设社会主义现代化国家而团结奋斗——在中国共产党第二十次全国代表大会上的报告》，载《人民日报》2022 年 10 月 26 日，第 1 版。

要求各地区根据当地实际情况完善房地产政策，支持刚性和改善性住房需求，同时更是鲜明地提出了要优化商品房预售资金监管，促进房地产市场平稳健康发展。[①]坚持"住房不炒"定位，促进房地产业平稳健康发展，必须优化对商品房预售资金的监管。

但是，理论研究层面对优化商品房预售资金监管这一重大课题关照不足。就已公开发表的文献而言，仅有零星的几篇论文提到过商品房预售资金监管的问题。[②]其中以学者韩冰为代表，他对商品房预售资金监管模式进行了评价、对商品房预售资金监管给房地产市场效率产生的影响进行了研究、就美国等域外经验论及我国商品房预售制度实践与改革。[③]前述文献，并非专门针对商品房预售资金监管优化课题，因之对目前优化商品房预售资金监管参考意义不大。同时，实践中传统商品房预售资金监管模式未能实现提升监管效能的目标。各地区对商品房预售资金实行的监管，主要由政府部门对预售资金的使用进行审核。此类监管模式发挥的成效有限，即便在 2022 年初住建部等部门联合出台《关于规范商品房预售资金监管的意见》试图加强预售资金监管力度之后，也未能遏制住部分地区因房地产开发企业挪用预售资金导致在建商品房"烂尾"现象愈演愈烈之势。

面对商品房预售资金监管传统模式存在的问题，应当进行必要的检视以提取有益经验，同时尝试在公私合作理论基础上构建新型的预售资金监管模式，形成政府指导监督、市场自主管理、社会能动参与的监管格局。通过凝聚政府—市场—社会等公私主体的监管合力以提升监管效能，推动实现"管理型"监管向"治理型"转型。期望通过对优化完善商品房预售资金监管模式的探讨，为坚持"住房不炒"定位和促进房地产行业平稳健康发展提供助益。

二、预售资金监管传统一元模式的整体检视

目前全国各地对商品房预售资金进行监管，主要是采用传统单纯由政府这类一元主体对预售资金实行的"管理型"监管模式，即由政府部门对预售资金的使用进行审核。因此，对商品房预售资金监管传统一元模式进行检视以提取

---

① 参见《分析研究当前经济形势和经济工作》，载《人民日报》2022 年 4 月 30 日，第 1 版。

② 截止到 2023 年 9 月 1 日，笔者以"商品房预售资金监管""预售资金"等作为主题词，在中国知网数据库中仅检索到 CSSCI 中文社会科学引文索引类别刊物上发表的文献 5 篇。

③ 参见韩冰、杨建平：《国内商品房预售资金监管模式的实证考察及评价》，载《求索》2008 年第 3 期；韩冰：《商品房预售资金监管对房地产市场效率影响探析》，载《四川大学学报（哲学社会科学版）》2008 年第 3 期；韩冰：《论基于域外经验的我国商品房预售制度实践与改革》，载《求索》2012 年第 11 期。

有益经验，需要大体上呈现预售资金传统模式的基本样态，对其发展脉络进行梳理，对其发展过程中形成的本质特征进行解析，同时对其具体运行困境进行考究。

（一）预售资金监管传统模式的发展脉络

商品房预售资金监管模式是商品房预售监管制度的重要组成部分，反思和优化商品房预售资金监管模式，首要的是大体上对有关商品房预售监管的法制发展历程进行梳理。包括商品房预售监管制度在内的整个房地产业法律制度体系的建立走过了一条"从无到有、先地方后中央"的路子。1992 年 11 月国务院发布的《国务院关于发展房地产业若干问题的通知》提出，要从我国国情出发建立健全房地产法律体系，各地人民政府可按照有关法律规定并根据本地的实际情况先制定一些地方性法规。①1994 年 4 月山西省政府发布的《山西省关于加强商品房预售管理的若干规定》要求，预售商品房须经房屋所在地房地产行政主管部门批准并领取商品房预售许可证后方可进行。②1994 年 7 月第八届全国人大常委会第八次会议通过的《城市房地产管理法》规定，商品房预售应当向县级以上人民政府房产管理部门办理预售登记并取得商品房预售许可证明。③自此，"从无到有、先地方后中央"的商品房预售监管法律制度初步形成。

商品房预售资金监管机制则随着商品房预售监管制度的确立经历了"从原则化渐入具体化"的过程。1994 年 7 月通过的《城市房地产管理法》中仅规定了商品房预售资金专款专用原则，即商品房预售所得款项必须用于有关的工程建设。④1994 年 11 月原建设部发布的《城市商品房预售管理办法》也仅规定了预售资金专款专用原则。⑤此后很长一段时间内，如何做到预售资金专款专用，国家层面的规范性文件并无具体规定。2001 年 8 月原建设部发布修订的《城市商品房预售管理办法》稍微细化了预售资金专款专用的原则，要求市、县房地产管理部门制定对商品房预售款监管的有关制度。⑥直到 2022 年 1 月住房和城乡建设部等部门联合发布的《关于规范商品房预售资金监管的意见》才明确规定了商品房预售资金监管机制的具体内容，即由房地产开发企业

① 参见《国务院关于发展房地产业若干问题的通知》（国发〔1992〕61 号）第 11 条之规定。
② 参见《山西省关于加强商品房预售管理的若干规定》（晋政发〔1994〕42 号）第 9 条之规定。
③ 参见《中华人民共和国城市房地产管理法》（1994 年 7 月 5 日通过）第 44 条之规定。
④ 参见《中华人民共和国城市房地产管理法》（1994 年 7 月 5 日通过）第 44 条之规定。
⑤ 参见《城市商品房预售管理办法》（1994 年 11 月 15 日发布）第 11 条之规定。
⑥ 参见《城市商品房预售管理办法》（2001 年 8 月 15 日修正）第 11 条第 2 款之规定。

提出资金使用申请—市、县住房和城乡建设部门核实同意—商业银行及时拨付。①以此为标志，全国各地纷纷出台加强商品房预售资金监管的规范性文件，逐步确立了这种"管理型"预售资金监管模式。

（二）预售资金监管传统模式的表现特质

"管理型"预售资金监管模式，在法律属性上由行政支配，即由政府部门或者政府部门特定组织通过行使行政权力对商品房预售资金收支全过程进行管理。长期以来，传统的监管是政府的事情，是行政机关的事情，这与社会无关。②传统的监管延伸到商品房预售资金监管领域，形成了政府"包办"式的预售资金监管，即依靠行政力量对预售资金进行全过程管理，包括办理预售许可、预售资金收取、预售资金使用、解除资金监管等环节。在办理预售许可环节，由住建部门通过公开招标确定能够承接资金监管业务的商业银行，并要求房地产开发企业在该商业银行开立预售资金监管账户；在预售资金收取环节，由住建部门在办理预售合同网签备案时核对预售资金存入监管账户的凭证，以确保购房款全部存入监管账户；在预售资金使用环节，房地产开发企业向住建部门提出资金使用申请并经核实同意后，资金监管银行才能拨付资金；在解除资金监管环节，商品房项目完成房屋所有权首次登记后，房地产开发企业申请解除商品房预售资金监管并经住建部门核实同意才能解除预售资金监管。③

通过对《关于规范商品房预售资金监管的意见》进行分析，可知"管理型"预售资金监管模式在表现特征上呈现出监管主体的一元化、监管内容的单向性、监管责任的非确定性等。首先，之所以说监管的主体一元化，在于预售资金的监管实质上由住建部门负责。尽管名义上住建部门、商业银行和房地产开发企业签订商品房预售资金三方监管协议，但是商业银行和房地产开发企业并无监管之实。商业银行承担的仅仅是辅助的"出纳"义务，即经住建部门核实资金使用申请后向房地产开发企业拨付资金。房地产开发企业不消说更是预售资金监管的对象。其次，监管内容的单向性表现在，商品房预售资金三方监管协议仅仅是将住建部门的命令与控制内容载入协议中，并未真正体现出商业银行和房地产开发企业等主体的意思表示内容。最后，之所以说监管责任具有非确定性，在于一方面政府部门或怠于履行商品房预售资金监管职责，而目前

① 参见《住房和城乡建设部 人民银行 银保监会〈关于规范商品房预售资金监管的意见〉》（建房〔2022〕16号）、《山西省商品房预售资金监管办法》（晋建房字〔2022〕74号）。
② 参见姜明安：《行政法》，北京大学出版社2017年版，第399页。
③ 参见《住房和城乡建设部 人民银行 银保监会〈关于规范商品房预售资金监管的意见〉》（建房〔2022〕16号）。

从法律、行政法规层面来说并无直接的责任性规定；另一方面商业银行或擅自拨付监管额度内资金造成损失，而应当承担何种赔偿责任，赔偿对象是谁，目前均无明确规定。

（三）预售资金监管传统模式的运行困境

从实用主义的角度讲，正是因为"管理型"的预售资金监管模式，在法律属性上由行政支配，在表现特征上呈现出监管主体一元化、监管内容单向性、监管责任非确定性，才使得商品房预售资金监管陷入了政府负担过重的困境。长期以来，我国经济社会发展的基本模式即由政府主导，行政权力的行使几乎涵盖了社会生活的方方面面，政府完全可以通过自身力量对具体行政事务作出处理，相对人只需要配合和服从。[1]具体到商品房预售资金监管领域，住建部门藉由行政权力加持"包办"了囊括办理预售许可、预售资金收取、预售资金使用、解除资金监管等预售资金监管的各个环节，特别是未经住建部门核实同意不得使用预售资金。随着行政事务的迅速增加和行政任务的加快变迁，出现了政府管理资源不足、传统政府监管失灵和政府公信力消减等治理危机。[2]延伸到商品房预售资金监管领域，在商品房预售过程中凡是房地产开发企业使用资金都需要住建部门进行审核，必然导致住建部门工作量和工作成本迅速增加，而编制、机构和人员相对固定的住建部门几乎应对乏力。

同时，政府部门日益强化"单打独斗"式的行政监管供给与公众对政府监管成效的需求未能匹配。政府提高工作效率，在应该做的事情范围内，以尽可能少的成本，实现尽可能多的收益，恐怕是更多公众对政府的期待。[3]而现实是，政府部门的行政监管措施不断加强，但是行政监管成效未能彰显。[4]具体到商品房预售资金监管领域，公众迫切希望政府部门加强对商品房预售资金的监管，政府部门确确实实也采取了加强商品房预售资金监管的各种举措，但是这并未有效遏制住部分地区在建商品房"烂尾"之势。这至少说明，商品房预售资金监管供给层面陷入了困境。一方面，预售资金监管供给层面陷入困境更多表现在主体上未能有效协作，即住建部门与商业银行未能形成良好互动关系，实质上的管理主体仅仅是住建部门；另一方面还表现在监管主体所采取的监管措施没有形成合力，即住建部门和商业银行所谓监管没有形成协调联动，

---

① 参见章志远：《迈向公私合作型行政法》，载《法学研究》2019年第2期。
② 参见王浩：《论合作监管体系之构建——以石油天然气行业政府监管为例》，载《中国行政管理》2018年第3期。
③ 参见沈岿：《行政法理论基础：传统与革新》，清华大学出版社2022年版，第97页。
④ 参见杨伟东：《行政监管模式变革》，载《广东社会科学》2015年第1期。

实质上的监管措施可以说完全仰赖于住建部门的审核和处罚发挥效用。

三、公私合作监管预售资金模式的逻辑生成

传统单纯由政府这类一元主体实施的行政支配属性的监管模式日渐陷入治理窘境，政府部门日益强化的行政监管供给与公众对政府监管成效的需求未能形成正比，使得商品房预售资金监管不能真正实现优化以提升监管效能。这时候，或许应当考虑从监管一元化的传统中跳脱出来，尝试在公私合作监管理论的基础上，参考公私合作监管领域的"他山之石"，归纳实践中孕育的预售资金合作监管实践雏形中的有益经验，构建公私合作监管商品房预售资金的新模式。

（一）理论基点：公私合作监管的理念内涵

商品房预售资金公私合作监管模式的理论基点是公私合作监管，但公私合作监管却是伴随公私合作治理基本理念的产生而兴起的。行政任务的变迁——管理走向治理，打破了公域与私域二元分治的藩篱，催生了公私合作治理基本理念。① 传统意义上行政的主要任务在于管理社会。在国家垄断行政事务模式支配下，政府作为唯一的管理中心，其拥有广泛的社会资源和强大的社会控制力，在追求秩序安定的行政目标指引下，通过"命令—服从"行政模式对社会进行单一向度的管理。②随着经济社会快速发展，现代意义上的行政任务日趋多元化和复杂化，包括大量提供服务、福利保障和生态环境建设等不能为社会秩序维护所能涵盖的新维度。由于有限的行政资源不足以应对愈加广泛的行政任务，政府再沿用此类单打独斗式的行政模式对社会进行管理显然已经捉襟见肘。未来行政法将趋向于一个以行政任务为导向、以组织和程序为中心并注重效率的行政治理结果的变迁方向，其中之一即通过政府与私人合作的方式来共同进行社会治理并承担相应风险。③在此背景下，公私合作治理因其能够更加合理塑造公共部门与私人主体的互动过程，有效缓和行政任务扩展和行政资源有限之间的紧张状态而在我国逐渐兴起。所谓公私合作治理，就是公共部门与私人主体经由特定的结构设计进行合作来履行行政任务，并由公共部门承担最终保障责任的制度安排。④

伴随着公私合作治理的产生，公私合作监管逐步兴起。甚至可以说，公私

---

① 参见宋华琳：《论政府规制中的合作治理》，载《政治与法律》2016 年第 8 期。
② 参见章志远：《迈向公私合作型行政法》，载《法学研究》2019 年第 2 期。
③ 参见章剑生：《现代行政法总论（第二版）》，法律出版社 2019 年版，第 32—33 页。
④ 参见章志远：《行政法总论（第二版）》，北京大学出版社 2022 年版，第 477 页。

合作监管是公私合作治理的典型范式之一。① 所谓公私合作监管，系由政府和私人主体共同构成监管主体，以完成特定行政任务为导向，通过充分运用私人专业知识和技术特长，由私人与政府协同合作参与对经济活动进行干预和控制的过程。②这表明，公私合作监管中：一是监管主体呈现多元化，传统行政监管只是政府的事情，而公私合作监管中政府、行业协会、企业等都可以成为公共事务的监管主体；二是监管方式呈现多样性，传统行政监管主要采取审批、处罚等具有强制性的监管手段，而公私合作监管中还衍生出了相对柔和的监管手段，包括指导、协商、契约等；三是监管内容呈现交互性，传统行政监管中政府通过单向的命令与控制要求相对人服从和配合，而公私合作监管中政府与私人主体为了有效完成行政任务形成交互性的协商合作关系；四是监管目的呈现公益性，传统行政监管中政府基于公共利益对社会事务进行管理，而公私合作监管中并不因为私人主体参与监管而使得公益性有所消减，且因私人主体的参与更加兼顾个体利益；五是监管过程的开放性，传统监管过程相对封闭，而公私合作监管中一般领域的监管细节均为各方参与人所知晓并积极参与。

（二）制度示例：合作监管领域的他山之石

常言道，他山之石，可以攻玉。建构新型的商品房预售资金公私合作监管模式可以而且应当借鉴其他领域公私合作监管的范例。公私合作监管，在国家治理体系和治理能力现代化实践过程中并不是一个孤立的现象。以食品安全领域为例，以《食品安全法》为基础建构的食品安全法治体系，就公共部门与私人主体合作协同对食品安全进行监管作出了大量的规定，形成了食品安全社会共治模式。③具体来说，首先，《食品安全法》在总则中确立了食品安全公私合作监管的基本原则，即通过社会共治的方式强化食品安全监督管理④。其次，《食品安全法》规定了公共部门监管的职责权限，比如政府部门通过风险监测评估、标准制定、抽样检验、现场检查等方式进行监管。⑤再次，《食品安全法》明确了市场主体的监管内容，比如食品生产经营者应查验供货商相关许可

① 参见袁文峰：《公私合作在我国的实践及其行政法难题研究》，中国政法大学出版社 2018 年版，第 36—39 页；朱宝丽：《合作监管的兴起与法律挑战》，载《政法论丛》2015 年第 4 期。

② 参见朱宝丽：《合作监管的兴起与法律挑战》，载《政法论丛》2015 年第 4 期。

③ 参见安永康：《以资源为基础的多元合作"监督空间"构建——以我国食品安全领域为例》，载《浙江学刊》2019 年第 5 期；高志宏：《食品安全社会共治模式的法治进路》，载《学习与实践》2023 年第 4 期。

④ 参见《中华人民共和国食品安全法》（2021 年 4 月 29 日修正）第 3 条之规定。

⑤ 参见《中华人民共和国食品安全法》（2021 年 4 月 29 日修正）第 5 条、第 14 条、第 17 条、第 35 条、第 87 条、第 110 条之规定。

证明、食用农产品批发市场应对销售者销售的食用农产品进行抽样检验等。①最后，《食品安全法》还规定了社会参与监管的内容，比如消费者协会对食品安全违法行为进行监督、消费者可以委托食品检验机构对食品进行检验。②除此之外，在行政许可和治安管理等领域，公私合作监管的现象也较为普遍，企业单位、各类委员会分担部分行政监管职能，公共部门对私人组织分担职能的活动进行监督，二者共同承担可能的法律责任。③

当然，之所以援引食品安全、行政许可、治安管理等领域的"他山之石"，并非意味着这种监管模式本身完美无缺，而是因为这至少代表了行政监管模式变革的重要方向，即不仅需要政府内部横向层面各部门的协同和纵向层面上下级部门的协同，还需要充分发挥政府外部的各类市场主体、行业协会和社会大众的自律和监督等协同作用。政府部门、市场主体和行业组织以及社会大众等公私主体合作监管本身形成了一种"混合体制"④。通过进一步分析食品安全、行政许可、治安管理等其他领域"混合体制"的状态可知：在主体角色定位上，政府部门实际上担负监管的召集人、经纪人、监督者和保障者等多种角色，而市场主体等私人组织则实际上担负了监管的吹哨人、参与人、实施者和配合者等多种角色；在主体相互关系上，突出政府部门的与私人主体的协同性，即行政任务的达成度取决于公私主体间的协同配合，合作监管各方甚至可以通过协商以达成共识、建立互信、实现合作，在监管资源共享、信息互通、方式互补中有效达成行政任务；在主体责任承担上，一定程度上超越了监管责任的公私有别性，政府部门、市场主体和行业组织以及社会大众等公私主体共同分担监管不作为、监管懒作为、监管乱作为等情形可能产生的法律责任。

（三）实践雏形：资金合作监管的发展趋势

历史地看，包括商品房预售监管制度在内的整个房地产业法律制度体系的建立走过了一条"先地方后中央"的路径，那么作为商品房预售监管制度重要组成部分的预售资金监管机制也孕育在地方的监管实践进程之中，逐步形成了公私合作对预售资金进行监管的基本雏形。以重庆市为例，2002 年重庆市人大常委会通过的《重庆市城镇房地产交易管理条例》（以下简称《条例》），首次在省级层面以地方性法规的形式对商品房预售资金公私合作监管形式进行了制度设计。该《条例》规定，商品房预售资金由工程监理机构根据建筑工程进

---

① 参见《中华人民共和国食品安全法》（2021 年 4 月 29 日修正）第 50 条、第 64 条之规定。
② 参见《中华人民共和国食品安全法》（2021 年 4 月 29 日修正）第 9 条、第 89 条之规定。
③ 参加章剑生：《现代行政法总论》（第二版），法律出版社 2019 年版，第 7 页。
④ 参见章志远：《行政法总论》（第二版），北京大学出版社 2022 年版，第 498－499 页。

度计划和工程实际进度，书面通知代收预售资金的商业银行向房地产开发企业划款；工程监理机构和商业银行对预售资金监管不当给购房消费者造成损失的，与房地产开发企业承担连带赔偿责任；挪用预售资金则由房地产主管部门进行处罚。①后重庆市人大常委会又于 2011 年对该《条例》进行了修正，对该预售资金监管模式进行了完善：房地产开发企业、代收预售资金商业银行、工程监理机构三方应协商对预售资金共同进行监管，预售资金使用情况应当向购房消费者进行公示以供查询和监督，代收预售资金商业银行、工程监理机构未履行预售资金监管职责则由相关主管部门进行处罚。②

之所以说地方商品房预售资金监管实践孕育了公私合作监管预售资金的基本雏形，在于其总体上展现了未来预售资金监管模式的前进方向，即"从传统的行政管理向公私伙伴关系和治理网络变革"③。但由于其并未完全符合公私合作监管的表现特质，有必要在公私合作监管理念的指导下进一步完善之。前述商品房预售资金监管模式，正是由政府和市场等多元主体共同组成监管主体，以维护购房消费者权益和确保房地产市场稳健发展的行政任务为导向，通过充分运用代收预售资金商业银行和工程监理机构在资金管理、施工质量等方面的专业知识和技术特长，对预售资金使用情况进行干预和控制的过程。但是，此类合作监管商品房预售资金的模式中，公私多元主体未实现动态化调整，即通过特定的动态调整机制因应既得利益固化从而防止公私合作监管预售资金流于形式。同时，政府部门依旧沿用传统行政监管中的审批、处罚等具有强制性的手段，相对柔和的诸如行政指导等监管方式基本无用武之地。再者，政府部门与代收预售资金商业银行、工程监理机构等私人主体之间缺乏达成共识、建立互信、实现合作的过程，无法在监管资源共享、信息互通、方式互补方面实现协同。

四、预售资金公私合作监管模式的法治展开

商品房预售资金传统监管模式愈发陷入治理困境且不可持续，主要在于监管主体一元化和监管过程单向化以及监管责任相对模糊化。构建公私合作监管预售资金的新模式，本质上围绕着破解治理困境的三个面向：其一是由谁来监管，其二是怎么监管，其三是责任如何分担。这时候，需要通过具体考究预售资金公私合作监管模式中公私主体的角色定位、行为互动和责任限定，进而凝

① 参见《重庆市城镇房地产交易管理条例》（2002 年 6 月 10 日通过）第 20 条和第 56 条之规定。
② 参见《重庆市城镇房地产交易管理条例》（2011 年 5 月 27 日通过）第 21 条之规定。
③ 宋华琳：《论政府规制中的合作治理》，载《政治与法律》2016 年第 8 期。

聚政府—市场—社会等公私主体的监管合力，形成政府指导监督、市场自主管理、社会能动参与的监管格局。

（一）合作监管资金公私主体的角色定位

公共治理或者协作治理，更多的是以主体作为切入点予以展开。[①]以公私合作监管理念作为支撑的商品房预售资金监管新模式，首要的是以明确监管主体的角色定位作为切入点，破解治理困境面向的第一个问题——由谁来监管。对于作为公共主体的政府部门来说，不能成为单一的监管主体包办一切事务，不能统管所有事项而不向社会与市场分权，否则市场经济体制改革与行政体制改革均难以深化。[②]这意味着，传统行政监管机制必须进行转型，即由政府实施的传统单一型行政监管向由各类主体参与的现代多元型社会监管转型。[③]公私合作监管就是现代多元型社会监管的典型范式，即政府部门和私人主体共同构成监管主体，由政府、行业协会、企业等多元监管主体共同对公共事务进行监管。其中政府部门应当担保私人主体执行任务的合法性并促其积极实现公共利益，包括对私人主体的监督、执行任务时的特殊指示等[④]。因此，政府部门的角色可定位为公私合作监管法律关系的协调者、指导者和监督者。那么延伸到商品房预售资金公私合作监管模式中，政府、预售资金代收银行、房地产开发企业、工程监理机构、购房消费者等多元主体理应共同构成对预售资金进行监管的主体。其中作为公共主体的政府部门在预售资金监管法律关系中的角色定位应当是协调者、指导者和监督者，即对预售资金监管模式组成进行协调、对预售资金监管过程进行指导、对预售资金收支情况进行监督。

对于作为私人主体的行业协会、企业、消费者等来说，不能将政府部门视为商品房预售资金监管的"局内人"，更不能将自身看作为预售资金监管的"局外人"。与传统的政府独享监管权力模式相区别，新时代的监管越来越强调协同性和继承性，越来越离不开政府之外的社会组织、行业协会、第三方专业机构和市场主体的积极参与、支持和配合。[⑤]这意味着，现代多元型社会监管中，需要行业协会、中介机构和企业组织以及消费者等私人主体积极参与、实施和监督，并使其与作为公共主体的政府部门一起协同合作以凝聚起监管合

---

① 沈岿：《行政法理论基础：传统与革新》，清华大学出版社 2022 年版，第 107 页。
② 参见何颖、李思然：《"放管服"改革：政府职能转变的创新》，载《中国行政管理》2022 年第 2 期。
③ 参见姜明安：《行政法》，北京大学出版社 2017 年版，第 399—400 页。
④ 参见袁文峰：《公私合作在我国的实践及其行政法难题研究》，中国政法大学出版社 2018 年版，第 51—52 页；章志远：《迈向公私合作型行政法》，载《法学研究》2019 年第 2 期。
⑤ 参见章志远：《行政法总论》（第二版），北京大学出版社 2022 年版，第 498 页。

力。具体到商品房预售资金监管之中，预售资金代收银行、房地产开发企业、工程监理机构、购房消费者等私人主体应当被定位为预售资金监管的参与者、实施者和监督者。其中，预售资金代收银行等商业银行具有预售资金监督的能力和条件，房地产开发企业具有预售资金合法使用的基本义务，工程监理机构甚至律师事务所等单位具备根据工程施工等条件管理预售资金的相关专业知识，这些私人主体一般而言均具有由政府部门审核预售资金使用情况所不具有的专业能力，应当将其纳入预售资金监管主体范围之内。同时，商品房预售资金合法规范使用目标的实现与购房消费者密切相关，其作为预售资金规范使用的监督者符合公私合作监管预售资金的基本要旨。

（二）合作监管资金公私主体的行为互动

协作治理，意味着需要在政府、市场、社会和个体等公私主体之间，找寻一种有助于公共事务管理或者服务的互动模式。[①]以公私合作监管理念作为支撑的商品房预售资金监管新模式，在明确监管主体的角色定位之后，紧接着需要寻求一种有助于实现监管目的——确保预售资金专项用于建设工程的互动模式，即破解治理困境的第二个问题——怎么监管。单一型社会监管向多元化社会监管转型，形成了政府监管和社会中介组织、企业自我监管等非政府监管相互配合、互为补充的关系。[②]由此延伸到商品房预售资金公私合作监管模式中，这种互动则表现为公私监管主体为实现预售资金专款专用目标而在监管行为方面相互配合、互为补充。对于私人主体之间的互动关系来说，需要借助预售资金代收银行、预售资金管理机构和房地产开发企业以及购房消费者签订预售资金监管委托协议予以实现。明确约定购房消费者和房地产开发企业者授权委托预售资金代收银行代为收取预售资金，并在确认预售资金管理机构出具的资金使用书面材料真实性后拨付资金；授权委托预售资金管理机构代为管理预售资金，并对房地产开发企业者使用预售资金的申请进行审核。

对于政府部门与私人主体的互动关系讲，需要寓监管于事前的协调、事中的指导、事后的监督之中。事前协调，即需要在事前由政府部门协调组织选定包括预售资金代收银行、预售资金管理机构等监管业务承办单位，即根据专业条件等因素，通过公开招标动态确定具备监管预售资金专业条件的单位范围，然后由房地产开发企业向政府部门申请公开摇号的方式动态确定预售资金监管业务承办单位。其中预售资金管理机构的范围可以扩展至工程监理机构、律师

① 参见沈岿：《行政法理论基础：传统与革新》，清华大学出版社 2022 年版，第 107 页。
② 参见姜明安：《行政法》，北京大学出版社 2017 年版，第 399 页。

事务所、会计师事务所等具有专业条件的中介机构。事中指导，即需要有政府部门在事中柔性指导预售资金监管业务承办单位、房地产开发企业、购房消费者签订预售资金委托监管协议，对预售资金监管业务承办单位的监管活动提供全过程的指导。其中明确房地产开发企业使用预售资金的比例限度，同时根据信用评价高低对房地产开发企业使用预售资金的比例进行信用激励或惩戒。事后监督，即需要由政府部门在事后硬性监督预售资金监管业务承办单位和房地产开发企业收支预售资金的情况，及时受理购房消费者等主体对预售资金违法收支情况的投诉和举报，对并对违法收支预售资金的行为进行处罚。

（三）合作监管资金公私主体的责任限定

任何制度的设计与施行都离不开责任的承担，否则这种制度的实际施行效果将会变得逊色不少，甚至可以说是毫无意义。①在强调公私合作治理的背景下，法律制度设计由原先旨在确保政府履行义务和承担责任的单一公法规范，开始迈向保障多元主体共同承担履行义务和承担责任的公私法规范的协同转变。②因此，以公私合作监管理念作为支撑的商品房预售资金监管新模式，需要以法律责任承担作为逻辑终点，确保政府、市场、社会和个体等公私主体协力监管预售资金，进而形成统一的法秩序。根据监管主体不同，公私合作监管可能产生的法律责任可以分为政府部门的法律责任和其他参与私人主体的法律责任。③延伸到商品房预售资金公私合作监管模式中，对于政府部门来说：一方面应承担不作为的法律责任，由于在预售资金监管中政府部门担负着事前的协调、事中的指导和事后的监督等作为义务，所以在政府部门当为而不为的情形下应由上级主管机关予以行政问责；另一方面应承担不当作为的法律责任，政府部门不当协调、指导和监督给房地产开发企业、购房消费者等私人主体造成损失的情形下，除了由上级主管机关予以行政问责外，还应当对造成的损失承担赔偿责任。

对于房地产开发企业、预售资金代收银行、预售资金管理机构等私人主体来说：首先，房地产开发企业担负着遵从监管的义务，即按照法律规定将商品房预售资金专项用于建设工程是房地产开发企业的法定义务，违法挪用预售资金则应当承担补足预售资金额度、接受政府住建部门课以行政处罚和失信惩戒的法律责任，同时基于预售资金委托监管协议的约定向购房消费者、预售资金

---

① 参见卢护锋：《公私合作中政府责任的行政法考察》，载《政治与法律》2016 年第 8 期。
② 参见王瑞雪：《论行政法上的治理责任》，载《现代法学》2017 年第 4 期。
③ 参见王瑞雪：《论行政法上的治理责任》，载《现代法学》2017 年第 4 期。

代收银行和预售资金管理机构承担违约责任。其次，预售资金代收银行担负着依法合约拨付预售资金的监管义务，在未得到预售资金管理机构同意的情形下擅自拨付预售资金的，应接受金融监管部门的行政处罚；基于预售资金委托监管协议的约定，应承担追回资金的责任，不能追回的应当向购房消费者、监管业务承办单位承担连带责任；根据违约情形，政府住建部门可以将其纳入失信管理名单进行失信惩戒。最后，预售资金管理机构担负着审核预售资金收支情况的监管义务，不当履行预售资金审核义务的应接受政府住建部门的处罚；基于预售资金委托监管协议的约定，不当审核资金造成购房消费者损失的应向购房消费者承担连带赔偿责任，应审核通过而不予审核通过造成房地产开发企业损失的则应向房地产开发企业承担赔偿责任；根据违约情形政府住建部门可以将其纳入失信管理名单进行失信惩戒。

五、结语

当前，世界正在经历百年未有之大变局，我国经济社会发展所面临的复杂性、严峻性、不确定性因素明显增加。在这样的大环境和大背景之下，近些年发生了大面积的"烂尾楼"和"停贷潮"，房地产行业发展颓势尽显。为此，社会层面逐渐也有一些要求逐步废除商品房预售制度改为现房交易制度的呼声。实际上，发生所谓"烂尾楼"和"停贷潮"，并非商品房预售制度本身优与劣的原因导致的，而是商品房预售资金监管制度不到位的原因所造成的。虽然为了扭转房地产市场困局，政府监管部门出台了诸多政策措施，从房地产企业融资、保交楼、个人贷款等多个层面提振楼市。但是，从促进房地产市场平稳健康发展和良性循环长远角度讲，塑造房地产行业发展新模式才是治本之策，而这离不开优化商品房预售资金的监管。优化对商品房预售资金的监管并不等同于增加政府部门对商品房预售资金的行政干预，而要充分发挥市场在预售资金监管和配置过程中的决定性作用，同时更好地发挥政府行政监管的作用，推动有效市场与有为政府二者更好地结合起来。具体来说，就是尝试在公私合作理论基础上构建新型预售资金监管模式，形成政府指导监督、市场自主管理、社会能动参与的监管格局，通过凝聚政府—市场—社会等公私主体的监管合力以提升监管效能，推动实现"管理型"监管向"治理型"监管转型。当然，并非政府部门和私人主体共同监管商品房预售资金就可以一劳永逸，对商品房预售资金的优化还需要在实践中不断总结经验进行丰富和发展。

公私法交融体系下的人类基因编辑治理

——中国现行监管框架、法律改革及政策趋势

王　康　　陈梦霞*

摘　要： "基因编辑婴儿"事件对中国生命科技安全法律秩序提出挑战，新冠疫情的全球蔓延也让生物安全问题再度成为焦点。此前，中国有关人类基因编辑的法律秩序存在不足，表现为科技伦理能力和责任的弱化以及风险控制法律体系的无效，这构成"基因编辑婴儿"事件出现的制度根源。人类基因编辑法律规制的政策趋势是制定专门法律，并把其纳入国家生物安全法治体系。在总体国家安全观的指引下，中国正在加快科技安全预警监测体系建设，启动聚焦《生物安全法》的法律改革，以重建包括人类基因编辑领域在内的法律秩序——国家生物安全法治体系。《生物安全法》成为人类基因编辑法律规制的基本法，有关法律、行政法规的制定和修改也已经列入日程。为协调生命科技领域的发展与安全的关系，保障人类基因编辑科技能够向善而行，应在组建国家科技伦理委员会的同时探索建立国家生物安全委员会，以提高国家生物安全治理能力；还应形成基因权利保护法、基因资源管理法、基因技术规制法等公私法交融规制体系，继续完善刑事、行政和民事责任机制及风险控制措施。

关键词： "基因编辑婴儿"　人类基因编辑　基因技术　基因权利　生物安全法

＊ 王康，上海政法学院教授。陈梦霞，上海政法学院硕士研究生。本文系国家社科基金"基因正义论：人类基因技术多维风险的法律控制"（19FFXB043）的阶段性研究成果。

一、问题提出：从"基因编辑婴儿"事件到新冠疫情

2018 年 11 月发生在中国广东的"基因编辑婴儿"事件[①]，不仅在全球范围引发恶劣影响，更对中国现行法律秩序提出了挑战。目前，人类基因编辑技术在整体上尚处于研究试验阶段，其有效性、安全性尚未得到科学验证和确认，并在伦理、社会等方面存在巨大的风险。鉴于此，在基因编辑婴儿事件之前，中国就对人类基因编辑技术采取了类型化区别对待的法律政策：对体细胞基因编辑，可以开展基础研究、临床前研究或临床应用；对生殖细胞基因编辑，仅可在遵守"14 天规则"等伦理准则下进行基础研究，禁止临床试验。[②]这些政策无疑是妥当的。不过，"基因编辑婴儿"事件的发生，还是暴露了中国有关人类基因技术的法律规制体系的不足之处，更是反映了生命科技风险预警、生物安全已经成为我国当前急需解决的重大法律问题。

本事件引起了习近平总书记的高度关注，他在 2019 年初发出了声音：要"加快科技安全预警监测体系建设"，在基因编辑领域"加快推进相关立法工作"。[③]为尽快消除不良后果，避免此类事件再次出现，中国的监管部门以及伦理和法律学者已经形成一个基本共识，那就是必须及时、正当地采取相应的法律措施。[④]一方面，要在现行法律框架下对基因违规事件中的法律责任予以确认和执行。[⑤]另一方面，要完善基因权利、基因资源、基因技术等法律法规体系及风险控制措施。这两个方面的重要工作，一个已经部分实现——虽然是

---

① 案情参见肖思思、李雄鹰：《广东初步查明"基因编辑婴儿事件"》，载《人民日报》2019 年 1 月 22 日，第 12 版；王攀、肖思思、周颖：《聚焦"基因编辑婴儿"案件》，载《人民日报》2019 年 12 月 31 日，第 11 版。

② 主要参见《人类辅助生殖技术规范》（卫科教发〔2003〕176 号）第 3 条、《人类辅助生殖技术和人类精子库伦理原则》（卫科教发〔2003〕176 号）第一条第（三）（四）项、《人胚胎干细胞研究伦理指导原则》（国科发生字〔2003〕460 号）第 6 条。

③ 参见习近平总书记 2019 年 1 月 21 日在省部级主要领导干部坚持底线思维着力防范化解重大风险专题研讨班开班式上的重要讲话，载《人民日报》2019 年 1 月 22 日，第 1 版。

④ 参见《中华医学会医学伦理学分会关于"基因编辑婴儿"事件的呼吁和建议》，载《医学与哲学》2019 年第 2 期。

⑤ 对试验人员的法律责任的探讨，参见王康：《"基因编辑婴儿"人体试验中的法律责任——基于中国现行法律框架的解释学分析》，载《重庆大学学报（社会科学版）》2019 年第 5 期；王康：《基因编辑婴儿事件受害人的请求权》，载《法律科学》2020 年第 3 期。

以一种非常尴尬的、迫不得已的方式来实现的①；另一个还在逐步、深入推进之中。2019 年底至 2020 年初突如其来、震荡全球的新冠疫情发生后，中国对包括基因编辑在内的科技风险相关的生物安全问题予以国家安全战略层面的高度重视，生物安全被明确纳入总体国家安全体系。② 由此，对人类基因编辑等科技风险的法律规制，就出现了新的视野和方向。

本文拟分析世界首例"基因编辑婴儿"事件能够出现在中国的原因，检视中国有关人类基因编辑技术规制的现行法律框架并反思其不足，结合新冠疫情发生以来中国当前相关法律改革现状，展望未来在公私法交融体系下人类基因编辑法律规制的政策趋势。

二、根源分析："基因编辑婴儿"事件为什么会在中国出现

（一）个体层面：试验人员的个人野心、商业动机与受试者在困境中的无知

试验人员的个人野心、商业动机以及受试者的无知，可能是启动本次非法基因编辑人体试验的诱因（但不是决定性的）。作为"基因编辑婴儿"事件的主导，贺建奎对人类生殖系基因编辑的风险非常清楚③，但他还是展示了企图作为"创造者"的"雄心壮志"。他在接受美联社的专访时说，这次试验"不仅要开创首例，更要成为范例"。④ 他还被曝对多家生物科技公司拥有控制权

---

① 刑事责任的尴尬之处在于本案的罪行名义是"非法行医"而非"人类生殖系基因编辑临床应用行为"，原因参见后文。此外，行政责任方面，根据有关规定，广东省卫生健康行政部门已将相关涉案人员列入人类生殖技术违法违规人员"黑名单"，终身禁止其从事人类辅助生殖技术服务工作。科技主管部门已对涉案人员作出终身禁止其申请我国人类遗传资源行政审批、终身禁止其申请财政资金支持的各级各类科研项目等行政处理。科技主管部门、卫生健康行政部门分别责成涉事单位完善科研和医疗管理制度，加强对相关从业人员的监督管理等。参见王攀、肖思思、周颖：《聚焦"基因编辑婴儿"案件》，载《人民日报》2019 年 12 月 31 日，第 11 版。不过，在民事责任方面，目前尚未有受害人提起损害赔偿诉讼的消息。

② 参见新华社报道《完善重大疫情防控体制机制 健全国家公共卫生应急管理体系》，载《人民日报》2020 年 2 月 15 日，第 1 版。

③ 贺建奎曾在 2017 年 2 月 19 日发表了一篇名为《人类胚胎基因编辑的安全性尚待解决》的文章，称在脱靶、嵌合体等 5 个安全问题得到解决之前，"进行人类生殖目的的基因编辑是不负责任的"。原文参见 http://blog.sciencenet.cn/blog-514529-1034671.html，2019 年 8 月 1 日访问。讽刺的是，他的试验在次月就开启了。

④ "I feel a strong responsibility that it's not just to make a first, but also make it an example." Marilynn Marchione, *Chinese researcher claims first gene-edited babies*, The Associated Press, Nov. 26, 2018. https://apnews.com/4997bb7aa36c45449b488e19ac83e86d (last accessed on 8 Aug. 2019). 事实上，贺建奎所为确实成了"范例"，但正如《科学》杂志的评价，并非科学突破（Science Breakthrough），而是科学崩坏（Science Breakdown）。Paul Voosen, Herton Escobar & Martin Enserink, *Breakdowns of the year*, Science, Vol. 362, Issue 6421 (21 Dec. 2018), p. 1352−1353.

或股份，其启动本次试验的商业动机广受合理质疑[①]。目前，没有证据显示试验人员在本次非法人体试验中的利益冲突已经被充分披露和合理控制。

此外，受试者在生育困境中受到来自试验人员的财务支持、生育前景的诱惑[②]，表现出了相当的无知，这也是本次非法试验能够实施的直接诱因之一。

（二）社会层面：宽容的社会环境与较低的风险感知

对人类基因技术的研发和应用，中国当前存在着较为宽容的社会环境，以及较低程度的风险的社会感知，这是本次非法基因编辑人体试验得以开展的社会土壤。

中国基本没有极端的人体试验等历史负担，基因医学技术的研发和应用能够被民众宽容和接受，来自社会力量的干扰和阻力也较小，所以该领域一直得到积极的技术促进政策支持。从中国产业结构来看，基因产业属于科创焦点之一，并将成为国家核心竞争力的体现[③]。在此背景下，中国研究人员在人类基因技术领域多有冒险性的突破。2015 年，世界首例人类胚胎基因编辑试验也出现在中国广东。[④]

另外，社会公众对基因技术风险的感知程度较低[⑤]，即便在伦理或法律方面对此风险进行的学术讨论也不多见[⑥]。对基因医学技术接受度较高、风险感

[①] 参见陈冰：《贺建奎的"生意"》，载《新民周刊》2018 年第 46 期。南山区对该案的判决书对此事实也予以确认。

[②] 对此，本事件中的"知情同意书"及其补充说明有所展示。参见邱墨山等：《贺建奎基因编辑项目知情同意书流出，称经费来自南科大》，载《南方都市报》2018 年 11 月 27 日。

[③] 参见王康：《人类基因编辑实验的法律规制——兼论胚胎植入前基因诊断的法律议题》，载《东方法学》2019 年第 1 期。

[④] 该试验由中山大学的科学家黄军就负责，利用 CRISPR/Cas9 工具对胚胎中的地中海贫血基因进行了编辑。David Cyranoski & Sara Reardon, *Chinese scientists genetically modify human embryos*, Apr. 22, 2015. https://www. nature. com/news/chinese-scientists-genetically-modify-human-embryos-1.17378 (last accessed on 8 Aug. 2019). 虽然这些基因编辑胚胎并没有被应用于临床，但该试验还是引发了较大的伦理争议。Jocelyn Kaiser, Dennis Normile, *Embryo engineering study splits scientific community*, Science, Vol. 348, Issue 6234 (01 May 2015), p. 486－487.

[⑤] 在 2016 年的一份关于公众对基因改造技术的态度的调查报告中，59% 的受访者表示对基因改造"没听过"，41% 的受访者表示"听说过"（其中，自认为对这方面的知识了解"非常多"或"比较多"的占 9.1%，"比较少"的占 47.5%，"非常少"的占 24.9%，"完全没有"的占 18.4%）。参见刘垠：《转基因认知为何"错位"——〈公众对转基因技术态度调查〉解读之一》，载《科技日报》2016 年 5 月 17 日，第 01 版；马爱平：《转基因沟通为何总不在一个频道上？——〈公众对转基因技术态度调查〉解读之二》，载《科技日报》2016 年 5 月 18 日，第 01 版。

[⑥] 中国学者在本事件之前就基因编辑技术风险问题发表的少量文献，参见张新庆：《CRISPR－Cas 技术临床研究之风险－收益分析及治理》，载《科学与社会》2016 年第 3 期；刘芳、陈浩凯：《哲学视域下基因编辑技术应用的风险及控制》，载《长沙理工大学学报（社会科学版）》2016 年第 5 期；刘旭霞、刘桂小：《基因编辑技术应用风险的法律规制》，载《华中农业大学学报（社会科学版）》2016 年第 5 期；周蔚文、赵利文：《基因编辑技术的风险及法律分析》，载《中国医学伦理学》2017 年第 8 期；杨怀中、温帅凯：《基因编辑技术的伦理问题及其对策》，载《武汉理工大学学报（社会科学版）》2018 年第 3 期；王康：《人类基因编辑多维风险的法律规制》，载《求索》2017 年第 11 期；陶应时、王国豫、毛新志：《人类胚胎基因编辑技术的潜在风险述介》，载《自然辩证法研究》2018 年第 6 期。

知度较低的状况，为"胡作非为的科学家"①、"CRISPR 流氓"② 或"基因莽夫"③ 的产生提供了外部环境。

（三）制度层面：科技伦理能力和责任的弱化以及风险控制法律体系的缺陷

中国在科技伦理建设方面一直以来有所忽略，科技人员的伦理能力、伦理责任和科技水平相比是不匹配的。有关人体试验的审批和伦理审查机制设计不够合理，审批权限在医疗或研究机构，而机构伦理委员会往往缺乏独立性。

本次"无法无天"的人体试验就充分说明了这一点，试验人员的非法行为看起来并没有受到任何有效的外在约束，伦理审查形同虚设，尊重、无害、有利、公正等医学伦理原则更是被粗暴地践踏，"基因编辑婴儿"及其家庭、人类基因池可能遭受的风险完全被无视。④ 在法律秩序方面，现行法律监管框架的权威性也已经受到"基因编辑婴儿"事件的冲突影响，诸多不足之处淋漓尽致地展现出来。

近些年，除新发生的"基因编辑婴儿"事件外，在中国发生的涉及人类基因研究的违规事件还有哈佛大学违规采集中国人基因材料事件⑤、"黄金大米"

---

① Eric J. Topol, *Editing babies? We Need to Learn a Lot More First*, New York Times, Nov. 27, 2018.

② David Cyranoski, HE JIANKUI, *CRISPR rogue*, Nature, Vol. 564 (Dec. 20−27, 2018), p. 328.

③ 参见钱炜、李明子：《基因莽夫贺建奎》，载《中国新闻周刊》2018 年第 45 期。

④ 参见从亚丽：《基因编辑婴儿事件制度层面的反思》，载《医学与哲学》2019 年第 2 期。

⑤ 在 2000 年前后，哈佛大学研究人员在中国大别山区大规模地违规采集农民的基因材料，并运往美国。详情参见 John Pomfret & Deborah Nelson, *An Isolated Region's Genetic Mother Lode*, The Washington Post, Dec. 20, 2000, p. A01；熊蕾、汪延：《令人生疑的国际基因合作研究项目》，载《瞭望》2001 年第 13 期；熊蕾、汪延：《哈佛大学在中国的基因研究"违规"》，载《瞭望》2002 年第 15 期。

人体试验事件①、人类遗传资源信息非法传递出境事件②以及"魏则西事件"③等。这些涉基因研究的违法事件之所以接连发生，伦理机制和监管体系的疏漏、风险控制措施的无效、法律责任刚性的欠缺，都是重要的制度根源。

三、制度反思：人类基因编辑法律治理的现状与不足

目前，很多国家都制定了专门法律对此予以规制，对人类生殖系基因编辑的临床应用加以禁止。除了美国、日本主要采取伦理规制模式④外，其他基因技术相对发达国家（如英国、德国、法国、加拿大、澳大利亚等国）都制定了相应的法律。⑤ 虽然中国在"基因编辑婴儿"事件之后迅速行动，并已在民法、刑法、行政法以及伦理治理方面作了一定的疏漏弥补，但是整体而言，依然对人类基因技术尚未形成全面、系统的法律规范体系。

---

① 在 2012 年 8 月，美国塔夫茨大学（Tufts University）的研究人员汤光文等在 The American Journal of Clinical Nutrition 上发表与"黄金大米"相关的论文 [Guangwen Tang, et al., β−Carotene in Golden Rice is as good as β−Carotene in oil at providing vitamin A to children, The American Journal of Clinical Nutrition, Vol. 96（2012），p. 658−64]，披露了转基因"黄金大米"人体试验的情况（受试者是来自中国湖南衡阳的 25 名 6 至 8 岁的儿童）。美国塔夫茨大学的调查表明，本次研究并未完全遵循该校伦理审查委员会的规定和美国的联邦法规，项目负责人在未获取该校伦理审查委员会批准的情况下对研究流程进行了改动，该项目没有得到中国相关部门的评估和批准，并在知情同意程序上存在纰漏。详情参见 Karen Weintraub, Ethics in question, Tufts researcher's paper retracted, The Boston Globe, August 18, 2015；梁为：《衡阳"黄金大米"事件始末》，载《时代周报》2012 年 12 月 13 日；黄玉浩等：《黄金大米事件背后"伦理审查"乱象》，载《新京报》2012 年 9 月 17 日，第 A22−23 版；吴成良：《美国塔夫茨大学就"黄金大米"试验致歉》，载《人民日报》2013 年 9 月 19 日，第 4 版。
② 在 2015 年，深圳华大基因科技服务有限公司、华山医院未经许可将部分人类遗传资源信息从网上传递出境，分别被中国科技部课以相应行政处罚。参见科技部行政处罚决定书（国科罚〔2015〕1 号、国科罚〔2015〕2 号），载 http://www. most. gov. cn/bszn/new/rlyc/xzcf/201810/t20181011＿142042. htm 以及 http://www. most. gov. cn/bszn/new/rlyc/xzcf/201810/t20181011＿142043. htm，2019 年 8 月 21 日访问。
③ 就读于西安电子科技大学的大学生魏则西患有滑膜肉瘤（2014 年 4 月确诊），在寻求治疗的过程中，通过百度竞价排名推荐找到北京的一家医院。从 2015 年 9 月份开始，魏则西在父母的带领下先后 4 次接受了医院非法实施的 DC−CIK "生物免疫疗法"临床试验，但最终未见具体疗效，于 2016 年 4 月死亡。参见杜玮：《魏则西：搜索引擎作恶的牺牲者》，载《中国新闻周刊》2020 年第 3 期。评论指出，"魏则西事件，只是在薄弱的监管体系下，山寨高科技医疗乱象的再一次发作。"参见王珊：《生物免疫疗法：山寨高科技的乱局》，载《中国新闻周刊》2016 年第 17 期。
④ 美国虽然通过 Dickey−Wicker Amendment（1996）来禁止联邦资金资助制造或破坏人类胚胎的研究活动，但主要还是通过伦理准则进行规制（如美国国家科学院发布的《人类胚胎干细胞研究指导原则》以及美国国家健康研究院的有关伦理准则）。日本通过《基因治疗等临床研究相关指南》（厚生劳动省）、《人工受精卵制作之生殖辅助医疗研究相关伦理指南》（文部科学省、厚生劳动省）进行规制。
⑤ 例如，英国 Human Fertilisation and Embryology Act 1990，德国 Gesetz zum Schutz von Embryonen 1990 和 Präimplantationsdiagnostikgesetz 2011，法国 Loi Bioéthique 2004，加拿大 Assisted Human Reproduction Act 2004，澳大利亚 Research Involving Human Embryos Act 2002 和 Prohibition of Human Cloning for Reproduction Act 2002，瑞士 Verordnung über genetische Untersuchungen beim Menschen，Federal Act on Research involving Human Beings 和 Federal Act on Research Involving Embryonic Stem Cells。

（一）在法律（狭义）层面不存在有关人类基因技术的规定

在"基因编辑婴儿"事件之前，中国涉及人类基因编辑问题的法律渊源，主要包括国务院部委发布的部门规章和规范性文件。不过，中国虽然在法律层面尚无有关人类基因编辑技术的具体条文，但存在某些可以适用于人类基因编辑领域的规定，如《科学技术进步法》第 29 条①。在行政法规中也有类似规定，如《医疗纠纷预防和处理条例》第 11 条。截至"基因编辑婴儿"事件曝光之日，中国有关人类基因编辑技术的法律规范，详见表 1。

---

① 该法第 29 条规定："国家禁止危害国家安全、损害社会公共利益、危害人体健康、违反伦理道德的科学技术研究开发活动。"这个条文可以通过妥当的解释用来评判基因编辑婴儿人体试验的违法性。本条在 2021 年《科学技术进步法》修订时被改为第 107 条第 1 款："禁止危害国家安全、损害社会公共利益、危害人体健康、违背科研诚信和科技伦理的科学技术研究开发和应用活动。"

表 1　中国有关人类基因编辑技术的法律规范（2018 年 11 月 26 日前）

规范名称	颁布年份	制定机关	规范位阶	适用对象	主要内容	法律责任
科学技术进步法①	1993	全国人大常委会	法律	一般主体	第 29 条禁止违反伦理道德的科学技术研究开发活动	未规定"违反伦理道德的科学技术研究开发活动"的法律责任②
医疗纠纷预防和处理条例③	2018	国务院	行政法规	医疗机构、医务人员、患者	第 11 条规定采用医疗新技术，应当开展技术评估和伦理审查，确保安全有效，符合伦理。禁止医疗机构将未通过技术评估和伦理审查的医疗新技术用于临床	第 46 条规定了医疗机构及责任人的行政责任，如构成犯罪则依法追究刑事责任④

① 国家主席令第 82 号。1993 年 7 月 2 日第八届全国人民代表大会常务委员会第 2 次会议通过，2007 年 12 月 29 日第十届全国人民代表大会常务委员会第 31 次会议修订，自 2008 年 7 月 1 日起施行。

② 该法第 73 条规定："违反本法规定，其他法律、法规规定行政处罚的，依照其规定。造成财产损失或者其他损害的，依法承担民事责任；构成犯罪的，依法追究刑事责任。"其他法律也没有关于"违反伦理道德的科学技术研究开发活动"的法律责任的规定。

③ 国务院令第 701 号。自 2018 年 10 月 1 日起施行。

④ 该条规定："医疗机构未通过技术评估和伦理审查的医疗新技术应用于临床的，由县级以上人民政府卫生主管部门没收违法所得，并处 5 万元以上 10 万元以下罚款，对直接负责的主管人员和其他直接责任人员给予或者责令给予降低岗位等级或者撤职的处分。对有关医务人员责令暂停 6 个月以上 1 年以内执业活动；情节严重的，对直接负责的主管人员和其他直接责任人员给予或者责令给予开除的处分。对有关医务人员由原发证部门吊销执业证书；构成犯罪的，依法追究刑事责任。"

续表

规范名称	颁布年份	制定机关	规范位阶	适用对象	主要内容	法律责任
涉及人的生物医学研究伦理审查办法①	2016	国家卫生和计划生育委员会	部门规章	医疗卫生机构	第4条规定在研究中尊重受试者的自主意愿，遵守有益、不伤害等以及公正原则。第7条规定医疗卫生机构是伦理审查工作的管理责任主体。应当设立伦理委员会。第16条规定伦理委员会应当接受所在医疗卫生机构的管理和受试者的监督。第18条规定了知情同意、控制风险、免费和补偿、保护隐私等伦理原则。第24条规定研究项目未获得伦理委员会审查批准的，不得开展。第32条规定伦理审查工作具有独立性。	医疗卫生机构未按照规定设立伦理委员会擅自开展涉及人的生物医学研究及其行政责任（第45条）；医疗卫生机构及其研究者违反本办法规定的行政责任（第46条）；研究者违反本办法规定的行政责任（第47条）；医疗卫生机构违反《执业医师法》等法律、第49条项目研究的行政责任（第48条）；第49条法规规定的准用性规范。不具为民事、刑事责任的实际意义
生物技术研究开发安全管理办法②	2017	科技部	部门规章	从事生物技术研发活动的一般主体	规范生物技术研究开发活动、维护生物安全（第1条）。实行分级管理、涉及重大、较大和一般风险的人类基因编辑等工程的研究开发活动、分属高风险、较高风险和一般风险三个等级（第4条及附件）	对违规操作导致生物安全事故以及出现事故后未及时有效处置或置隐瞒不报的；按照有关法律法规做出处理决定。对严重失信行为由国务院科技部门记入诚信档案（第11条）
医疗技术临床应用管理办法③	2018	国家卫生健康委员会	部门规章	医疗机构、医务人员	第9条规定了禁止此类技术：临床应用安全性、有效性不确切；存在重大伦理问题；未经临床研究论证的医疗新技术。人类生殖系基因编辑系技术属于此类，不得开展临床应用	违规者承担相警告、没收其违法所得（及药品、器械）、罚款、吊销执业活动、暂停执业活动、吊销执业证书的行政责任；另有准用其他法律责任的规定（第45条）

① 国家卫生和计划生育委员会令第11号，2016年10月12日公布。
② 科技部2017年7月12日公布。
③ 国家卫生健康委员会令第1号，2018年8月13日公布。

续表

规范名称	颁布年份	制定机关	规范位阶	适用对象	主要内容	法律责任
人类辅助生殖技术规范①	2003	卫生部	规范性文件	从事人类辅助生殖技术的医疗和生育服务机构	第三条第（八）（九）（十四）（十五）项分别禁止以下行为：人类与异种配子的杂交；人类体内移植异种配子、合子和胚胎；异种体内移植人类配子、合子和胚胎；以生殖为目的对人类配子和胚胎进行基因操作；人类嵌合体胚胎试验研究；克隆人	无法律责任规定
人类辅助生殖技术和人类精子库伦理原则③	2003	卫生部	规范性文件	从事人类辅助生殖技术的医疗和生育服务机构	第一条第（三）项之 9 规定不得实施以生育为目的的嵌合体胚胎技术。第（四）项之 3～5 规定不得实施生殖性克隆技术。不得将异种配子和胚胎用于人类辅助生殖技术。不得实施各种违反伦理、道德原则的配子和胚胎实验研究及临床工作	无法律责任规定
人胚胎干细胞研究伦理指导原则④	2003	科技部、卫生部	规范性文件	从事涉及人胚胎干细胞研究的活动的主体	第 4 条禁止生殖性克隆人的任何研究。第 6 条禁止：利用体外受精、体细胞核移植、单性复制技术或遗传修饰获得的囊胚、其他技术手段获得的人胚或用于研究的配子定向培育限自受精或核移植开始不得超过 14 天；不得将前款任何已用于研究的人囊胚植入人或任何其他动物的生殖系统；不得将人的生殖细胞与其他物种的生殖细胞结合	无法律责任规定

① 卫生部 2003 年 6 月 27 日公布。
② 卫生部 2003 年 6 月 27 日公布。
③ 卫生部 2003 年 6 月 27 日公布。

与"基因编辑婴儿"事件最密切相关的监管依据是《人胚胎干细胞研究伦理指导原则》《涉及人的生物医学研究伦理审查办法》和《医疗技术临床应用管理办法》。因"基因编辑婴儿"非法人体试验事实上涉及辅助生殖，所以《人类辅助生殖技术管理办法》①及其配套的《人类辅助生殖技术规范》《人类辅助生殖技术和人类精子库伦理原则》可以适用。此外，虽然《基因工程安全管理办法》②《人类遗传资源管理暂行办法》③《干细胞临床研究管理办法（试行）》④《干细胞制剂质量控制及临床前研究指导原则（试行）》⑤等与基因编辑也有一定关联性，但都对人类基因编辑技术的规制没有针对性的具体方案。

（二）监管措施存在疏漏，甚至流于形式

首先，缺少一个权威的独立的规制机构。国家科技、健康、药品等多个主管部门在基因编辑、人体试验、辅助生殖等交叉领域都有相应的监管权限，但它们之间的监管权限不明晰，协调不够充分，致使各个主管部门的监管主动性及其实效不足。

其次，对人类基因编辑试验的审批权，事实上授予了符合资质的机构。在当前法律制度上，对试验机构采取准入资质的行政许可，实际上是在事前对人类基因编辑试验实行了一般许可制，由机构学术委员会、伦理委员会对具体试验进行审批，仅要求在主管部门进行备案而非个案审批。

最后，由于成员构成、隶属关系等方面的原因，机构伦理委员会并未真正有效地发挥独立判断的作用⑥，不能保证在具体个案中作出超然、有效、充分的伦理考量。事实表明，机构伦理委员会的审查往往流于形式，很难避免违规试验的开展和技术滥用。

（三）在监管对象上存在盲区

中国现行管制规范（尤其是行政法规、部门规章和规范性文件）的监管对象基本上都是医疗卫生机构（及其伦理、科学委员会）和医务人员⑦，这就留

---

① 卫生部令第14号，2001年2月20日公布。
② 国家科学技术委员会令第17号，自1993年12月24日施行。
③ 科技部、卫生部制定，经国务院同意，国务院办公厅1998年6月10日转发。2019年7月1日失效。
④ 国家卫生计生委、食品药品监管总局2015年7月20日公布。
⑤ 国家卫生计生委办公厅、食品药品监管总局办公厅2015年7月31日公布。
⑥ 虽然《涉及人的生物医学研究伦理审查办法》第32条规定"伦理审查工作具有独立性，任何单位和个人不得干预伦理委员会的伦理审查过程及审查决定"，但第16条同时规定"伦理委员会应当接受所在医疗卫生机构的管理和受试者的监督"。
⑦ 只有科技部制定或参与制定的《生物技术研究开发安全管理办法》和《人胚胎干细胞研究伦理指导原则》例外。

下了监管盲区。一是教育机构、科研机构及其研究人员不一定同时属于医疗机构和医务人员，但却是开展人类基因编辑试验研究的主力军；二是无法规制个人可能私自实施人类基因编辑试验。

现有监管措施，尤其是法律责任的适用，就存在一定的障碍。例如，《医疗纠纷预防和处理条例》第46条规定"医疗机构将未通过技术评估和伦理审查的医疗新技术应用于临床"的，可能产生没收违法所得并处罚款的行政责任，直接责任人和有关医务人员则可能承担降级、撤职、暂停执业活动、开除、吊销执业证书等行政处分。但是，根据广东省调查组查明并被法院认定的事实，"基因编辑婴儿"非法人体试验系"蓄谋"已久的贺建奎"私自组织"的，并非以医疗机构的名义，所以本条规定无适用的空间。

虽然《生物技术研究开发安全管理办法》的监管对象是"从事生物技术研发活动的自然人、法人和其他组织"，并且在第11条规定了违规操作的两项法律责任（参见表格1），但无论"按照有关法律法规作出处理决定"（"有关法律法规"严重欠缺），还是"对严重失信行为记入诚信档案"（威慑力不够），都实效不足。

（四）程序上的透明性、公众参与不足，风险控制措施不尽完善

在涉及人的生物医学研究的规制方面，中国虽然明确规定"在研究中尊重受试者的自主意愿，同时遵守有益、不伤害以及公正的原则""保护受试者合法权益，维护受试者尊严，促进生物医学研究规范开展"[1]，但具体的风险控制措施不尽完善。实践中依然存在程序上的透明性不足，公众参与和风险交流不充分，人性尊严、知情同意等权益保护方面很容易被忽视。

"基因编辑婴儿"人体试验和"黄金大米"人体试验等事件都说明了这个问题。深圳市南山区人民法院在判决书中就明确指出，贺建奎等3人为了追逐个人名利，明知"基因编辑婴儿"违反国家有关规定和医学、科研职业伦理，但仍执意推进计划，并伪造伦理审查材料，安排他人冒名顶替进行体检，将CCR5基因被编辑过的胚胎非法移植入母体；贺建奎团队在招募艾滋病病毒感染者及签署知情告知书时，介绍说"没有风险""技术很成熟""前期实验结果很安全"，对一些其他可能发生的风险未明确告知，未尽到足够的安全告知义务。

（五）法律责任刚性不强、实效不足

在中国，除国家立法机关通过的法律（狭义）外，行政法规、部门规章、

---

① 参见《涉及人的生物医学研究伦理审查办法》第4条、第8条。

地方性法规、地方政府规章均不能设定刑事责任、民事责任以及限制人身自由的行政处罚。由于中国缺乏有关基因技术的专门法律（狭义），在法律责任配置上就显得刚性不强、实效不足。在人体试验领域，不仅有限的行政处罚措施较轻（主要是警告及数额不高的罚款等），还缺失有直接针对性的刑事责任[①]、民事责任的法律依据。虽然中国多个行政规章和以规范性文件名义发布的伦理准则设置了"构成犯罪的，依法追究刑事责任"或"给他人人身、财产造成损害的，应当依法承担民事责任"的条款，但现行刑法并无关于基因技术研究和应用的专门的犯罪与刑罚规定（2020 年 12 月之前），在《民法典》中也不存在直接针对人体试验（包括人类基因编辑试验）[②]的责任规范，所以在整体法秩序上存在着明显的法律漏洞。人类基因编辑临床试验损害救济具有不同于一般民事责任乃至医疗损害责任的特殊性。例如，人类基因编辑临床试验行为具有探索性和公益性，损害具有风险性和潜在性，因果关系具有科学不确定性，告知后同意规则具有特殊性（信息告知的有限性、参与者可以随时撤回同意），因而需要有个性化的损害救济规则。

在现有规范体系下，虽然人类生殖系基因编辑临床试验行为是受法律否定的，但是对行为人进行刑事责任追究则殊为尴尬。在基因编辑婴儿事件中，真正应该被处罚的行为（人类生殖系基因编辑临床应用行为），反而掩蔽在一般违规行为（非法实施辅助生殖技术的行医行为）的法律责任之中[③]——贺建奎等人正是以"非法行医罪"被判处刑事责任的。

四、秩序重建：当前聚焦国家生物安全的法律改革

（一）中国当前的法律改革

虽然"基因编辑婴儿"事件令人震惊和担忧，但中国不会因噎废食，正在努力把"基因编辑婴儿"事件带来的冲击转化为改革的动力。在新冠疫情期间，国家领导人及时提出要在总体国家安全观的指引下构建国家生物安全法治体系，对包括基因编辑在内的生命科技安全法律规制的体系坐标和改革方向进

[①] 在比较法上，前述英国、德国、法国、加拿大、澳大利亚等国的法律有相应的犯罪与刑罚规定。新加坡的法律（Human Biomedical Research Act 2015）也是如此。

[②] 人体试验与常规医疗是两种不同的行为，应区别对待。中国学者的有关分析和立法建议，参见满洪杰：《论医学人体试验中的侵权责任——以比较法为视角》，载《法学论坛》2012 年第 5 期；侯艳芳：《非法人体试验与我国刑法的应对》，载《法学评论》2011 年第 2 期。

[③] 参见王康：《"基因编辑婴儿"人体试验中的法律责任——基于中国现行法律框架的解释学分析》，载《重庆大学学报（社会科学版）》2019 年第 5 期。

行了定位。① 目前，这一法律改革稳步推进，已经取得了一定的成果，详见表 2。

表 2　中国有关人类基因编辑技术的法律改革（2019 年 5 月以来）

名称	通过时间	制定机关	位阶	有关条文
人类遗传资源管理条例	2019.5.25	国务院	行政法规	全部
国家科技伦理委员会组建方案	2019.7.24	中央全面深化改革委员会	非规范性文件	全部
民法典	2020.5.28	全国人民代表大会	法律	包括但不限于：第 109 条、第 110 条、第 990 条、第 1034 条、第 1007 条、第 1008 条、第 1009 条
生物安全法	2020.10.17	全国人民代表大会常委会	法律	包括但不限于：第四章（生物技术研究、开发与应用安全）、第六章（人类遗传资源与生物资源安全）
刑法修正案（十一）	2020.12.26	全国人民代表大会常委会	法律	第 334 条之一、第 336 条之一
科学技术进步法（修订）	2021.12.24	全国人民代表大会常委会	法律	包括但不限于：第 103 条、第 107 条、第 112 条、第 113 条
关于加强科技伦理治理的意见	2022.3.20	中共中央办公厅、国务院办公厅	非规范性文件	全部

1. 提升人类遗传资源管理的立法位阶

值得关注的是，行政法规《人类遗传资源管理条例》（以下简称"本条例"）于 2019 年 5 月 28 日公布（国务院令第 717 号），自 2019 年 7 月 1 日施行（《人类遗传资源管理暂行办法》被此上位法取代，于同日失效）。本条例对人类基因编辑问题进行了及时的回应，以"人类遗传资源的采集、利用"为规制的关注点，初步为今后的相应监管提供了较高位阶的法律依据。本条例规定，采集、保藏、利用、对外提供我国人类遗传资源，不得危害公众健康、国家安全和社会公共利益（第 8 条）；应当符合伦理原则，并按照国家有关规定进行伦理审查，应当保护提供者的隐私、知情同意等权益，应当遵守国家技术

---

① 参见新华社报道：《完善重大疫情防控体制机制 健全国家公共卫生应急管理体系》，载《人民日报》2020 年 2 月 15 日，第 1 版。

规范（第 9 条）。第 20 条明确指向人类基因编辑技术的研发和临床应用，规定"利用我国人类遗传资源开展生物技术研究开发活动或者开展临床试验的，应当遵守有关生物技术研究、临床应用管理法律、行政法规和国家有关规定"。本条例提高了违法者的责任，第 37 条、第 39 条等分别设定了骗取行政许可、违规采集和利用我国人类遗传资源等行为的法律责任，其中罚款可达 500 万元以上（违法所得在 100 万元以上的，处违法所得 5 倍以上 10 倍以下罚款）。第 44 条是涉及民事责任、刑事责任的转致性规定。

当然，本条例还不能完全解决前述中国现行人类遗传资源管理监管框架中存在的问题，在基本风险控制措施、刑事责任等方面尚待其他法律、行政法规和有关规定的补充。

2. 通过《民法典》对人体试验、人类基因技术进行初步规范

中国《民法典》已于 2020 年 5 月 28 日由国家立法机关通过，在内容上提供了有关人类基因治疗、基因编辑临床试验、生物医学研究和技术应用等生物安全问题的条款。《民法典》虽然没有提供有关基因权利的明确条款，但是可以对第 109 条、第 990 条第 2 款关于"人身自由、人格尊严"的规定进行解释，从而将基因相关法益纳入其中而"受法律保护"（当然，可能存在着解释上的不确定性）。《民法典》第 1034 条规定"生物识别信息"属于"受法律保护"的"个人信息"，基因信息当然是包括在内的。此外，《民法典》还在第 1008 条简要规定了药物临床试验（包括基因治疗在内）的一般规则，更在 1009 条明确规定从事"人体基因"等有关的医学和科研活动"应当遵守法律、行政法规和国家有关规定，不得危害人体健康，不得违背伦理道德，不得损害公共利益"。这两条也可以被视为《民法典》对"基因编辑婴儿"事件、"魏则西事件"等非法人体试验的积极回应。

当然，《民法典》有关生命科技风险规制的条款主要是一般性的行为规范（肯定性的权利规定或者否定性的义务规定），具体的实体和程序规则还有待外部的公法体系来补充。

3. 加快构建以《生物安全法》为中心的国家生物安全法治体系

近年来，全国人大代表连续提出了多份有关生物安全法的议案。[1] 明显受"基因编辑婴儿"事件的影响，十三届全国人大常委会将原定为第三类立法项目的《生物安全法》提升为 2019 年立法任务。[2] 2019 年 7 月 10 日，全国人大常委会召开生物安全法立法座谈会，强调要从总体国家安全观的高度充分认识生物安全立法的必要性和紧迫性，加快立法工作进度，制定一部基础性、系统性、综合性、统领性的生物安全基本法。[3] 国家最高立法机关在 2019 年 10 月对《生物安全法》草案进行了第一次审议。2020 年 2 月 14 日，在新冠疫情防控的关键时刻，习近平总书记在中央全面深化改革委员会第十二次会议上指出："要从保护人民健康、保障国家安全、维护国家长治久安的高度，把生物安全纳入国家安全体系，系统规划国家生物安全风险防控和治理体系建设，全面提高国家生物安全治理能力。要尽快推动出台生物安全法，加快构建国家生物安全法律法规体系、制度保障体系。"随后，《生物安全法》草案于 2020 年 4 月通过了立法机关的第二次审议，于 2020 年 10 月 17 日完成了立法程序，并自 2021 年 4 月 15 日起实施。该法明确把"生物技术研究、开发与应用安全"和"人类遗传资源和生物资源安全"纳入规制对象，并建立了监测预警体系、标准体系、名录清单管理体系、信息共享体系、风险评估体系、应急体系、决策技术咨询体系等制度体系和具体措施。

---

① 早在十二届全国人大会议期间，就有 154 位全国人大代表提出 5 件有关议案；在十三届全国人大一次和二次会议期间，共有 214 位全国人大代表提出 7 件有关议案。例如，在十三届全国人大二次会议上，全国人大代表、中国科学院院长白春礼等建议制定《生物技术安全法》和《遗传资源保护和利用法》。通过前者，确定生物技术安全法的立法目标和指导原则，逐渐构建我国生物技术安全的法律法规体系。通过后者，进一步完善遗传资源收藏和保存制度，加强对遗传资源的管理和利用；明确种质库、基因库、保藏中心等不同保存机构的定位、经费和运行机制；确立行政许可和审批的主管机关和监管程序，防止遗传资源的盗用和无序利用；明确遗传资源权利的归属，保护遗传资源提供者的知情权和利益分享权等。全国人大代表、著名互联网企业家马化腾也提交了立法建议，提出要加快制定针对基因编辑等生物技术研发与应用的管理办法，明确基因编辑的伦理界限和法律要求，对以生殖为目的的人类基因编辑进行严格管制。资料参见"关于《中华人民共和国生物安全法（草案）》的说明"（2019 年 10 月 21 日），载北大法宝（引证码 CLI. DL. 14135）；张佳星：《白春礼代表：基因编辑技术研发不能因噎废食》，载《科技日报》2019 年 3 月 11 日，第 04 版；张唯：《马化腾：加快人工智能、基因编辑、自动驾驶等领域立法工作》，载澎湃新闻，https://m.thepaper.cn/newsDetail_forward_3126255，2020 年 8 月 15 日访问。

② 参见十三届全国人大二次会议新闻发布会（2020 年 8 月 4 日）文字实录，http://www.xinhuanet.com/politics/2019lh/zb/20190304a40575/wzsl.htm，2020 年 8 月 15 日访问。2018 年 9 月，第十三届全国人大常委会在立法规划中将《生物安全法》列入第三类立法项目。该立法规划参见中国人大网，http://www.npc.gov.cn/npc/xinwen/2018-09/10/content_2061041.htm，2020 年 8 月 15 日访问。

③ 参见陈菲：《用法律划定生物技术发展边界 保障和促进生物技术健康发展》，载《经济日报》2019 年 7 月 12 日，第 2 版。

4. 完善监管体制以提升国家生物安全、科技伦理治理能力

在国家生物安全治理能力方面，我国正在组建国家科技伦理委员会，并拟建立国家生物安全决策执行协调机制。

2019 年 7 月 24 日下午，习近平总书记主持召开的中央全面深化改革委员会第九次会议审议通过了《国家科技伦理委员会组建方案》。① 组建国家科技伦理委员会，目的就是加强统筹规范和指导协调，推动构建覆盖全面、导向明确、规范有序、协调一致的科技伦理治理体系。2022 年 3 月，中共中央办公厅、国务院办公厅印发《关于加强科技伦理治理的意见》②，以"进一步完善科技伦理体系，提升科技伦理治理能力，有效防控科技伦理风险，不断推动科技向善、造福人类，实现高水平科技自立自强"。2023 年 9 月 7 日，由科技部等部门联合印发《科技伦理审查办法（试行）》，③ 对科技伦理审查的主要范围、责任主体、基本程序、监督管理等作出了相关规定。

《生物安全法》已经初步确立了国家生物安全管理机制的框架。中央国家安全领导机构负责国家生物安全工作的决策和议事协调，研究制定、指导实施国家生物安全战略和有关重大方针政策，统筹协调国家生物安全的重大事项和重要工作；建立由国务院卫生健康、农业农村、科学技术、外交等主管部门和有关军事机关组成的国家生物安全工作协调机制，以分析研判国家生物安全形势，统筹协调包括人类基因技术等在内的八个领域的多部门的监管。在国家生物安全工作协调机制下，设立国家生物安全专家委员会（职责是为国家生物安全战略研究、政策制定及实施提供决策咨询），国务院有关部门组织则建立相关领域、行业的生物安全技术咨询专家委员会（职责是为生物安全工作提供咨询、评估、论证等技术支撑）。④ 可以肯定，国家生物安全工作协调机制即将

① 参见新华社：《习近平主持召开中央全面深化改革委员会第九次会议》，http://www.gov.cn/xinwen/2019-07/24/content_5414669.htm（2020 年 8 月 25 日访问）。此前，在 2019 年 3 月 5 日十三届全国人民代表大会第二次会议上，国务院总理李克强所作的《政府工作报告》提出要加强科研伦理建设。报告原文参见新华网，http://www.xinhuanet.com/politics/2019lh/2019-03/05/c_1124194454.htm，2020 年 8 月 25 日访问。

② 参见《中华人民共和国国务院公报》2022 年第 10 号。

③ 此前，国家卫生健康委员会在 2021 年 3 月 16 日公布了《涉及人的生命科学和医学研究伦理审查办法（征求意见稿）》。该办法（征求意见稿）总结了《涉及人的生物医学研究伦理审查办法》中行之有效的制度安排，结合新的形势和要求，对以下内容进行了细化规定：一是明确了涉及人的生物医学研究伦理审查原则、监管体系、研究范围；二是明确了国家、省级和机构伦理委员会的职责、任务和权限，规定了机构伦理委员会备案制度；三是明确了伦理审查的内容和基本标准，规定了风险较高的临床研究项目和多中心联合研究项目的伦理审查机制；四是明确了知情同意书应包含的基本内容，履行知情同意的规程，以及免除知情同意的条件和需要再次签署知情同意的情况；五是明确了国家和省级卫生计生行政部门对机构伦理委员会设立及审查工作的检查、评估、考核、培训等管理内容；六是明确了法律责任。目前该办法起草工作已不再推进，其内容被《科技伦理审查办法（试行）》涵盖。

④ 参见《生物安全法》第 10—12 条。

变为现实，对其未来的实施效果或许可以从新冠疫情期间联防联控机制的运作中作出乐观的预判。

5. 确立危害人类遗传资源安全、非法生殖系基因编辑和胚胎克隆的犯罪与刑罚

2020 年 12 月 26 日，第十三届全国人民代表大会常务委员会第二十四次会议通过了《中华人民共和国刑法修正案（十一）》，在《刑法》中增补了两个有关基因技术犯罪的条文。新增第 334 条之一规定："违反国家有关规定，非法采集我国人类遗传资源或者非法运送、邮寄、携带我国人类遗传资源材料出境，危害公众健康或者社会公共利益，情节严重的，处三年以下有期徒刑、拘役或者管制，并处或者单处罚金；情节特别严重的，处三年以上七年以下有期徒刑，并处罚金。"新增第 336 条之一规定："将基因编辑、克隆的人类胚胎植入人体或者动物体内，或者将基因编辑、克隆的动物胚胎植入人体内，情节严重的，处三年以下有期徒刑或者拘役，并处罚金；情节特别严重的，处三年以上七年以下有期徒刑，并处罚金。"

6. 推进生物医学新技术临床应用、生物技术研发安全管理的行政立法

在生物医学新技术临床应用、生物技术研发安全管理、生物医学研究伦理审查等方面，中国国家健康、科技等主管部门已经形成了有关行政法规或规章草案，有待通过。

在国家卫生健康委员会公布的《生物医学新技术临床应用管理条例（征求意见稿）》① 中，生物医学新技术临床研究和应用包括"作用于人的生殖细胞、合子、胚胎，后进行植入使其发育的"的人体试验（第 4 条），基本确立生物医学新技术临床研究的分级管理和个案审批制（其中，高风险生物医学新技术的临床研究由国务院卫生主管部门管理和审批，"基因转移技术、基因编辑技术、基因调控技术"及"涉及辅助生殖技术的"属于高风险等级），生物医学新技术的转化应用由国务院卫生主管部门管理（第 7 条）。任何组织和个人不得开展未经审查批准的临床研究（第 25 条）。开展生物医学新技术临床研究应当通过学术审查和伦理审查，转化应用应当通过技术评估和伦理审查（第 8 条）。完成临床前研究拟进行临床研究的，应当在医疗机构内开展，在人体进行的操作应当由医务人员完成（第 9 条）。临床研究项目负责人应当同时具备执业医师资格和高级职称，具有良好的科研信誉（第 14 条）。对法律法规和国

---

① 国家卫生健康委员会于 2019 年 2 月 26 日公布了《生物医学新技术临床应用管理条例（征求意见稿）》，载卫健委网站，http://www. nhfpc. gov. cn/yzygj/s7659/201902/0f24ddc242c24212abc42aa8b539584d. shtml。

家有关规定明令禁止的，存在重大伦理问题的，未经临床前动物实验研究证明安全性、有效性的生物医学新技术，不得开展临床研究；对未经临床研究证明安全性、有效性的，或未经转化应用审查通过的生物医学新技术，不得进入临床应用（第11条）。该条例（征求意见稿）还规定了临床研究项目申请与审查、研究过程管理、转化应用管理、监督管理及法律责任。和现行规定相比，对违法行为处罚的力度大大提高（如第52条规定）。

在科技部公布的《生物技术研究开发安全管理条例（征求意见稿）》①中，虽然"生物医学新技术临床应用"只能"依照相关法律、行政法规规定执行"，但人类基因编辑基础研究可以包括在"生物技术研究开发"活动中（第2条）。该条例（征求意见稿）明确规定，生物技术研究开发活动不得危害国家生物安全、损害社会公共利益、违反伦理道德（第5条）；禁止开展对人类健康、工农业及生态环境等造成极其严重负面影响，严重威胁国家生物安全，严重违反伦理道德的生物技术研究开发活动（第6条）；生物技术研究开发实行分级管理制度（第7条），分为高风险、一般风险和低风险3个等级（第10条），开展高风险等级的生物技术研究开发活动只要求由省级科学技术行政部门批准（第13条）。②该条例（征求意见稿）也提高了对违法行为的惩罚力度，比如，对开展禁止类生物技术研究开发活动的责任人，除责令停止违法行为、没收违法所得外，还可能处高达1000万元以上的罚款，并永久禁止其开展生物技术研究开发活动（第37条）。

（二）已取得的成果及下一步方向

国家生物安全治理体系的完善、《民法典》对生命科技风险的积极应对、人类遗传资源管理立法位阶的提升、《生物安全法》的迅速制定，已经向世界展示了中国对前述法律规制体系的缺陷进行弥补的努力。

在当前中国法律改革进程中，尤其值得关注的举措，主要包括：一是将有关法律渊源的位阶提升至狭义的法律、行政法规层面，为增强风险控制措施、法律责任的刚性提供空间和合理性；二是弥补监管措施的疏漏，成立国家科学技术伦理委员会作为决策机构，确立生物医学新技术临床研究的分级管理和个

---

① 科技部于2019年3月11日公布了《生物技术研究开发安全管理条例（征求意见稿）》，载科学技术部网站，http://www.most.gov.cn/tztg/201903/t20190311_145548.htm，拟对《生物技术研究开发安全管理办法》（国科发社〔2017〕198号）予以完善并提升位阶。

② 《生物技术研究开发安全管理条例（征求意见稿）》第28条虽然规定国务院科学技术行政部门设立国家生物技术安全委员会，但其职权只是"提供生物技术研究开发安全管理战略咨询，提出生物技术研究开发风险活动清单建议，配合开展培训、监督检查和应急处置等工作"，并无审批权限。

案审批制①，落实伦理审查的独立性和有效性；三是消除监管对象上的盲区，规定"任何组织和个人"不得开展未经审查批准的临床研究②；四是增强程序上的透明性，强调公众参与；五是提高行政处罚力度，提高法律责任的有效性；六是初步形成有关人类基因权利、人类基因试验行为的私法规范基础。

可以想象，在即将到来的下一阶段改革中，中国有关人类基因编辑法律治理体系的完善工作将得到大力推动。下一步法律改革的方向是非常清晰的，那就是有关人类基因编辑的法律规制，将和其他类型的基因技术、涉及人的生物医学研究等规制领域，一并被纳入国家生物安全法治体系之中。这意味着，《生物安全法》将成为人类基因编辑法律规制的基本法。

五、趋势展望：走向公私法交融之生物安全规制体系

"基因编辑婴儿"事件的发生，让人类基因编辑试验的伦理、社会和法律问题成为舆论和学术讨论的热点。在新冠疫情期间，生物安全明确被纳入总体国家安全体系。由此，中国对人类基因编辑技术的法律规制趋势已经基本形成，人类基因编辑将被纳入国家生物安全法治体系，并呈现出一幅公私法交融体系的未来规制图景。

第一，加快构建国家生物安全法律法规体系和制度保障体系（已经启动），最终形成以基因技术规制法、基因资源管理法、基因权利保护法为主要内容的人类基因编辑治理体系（尚待推进）。③ 就目前显示的迹象来看，《生物安全法》规定的基本制度正逐步得以贯彻执行，国务院也在加快有关行政法规的制定或修改（除了前述两个处于起草阶段的行政法规外，《人类遗传资源管理条例》已于 2019 年 7 月 1 日施行）。待时机恰当时，最高立法机关或可制定《基因技术法》《生物医学技术法》《人类遗传资源法》等有关"领域法"，有关部门可及时形成国家标准、伦理准则等"软法"。人类基因编辑法律规制问题，将被纳入国家生物安全体系予以"顶层设计"，构建一个系统性、全方位、多层级、整体化和类别化相结合④的公私法交融体系，形成人类基因编辑技术规制的原则、制度和措施。

---

① 当然，两个行政法规（征求意见稿）中针对分级管理和个案审批制度的政策似乎还需要协调。
② 为尽可能消除监管盲区，《生物医学新技术临床应用管理条例（征求意见稿）》第 23 条还特别规定："教育机构、科研机构等非医疗机构提出的生物医学新技术临床研究项目，应当与符合条件的医疗机构合作。由医疗机构向所在地省级人民政府卫生主管部门提出项目申请。"
③ 参见王康：《人类基因编辑多维风险的法律规制》，载《求索》2017 年第 11 期。
④ 参见王康：《中国特色国家生物安全法治体系构建论纲》，载《国外社会科学前沿》2020 年第 12 期。

第二，在有关人类基因编辑的法律政策上，除了继续坚持目前的立场外，还将充分吸收有关人体试验的国际公约、人类基因编辑国际伦理共识①和各国法律经验，在总体国家安全观的指引下提供明确的真正具有实效的法律规则（已经启动）。中国当前的政策允许人类体细胞基因编辑的研究和临床试验，亦并未禁止人类生殖系基因编辑的基础研究，只是禁止其临床应用，同时规定不能逾越"14 天规则"等红线。② 就目前政策趋势而言，生物技术产业、生物医学研发将继续成为国家未来发展的重点领域，前述两个行政法规（征求意见稿）也未显示出暂停生殖系基因编辑基础研究的倾向，而是致力于协调生物医学技术发展与生物安全之间的关系。对人类生殖系基因编辑基础研究，应由国家主管机关进行个案审批，至少在现阶段必须如此。对人类生殖系基因编辑临床应用应否开放、何时开放，可能需要根据科技发展、社会关系、伦理观念在未来时代的新变革，才能作出妥当的判断。

第三，在人类基因编辑的监管制度上，探索建立国家生物安全委员会（尚待推进），确立生物技术分类管理和分级审批制，保障机构伦理委员会的独立性，加强监管程序的透明性和有效性，有利于提高国家生物安全治理能力，完善风险控制措施体系。当然，如何协调国家生物安全委员会与国家安全委员

---

① 2015 年底，第一届人类基因组编辑国际峰会在声明中指出，对早期人类胚胎或生殖细胞的基因编辑不得用于生育目的，除非其安全性和有效性问题已得到解决以及临床使用已获得广泛的社会共识，但目前没有任何建议的临床应用满足这些标准。See National Academy of Sciences and National Academy of Medicine, *On Human Gene Editing*: *International Summit Statement*（Dec. 3, 2015）. http://www8. nationalacademies. org/onpinews/newsitem. aspx?RecordID=12032015a（last accessed on August 23, 2020）. 2017 年初，人类基因编辑委员会发布了人类基因编辑研究的伦理及监管的原则和标准，要求对任何可遗传生殖基因组编辑临床研究试验，应以令人信服的治疗或者预防严重疾病或严重残疾的目标，并在严格的监管体系下使其应用局限于特殊规范标准，同时必须以充分的持续反复评估和公众参与为条件。See National Academy of Sciences and National Academy of Medicine, *Human Genome Editing*: *Science*, *Ethics*, *and Governance*（Feb. 14, 2017）. http://nationalacademies. org/gene-editing/consensus-study/index. htm（last accessed on August 23, 2020）. 2018 年 11 月底，第二届人类基因组编辑国际峰会发表组委会声明，指出在现阶段不应允许生殖细胞编辑的临床试验，任何这样的行为都是不负责任的。See *Statement by the Organizing Committee of the Second International Summit on Human Genome Editing*（November 29, 2018）. http://www8. nationalacademies. org/onpinews/newsitem. aspx?RecordID=11282018b（last accessed on August 23, 2020）.

② 2019 年 3 月，来自包括中国科学家在内的 7 个国家的 18 位科学家，共同呼吁暂停可遗传的基因组编辑试验。See Eric S. Lander, Françoise Baylis, Feng Zhang, et al., *Adopt a moratorium on heritable genome editing*, Nature, Vol. 567（13 March 2019）, p. 165−168. 这一呼吁得到了美国国立健康研究院（NIH）的支持。Carrie D. Wolinetz & Francis S. Collins, *NIH supports call for moratorium on clinical uses of germline gene editing*, Nature, Vol. 567（13 March 2019）, p. 175.

会、国家科学技术伦理委员会①的权限，应作进一步斟酌。

第四，通过基因资源管理法、基因技术规制法等管制法进一步完善有关人类基因编辑的公法责任机制，适度增强责任刚性和威慑力（尚待推进）。在增加危害人类遗传资源安全、非法生殖系基因编辑和胚胎克隆的犯罪条款（已经完成）之后，妥当评价生物技术越轨行为的刑事可罚性及其可罚限度——在确保安全、维护权益、恪守伦理的同时，必须给科技创新留下相当的自由空间。

第五，在民事立法中具体确认自然人在人类基因上的自主、平等、隐私等"基因权利图谱"②，形成有关人类基因编辑试验的法律行为和损害救济的具体规范基础（尚待推进）。就现状而言，可以通过解释论来阐释基因权利并把其纳入有关条款之中。就趋势而言，随着基因技术越发成为社会热点、基因风险被日益认知，同时考虑到司法解释的经验做法，未来尚有相当可能在法律或司法解释层面形成基因权利保护条款。在损害救济方面，鉴于人类基因编辑临床试验损害救济具有不同于一般民事责任乃至医疗损害责任的特殊性，应当形成具体针对性的损害救济规则体系，但这一方面的法律改革还有待努力。

---

① 2019年10月，中共中央办公厅、国务院办公厅印发通知，成立国家科技伦理委员会。该委员会按照《国家科技伦理委员会组建方案》的部署，先后成立了人工智能、生命科学、医学三个分委员会，指导各地方建立或筹建地方科技伦理委员会。在国家科技伦理委员会的指导下，科技部研究起草了《关于加强科技伦理治理的意见》，该《意见》首次对我国科技伦理治理工作作出系统部署，具有重大指导意义。载国务院新闻办公室网站，http://www. scio. gov. cn/xwfbh/gbwxwfbh/xwfbh/kjb/Document/1722100/1722100. htm。

② 参见王康：《人类基因权利图谱和体系的制度描绘与规范》，杨遂全主编：《民商法争鸣》第9辑，法律出版社2015年版，第49—68页。

论比例原则在私法中的适用及其限度

——一个功能主义的立场

刘　孟[*]

摘　要：对比例原则能否适用私法的学理纷争，既流露出学界对比例原则适用范围扩张的法律隐忧，也显示了比例原则作为法益衡量工具的私法实用性价值。完全适用说和不能适用说的立场均有失偏颇，应采用较为温和的有限适用说进路。从功能主义的立场来看，基于公私法的交融、民事司法裁判客观援引以及私主体间事实权利不平等的现实考量，赋予比例原则私法适用的现实可能。在具体的私法适用进路中，比例原则的适用客体为民事立法和民事司法，规避立法裁量恣意以保障私权；适用的领域聚焦公私法交融地带，可从公权与私权、准公权与私权、强私权与弱私权三个维度划定；适用规则一方面倾向于司法裁判中的个案决断，另一方面则是遵循其内在位阶秩序，作为权利滥用的补充审查手段。但前述仅作为其有限适用的表征，不能侵犯真实的意思自治与实质的契约自由。

关键词：比例原则　私法适用　功能主义　限度

一、问题的提出

滥觞于 19 世纪德国 "夜警国家" 时代的比例原则，自译介以来颇受学界青睐，堪称公法上的 "帝王原则"。近年来，学界围绕比例原则的相关研究成果颇丰，掀起一股比例原则研究及司法适用的热潮。粗略来看，既有研究可以

---

* 刘孟，四川大学法学院博士研究生。本文系国家社科基金 "合设合署党政机构宪制理论研究"（19BFX052）的阶段性研究成果。

归入以下三个层面的议题：一是比例原则的位阶秩序或构成要素的争议，一直存在二阶、三阶、四阶乃至五阶的理论分野。学理一般认为，比例原则要求国家机关在行使权力时，应在其所追求的公益目的和实现该目的所采取的手段给相对人权益造成的损害之间保持均衡。其内含适当性、必要性和均衡性（狭义的比例原则）三个层次递进的子原则，① 这也是主流三阶理论的基本构造。但二阶理论认为，三阶理论中的必要性原则仅作为另外两个子原则的附属物，无法具备太多实际功能，宜以二阶理论为妥。② 四阶理论则指出，二阶、三阶理论难以有效承担分配正义的功能，故应将目的正当性纳入比例原则中，审查公权行为的正当与否。③ 个中争议，一定程度推进了比例原则的本土化改造。二是聚焦比例原则适用范围和领域的学理探讨，就此主要有三点表征。首先，当前比例原则的适用已超越国内法适用场域，而被引入国际法/区域法中，大有全球化趋势。④ 其次，突破公法适用的藩篱，在宪法、刑法、民法、劳动法等部门法领域均有所涉及。⑤ 最后，是在不同属性的权力配置间穿插适用。行政领域自不待言，因为比例原则本身正是对限制权利的权力的限制，让行政权回到手段与目的相适的规制理性。而立法中引入比例原则，主要用于控制立法裁量空间以规避立法恣意，⑥ 但有论者认为应对立法者的形成空间给予必要的尊重。⑦ 司法适用图景则呈现出"全阶""截取""抽象"适用三种模式。⑧ 法官借助比例原则进行个案决断。此外，新近比例原则在监察领域、党内法规领域的适用研究也颇受学界关注。⑨ 三是回归基础理论范畴，考察比例原则与其他原则间的关系。如有学者侧重考察比例原则与法益衡量间的关系。⑩ 而在基本权利保护中，比例原则的本意在于禁止侵害过度，其与禁止保护不足原则共同建构了基本权利保护中立法机关裁量的上限和下限。⑪ 另有学者指出，比例原

---

① 参见翁岳生编：《行政法》（上册），中国法制出版社 2009 年版，第 817－818 页；另可参见李洪雷：《行政法释义学：行政法学理的更新》，中国人民大学出版社 2014 年版，第 81－85 页。
② 参见陈新民：《德国公法学基础理论》，山东人民出版社 2001 年版，第 373－375 页。
③ 参见刘权：《目的正当性与比例原则的重构》，载《中国法学》2014 年第 4 期。
④ 参见蒋红珍：《比例原则的全球化与本土化》，载《交大法学》2017 年第 4 期。
⑤ 相关文献较多，就此不加展开。此方面的整理，可参见蒋红珍：《比例原则适用的范式转型》，载《中国社会科学》2021 年第 4 期。
⑥ 参见梅扬：《比例原则的立法适用与展开》，载《甘肃政法大学学报》2022 年第 4 期。
⑦ 参见陈征：《论比例原则对立法权的约束及其界限》，载《中国法学》2020 年第 3 期。
⑧ 参见蒋红珍：《比例原则位阶秩序的司法适用》，载《法学研究》2020 年第 4 期。
⑨ 如有学者指出，在监察制度中确认比例原则，不仅符合监察权的属性，而且契合宪法精神，同时具备法理基础。参见汪海燕：《比例原则在监察调查制度中的适用》，载《行政法学研究》2022 年第 5 期。比例原则在党内法规领域的适用，可参见秦前红、薛小涵：《论党内法规体系中比例原则的适用》，载《武汉大学学报（哲学社会科学版）》2022 年第 3 期。
⑩ 参见张明楷：《法益保护与比例原则》，载《中国社会科学》2017 年第 7 期。
⑪ 参见 ［日］小山刚：《基本权利保护的法理》，吴东镐、崔东日译，中国政法大学出版社 2021 年版，第 84－105 页。

则在学理上存在深刻的谬误，应用成本收益分析方法取代比例原则。[①] 抛开既有研究的学说争议及评介，比例原则的精细化和本土化是当前理论研究的重要内容。而本文研究的旨趣则是在当前研究的基础上，聚焦讨论比例原则是否可以，以及如何适用于私法的问题。为达成前述研究目标，本文首先将对当前比例原则是否适用私法的研究进行整理和评述，并立足功能主义的立场阐明比例原则引入私法的现实必要和可能；其次，在前述分析的基础上讨论比例原则适用私法的具体路径；最后，考虑公私法之间的固有区分，简要阐明比例原则的私法适用应有的限度与边际。

二、比例原则私法适用的学理争议及可能

（一）比例原则私法适用的学理争议与反思

比例原则适用范围的不断扩张，引发学界诸多争论，其中一个现实的问题便是比例原则是否可以适用于私法，就此学界呈现出三种针锋相对的观点：一是认为比例原则不能适用于其他部门法领域，只能在公法尤其是行政法领域适用；二是无涉公私法区分，可在私法中普遍适用；三是只可有限度在私法中予以适用。具体来看，不能适用说认为，考虑公私法之间的固有区分，应仅仅将比例原则定位于行政法原则，不宜扩大至私法等领域适用。[②] 有学者进一步指出，考虑到民法体系内部既有的权利冲突衡平机制（如诚实信用原则、禁止权利滥用原则等），将比例原则径行推至私法领域的主张和努力难以产生理论和实践收益，[③] 强行适用还会对私法自治构成不当干涉，因此比例原则理应回归行政法固有领地。[④] 完全适用说则指出，作为目的理性的比例原则及其分析方法，在私法中具有普适性。如有学者藉由关涉合同效力、法律行为能力等四个案例的适用分析，指出了作为利益衡量的比例原则在私法中普遍适用的可能。[⑤] 有学者进一步强调，比例原则具备担纲私法原则的地位，其在私法适用中不仅具有可行性，还有助于学理和制度的更新。[⑥] 事实上，从域外经验尤其是比例原则的发源地来看，比例原则的私法适用似乎是一个普遍情况，且在规

---

① 参见戴昕、张永健：《比例原则还是成本收益分析：法学方法的批判性重构》，载《中外法学》2018 年第 6 期。

② 参见许玉镇：《试论比例原则在我国法律体系中的定位》，载《法制与社会发展》2003 年第 1 期。

③ 参见戴昕、张永健：《比例原则还是成本收益分析：法学方法的批判性重构》，载《中外法学》2018 年第 6 期。

④ 参见梅扬：《比例原则的适用范围与限度》，载《法学研究》2020 年第 2 期。

⑤ 参见纪海龙：《比例原则在私法中的普适性及其例证》，载《政法论坛》2016 年第 3 期。

⑥ 参见郑晓剑：《比例原则在民法上的适用及展开》，载《中国法学》2016 年第 2 期。

范表达中存在明示和默示两种形式。① 有限适用说则指出，考虑公私法调整对象的区分，比例原则在私法适用中不具普适性，只能有限度适用。如有学者认为，比例原则可以有限适用于私法，为权利的正当行使提供有效的方法论指引。② 有限性体现于比例原则仅在私人自治过度与不及之处发挥功能，可作为禁止权利滥用条款的补充。③ 此外，回到比例原则本体范畴来看，有学者基于对民事司法实践的观察，因应私主体"社会权力"来源的差异，将比例原则私法适用条件划分为法定社会权力和事实性社会权力两种适用类型。④ 个中理论争议，囿于立场和视角的差异，观点难免有所不同。

比例原则能否适用以及如何适用于私法的学理探讨，既流露出对比例原则适用范围扩张的法律隐忧，⑤ 也体现了部门法对这一分析工具私法适用有效性的接纳和肯定，不同学科间的碰撞与容贯催促比例原则适用本土化和学理的更新。有学者指出，比例原则早已跨越具体部门法的疆界而成为现代法治社会中具有普遍性和根本性的指导原则。⑥ 但反思既有学理争议，不能适用说严格固守公法与私法的二元区分，认为脱胎于公法的比例原则不能适用于私法的立论较为保守。因为随着公共行政的变迁，公私法二元论之间的界限泾渭难分，已有渐趋融合之势。而且适用私法并不等同于径行适用于平等私法主体法律关系的调整，毕竟私法规范中也存在大量公法规范及公共利益等元素，这亦给比例原则的私法适用提供可能。完全适用说则略显激进，其对私法调整平等主体间民事关系的立场有所淡化和模糊，而且也未能有效处理比例原则与私法中诚实信用、禁止权利滥用等原则的内在体系协调，不加区分径行适用会有损私法自治，也有悖私法契约精神。因此，妥当的思路应是采用有限适用说的立场，既考虑公私法之间的本质区分，也能在特定领域或事项适用比例原则调整私法中的个别利益冲突，在与民事基本原则的补充协调中保障私法活动的正常展开，

① 参见张兰兰：《私法比例原则之普遍性：以德国法为观察重点》，载《民商法论丛》2020 年第 1 期。

② 参见刘权：《比例原则》，清华大学出版社 2022 年版，第 252 页。有学者也说到，比例原则可以适用于私法，但应考虑部门法的特殊性。参见蒋红珍：《比例原则适用的范式转型》，载《中国社会科学》2021 年第 4 期。

③ 参见张兰兰：《比例原则的私法适用何以可能？——一个规范论的视角》，载《环球法律评论》2022 年第 5 期。

④ 李海平教授解释道，在实力差距悬殊的私人关系中，处于强势地位的主体与其说在行使私权利，还不如说是在行使社会性的私权力，我们称其为社会权力。参见李海平：《比例原则在民法中适用的条件和路径——以民事审判实践为中心》，载《法制与社会发展》2018 年第 5 期。

⑤ 如有学者认为，不当扩张适用比例原则，将会使得作为一项法规范原则所蕴含的释义学结构逐渐失其具体形貌，其特色与主要功能也可能渐次隐微不显。参见蔡宗珍：《公法上之比例原则初论——以德国法的发展为中心》，载《政大法学评论》（总）第 62 期。

⑥ 参见陈璇：《正当防卫与比例原则》，载《环球法律评论》2016 年第 6 期。

发挥比例原则作为价值和利益冲突的衡平手段。

（二）比例原则私法适用的现实可能

一是公私交融的行政实践赋予私法主体行使行政权的可能。随着社会经济的不断发展，警务辅助、治安承包、社区戒毒等私人参与执行行政任务的现象不断涌现，使得更多私主体参与到公共行政活动中来。① 实践中也还有诸多事业单位（法人）通过授权、委托或购买公共服务等不同形式间接行使公权力。一个典型的例证就是在食药监管、环保等领域，建立了由企业或社会组织参与的各种专业委员会，共同承担监管及其法律责任。前述动向也可通过《行政诉讼法》中受案范围的不断扩大、行为法规制对象的动态调整洞察一二。而在《民法典》的具体规范中，其所规定的许可、确认、征收、征用、备案、救助、检查等行政行为，亦可作为公私法相互渗透和行政机关适用私法规范的典型表征。尤其在《民法典》关涉"监护"的制度规范中，作为私主体的居民委员会和村民委员会以不同身份出现，亦有代为行使监护指定权的某些事项权力。事实上，正如有学者指出的那般，公私法的划分并不是确定无疑的，在公私法之间存在大量的互动，并且有大量证据显示它们之间存在相互渗透的现象。② 这一系列公私互动、公私合作、公法私法化的实践背景给传统行政法学带来结构性挑战，以公私法二元论界分为逻辑前提指明比例原则仅适用于公法的立论也难以证成。也正是公私交融的公共行政实践，赋予了私法主体行使行政权的现实可能。在此前提下，造成了私法主体间因为外在力量/条件强化所造就的事实不平等，由此私法实践也就有了比例衡量的现实必要。

二是私法裁判中比例原则有被广泛适用的现实基础。司法实践表明，比例原则正被广泛地适用于民事裁判中。在北大法宝数据库以"比例原则"为关键词进行检索，截至 2022 年 10 月底，与此相关的民事判决高达 2316 份，③ 适用分布和具体情况详见表 1。

---

① 关于公私协作及对传统公私法二元论影响的相关梳理，可以参见刘孟：《行政法学的回应性变迁：一个类学术史的梳理》，载《中财法律评论》（第 12 卷），中国法制出版社 2020 年版，第 60、67－69 页。

② 参见［新西］迈克尔·塔格特：《行政法的范围》，金自宁译，钟瑞华校，中国人民大学出版社 2006 年版，第 6—7 页。

③ 需要说明的是，鉴于本文只是想借此阐明比例原则正在民事裁判中被广泛适用，故而并未对检索的案例进一步展开筛选。

表 1　与"比例原则"相关的民事判决类型及件数（截至 2022 年 10 月底）

序号	纠纷类型	适用情况
1	人格权纠纷	65 件
2	婚姻家庭、继承纠纷	54 件
3	物权纠纷	210 件
4	合同、准合同纠纷	987 件
5	劳动争议、人事争议	144 件
6	海事海商纠纷	11 件
7	与公司、证券、保险、票据等有关的民事纠纷	221 件
8	侵权责任纠纷	522 件
9	非讼、特殊程序案件	61 件
10	其他	41 件
合计	2316 件	

通过前述的简单梳理可以发现，实践中民事裁判适用比例原则具有几个特点：首先，适用的范围较为宽泛，基本涵盖了所有民事领域，其中主要以合同纠纷、侵权纠纷和物权纠纷为主。其次，私法具体适用过程中，主要存在两种类型，即当事人作为诉辩理由主动提起和法官裁判说理主动适用。最后，从发生学角度来看，比例原则的适用与年份增长成正相关，从 2010 年以前的个别案件适用到目前每年有上百起案件适用，这也间接反映出比例原则日渐为私法裁判所认可。至此，司法实践可以间接反映私法中适用比例原则具有现实土壤和可能。当然，需要指出的是，司法实践中比例原则的部分适用简单地将其与利益衡量相等同，这无疑是对比例原则的误读，但并不影响样本所呈现出的比例原则民事司法适用图景。

三是民事主体权利间的事实不对等。平等原则是民法的前提和基础，是国家立法规范民事法律关系的逻辑起点。①《民法典》第 4 条规定，民事主体在民事法律活动中的法律地位一律平等。这是宪法规范中平等原则的具体要求，任何一方不得利用自己的优势地位向对方施加压力。但随着现代社会的发展，在私主体内部实际上已出现剧烈分化，强势私主体威胁或侵害公民基本权利日渐成为基本权利保障亟待解决的难题。② 加之私主体间由于环境、资源等外在

---

① 参见黄薇主编：《中华人民共和国民法典释义》（上），法律出版社 2020 年版，第 19 页。
② 参见陈征：《基本权利的国家保护义务功能》，载《法学研究》2008 年第 1 期。

差异的客观存在导致双方实力差距悬殊的产生，如巨大的法人组织（如网络巨头公司等）与弱小的个体间实然层面的不完全对等地位，这在互联网领域尤为显著。大型网络平台集规则制定实施于一体，此时比例原则便有其适用的空间，以规避形式平等的理论桎梏。[①] 在雇佣劳动关系尤其是平台用工关系中，劳动者与用人单位在民事权利规范中处于同等地位，可实践中用人单位往往处于强势地位，一定程度上打破了私主体间的平等关系。如在斐乐服饰有限公司与胡某兰劳动争议案中，法院认为，本案中代收货款行为与给予解除劳动关系的处理结果不符合比例原则。劳动关系的本质属性是人身从属性和财产依附性，据此公司当然享有自主经营管理权，但劳资双方的利益必须平衡，劳动者的过错与受到的惩罚应当相适应，公司不得利用优势地位放大对劳动者的惩罚。[②] 诸如此类的劳动争议案件大量存在，尤其在数字经济时代，亟需比例原则弥补流于形式之意思自治和契约自由的缺陷，以适度矫正实质不平等的私主体间日渐失衡的态势。[③] 这也是民事纠纷处理中法院适用比例原则进行个案衡量的现实考虑。

三、比例原则在私法中的适用展开

比例原则在私法中的适用展开，不只是回答其在私法中如何适用的问题，还应明确其适用的客体（对谁适用）以及适用的具体领域（何处适用）。就此本文将遵循适用客体、适用领域和适用规则的逻辑结构，系统阐明比例原则在私法中适用的具体展开进路。

（一）适用客体：民事立法和民事司法

从规范角度而言，比例原则的私法适用实则暗含两个层面的内容，一是对私法规范制定的约束，藉由对民事立法的裁量控制以规避立法的恣意；二是司法实践适用比例原则用以调整私主体间的法律关系。在民事司法裁判中，比例原则的引入可以为法官的个案裁判提供相对客观的法益衡量工具，遵循比例原则的内在位阶要求，不断往来于个案事实与比例原则蕴含的目的理性之间交互判断，这也为诸多司法实践所证明。当然，司法实践中法官的裁判说理也并非严格按照比例原则的位阶内容层次展开，其间呈现出完全适用、个别截取适用

---

① 在宪法规范意义层面，无论是弱小的私主体还是强大的公权力，二者在权利关系上则仍处于平等的法律地位上，这是近代法治理念的必然要求之一。即使出现实然状态中的不对等，但理论上并不据此否认私法上的主体平等原则。参见韩大元、林来梵、郑贤君：《宪法学专题研究》（第二版），中国人民大学出版社 2008 年版，第 287 页。

② 参见重庆市第一中级人民法院（2021）渝 01 民终 3246 号民事判决书。

③ 参见刘权：《比例原则》，清华大学出版社 2022 年版，第 6 页。

或多原则混合适用的样态，这主要受到个案案情复杂程度和法官裁判说理能力所影响。如实践中对于没有取得经营许可而引发的合同类纠纷，法院并不当然认定合同无效。① 因为相比于一概否定合同效力，法院认为认定合同有效的做法更有利于维护市场经济的良好稳定运行，合乎比例原则和司法的谦抑性质，自觉回到目的理性的立场加以评判。就此也有学者从规范层面指明，比例原则的私法适用应在区分私主体行动引发的价值冲突类型后，针对不同情况分别适用三要素比例原则或一要素比例原则。②

而立法的裁量控制则自不待言，基于凡行政必有裁量的理论推演，立法裁量也客观存在，这不仅是由我国"一元两级多层次"立法结构所决定，也为立法抽象性和立法主体的多元所预设。③ 据不完全统计，在当前《民法典》中，涉及"行政"的有关条款共计73条，其中既有行政主体作为机关法人参与民事活动的一般规程，也有法律、行政法规对民事活动的规范和限制。从行政属性分类来看大概涵盖了行政协议类、行政登记类、行政征收征用类、政府信息公开类以及行政作为或不作为类等不同场景。从国家治理和法律的预设功能来看，为规范和引导民事活动的正常开展，法律法规可以对部分民事活动如侵害国家利益、公共利益等的行为予以必要限制，但不能扩大限制事项的范围和条件过度侵占私法自治范畴。兹举几例予以阐明。如依《民法典》第494条之规定，在应急状态下下达国家订货任务、指令性任务的，有关民事主体之间应当依照有关法律法规规定之权利和义务订立合同，但其间不能径行将国家义务和责任过度转嫁给私法主体。又以许可领域为例，实践中对于无需创设行政许可的事项范围，个别行政机关企图藉由法规或规范性文件创设许可禁止条件，或通过行政备案等变向许可手段限制私主体商事活动自由。由此观之，诸如此类与民事活动紧密相关的立法活动，尤其通过单行法特别规定的立法事项均应引入比例原则，以控制立法的恣意进而保障私权。

（二）适用的领域：公私法交融地带

比例原则在私法中的适用，应遵循有限适用说的基本进路，因而其适用的领域和限度必须予以规范或限制。考虑公法私的本质区分，防止对私法自治的

---

① 参见黄维德、周占榜合同纠纷案，福建省莆田市中级人民法院（2020）闽03民终649号民事判决书。
② 三要素形态包含适当性、必要性与平衡性（均衡性），此谓广义的比例原则；而一要素形态仅仅包含平衡性（均衡性），此外狭义之比例原则。就此适用划分及其适用的具体展开可参见于柏华：《比例原则的法理属性及其私法适用》，载《中国法学》2022年第6期。
③ 关于立法裁量权普遍存在的论述，可参见梅扬：《比例原则的立法适用与展开》，载《甘肃政法大学学报》2022年第4期。

— 251 —

过度侵入，应当考虑将比例原则适用于公私法交融地带。就此，如何界定公私法交融地带需要做进一步展开，可以从公权对私权、准公权对私权和私权对私权三个层面加以考量。

首先从公权与私权形式二元划分出发，以公共利益/集体利益与个体利益冲突为切入。一方面，比例原则主要适用于私法中涉及公共利益（集体利益）与私人利益的紧张关系领域，如《民法典》关于违反法律、行政法规的强制性规范对民事法律行为效力的影响，藉由比例原则来协调公权强制规范与私法自治的关系。而《民法典》有关宪法规范中征收征用的细化落实，则规定为了公共利益对依法征收征用的私人财产要给予公平、合理补偿，其间可引入比例原则对征收征用的必要性以及补偿数额的合理性进行相对客观的评估，避免"一刀切"的补偿制度所激化的社会矛盾。类似的适用情形在监护制度中也有所体现，其可表征于国家对弱势个体人权保障和家庭对弱势成员的保障的冲突领域。另一方面，国家与私人关系的现实定位，主要体现于公共利益/集体利益和个体私益之间的内在衡平，此时就有借助比例原则展开比例衡量的必要。当然，事实上行政权对民事私法的影响，可藉由行政许可之于民事法律行为的效力判断、行政鉴定对民事诉讼的重要影响等内容予以窥探。应该说行政权作用的末端已不局限于行政法自身，在公私合作治理的背景下行政权已然穿透其他部门法学科的体系内核，公私法交融遂为趋势。

其次就准公权对私权而言，这是囿于当前某些事业单位、社会团体，虽然不具有行政机关的资格，但是法律授权它行使一定的行政管理职权。而且实践中因为授权或委托，使得事业单位或具有管理公共职能的社会组织参与日常行政管理，就特定事项具有行政管理职权，带有准公权的性质。如足协、律协、村委会、烟草专卖局等事业单位或团体组织。其中最为典型的如高等学校，尤其关涉学位授予、学生处分等事项中，在法律规范层面倾向于将其认定为准行政机关，事实上行使某些行政权，这已为《行政诉讼法》所承认。如在谭某诉西南某大学退学处理决定纠纷案中，法院指出高等学校是一种既享有民事权利、承担民事责任又拥有国家行政职权对学生进行管理的复合型权利的事业单位法人。其虽然不是法律意义上的行政机关，但属于法律、法规授权的组织，其应当具有行政诉讼的被告主体资格。① 又以烟草专卖局为例，名义上其仅仅是事业单位，但法律授权其可以行使行政许可、行政处罚的职权。如依《烟草专卖法》等有关规定，烟草专卖局可以行使烟草专卖零售许可证核发、烟草专

---

① 重庆市北碚区人民法院（2011）碚法行初字第 14 号行政判决书。

卖品准运证核发、烟草违法处罚等行政权。

最后，私权对私权的主要表征为强势私权与弱势私权的利益冲突，集中于法人与一般个体的法律关系上，如法人与员工间的雇佣劳动关系以及合同关系，当然前述内容从本质上讲都可以转化至合同关系。在雇佣劳动关系中，法人（用人单位）与私主体之间可能存在隶属关系，其间针对雇主的内部惩处、用工歧视、不当解雇等行为，可以通过比例原则予以一定规范和限制，进而维护个中利益的相对平衡，避免大量劳动争议的产生。类似的在北京清科博动科技有限公司诉招商银行股份有限公司北京清华园支行储蓄存款合同案中，法院认为，在履行账户限制管控义务时，银行有权依法对储户的账户采取不同形式的管控措施，银行与储户实质上并非处于完全平等地位。……判断银行管控措施的合理性时，可以比照行政行为审查的比例原则，就管控种类、强度的妥当性、必要性和均衡性予以考量。而后者如网络平台服务关系，随着互联网平台的迅速发展，网络也日渐成为社会公众表达情感的公共空间，网络言论自由也该得到相应的保障。但在社会实践中，网络平台为了落实政策和法律规定之平台责任，细化实体法规范如《网络安全法》《互联网信息服务管理办法》等中的有关管理规定，倾向于对社会公众的网络言论进行实质严苛审查。以微信、微博等即时信息交流平台为例，其往往代为行使网络言论审查，但相关的审查规定并不透明，一定程度过度限制公民的网络言论自由，违悖比例原则的目的理性。更为严肃的事情在于，网络交流平台仅仅抽象指出网络言论违反有关互联网管理规定，并未明确相关言论到底违反何种法律及何款规定，只是模糊指向诸如《互联网信息服务管理办法》第 15 条所规定的情形，对言论违规并没有较为明晰的界定标准。还有对当前言论的审查往往溯及既往，采取封号等手段"一刀切"限制，此类过度限制社会公众的网络言论自由，并不符合目的——理性的基本要求，由此也就有了引入比例原则的必要。

（三）适用的规则

一是倾向于司法裁判中的个案决断。民事纠纷一定意义上讲是法益冲突。为了重建法律和平状态，一种权利必须退居另一种相关法益之后，或两者间作出一定的让步。于此，司法裁判根据相关的利益在某一条件下"分量"来"权衡"处于竞争之中的法益，从而获得决定。[①] 囿于"分量"与"权衡"的不确定性，避免法官根据个人主观意见径行裁判，其间比例原则也就有了适用的空

---

① 参见［德］卡尔·拉伦茨：《法学方法论》，黄家镇译，商务印书馆 2020 年版，第 508－509 页。

间和必要。基于个案情形的差异和司法实践变动的复杂性，预决了比例原则不能普遍适用于类案，应秉承一案一议，将比例原则灵活适用于个案决断和裁判说理当中。

展开来看，比例原则适用民事司法的个案决断，体现在以下几个层面：首先，比例原则的适用必定要针对具体案件，需要结合实际情况进行判断。因为每个民事案件都有其特有的背景和纠纷原点，并不是一揽子都需要藉由比例原则进行利益衡量。这就需要根据实际情况进行评判适用，综合考虑当事人的利益和权益、法律规定等因素，以便作出公正合理的判决。其次，比例原则的适用需要平衡各方的利益和权益。"个案中的利益衡量"作为法续造的一种方法，服务于解决那些制定法未明定其解决规则的规范冲突，对适用范围重叠的规范划定其各自的适用空间，并借此使保护范围具有开放性。① 在民事案件中，往往牵涉多方平等主体间的法益，引入比例原则可以保证各方的利益得到平衡和保护，避免单方权益过度受损的情况。最后，比例原则的个案适用可以调整法律规则与事实之间的关系。在某些情况下，法律规则可能并不适用某一具体案件，抑或适用结果不公。此时比例原则的适用可调整法律规则与实际情况之间的关系，确保法律规则得到妥当适用。

二是作为权利滥用的补充审查手段。将比例原则用于权力滥用的附带审查手段，主要目的在于准确厘清和评价权利正当行使。《民法典》第 132 条规定，民事主体不得滥用民事权利。从比较法角度来看，不少国家和地区的民法都对不得滥用权利原则有所规定。② 从《宪法》第 51 条的规范原理来看，权利不得滥用可以视为宪法上的一项基本原则。③ 但实践中权利滥用的形式很多，也难以有效认定和排除。其中最为典型的是滥用诉讼权利。如在司法实践中，诸如职业打假、政府信息公开诉讼中滥用诉权等内容，为了节约司法资源，需要对当事人诉权进行一定的限制。学理一般认为，比例原则与禁止权利滥用在内在逻辑上都暗含适度的理念，由此进一步认为《民法典》中规定的禁止权利滥用条款已然可以规范和解决权利滥用难题，并没有进一步引入比例原则的必要。此一论点无疑过于绝对。一方面这是由比例原则和禁止权利滥用的既有功能和内涵差异所预设，另一方面在于对权利滥用与否中"滥用"这一不确定法律概念的认定和解释，需要藉由比例原则相对客观化的标准予以厘定。如果无

① 参见［德］卡尔·拉伦茨：《法学方法论》，黄家镇译，商务印书馆 2020 年版，第 518 页。
② 如《德国民法典》第 226 条，《瑞士民法典》第 2 条第 2 款，《日本民法典》第 1 条第 3 款等均有类似规定。但在学理层面，不得滥用民事权利是否为民法的基本原则有所争议，相关争议贯穿民法典编撰的全程，迄今亦未有统一答案。由于这并非本文论证的重点，故而不加展开。
③ 参见黄薇主编：《中华人民共和国民法典释义》（上），法律出版社 2020 年版，第 259 页。

法准确判断权利行使是否存在造成损害的主观故意，则可以根据一定的客观标准，推定存在权利滥用的过错。如在张某诉陈某财产损害赔偿案中，法院认为，对权利滥用"主观恶意"的认定，"除应根据事实判断行为人的主观意思外，还应采用客观判断方法藉由比例原则考量利益变迁"。① 比例原则在类似情况下可作为判断权利是否滥用的一种补充审查手段，以保障各方当事人的合法权益。

在当代法治国家，合比例性分析已然是推定权利行使存在过错与否的重要标准。② 比例原则作为判断当事人是否滥用权利的补充审查手段，在判断当事人是否滥用权利时，其注重强调权利和义务之间的平衡。如果当事人的权利行使超出了合理的范围，导致他人权益受到不必要的损害，法院可根据比例原则内在位阶要素进行审查判断。比例原则作为补充审查手段的另一个优势在于其能减少法律的不确定性，提供一种较为确定且相对客观的判决标准。如在复杂个案裁决中，为规避或消弭判决结果的不确定性，通过适当地运用比例原则，法院可以在不确定的案件中作出比较公正和合理的判决，从而降低法律不确定性。诚然，比例原则的适用必须在法律规范限度以内，司法裁判不能超越法律范围径行展开比例衡量作业。

三是比例原则的具体要素适用因应个案情况决定。比例原则在司法实践中具有广泛的生命力，其中狭义比例原则和三阶要素齐全的比例原则是比较常见的两种适用类型。在具体的司法适用中，法官可以根据个案的特点灵活选择适用的比例原则，即不严格按照比例原则的位阶要素层层展开。

一般来说，针对案情较为简单，仅仅涉及私权利益冲突的平衡，可以采用狭义的比例原则——均衡原则予以平衡，无需考虑其他要素。如针对舟山外代货运有限公司诉大连丰海远洋渔业有限公司申请海事请求保全损害责任纠纷案，最高人民法院指出，诉讼保全的目的是保证判决执行，但同时还应防止债权人滥用诉讼保全侵害债务人权益。两项利益的比较上，债权人的可能诉讼利益与其滥用权利之间，需要利益衡量。③ 其间的利益衡量正是狭义比例原则中均衡原则的具体表征。与之相对的是，三阶要素齐全的比例原则是在狭义比例原则基础上更为严格的适用，其内含适当性、必要性和均衡性三个层级递进的要素。在司法实践中，三阶要素齐全的比例原则通常适用于复杂的民事案件，

---

① 北京市第二中级人民法院（2017）京 02 民终 3858 号民事判决书。

② 参见刘权：《权利滥用、权利边界与比例原则——从〈民法典〉第 132 条切入》，载《法制与社会发展》2021 年第 3 期。

③ 舟山外代货运有限公司诉大连丰海远洋渔业有限公司申请海事请求保全损害责任纠纷案，最高人民法院（2018）最高法民申 6289 号裁定书。

如涉及多方利益、公共利益的案件。在这类案件中，需要藉由更加严格的比例原则适用来确保各方权益得到平衡和保护。当然，狭义比例原则和三阶要素齐全的比例原则并不相互排斥，司法实践中二者互为补充，可根据个案的实际情况灵活选择适用。

四、结语

包容的学科发展、转型社会的治理以及私权保障的需要，让我们没有理由拒绝比例原则在私法适用中的工具理性价值。比例原则有限适用于私法，从实用主义立场来看，其不仅能有效规避私法立法的恣意以保障私权，还能为司法裁判提供相对客观的标准，对复杂失衡的利益冲突进行理性调整以定分止争。更为重要的一点或许还在于，伴随着《民法典》的实施，比例原则引入私法为公法与私法的学科交融发展提供新的契机，有助于推动部门法学科理念和制度的更新。但需重申的是，由于公私法场域的固有区分，尤其在"目的—手段"的利益权衡过程中，其存在侵害私法自治的风险，因此比例原则的私法适用必须遵守有限适用说的基本立场，在完全由平等私人主体从事民事法律活动的范围中不宜适用比例原则。一言以蔽之，在适用比例原则的过程中，不能侵犯真实的意思自治和实质的契约自由，确保私法自治原则得到充分尊重和保护。

平台经济用户公平交易权的反垄断法保护

杨佩文[*]

摘　要： 当前平台经济在经济发展中成为新生且稳健的增长点，然而由于平台经营者滥用算法权力，消费者、用户的公平交易权急需《反垄断法》及其配套制度的保护。然而在2022修订的《反垄断法》中，相关条文位于第22条第1款第6项，由于"市场支配地位""条件相同的交易相对人""交易条件上实行差别待遇""无正当理由"等适用条件过于苛刻，该条文出现适用失灵，无法对公平交易权进行适当的保护。对此，应当针对造成占用效应而非市场扩张效应的差别化定价行为，依照"价格欺诈—价格歧视—滥用算法权力"三重性质的先后顺序进行规制。同时，"消费者福利标准"在《反垄断法》中应当得到更具体的规定，使其在实际适用过程中获得更多可操作性。最后结合《反垄断指南》，出台针对平台经济数据权利、大数据行为规则的严格程序以遏制滥用大数据权力，从而在技术上、制度上实现对于差别化定价的遏制与用户公平交易权的保护。

关键词： 公平交易权　反垄断　平台经济　算法　消费者福利标准

一、平台经济中的差别化定价行为

尽管在现实生活中，得到关注最多的差别化定价行为是"大数据杀熟"，但是除却大数据杀熟，仍存在多样的差别化定价行为。从消费者信息入手，经

＊　杨佩文，美国康奈尔大学法学院2021级硕士研究生（LLM）。

营者可以通过算法实施大数据杀熟，或者可以在用户、消费者自愿且双方达成合意的基础上形成会员制定价。从商品性质入手，经营者可以实施产品组合定价、产品差异定价——进一步地说，就是根据核心产品、形式产品、附加产品的销量以及这些关联产品之间的供求关系进行差别化定价以实现增加销售的目的。从经营的成本条件入手，经营者可以实施分时段定价、依照地理位置定价。

（一）差别化定价行为的具体表现

这些多类型的差别化定价行为并不都是对于公平交易权的侵害行为。当差别化定价行为一方面能够促进经营者获得更多经济、商业利益，另外一方面并不恶意减损消费者、用户的权益，经营者的差别化定价行为往往并不会侵害公平交易权。

第一，会员制定价是消费者、用户与经营者在自愿、合法的基础上达成的合意，消费者、用户以财产性的支出换取商品、服务上的更优惠待遇，具备等价有偿的正当性，在并未损害消费者、用户合法权益的基础上使得经营者通过收取会费、扩大销量获得经济、商业利益，该差别化定价行为并未侵害公平交易权。

第二，产品组合定价常常被称为捆绑销售。在核心产品、形式产品、附加产品都能够组合起来发挥效用的情况下，对于经营者而言，各项商品经捆绑组合后往往能增加其使用价值和产品竞争力；而对于消费者、用户而言，捆绑组合销售的商品价格往往比分别购买更低。当捆绑销售并未违反《反垄断法》第22条①之规定时，产品组合定价往往也是在交易双方平等自愿的基础上达成的合意，该差别化定价的目的系通过薄利多销、降低冗余仓储成本费用等方式提高利润，亦未侵害公平交易权。

第三，产品差异定价。与产品组合定价类似，产品差异定价也是通过对商品进行不同的组合以进行交易。以笔记本电脑销售为例子，在交易中电脑本体为核心产品，电脑包装、电脑品质等为形式产品，电脑保修服务、附赠配套电子产品为附加产品。经营者根据消费者、用户的不同需求进行产品组合并差异定价，该行为仍然也是通过满足不同层次的交易需求而进行的差别化定价，亦并未侵害公平交易权。

第四，分时段定价。这种差别化定价往往是以供需关系为基础而存在的。

① 《反垄断法》第22条：禁止具有市场支配地位的经营者从事下列滥用市场支配地位的行为：（五）没有正当理由搭售商品，或者在交易时附加其他不合理的交易条件。

例如服装销售中秋冬装在春夏往往价格相对低廉；电子产品销售中，较老旧的型号往往会在购买"热潮"过去后更便宜。这种差别化定价并非以消费者、用户的身份为依据，而是以供需关系、仓储费用等经济因素为依据。对于经营者来说可以有效清空冗余库存，减少亏损，对于消费者来说可以在放弃"时尚潮流"这一价格因素的情况下换取低廉的交易价格，亦未侵犯公平交易权。

第五，依照地理位置定价。地理位置常常是与成本、交易风险直接相关的，如位于市中心的经营者销售商品时往往因为市中心地租高昂故而不得不抬高价格，而同一经营者在位于市郊的另一处营业机构往往因为地租低廉而价格相对便宜；在电商交易中往往会要求运途遥远且运费高昂的西藏、新疆地区消费者、用户给付更高昂的价格，往往是因为运费成本和漫长运途中货损风险的原因，如此差别化定价亦未侵害公平交易权。

（二）"大数据杀熟"侵害公平交易权的原因

由于互联网不存在边界的限制，且具备广泛、快捷的信息交互能力，互联网企业的平台经济往往能涉足广大行业的方方面面。例如，阿里集团作为互联网企业就涉足电子金融、电子商务、影视传播等行业；再例如，腾讯也在即时通信、电子游戏、支付工具、影视传播的行业上大展拳脚。这些例证足以证明当下的平台经济具备跨行业的多面性特征。

除却缺乏行业边界导致的跨行业多面性，平台经济作为互联网企业的主战场，具备整合强大经济体量的能力——这意味着平台经济的集中化特征。表面上是资本的集中化，实际上为了资本的再扩大、社会的再生产，技术、信息的集中化也是必不可少的。从某种程度上说，没有了技术、信息的集中，资本的集中就无法维系。正是因为集中化特征中的技术、信息的集中，平台经济才能发挥出互联网快捷、即时的特征，促进资本的利益最大化。

然而值得注意的是，技术、信息的集中却可能造成平台经济的"恶行"。在电子商务交易中，由于信息收集技术的利用，海量的用户信息被置于平台经济、互联网企业的掌控之中。毫不掩饰地讲，任何用户在收集了消费记录、地理位置、浏览历史之后的互联网企业面前都是完全透明的，仿佛"底牌也被平台猜得一干二净"——而恰恰相反的是，用户对交易的信息掌握却仅仅局限于平台提供的内容上。

在民事交易中，"完美的交易"往往被认为发生在平等的民事主体之间，如果交易要素的天平向任何一方倾斜，都可能带来交易结果的不公平。交易信息正是交易要素的天平上的一种砝码。在用户、消费者与平台的交易过程中，因为巨大的信息不对称，平台可以通过大数据技术，收集、储存、画像之后，测算出用户的价格耐受度①、支付能力、消费偏好、消费习惯、收入水平的数据，从而将同一件商品精准地以不同价格卖给不同消费者。这种在信息差基础上利用技术产生的无正当理由价格差异被认为是大数据杀熟行为。

当交易要素存在着不公平时，交易结果往往就不再公平了。因为交易相对人在作出交易的意思表示时要以交易要素作为前提，而交易要素存在着的不平等交易地位将会使交易结果存在不公平的瑕疵。信息差、算法技术的存在，使得平台得以因人而异地适用不同的价格。公平交易在信息不对称导致的交易能力严重不对称下遭到了侵蚀。

更值得注意的是，与传统交易的"明码标价"不同的是，平台经济的网络购物过程中仅仅允许用户看到经营者或者电子商务平台专门向其发送的价格等信息，而难以看到他人所获得的相对应的价格信息，这更使得公平交易难以得到实际的保障。

何为公平交易权？一般看来，公平交易权的实质在于保障交易的实质性公平——即交易条件的公平和拒绝强制性交易的公平。进一步解释，公平交易权应当具备两种含义：第一就是经营者与消费者之间的公平，第二就是消费者之间的公平。然而，结合互联网即时性的特点，平台经济具备强大的即时动态改价能力，甚至可以通过大数据算法针对消费者、用户的购买商品、服务进行量身定价，但消费者却缺乏对应的议价能力。平台经济的明码标价并不能促使消费者在真实的价格上作出理性的消费选择，从而侵害了消费者的公平交易权。

综上所述，在缺失对称的交易能力情况下，同一时间的消费者、用户购买相同的商品或服务却被经营者以不同价格收取价款，此种针对消费者却不针对商品，同一种商品却提供差别化定价的行为侵犯了公平交易权。据此，本文以下讨论将"差别化定价"限缩至由平台经营者施行的，借助大数据算法实现的，侵犯公平交易权的差别化定价上。

二、反垄断法中的公平交易权与差别定价

在研究公平交易权时，不能不提起消费者保护。而事实上，提到消费者保护，《消费者权益保护法》往往是首先被联想到并适用的。然而除却《消费者权益保护法》，《反垄断法》同样对消费者权益的保护起到了规范性作用。

（一）反垄断法对消费者的独特保护

实际上，在权利的内容上，《消费者权益保护法》的权利范畴大于《反垄

---

① 参见王恒睿：《大数据杀熟背景下的消费者公平交易权保护》，载《大数据时代》2018 年第 11 期。

断法》——当且仅当消费者受到的权益侵害可以通过财产形式量化时，消费者才能在选择《消费者权益保护法》与《反垄断法》间竞合，否则仅能适用前者（因为《反垄断法》难以保护人身性的利益）。

《反垄断法》对于消费者的保护，体现在制止经营者从事该法第 22 条第 1 款规定的剥削性滥用市场支配地位之行为，防止不公平的交易损害消费者权益，从而损害公平交易权。这种对于消费者权益的保护是一种可以被映射为"消费者福利"的方法。

与之相映成趣的是，《消费者权益保护法》的权益内涵包括了安全保障权、自由选择权、消费者知情权等。简单地说，《消费者权益保护法》主要聚焦于单方面的消费者个体，未能把目光投向更广阔的"社会法"领域，无法像《反垄断法》一样为集体性的权利受损提供更切实的保护。相较于《消费者权益保护法》，《反垄断法》的独特价值在于对公平交易权的保护。

（二）对公平交易权的保护是反垄断法的应有之义

反垄断法是一种对群体性危险进行控制的法律，这种危险表现为对经济秩序的侵害，表现为对于以群体而存在的竞争者和消费者的侵害。因而可以发现，社会经济效益是反垄断法的基本价值——在竞争环境被破坏时，有效竞争就无从存在（获得过大的利益和过大的销售费、管理费支出等现象就会出现），并进一步形成垄断性的价格，这必然导致市场价格的扭曲，从而在群体上导致利益受损。

在平台经营者进行大数据算法差别化定价时，这种定价行为是针对不特定多数的行为，因为被测算的"最高承受价格"不同，消费者们在经营者滥用算法权力的情况下遭受了价格歧视、价格欺诈。从社会经济效益的反垄断基本价值来看，每个人都有购买消费品的权利，如果从购买权利上对其实施差别待遇，这正是对这种权利——公平交易权——的一种侵蚀①。

在正常的市场交易中，面对同一商品、同一服务，无论贫富贵贱，皆应一视同仁。随着平台经济的崛起，价格信息的单方面获取、大数据因人而异的画像，导致一视同仁的交易条件被异化。有求者被征以高价、富裕者被收以天价……有人声称差别化的定价可以促进市场资源分配更合理，因为相对的高价可以吸引更多的供给去满足消费者的需求。但是这样的观点却忽略了基础：善良风俗倡导的诚信交易难道是"看菜下饭"的吗？集中、巨资的经营者并不必然遭到反垄断法的打击，正如有需求、有钱财的消费者并不应当被差别化定价

---

① 参见王卫国、李东方主编：《经济法学》，中国政法大学出版社 2008 年版，第 334 页。

剥削一样。

（三）反垄断法保护公平交易权的原因

公平交易权是消费者在交易中的权利，是经济法中的权利。与私法权利的可抛弃性不同，具备公法属性的经济法权利是不可以被抛弃的，因为公平交易权这些权利具备着基本人权的属性①，赋予消费者相应的经济法属性。

为何公平交易权可以维护消费者的利益呢？因为公平交易权强调消费者在交易过程中，购买同一商品、同一服务时，受到平等的对待（当然，因为成本原因增加相应价款应当是合理的）。如果平台经营者不进行差别化定价，而是简简单单地在互联网平台上对消费者按同样的价格进行销售，消费者、用户就不会被收取额外的价款——消费者剩余并不会因此而减少或是转移至生产者剩余。如此一来，凭借着公平交易权要求的平等对待，消费者利益得到了维护而非减损。

综上，公平交易权具备基本人权属性②，加之公平交易权是通过保存消费者剩余而维护消费者利益，这意味着隐藏在经济法基本价值中的"消费者福利标准"是反垄断法保护公平交易权的深层次原因。

在欧盟，重大反垄断案件进一步证明，"消费者福利标准"正是公平交易权得到反垄断法保护的原因。在2010年11月，欧盟委员会宣布将会针对谷歌的不法行为开始进行反垄断调查，谷歌涉嫌的不法行为具体表现为：谷歌涉嫌滥用其在互联网搜索引擎上的主导地位——在消费者、用户使用谷歌引擎搜索"比价"等相关结果时，在搜索结果顺序中优先展示谷歌旗下的"谷歌比价"网购物网站页面，并借此降低竞争对手网站的点击量，谷歌的行为被认为违反了欧盟竞争法，系违反《欧盟运行条约》（Treaty on the Functioning of the European Union，TFEU）第102条之规定。2015年4月，欧盟反垄断事务专员维斯塔格发布声明，指出垄断的市场行为会损害消费者的利益并阻碍创新。③谷歌通过在算法中囊括一系列的标准，使得竞争对手网站显示在浏览器界面的第四页，而自己旗下的网站并未受到算法的影响。④由于市场竞争受到算法的干预，谷歌的比价购物网站可以在消费者、用户对提高价格、降低服务质量不知情的情形下进行交易行为，这将最终损害到消费者、用户的公平交

---

① 参见王卫国、李东方主编：《经济法学》，中国政法大学出版社2008年版，第346页。

② 这意味着每一个消费者都毫无例外地普遍享有此权利。

③ Statement by Commissioner Vestager on Antitrust Decisions Concerning Google，Brussels，15 April 2015.

④ Antitrust：Commission fines Google € 2.42 billion for abusing dominance as search engine by giving illegal advantage to own comparison shopping service，Brussels，27 June 2017.

易权。

本案所依据的《欧盟运行条约》第 102 条（a）规定："（一个或多个在国内市场或其这些市场的主要部分中，具有支配地位的企业的任何滥用行为都应被禁止，因为这种滥用行为与国内市场不相容，且可能影响成员国之间的贸易）占有市场支配地位的企业如果直接或者间接地向消费者、其他经营者强加不公平的购买或者销售价格，抑或其他不公平的贸易条件，将可能构成滥用市场支配地位。"该项规定旨在防止消费者剩余因为公平的交易条件被剥夺而遭受损害——这更是证明了消费者福利标准是反垄断法保护公平交易权的原因。[①]

三、差别化定价的垄断性质及其在反垄断法中的定位

（一）差别化定价性质的分类

在明确平台经济利用大数据算法针对消费者、用户进行差别化定价损害公平交易权的事实后，除了确认需要得到规制的差别化定价行为系造成占用效应的行为之外，还需要对差别化定价的性质进行分析，从而更好地规制该行为。目前来看，较为普遍的观点认为，差别化定价具备价格歧视、价格欺诈、滥用算法权力这三种性质。

价格歧视说观点认为，平台经济通过大数据算法根据消费者的特征，估计其最高可接受价格，从而实现"千人千面"的差别化定价。这样的差别化定价，可以被认定为经济学意义上的价格歧视行为，并属于完全价格歧视（亦称一级价格歧视，即经营者在知晓消费者对商品愿意支付的最大货币量的情况下，根据该货币量针对每一位消费者进行定价）。

1. 价格歧视说

价格歧视在我国法律的规定中体现于《价格法》与《反垄断法》中。例如，《价格法》第 14 条指出，经营者不得实施包括"相互串通，操纵市场价格，损害其他经营者或者消费者的合法利益""提供相同商品或者服务，对具有同等交易条件的其它经营者进行价格歧视"在内的不正当价格行为；又例如，《反垄断法》第 22 条要求具备市场支配地位的经营者不得从事包括"以不公平的高价销售商品或以不公平的低价购买商品""没有正当理由，对条件相同的交易相对人在价格上实施差别待遇"在内的滥用市场支配地位的行为。

尽管在经济学的意义上，平台利用大数据算法技术对消费者、用户进行差

---

① 参见袁波：《大数据领域的反垄断问题研究》，上海交通大学 2019 年博士学位论文，第 207 页。

别化定价的行为属于完全价格歧视行为[①]，但是在我国法律当前的规定下，细究条文却很难将平台经济的如此做法定性为法律上的价格歧视行为。

2. 价格欺诈说

价格欺诈说认为，平台经营者通过隐瞒差别化定价的真实情况，以欺诈的故意对消费者、用户造成合法利益损害，并造成消费者、用户的财产损失，属于法律意义上的价格欺诈行为。但是对于经营者通过专门向特定消费者、用户展示价格以隐瞒差别化定价的行为，其是否能够成为民法意义上的欺诈行为构成要件仍然存在一定的争议。

除《民法典》规定的民事欺诈内容以外，国家发展改革委员会出台的《禁止价格欺诈行为的规定》和《发展改革委就〈禁止价格欺诈行为的规定〉提出解释意见》中，明确禁止第三方网络交易平台与网络商品经营者在共同开展促销活动时，进行价格标示、促销的虚假宣传或者引人误解的价格欺诈行为；也禁止经营者在同一交易场所对同一商品或服务使用不同的价格标示，以低价吸引顾客并以高价进行交易结算的价格欺诈行为；还禁止使用欺骗性、误导性的标示诱导他人进行交易的价格欺诈行为。但是在当前平台经济发展现状已经与该规定与解释的背景存在较大差异的情况下，该规定与其解释很难对平台经济的大数据算法技术支持下的差别化定价行为进行比较精确地约束。

3. 滥用算法权力说

滥用算法权力说认为，一般而言，技术与信息是中立的，但是在平台经济中，由于技术与信息的集中以及随之而来的资本的集中，技术与信息不再是中立的，而是成为集中后的资本用于牟利的工具——由于大数据算法具备"收集、储存、画像"[②] 的海量信息处理技术，其处理的结果又会被大数据的设计者、运营者直接或者间接地用于影响不特定对象的判断与行为上[③]。这样强大的处理技术可以被应用在广泛的主体之上，大数据算法已然成为一种可以很大程度上影响市场、掌控网络世界的一种公权力。与政府、立法机关、司法机关不同的是，大数据算法以及掌握并使用它的平台虽然享有这样强大的"公权力"，却并未得到类似于公权力机关所受到的约束。大数据算法的应用往往可以通过坚持技术中立的"避风港原则"来予以抗辩，或是以"正常市场行为"作为其公权力实质的外衣。当前，大数据算法技术与平台经济尽管具备着这样

[①] 经营者为每一位消费者及其所购买的每一单位商品制定不同的价格，从而可以榨取所有的消费者剩余。

[②] 胡凌等：《网络法的理论与视野》，载《地方立法研究》2019 年第 4 期。

[③] 参见廖建凯：《"大数据杀熟"法律规制的困境与出路——从消费者的权利保护到经营者算法权力治理》，载《西南政法大学学报》2020 年第 1 期。

的公权力本质，却未能得到法律的规制——在不受约束的公权力实质下，以营利为目的的平台经营者很难拒绝将消费者、用户作为信息获取链条上的一环，使之成为平台追求效益最大化的工具。①

（二）差别化定价性质的辨析

为了切实维护消费者、用户的公平交易权，对于差别化定价行为性质的辨析是至关重要的，因为这决定了对于差别化定价进行规制的具体路径。

综合而言，在定性上，价格歧视说、价格欺诈说、算法滥用权力说应当被兼采，并适用一定的位阶顺序。对于差别化定价的行为，应当以"价格欺诈——价格歧视——滥用算法权力"的先后顺序为位阶进行适用定性。

价格欺诈被居于第一位阶。根据《民法典》第 148 条、第 149 条的规定，交易中的一方或第三方实施欺诈行为导致交易相对人作出违背真实意思表示的民事法律行为无效。值得注意的是，民事欺诈应当由意图欺诈获取不法利益的主观目的与实施欺诈行为的客观方面共同构成，两种构成要件缺一不可。在平台经营者进行大数据算法差别化定价时，一旦被证明存在获取消费者财产利益的不正当目的，且消费者基于对于平台经营者过高定价的合理信赖支付价款，平台经营者即构成了价格欺诈行为——应当受到《民法典》的规制而被认为无效。根据国家发展改革委员会的《禁止价格欺诈行为的规定》的第 6 条及其解释第 1 条之规定，平台经营者不得使用低价吸引消费者，并最终用高价结算；作为第三方的平台经营者（交易平台）不得与网络商品经营者共同实施虚假宣传、引人误解行为。同理，在差别化定价时，一旦平台经营者被证明实施以上两种行为，即被认为构成法律上的价格欺诈。然而在适用《民法典》规定时，平台经营者一方面不具备欺诈意图，或者另一方面并未出现消费者交付价款等民事行为的实施，便无从构成民法意义上的价格欺诈。在适用价格欺诈的部门规章时，平台经营者以低价吸引新客户，用高价牟利忠实老客户的行为就无从满足部门规章意义上的价格欺诈。由此可见，对价格欺诈的定性尚存较大漏洞，这样的定性很难被赋予兜底条款的职能。

价格歧视被置于第二位阶。根据《反垄断法》与《价格法》之规定，平台经营者差别化定价时，被证明具备市场支配地位并以不合理的价格交易，或是经营者相互串通操纵价格损害他人利益等行为，构成价格歧视。不似价格欺诈一般漏洞百出，价格歧视无需拘泥于欺诈条件是否满足——但是价格歧视却在

① 参见廖建凯：《"大数据杀熟"法律规制的困境与出路——从消费者的权利保护到经营者算法权力治理》，载《西南政法大学学报》2020 年第 1 期。

现行法规定下，无法合宜处理"不合理低价、高价"的认定争议、"不具备市场支配地位也能够对消费者、用户进行大数据杀熟"的问题、"无需串通也可操纵价格损害他人利益"的问题。价格歧视尽管不如价格欺诈一般存在较大的制度漏洞，但是却难逃三处细节上的限制，其特点也无法承担兜底条款的职能。

滥用算法权力被置于第三位阶。在大数据算法的应用上，差别化定价——无论是否存在着欺诈的目的与客观行为，无论是否存在市场支配地位、不合理价格、串通行为，大数据算法一旦被使用于影响不特定对象的判断与行为上，即构成了算法权力的滥用。

尽管滥用算法权力说是如此的"周全"，但是价格欺诈说与价格歧视说并不能被滥用算法权力说一并替代：本身证明不特定对象的判断与行为受到大数据算法的影响就是极其难以达成的举证责任（无论是原告方举证还是举证责任倒置于平台经营者）。此外，通过相关规则的漏洞填补，这两种定性标准在补正后仍然有能力应付许多差别化定价的判定——尽管价格欺诈仍然无法规避举证欺诈的困境，价格歧视无法避免难以跟上平台经济特点变化的桎梏。

四、差别化定价的反垄断法适用

（一）差别化定价行为的反垄断法判断方式

尽管平台经营者可以通过大数据算法实现差别化定价，从而达到最大化牟利的程度。但是是否所有的差别化定价都应当被规制，在法律上予以否定的评价呢？答案是否定的。

差别化定价是否具备否定性评价的必要，关键在于差别化定价[①]产生的效果——当出现市场扩张效应时，差别化定价无需受到规制；当出现市场占用效应时，差别化定价应当受到规制。展开来讲，购买力、购买意愿相对较弱的消费者本来以统一价格是无法获得商品的，当平台经营者进行的差别化定价产生了市场扩张效应[②]时，这些购买力、购买意愿相对较弱的消费者反而可以获得商品。而在占用效应下，购买力、购买意愿更强的消费者受到差别化定价后，这些消费者会被收取比统一价格更高的个性化价格，导致消费环境变差。

[①] 差别化定价与动态化定价并不相同：动态定价主要是基于消费者整体的实时需求变化而进行定价，即根据整体供需动态调整统一定价，不属于对不同交易相对人实施的与成本无关的差别定价；差别化定价按消费者支付能力和购买意愿进行个体或群体区分，可能会构成对不同交易相对人实施的与成本无关的差别定价。

[②] 承上：《人工智能时代个性化定价行为的反垄断规制——从大数据杀熟展开》，载《中国流通经济》2020年第5期。

差别化定价规制与否为什么取决于市场扩张效应与占用效应呢？因为如果差别化定价的唯一目标是产生占用效应而非市场扩张效应，经营者的技术和资本投入将局限于改进算法以尽可能攫取利润。此时的价格歧视不仅不能降低生产成本和促进创新效率，反而可能阻碍创新，降低产量，产生既损害生产效率又损害动态效率的限制竞争效果，并最终会损害消费者权益。因此采用市场扩张效应与占用效应进行评价的效果，与适用反垄断法达到保护竞争、维护消费者权益的效果是完全一致的。

结合实际，对于差别化定价行为可以简单地分为两类：一种是通过低价吸引大量客户的购买（如对推出的全新产品进行推广），另一种是通过高价对忠实老客户进行最大化的牟利。显而易见，在低价吸引购买、扩大销售的结果下，差别化定价行为并不会造成占用效应，而是如同前文分析会员制定价、产品组合差别定价、分时段定价、地理位置定价一样，形成的是市场扩张效应的结果。而后者由于剥削行为，攫取利益的追求在价值顺位上优于竞争创新，造成了市场占用效应，是反垄断法应当予以规制的行为。

（二）适用反垄断法禁止差别化定价的条件

对于经营者损害消费者、用户公平交易权的行为，适用《反垄断法》及相关反垄断性质法律进行规制是必要的。然而，在维护消费者、用户公平交易权时，以《反垄断法》第22条第1款第6项为核心的反垄断性质法律却出现了一定的漏洞，使得现实中凭借这些法律维护公平交易权存在显著的困难。

在细究平台经济利用大数据算法进行差别化定价的行为为何难以被定性为价格歧视行为之前，应当明确《价格法》与《反垄断法》之间的联系。在《反垄断法》的概念下，《价格法》也应当被纳入《反垄断法》的范围之中，因为根据《价格法》第1条之规定，价格法旨在通过规范价格行为，稳定市场秩序，保护经营者与消费者的利益——这与反垄断法维护市场竞争的目的不谋而合，故而价格法也属于反垄断法的架构之内。

结合前文所述差别化定价行为性质的辨析，在规制"大数据杀熟"行为时，以《反垄断法》为主力、《价格法》起辅助作用的反垄断法体系存在着以下的规则漏洞。

1. 对于《反垄断法》第22条第1款第6项的适用

动用《反垄断法》禁止平台经营者使用大数据算法进行差别化定价，须满足三个前提条件：一是当事人在相关市场内具有市场支配地位；二是对条件相同的交易相对人在交易价格等交易条件上实行差别待遇；三是从事该行为无正当理由。①

（1）市场支配地位。

具备市场支配地位的条件是否为必须？事实上，在平台经营者与消费者、用户进行交易时，不具备市场支配地位的平台经营者仍然可以进行"大数据杀熟"行为。为何对不具备市场支配地位的差别化定价行为仍然要进行约束呢？一般认为，在平台经营者并不具备相关市场中的支配地位时，消费者仍然有机会、余地去选择与其他的平台经营者进行交易——故而在反垄断法领域少有对不具备市场支配地位的经营者进行规制。但对于平台经济，是否具备市场支配地位不应当被认为是规制大数据杀熟行为与否的充分必要条件。对于平台经济"特事特办"有以下三点原因：

第一，经济学上的"有限理性原则"（理性与"拍脑袋"）：简而言之，"消费者不可能将一整天的时间都花在寻找一棵最便宜的莴苣上"——即使平台经营者在相关市场不具备市场支配地位，也很难要求消费者花费大量的时间精力货比三家，追求最低价。经济学家通常认为消费者效用最大化和企业的利润最大化是最优的行为。然而在现实生活中，由于资源与信息是有限的，人们只能在不完全的信息或分析的基础上作出决策（追求完美的利润或效用最大化要花太多的时间）。②在互联网的支持下，尽管消费者可以通过互联网进行比价行为，但是"往返于购物网站为了一盒卫生巾执着地货比三家"很难被一般的消费者接受为日常的互联网交易过程。然而平台经济却能够凭借技术、信息的集中，使用大数据算法，在毫秒间完成上千种商品价格弹性的分析评估——进而对各个不同的客户呈现出不同的价格。在不具备市场支配地位的平台经济的强大算法面前，消费者的"有限理性"很难规避大数据杀熟的"作恶"。简而言之，在适用《反垄断法》第 22 条第 1 款第 6 项时，"具备市场支配地位"的条件很难对差别化定价行为产生足够的约束。

第二，消费者、用户作为交易相对人的善意应当得到保护。对于其他平台经营者确属善意不知情的消费者，其"善意"的特点将会使其与平台经营者形成"绑定"的效果。面对平台的差别化定价，善意的消费者处于束手就擒的局面。平台经营者具备市场支配地位与否在消费者、用户处于善意不知情的情况下毫无意义——因为无论具备市场支配地位与否，消费者、用户总是会受到差别化定价的剥削。如果此时适用《反垄断法》第 22 条第 1 款第 6 项，仍然以

---

① 参见喻玲：《算法消费者价格歧视反垄断法属性的误读及辨明》，载《法学》2020 年第 9 期。
② 参见［美］保罗·萨缪尔森、威廉·诺德豪斯：《经济学》，萧琛等译，华夏出版社、麦格劳·希尔出版公司 1999 年版，第 195 页。

不具备市场支配地位为由不对差别化定价进行约束，会造成显著的不公平。

第三，多个具备竞争关系的平台经营者并存也无法消除消费者、用户被差别化定价的可能性。基于平台经济具备信息、技术高度集中化的特点，每一个平台都有能力对其消费者、用户进行精准画像——因此每一个平台都有能力对消费者、用户进行差别化定价。在这种情况下，《反垄断法》第22条第1款第6项对于市场支配地位的条件设置就会被架空，失去了保护消费者、用户的功能，无论这些不具备市场支配地位的平台经营者串通与否。

（2）条件相同的交易相对人。

与包括日本、德国、俄罗斯在内的反垄断法立法成果相比，我国的《反垄断法》条文内容较为的"简略"①，这使得我国《反垄断法》的部分内容失之过宽，不够精确、明晰。这尤其体现在《反垄断法》第22条第1款第6项的"条件相同"规定内容上。

"条件相同"指的是交易过程中，促使交易最终完成所需要的各方面要素应当是相同的。但是在实践中，对于"条件相同"进行直截了当的定义是非常困难的。实际上，执法机关与司法机关对于依据《反垄断法》第22条第1款第6项的"条件相同"要件以确认差别化定价行为系合法或非法，是非常困难的。根据检索，甚至无法找到执法机关与司法机关认定交易相对人是否"条件相同"的确切依据与相关案例。

在定义"条件相同"之前，应当明确"条件"的具体范围。交易条件可以包括市场条件、产品条件、其他因素等。对于市场条件，往往涉及商品的供应与需求之间的矛盾，供过于求、供不应求都能造成市场价格的波动；市场条件也常常会与市场竞争状况相关联，在面对竞争对手时，经营者往往采取降价、提高商品与服务的附加内容，也能造成市场条件的变化。对于产品条件，可能会涉及生产商、生产批次、材质、产品型号等问题。对于其他因素，则会包括交易地点、交易时间等内容。总而言之，"条件"一般是指经营者交易时产生的成本因素。

结合这些交易的条件（或者说是成本的因素）可以认识到，很难会有消费者被认为是"条件相同"的交易相对人。在被指控利用大数据算法实施差别化定价时，平台经营者甚至很容易举出"不相同的条件"来反驳对于其违反《反垄断法》第22条第1款第6项的指控——设想一下，平台经营者甚至可以声

---

① 参见肖江平：《滥用市场支配地位行为认定中的"正当理由"》，载《法商研究》2009年第5期。

称，由于两位咫尺相隔的消费者分属于不同的区县级行政单位，两行政区划下仓储的成本出现了显著的差别，故而在定价上进行了差别化的待遇（而平台经营者对此的举证又是如此地轻易可以实现）。

一般而言，交易相对人之间很难出现完全相同的条件，但是简单粗暴地判定这些交易相对人不属于"条件相同"显然是武断的。正如前文所举出的夸张设想一样，咫尺之遥的两位消费者真的会显著影响到经营者的销售成本吗？这种可能性的发生显然是困难的。

实际上，"重要的条件"才应当是交易中真正意义上被考虑的条件——这些条件之所以重要，正是因为对于成本的显著影响——而这关系到经营者的定价问题（还有交易是否能够成就）。认定差别待遇中的"条件相同"，并不是要求"所有条件""完全相同"，而是要求对交易产生影响的"重要条件"在本质上相同①。在我国《反垄断法》条文规定较为宽泛的情况下，"条件相同"的具体指代不明，使得《反垄断法》第 22 条第 1 款第 6 项这样的规定很难被执法机关、司法机关直接适用以制止差别化定价行为。

（3）实施行为有正当理由。

与前文对于"条件相同"的评述相同，我国《反垄断法》并未就"正当理由"究竟具体为何进行细化的列举、释明。对于"正当理由"的判断，应当根据行为是否为法定、对社会公共利益的影响、对经济运行效率与经济发展的影响、与经营者正常经营及实现正常效益的相关性、对经营者业务发展与创新方面的影响等因素作出综合判断②。

从行为本身进行解构，正当理由应当从"主观"与"客观"进行剖析。从主观来看，《反垄断法》并没有给具有市场支配地位的经营者在实施第 22 条第 1 款所列之行为时从主体要件上寻找"正当理由"的空间；同样，《反垄断法》也没有将主观因素视为垄断行为的构成要件，在行为构成中没有涉及主观过错与否，在责任承担的规定中也没有考虑主观因素③。从客观来看，正当理由也未能就差别化定价行为在《反垄断法》上得到具体地认定。

2. 对于《价格法》第 14 条第 1 项及第 5 项的适用

适用《价格法》第 14 条第 1 项（以下称"第 1 项"）的条件要求经营者在串通后进行市场价格的操纵，并造成其他经营者或者消费者合法权益受损的结

---

① 参见官敏：《论差别待遇中"条件相同"的认定——以中国电信垄断案为视角》，载《中国价格监管与反垄断》2020 年第 10 期。
② 参见喻玲：《算法消费者价格歧视反垄断法属性的误读及辨明》，载《法学》2020 年第 9 期。
③ 参见肖江平：《滥用市场支配地位行为认定中的"正当理由"》，载《法商研究》2009 年第 5 期。

果。在平台经济的交易过程中，由于不特定多数的消费者、用户仅能看到平台经营者对其展示或发送的价格，无从得知其他消费者、用户获得的价格情况。在这种"信息差"的前提下，经营者无需进行串通行为即可针对消费者、用户进行"受众上普遍的，内容上个别的"市场价格操纵（千人千面的差别化定价）——这使得面临当下层出不穷的大数据杀熟行为，第1项几乎无法得到适用。简而言之，在当前平台经营者与消费者、用户信息差被大数据算法持续利用的前提下，第1项无法对大数据算法支持下的差别化定价进行有效规制，更无法对消费者、用户的公平交易权进行有效的保护。

适用《价格法》第14条第5项（以下称"第5项"）的条件要求对其他享有同等交易条件的经营者进行交易商品或服务时进行价格歧视。首先，与前文论述《反垄断法》第22条第1款第6项的"条件相同"情况一致，第5项的规定也存在失之过宽的漏洞——事实上，宽松的规定很难在现实的适用中发挥作用，因为任何当事人都能够在行政执法、司法审判中凭借巨大的漏洞寻找到合适的抗辩理由。在"条件相同"的判断上，也应当坚持"足以对交易产生重要影响"的认定。其次，在第5项的保护对象中，并没有包含消费者、用户等群体，仅仅将目光投向了交易过程中的双方经营者。尽管在电子商务中，与平台经营者交易的群体不乏其他经营者的存在。但是在平台经济繁荣的情况下，平台经营者作为商品、服务的销售者，可以直接与最后一环的消费者进行交易，省却了中间的层层转卖环节——去中间商、去交易链条的趋势是不可避免的，这意味着以转卖、再销售为目的进行的经营者交易将会愈加式微。第5项由于缺乏对于消费者公平交易权的保护而越发脱离现实的需要。综上所述，第5项的规定尽管对价格歧视行为进行了否定性规定，但是却未能顾及平台经济下消费者、用户的公平交易权保护，相关的填补仍然有待解决。

综上所述，一方面基于平台经营者不具备市场支配地位也能剥夺消费者与用户公平交易的机会，另外一方面由于条文在"相同条件"与"正当理由"上规定得失之过宽，《反垄断法》第22条第1款第6项及《价格法》第14条第5项均无法实现针对大数据算法技术支持下差别化定价行为的规制。实际上在大数据杀熟的情形下出现了明显的法律漏洞，相关的填补工作亟待完成。

五、其他相关制度对反垄断法保护公平交易权的补充

（一）《反垄断指南》规定的补充作用

公平交易权的关键在于平等的对待。根据《反垄断指南》（以下简称该《指南》）之规定，消费者的个人交易相关信息不能被作为平台经营者实施差别

化定价的依据（信用状况除外）。该《指南》为差别化定价施加了制度性的限制，使得差别化定价的依据不复存在，对捍卫消费者公平交易权、防止消费者剩余减少或转移起到了积极作用。但是不能忽略的是，一方面该《指南》仍处于公开征求意见的阶段，尚无法发挥效力；另一方面该《指南》效力等级上仍未达到法律的高度——作为部门规章在执法过程中起到辅助执法机关认定的"指南"效果。简而言之，该《指南》的作用是积极的，但是效果仍然是有限的。结合美国、欧盟的反垄断实践，为了更好地将消费者利益作为反垄断法引导竞争的基石，在《反垄断指南》之外，还应该有新的成分被加入竞争法的体系。

（二）大数据技术实施限制制度

在平台经济下，平台经营者运用算法大规模地收集非必要性的消费者信息。尽管收集这些信息、获取设备权限获得了消费者的同意（甚至有时根本无需征得同意），但实际上消费者没有选择的余地，必须"同意"，否则就无法进行交易[①]。这意味着消费者、用户在被收集、处理、分析信息数据时完全是处于被动的局面，消费者、用户并没有选择的自由。

同时，在数据、信息被收集之后，消费者、用户对自己信息的处理状况一无所知，甚至常常发现自己的个人信息连同其他受害者的数据一道被广泛贩卖、传播。消费者、用户对于自己流出的数据也无法阻止其传播。这意味着消费者、用户在众多平台经营者恣意控制其信息的现状面前无能为力。

在对差别化定价进行规制时，欧盟适时地结合大数据算法的特点首先约束平台经营者的算法行为。在 2018 年，欧盟正式通过并生效了《欧盟数据保护通用条例》（General Data Protection Regulation，GDPR）（以下简称《条例》）。该《条例》在大数据算法方面有两点创新，一是针对平台经营者或其他大数据算法运行主体的数据收集、画像、储存过程提出了"严格约束的算法行为"，二是对于包括消费者、用户在内的数据主体赋予了一些全新的权利。

欧盟对于大数据算法运行进行严格约束。《条例》的第 6 条～第 9 条规定大数据算法运行主体，包括平台经营者，有权向数据主体收集数据，并可以对收集到的数据进行储存、利用。但是，这种数据处理行为需要由运行主体首先证明存在合法的理由：首先，运行主体需要得到数据主体明确、具体的同意（且现实中推定的同意往往会被认定为无效非法的意思表示）。其次，出于运行

---

① 参见廖建凯：《"大数据杀熟"法律规制的困境与出路——从消费者的权利保护到经营者算法权力治理》，载《西南政法大学学报》2020 年第 1 期。

主体的合法利益，数据主体的同意可以是不必须的。但是这种合法利益的认定是极其严格的，一般而言，当运行主体的合法利益被证明是地位阶显著高于数据主体的权利与自由时，这样的合法利益才能够得到认可。再次，敏感数据的处理被给予了严格的限制——这些敏感数据常常包括能够单独或者共同刻画出特定数据主体的个人特征、隐私。敏感数据的处理原则是"原则上禁止，例外地允许"：例如数据主体的同意，或者数据主体已经将揭示个人种族、政治倾向、宗教和哲学信仰、商业团体资格以及关于个人健康或者性生活等数据进行了公开，或者为了建立、履行、保护合法的诉求而不得不处理敏感数据，再或者是出于社会公共利益的必要性而处理①。

这样的规定，使得平台经营者进行差别化定价的技术基础受到了削弱。由于处理消费者、用户的数据需要满足严格、明确的法定理由，平台经营者很难恣意地通过大数据算法创造出巨大的信息差，从而降低了对消费者、用户进行精准画像的准确度和可能性，最终釜底抽薪地遏制了平台经营者无正当理由差别化定价的区别对待行为。

欧盟还赋予数据主体以权利。《条例》的第12条～第21条赋予包括消费者、用户在内的数据主体以知情权、访问权、反对权、被遗忘权。首先，关于知情权：数据主体享有对数据控制者详细信息的知情权，算法自动化处理的算法逻辑与算法运算结果、个人数据被储存的具体时间与确定该时间的事由，对于追究数据控制者、运行主体法律责任并保护自身权益的行政、司法途径的受告知权。其次，关于访问权：数据主体有权免费访问被处理、储存的个人数据。另外，与我国《政府信息公开条例》相似，当数据主体请求访问的次数明显超过了合理范围时，数据主体将承担缴纳服务费的义务。再次，关于反对权：针对运行主体的"合法利益抗辩"，数据主体随时有权拒绝运行主体基于合法利益收集、处理、储存其数据。另外，针对运行主体的"当事人同意抗辩"，数据主体可以随时撤回自己"同意"的权利。最后，关于被遗忘权：在数据主体行使了反对权，要求撤回同意或拒绝运行主体收集、处理、储存其数据时，数据主体还有权要求运行主体采取所有可能的方式删除数据。对于已经被公开传播的数据，数据主体甚至有权要求任何数据控制者停止利用并删除。

《条例》对于消费者、用户这些数据主体的赋权，在对平台经营者进行技术限制的基础上，还尽可能地抹除消费者、用户的数据被平台经营者恣意利用、传播的可能性。这些赋权让消费者、用户能够明确自己的数据受谁的控

---

① 参见王融：《〈欧盟数据保护通用条例〉详解》，载《大数据》2016年第2期。

制、用何种方式进行处理、权利受到侵害有着怎样的救济途径——这样尽可能防止平台经营者利用信息差作恶，让差别化定价行为被制止于消费者、用户之手。消费者、用户还能够在平台经营者中止对自己数据的利用，并且凭借被遗忘权在法律上彻底消除数据利用带来的影响，从而能够更好地捍卫消费者的公平交易权。

欧盟通用数据保护条例的经验是，应当对平台经营者进行技术限制，同时赋予消费者、用户这些数据主体以对抗平台经营者的权利。通过严格的法定事由防止平台经营者任意收集信息，通过消费者、用户的赋权让信息处理处于可观察、可控制的限度下。类似于欧盟经验的"收集信息正当事由""信息主体的知情权①、反对权、被遗忘权"应当在未来的平台经济立法规制中被提出。

除了通用数据保护，欧盟在算法权力的认识上可谓与时俱进。在《可信赖人工智能伦理准则》中，欧盟提出了可信赖人工智能的四项原则，即尊重人的自治原则、防止对人（造成）损害原则、（开发、部署、使用人工智能）公平原则、可解释原则。又提出了可信赖人工智能的七项关键要求，即人的自治和监督，技术的稳定与安全，隐私和数据治理，透明度，多样、非歧视和公平，（关注）社会和环境福祉，可追责性②。

算法伦理应当被纳入平台经济规制的轨道，从而在法律上使得利用大数据算法进行差别化定价杀熟的行为被直接认定为"违背原则、伦理"的行为——针对大数据算法，实现从技术上约束、制度评价上否定的前后夹击。

（三）根据定性进行分别治理

结合前文对于差别化定价的三重性质的分析，应当对差别化定价行为进行阶层化的定性，并一一对应地进行治理。按照"价格欺诈——价格歧视——滥用算法权力"先后顺序进行规制。

在价格欺诈的层面，针对差别化定价可以援用《民法典》关于欺诈行为之规定，确认民事法律行为无效、意思表示无效；当欺诈的意图难以被证明时，差别化定价落入价格歧视的层面，可以援用《反垄断法》第 22 条、《价格法》第 14 条之规定，认定滥用市场支配地位、实施价格歧视行为，从而进行相应的处罚、规制；当《反垄断法》第 22 条、《价格法》第 14 条的规定无法适用，但是不约束"大数据杀熟"行为确系显失公平的，差别化定价落入滥用算法权

---

① 甚至是公开算法的运行机制，进行算法透明。
② 参见廖建凯：《"大数据杀熟"法律规制的困境与出路——从消费者的权利保护到经营者算法权力治理》，载《西南政法大学学报》2020 年第 1 期。

力的层面进行约束。

三重的定性可以将各种差别化定价的行为尽可能地纳入约束的范围之中，从而通过"有法可依"的方式捍卫消费者、用户的公平交易权。

（四）弥补反垄断体系漏洞

平台经济、大数据技术日新月异的现在，反垄断体系对于反竞争、损害消费者权益的行为往往未能给予适时的回应。由于《反垄断法》第22条、《价格法》第14条等条文的内容往往被用于传统行业的反垄断规制，这意味着修改这些条文，或者另设新法"特事特办"是必由之路。

针对《反垄断法》第22条的情形：当事人在相关市场内具有市场支配地位、对条件相同的交易相对人在交易价格等交易条件上实行差别待遇、从事该行为无正当理由，市场支配地位的要件不应当在平台经营者的差别化定价行为中被要求，"条件相同"的具体规定应当被明确（且这些条件要对交易的内容、交易是否成就起到重要的作用），"正当理由"应当给予明确的列举性规定——这样的安排能够尽可能贴合平台经济的发展现状，同时使得消费者、用户的公平交易权因为更明确的规定得到更好的保护。

针对《价格法》第14条的情形，"操纵市场价格"无需再以"串通"作为要件之一（因为平台经济自身的特点使得任何平台经营者自己就能在自己的平台上操纵价格且能够影响不特定多数人），"价格歧视"的对象不可再局限于"其他经营者"之上，消费者作为更广大且更易受侵害的群体也应当被纳入反价格歧视的保护之中。

（五）具体化"消费者福利标准"

在我国反垄断体系中，消费者利益都在《反垄断法》《价格法》等法律中得到了宣示性条款的认可，但是却在《反垄断法》第22条等条文中未能获得更具体的规定。显然，"为维护消费者和经营者合法权益，制定本法""为维护消费者权益和社会公共利益，制定本法"这样的条文很难在实践中发挥充分的作用。

例如，根据《适用欧盟条约第102条委员会查处支配地位企业滥用排他陛行为的执法重点》的规定，竞争法领域调查适用消费者利益检测标准——对消费者利益实施检测又主要采用的是"消费者标准测试"[①]（或者可以另称为

　　[①]　达到测试要求的"阻碍"主要表现为：具备市场支配地位的经营者通过一定的方式，阻断或者破坏了竞争对手供应或者消费者连接的渠道——在这种条件成就时，占据市场支配地位的经营者能够采用升高商品价格或者降低服务质量的方式损害消费者的利益。

"反竞争阻碍测试"）。简而言之，这种测试的要件分为两个层次：第一步，应当认定具备市场支配地位的经营者是否影响了竞争对手参与市场竞争的能力；第二步，应当认定消费者是否因为这样的行为而遭受到损害[①]。欧盟的立法实践证明，"消费者福利标准"不只是原则性的宣示条款，更是被直接用于判定滥用市场支配地位、损害竞争秩序的要件标准。

又例如在美国，根据《克莱顿法》第2条的规定，经营者在交易过程中对同等级或同质量的买方直接或者间接地实施价格歧视行为是非法的。

价格歧视在经济学意义上可以被分为三种，其中二级价格歧视[②]往往属于《克莱顿法》第2条规定中的豁免行为。而三级价格歧视[③]与一级价格歧视（亦称完全价格歧视，即每一位消费者获得的价格都不同）可能会被《克莱顿法》视为非法行为。

平台经营者被指控触犯《克莱顿法》第2条所规定的价格歧视行为的，对于被指控的行为应当承担反证的责任——除非作出了合理的抗辩理由，否则将会被签发反歧视令。尽管《克莱顿法》没有对"消费者福利标准"予以明文的确认，但是在该法案第2条的规定中存在对于身处弱势的交易相对人有倾斜性保护（经营者的反证责任与交易相对人的初步证明责任）——这意味着，消费者福利标准已经事实上存在于美国反垄断体系中。

综上所述，综观各国家和地区立法例和反垄断实践，消费者福利标准已主宰现代反垄断法，欧盟竞争法和美国反托拉斯法均采消费者福利标准[④]。对于欧盟、美国的借鉴或许可以使得我国反垄断体系在"消费者福利标准"上得到弥补。借鉴国外的先进经验，将"消费者福利标准"纳入具体的条文中，将《反垄断法》中的消费者权利保护条款从一项宣示性的条款，转变为具备实用可操作的条款，是通过反垄断法规制差别化定价行为、保护公平交易权的重要途径。

六、结论

本文认为，在平台经济的繁荣发展下，当前以《反垄断法》为主的反垄断

---

① 参见赵晓菁：《欧盟竞争法规制对互联网企业滥用支配地位行为的认定——以谷歌购物比价案为例》，吉林大学2018年硕士学位论文，第26—27页。

② 二级价格歧视系根据买方购买量的不同规定不同的价格，这与《克莱顿法》第2条（a）规定的豁免内容——"并不阻止在出售或交付时，由于商品购买数量或方式不同，引起制造成本、销售与交付方面的差异，而对不同的购买者作出合理折让所产生的差别"——相一致。

③ 三级价格歧视系将消费者分为不同的类别而区别定价。

④ 参见袁波：《大数据领域的反垄断问题研究》，上海交通大学2019年博士学位论文，第72页。

体系已经无法规制平台经营者凭借大数据算法对消费者与用户进行差别化定价，损害消费者与用户的公平交易权。在学界关于算法实施反竞争行为进行规制的观点基础上，进一步提出更应当将反垄断法的重点聚焦于最终环节的消费者福利上。在当前的反垄断体系下，本文提出了针对算法进行专门立法，对反垄断体系的法律漏洞进行及时弥补，并对差别化定价行为分别定性和分别治理的建议。

法学教育

智能法学背景下合同法实践性教学的改革路径

张晓远　张晨瑶*

摘　要：智能法学时代，随着智能检务、智慧法院、人工智能律师的出现，司法实践模式发生了一定的改变，法律实务产生了对"人工智能＋法学"复合型创新人才的新需求，以实践需求为导向的学科创新与变革也迫在眉睫。本文立足于智能法学时代合同法教学的现实困境，从多方面分析人工智能对合同法教学带来的机遇与挑战，力求从中探寻出高校合同法教学可行的实践性变革方向，并为高校法学其他学科的智能变革提供一定借鉴意义。

关键词：人工智能　合同法教学　教学改革　虚拟仿真

在"人工智能＋法学"背景下，合同法教学实践改革过程中仍存在着诸多困难与挑战，因此，立足智能时代下合同法教学的现实困境，面对人工智能对合同法教学人才培养目标、教学内容、教学模式和教学手段的诸多影响，利用法律大数据和人工智能的技术优势，深化传统合同法教学中的实验教学改革，改变传统人才培养目标与模式，拓展合同法课堂教学方式，丰富合同法教学实践基地，提升法学教育的质量，培养实践性复合法律人才成为目前高校合同法教学亟需研究的重要问题之一。

一、智能时代下合同法教学的现实困境

合同法作为高校法律专业的核心课程之一，不仅要求培养学生合同知识储

---

*　张晓远，四川大学法学院副教授，法学博士。张晨瑶，四川大学法学院硕士研究生。本文系数据安全防护与智能治理教育部重点实验室项目"安全与发展并重的网络法治体系完善模式研究"（SCUSARCPY202301Q）和四川大学中央高校基本科研业务费专项资金资助（SCU2023D008）的阶段性研究成果。

备和合同实践能力，而且更加重视合同法实践教学。在现代合同需求和合同资源合理配置的前提下，不可避免地逐步进入"智能法学时代"①。互联网、大数据分析、云计算、人机交互、人工智能等的应用与发展，不断影响着目前人类社会的现状和发展趋势，随之产生了更加智能化、科技化的社会，甚至产生与人共存的有智能的智慧机器人。在众多领域，智慧机器人代替了人类而应用在简单重复的体力劳动和脑力劳动上。科技的全面入侵实际上也使法律服务业面临颠覆性的改变，体现在法律检索、文件审核、法律咨询、案件预测和流程管理等多方面②。网上法院、机器人检察官、人工智能律师③的出现与完善不断影响法律行业现状与发展方向。④ 为应对法律人工智能挑战，国务院在 2017年印发的《新一代人工智能发展规划》⑤ 中明确提出要加快培养"人工智能＋法律"的复合型人才。随后，2018 年 4 月 2 日，教育部发布《高等学校人工智能创新行动计划》，明确人工智能与法学学科专业教育交叉融合的重要性。同年，《最高人民法院关于互联网法院审理案件若干问题的规定》（法释〔2018〕16 号）的出台进一步实现了"数据法院、智慧法院"的建设和普及，其要求互联网法院案件审理过程中诉讼环节一般应在线上完成。由此可见，"智能法学时代"已然来临，并将撼动传统法律行业与法学教育，带来新的机遇与挑战，高校法学教育的革新已不可避免。

合同法课程是高校具有实践性特色的一门课程，其教学与发展应当以实践需要为导向，应注重运用依托人工智能技术的实践性教学模式，培养能够利用自身知识储备与法学能力解决现实合同问题的高质量法律人才。目前，得益于人工智能、虚拟仿真技术的支撑，交互式的虚拟法律实验、模拟法庭、虚拟仿真案件处理的课程教学手段应运而生，能够充分实现对合同法实践性的学习，真正培养出掌握合同法知识并加以熟练应用的实践性创新人才。但当前高校在"人工智能＋合同法"教学实践改革过程中仍存在着诸多困难与挑战。

（一）学生人数多，难以关注个体

合同法作为法学院校的核心课程之一，往往是专业必修课，所有学生都必

---

① 参见高晋康、杨继文：《迎接智能法学的到来》，法律出版社 2019 年版，第 11 页；杨继文：《证据法学研究进入电子证据新时代》，载《检察日报》2018 年 2 月 6 日，第 3 版。

② 参见高云：《律师们都说大势将至，却不知未来已来》，载搜狐网，https://m.sohu.com/a/191790264_328962/，2022 年 12 月 8 日访问。

③ 在美国，2016 年 6 月，基于 IBM 的认知计算机 Watson，IBM 支持开发了史上首个人工智能律师 ROSS。

④ 参见程龙：《从法律人工智能走向人工智能法学：目标与路径》，载《湖北社会科学》2018 年第 6 期。

⑤ 2017 年 7 月 8 日，国务院印发并实施《新一代人工智能发展规划》。

须在本科学习阶段修读完成，接受系统化、专业化的合同法知识培训与实践性练习，这便导致课程学生人数众多，师资力量并非完全适配，难以在教学过程中关注学生个体的成长与锻炼。多数合同法教师采取统一的适合大多数学生水平的教学方式和教学内容，这也导致教师难以针对不同知识基础和素养水平的学生开展个性化的培养。多数法学院校按照统一的教条式的模板培养学生，而不是根据学生的个人能力和优势特长来提供有针对性的学习资源，长此以往，学生难以得到良好发展。

在人工智能法学时代，智能水平的进步和社会对法律人才的需求改变，更加凸显了关注学生个性化学习的重要性。法学院校作为培养法律人才的摇篮，其培养目标不应继续局限于学生法律知识的培养和法律体系的建成，而应关注个体学生的成长，立足社会需求，从每个学生的特点与优势出发，培养其法律思维与价值素养，为社会输送优质法律人才。

（二）授课案例陈旧且数量偏少

法律是人类智慧的结晶，是对人类理性行为的抽象表达，法律学习的过程便是将抽象转变成现实与具体的过程，学习法律的过程就是运用法律的过程。案例教学法便是将学习与运用法律原理发挥得淋漓尽致的教学方法之一。目前部分法学院校的合同法教学采取案例教学法，教师根据授课章节的知识点提前选取真实或者改编案例，课堂上学生们阅读案例后，围绕教师提出的问题和争议焦点进行分组讨论，经过一定时间的讨论，每个学习小组选取代表分享小组的看法与见解，最后由教师进行点评和总结，再次巩固所学的法律知识点。合理运用案例教学方法，能够引起学生的学习兴趣，将法律原理融入生动案例中，有助于锻炼学生学习和运用法律的能力，提高学生思辨思维和水平。

然而在实际的教学过程中，由于案例的来源渠道有限，有些案例较为老旧，甚至已经沿用很多年，案例的复用率较高，数量也比较少，有些学生在上课前已经掌握了案例内容。因此，案例教学法难以发挥其应有的作用。事实上，选取案例的关键在于能够将现实案例与课程知识点充分结合起来，通过学习案例达到巩固和运用法学原理的效果。若利用人工智能技术和互联网平台，将不同来源的案件进行分类标记，统一录入于一个"智能案例库"，对所有案件进行分门别类，那么当教师需要某一特定知识点的案件时，就能够通过精准搜索来选取最适合授课的案例，从而改善教学效果。

（三）课堂时间短，课外时间利用不佳

合同法课程主要教学内容为《民法典·合同编》及其司法解释等相关内

容，授课内容较多。而相对于复杂繁多的授课内容来说，合同法的授课课时显得不够充足，教师为了完成教学任务，保证学生学有所得，只能优先重点讲述合同法核心内容，而对其他内容相对简要讲授。授课时长的压力一定程度上影响了学生的学习效果。而在实际的授课中，为了保障学生的实践学习，培养学生的合同法运用能力，教师会预留出一定课时的实践学习时间，比如学生案例角色扮演、模拟法庭等实践形式。在有限的课程中，如何分配理论学习与实践学习时间也是教学过程中的一项重要问题。为提高学习效率，优化学习效果，部分教师会选择在课后布置案例分析作业，来巩固学习内容并提前预习知识点，这一定程度上增加了学生学习的时间与内容深度，但只依靠课上学习与课后作业的形式，实践性不够，且没有形成规律性的长期学习模式，仍然需要改进与完善。

（四）缺乏合同实践性

目前，部分法学院校的合同法教学仍然严格按照教学程序，传授系统理论、讲解法律条文并要求学生进行机械式记忆。这种陈旧的教学手段严重脱离现实生活，学生是被动接受的一方，容易感到枯燥无味，从而丧失学习积极性，造成学生上课是为了应付考试的后果。合同法作为一门实践性很强的学科，重在应用，缺乏实践性的教学只能将知识停留在书本上，难以培养学生的法律精神与感性认识，学生的法律意识和法学能力难以得到真正的提高，面对法律问题时并不会运用法律来维护权益、解决问题，进而导致教学无法达到理想效果。近些年的教学实践虽然在一定程度上增添了实践性和交互性的教学内容，比如模拟法庭、案例讨论等，但这部分内容在整个教学阶段占比较低，也较少采用信息技术和智能化教学方案。

高校作为培养法治人才的首要阵地，应当及时加强校内外实践，提高实践的仿真性和智能化，校内实践重在培养法学学生的实践能力，坚持"做中学"的教学理念，校外实践更多指导法科学生的专业实习，增强对国情与社会的了解与认识。校内仿真实践需要人工智能技术的加持，如"VR 全程仿真法律实践教学"形式、以"庭审直播"为中心的"同步实践教学"形式[①]、"虚拟仿真案例角色扮演"形式等，增强法律实践教学的真实度和学生参与度，引入更多真实案例，使学生身临其境地直面法律案件、全身心参与解决法律难题。校外坚持智能实践，应当及时改善目前缺乏系统性指导的局面，法科学生的校外

---

① 参见刘坤轮：《何以固本：法学教育如何回应人工智能时代?》，载《山东社会科学》2020 年第 11 期。

实习往往被安排形式化的简单劳务工作，而没有得到真正的专业锻炼。法学院校应当主动与校外人工智能公司、律师事务所等建立学科教育练习，进行导师式的系统化培养与锻炼，丰富实践基地，避免校外实践流于形式，为智能法学教育提供基本的发展空间。

二、人工智能对合同法教学的影响

（一）影响合同法的定位和人才培养目标

在我国高校传统的合同法学教育和实践中，普遍更加重视基础理论知识体系的学习和培养，而忽视锻炼学生对知识的实践应用和价值判断能力，导致高校学院培养的法学生难以应对实践中复杂的合同问题、法律职业和司法实践。随着人工智能在法律领域的不断应用，只需要基础理论知识和简单应用分析的法律职业逐渐被人工智能所占据，律师、法官、检察官常规性的事务工作，重复性的文书起草、案件检索、法律法规查询等工作将首先被智能化。[1] 不同于简单的记忆知识，法律人创造性的品质在于对知识的运用方式、道德和感情的投入、个人价值判断的选择等。法律社会更需要的是能够利用技术手段分析现实合同法律问题的复合型创新人才，这也更加凸显了合同法实践与应用能力的重要性，这也是人类独有的创造性法学思维的体现。因此，在智能法学时代，合同法教学对人才培养的定位和目标不应局限于知识体系的构建与学习，而应在更高层次上注重对人性、情感、价值观念、法律素养、理性判断等的培养和对实践应用能力的锻炼，培养德法兼修的实践应用型人才。

（二）改变合同法的传统教学内容

随着人工智能技术在实际生产生活中的普遍应用，产生了大量的新型法律问题和法律纠纷。智能时代的法学知识论聚焦重构抑或微调法律行为主体的内涵、权责体系的内容。[2] 例如，智能机器人能否成为法律行为的主体，人工智能至人损害如何追责，自动驾驶合同中的法律风险规制等。法律作为调整社会关系的可操作性规范，应当与时俱进。人工智能的运用产生大量新的需要法律调整的社会关系，合同法教学内容应当及时调整，在原有基础合同法知识教学的基础上，加入人工智能前沿问题，引发学生的创造性思考。因此，在合同法教学大纲上，要始终保持对智能时代的开放性，法律解释、论证与推理方法要保持与时俱进。同时，教师应涵养对智能热点的敏锐性，立足合同法知识体

---

[1] 参见吕泽华：《人工智能时代法学教育变革的思考》，载《法学教育研究》2020 年第 3 期。

[2] 参见张健一：《论面向智能时代的法学教育变革》，载《临沂大学学报》2021 年第 4 期。

系，及时检视智能热点的法治意义并尽可能地打造风险化解方案。

（三）打破合同法的固有教学模式

在传统的合同法教学模式下，教师一般是知识的讲授者，而学生仅仅是倾听者，这种单纯以教师教课为主的教学模式，主要以传授系统法学理论知识为目的，但难以使学生真正参与其中，影响学生的学习效率和兴趣，使课堂效果大打折扣。近些年，即使在一定程度上增添了实践性和交互性的教学内容，比如模拟法庭、案例讨论等，但这些教学内容在整个教学阶段占比较低，信息技术和智能化教学方案也较少被采用。在传统合同法教学模式下，学生们只重视法条分析、理论知识理解等方面的学习，而忽视了数据处理与分析、信息智能化等技术性法学能力。而随着法条分析、文书制作、案例搜寻等简单的劳动逐渐被人工智能所取代，学生们的社会成长便会变得举步维艰。此外，传统的合同法教学大多是教师一股脑灌输式传授知识，不区分学生的知识基础和能力水平，所有学生接收到一样的知识，不利于学生的个性化发展，因此，为避免这种后果，合同法教学应当采取精准个人化培养模式。所以，高校合同法教育作为为社会提供法律人才的重要渠道之一，应当回应人工智能时代对法律人才的新需求，朝着智能化方向发展，及时转变合同法的教学模式，采取新型智能化教学手段，引进实践教学，关注学生个性发展，提供精准化培养模式。

（四）产生合同法的新型教学手段

随着人工智能在教育领域的发展与应用，"技术＋教育"模式已然成为现实，人工智能技术的出现是合同法实践教学的一次全新机遇。依托于互联网、人工智能技术的慕课、微课堂的产生，使学生的学习场地由校内扩展至校外，使可以学习的时间也变得自由化和个性化。同时，根据学生的不同选择，学习的内容也变得个性化和多元化，知识传授也从封闭式走向开放式，[①] 使学生能够多渠道随时随地获取个性化学习资源，极大程度上提高学习效率和学习兴趣。此外，利用虚拟仿真技术和"智慧教室"，将国内外真实的案例通过智能加工的方式放入合同法专业课堂，能够很大程度上增强合同法实践教学的真实程度，加入更多的真实案例，使学生更加身临其境地直面合同法案件。通过人工智能技术，更多的教学手段成为现实，慕课、微课堂、虚拟仿真技术等的应用，不仅能够实现合同法教学的时间和地点自由化，实现教学的个性化和精准化，提高学生的知识应用体验感，而且能够提高学生学习效率和实践能力。可

[①] 参见赵艳红：《人工智能背景下法学高等教育的改革》，载《北京航空航天大学学报（社会科学版）》，2020年第5期。

见，人工智能技术的发展为合同法教学提供了新的硬件和软件支持，高校合同法实践教学应当意识到"技术＋教育"模式的重要性，并及时引进新型智能化教学手段。

三、合同法教学应对智能时代的实践性变革路径

法律人才的最终归宿是法律实务行业，法学教育的最终目的是为社会提供法律实务工作人才，因此，为了满足社会对法律人才的需求，法学教育应当以社会需求为重要导向。在当今智能时代下，应对人工智能对法学从业环境的影响，合同法教育应当主动适应并作出积极改变。

（一）培养法律思维，坚持个性化教育

首先，面对人工智能在法学领域应用的不断普及和扩大，法学教育更应该关注学生的法律思维培养。人工智能作为人类的发明产物，即使在某些领域比人类更"聪明"，但是也缺乏一定的能动性和创造性，它无法满足自创性和意义建构的判断，既不可能具有现象意识，也不可能具有自主性和意向性[①]，这恰是经过系统化法学教育的法律人才所需要的才能与品质。合同法教学中，不仅需要教授学生理论知识和法律技能，更重要的是培养其法律思维和伦理逻辑，同时使其能够做到应用人工智能提供法律咨询服务、分析案情、预测案件结果、管理法律事务等，由此，产生法律人才不同于人工智能的不可替代性。

其次，合同法教学应当顺势利用人工智能，采取个性化教育模式，实现对学生的精准教学。通过应用人工智能技术，可以实现传统教学中难以完成的教学效果，例如，通过人工智能的记录和分析，可以根据学生课堂表现、练习题、案例分析、考试成绩等，来评估每位学生的薄弱章节和知识点掌握情况，从而为其提供更有针对性的学习方案。在传统教学中，也许一名教师可以花费时间和精力针对一位学生完成以上人性化学习模式，但若面对一个班级数十个学生，人工智能便体现出其高效性和智能性。

（二）形成智能案例库，提高教学质量

智能案例库，是利用人工智能技术将互联网领域法学网站中的真实案例进行统一的分类标记，系统性收集于一个智能搜索网站中，其中不仅包括热点案例，也包括具有经典教学价值的其他案件。通过对大量合同法相关案例的收集、分类以及不断更新，意在将中国法治实践的最新经验和生动案例、中国法

---

① 参见王斯彤：《"人工智能＋法学"模式对我国法学教育的推动和变革》，载《西部学刊》2020年第 18 期。

治理论研究的最新成果引入课堂、写进教材，及时转化为教学资源，提高教学的质量和水平。智能案例库，解决的是在教学过程中采取案例教学法的案例来源问题，改善以往案例老旧且数量少的弊端。教师可以通过搜索相关知识点关键词，比如"合同的订立"，来锁定相关案例，继而进行挑选与教学，利用人工智能使国内外大量真实案例进入合同法专业课堂，完成合同法实践教学的全面展开。

在开展智能案例教学过程中，对授课教师的综合素质要求较高，教师不仅要熟悉合同法课程的核心知识与重要教学内容，还需把握当前合同法学科的发展趋势和理论前沿，并具备一定的法律实践经验，能够将现实案例与教学内容进行融会贯通。首先，课前需要对案例进行挑选与整理，并提前将学生划分为若干个研讨小组，以小组为单位讨论案例课题组，为学生提供在课前收集资料和做好准备工作的充足时间。其次，在案例教学过程中，教师应围绕案件的难点与焦点问题给予适当引导，保持研讨的正确方向。对于讨论过程中的争议问题，教师应鼓励学生进行有秩序的辩论，此辩论要建立在收集和阅读一定资料的基础上。最后，讨论结束后，教师应当围绕焦点问题作出回应与点评，提出看法引发学生深入思考。

（三）引入虚拟仿真技术，增强学生体验感

传统合同法教学中，教师举出案例（且往往是经过改编的非真实案例），由学生进行讨论与分析，以此学习合同法知识与运用技巧，但学生往往没有真实的体验感，难以将案例与现实生活联系起来，没有真正领悟到合同法的精髓，遇到现实的法律问题和案件仍然难以解决。若结合现代智慧技术的智能法学教学，灵活运用虚拟仿真等手段，学生通过佩戴特殊实验装备，为案例产生一个具体情景，使原本的抽象概念联系到现实生活，面对"真实的"具体问题，学生会不由自主地将案例的特殊性与知识的普遍性衔接起来，并带着角色感与感情，从不同的角度思考解决法律问题的途径，收集信息，调用知识，把学习和解决案件的过程变成一种新奇的体验。同时，在体验的过程中使其理解知识点的理论性原理，增强学生的互动性、体验感，培养其法律情感价值、思维逻辑能力与知识运用能力。学生在智慧法学教育中进行深度学习和高投入学习，是将概念、事实、程度、策略等知识与信念协同转化的过程。[①] 通过虚拟仿真技术等多种智能教学方法的引入，学生将能够学会更加从容地面对法律问

---

① 参见余耀军、高利红：《人工智能时代的法学教育变革》，载《新文科教育研究》2021 年第 02 期。

题，并不断提高自身的法学思维能力和创新创造能力。

（四）建设法律援助中心，丰富实践基地

为培养学生实务能力和法律思维，高校应当及时丰富校内外实践基地，为智能法学教育提供基本的发展空间。这便需要法学院校倾力整合校内外资源融合多种学科，打破传统学科界限，为人工智能法学学科的创新和人工智能法学知识的繁荣做好准备。一方面，院校需要联合校外优质资源，比如先进科技公司、优秀律师事务所等，在专业开设、课程设置、培养模式、发展道路、成果转化等方面形成一整套完整的人才培养模式，助力智慧法学人才成长。另一方面，需要利用校内自身学科优势，进行学校内部人才培养横向跨界融合，形成多样实践基地，如建立的法律援助服务中心。通过让学生参与到法律援助中心，特别是其中的专业法律援助部门，为其将理论知识落到实处提供一个完善的实践平台。学生通过在实践基地的锻炼与成长，能够不断提高自身法学素养与应用智能科技的能力。

（五）开展项目式教学，保持长期学习

项目式教学是依托人工智能方面具体的前沿科研项目进行学习的教学模式。依托于学校和教师的各级高质量科研项目，能够超越学科课程的界限，实现"行为导向"式高效教学。这种项目式教学参与研究的课题一般以法学实务方向为主，也就是法学实务类人工智能的使用问题和人工智能法律解释学，如"人工智能在合同纠纷解决中的运用"。在教师带领学生研究具体智能法学项目的过程中，学生能够从中深刻学习到理论知识、实务技能和思维创造能力，[①]并且由于项目的持续时间往往较长，可以帮助学生在合同法课程之余养成长期学习、终身学习的习惯，培养学生系统性思考和能动性创新的能力。可见，项目式教学作为智能法学时代促发出的一种教育手段，应当被高校合同法教学予以重视并加以应用。

四、结语

总之，面对人工智能时代对合同法教学中人才培养目标、教学内容、教学模式和教学手段的影响，进行相应的变革与创新已刻不容缓。开展个性化教育模式、形成智能案例库、引入虚拟仿真技术、建设法律援助中心、进行项目式教学能够有效提高学生的智慧法学实践能力，适应智能法学时代下经济社会对

---

① 参见向玲：《人工智能背景下法学教育教学的改革与创新研究》，载《现代职业教育》2018年第12期。

专业法律人才的需求。但培养高素质智慧法治人才的道路任重而道远，仅依靠合同法实践性教学变革仍然不足以完全推动法学教育领域的彻底革新，仍需要广大院校与师生真正转变其教学理念并不断学习与成长。

《民商法争鸣》2024年第1辑
（总第23辑）征稿启事

　　《民商法争鸣》由四川大学法学院主办，是四川大学市场经济法治研究所系列专题研究学术著作。本学术辑刊创办于2009年岁末，理论与实务并重，旨在精进民商法学研究，展开理论实务争鸣，被中国社会科学评价研究院评定为"2022年度中国人文社会科学集刊AMI综合评价"入库集刊。集刊已经迈入第十四个春秋，连续出版22辑，正在组稿2024年第1辑（总第23辑）。

　　本学术辑刊每年出版2辑，上下半年各1辑，以学术论文为主，真诚欢迎法学理论界和司法实务界惠赐佳作。

　　来稿要求：

　　1. 稿件应属未公开发表且有创意的作品，12000字到20000字为宜。

　　2. 本学术辑刊优先采纳关注民生、具有社会责任感和时效性的争鸣论文。

　　3. 本学术辑刊常设民商法总论、物权法论、债与合同法论、人格权法论、亲属继承法论、侵权法论、商事法论、知识产权法论、劳动与社会保障法论、实务争鸣和法学教育等栏目。"实务争鸣"栏目尤其关注数字法学领域研究。欢迎针对本学术辑刊各栏目来稿，法学理论界和司法实务界同人也可以联系编辑部就特别专题组稿。

　　4. 稿件应主题明确，层次清楚，叙述准确。引文务必注明出处，注释采每页下脚注，反对伪注。注释体例以中国法学会法学期刊研究会推荐的《法学引注手册》为准。

　　5. 来稿匿名两轮审稿，投稿后3个月内未接通知，可另投他处。3个月内，请勿一稿多投。

　　6. 来稿请注明姓名、作者简介、电子邮箱、手机、通信地址、邮编等信息，以便联系，来稿须有中文摘要和关键词。

　　7. 所有文章均由作者授予自发表之日起十年的专有使用权，任何转载、摘登、翻译或结集出版等事宜，均须事先得到本学术辑刊编辑部的书面许可。

8. 本学术辑刊已被《中国学术期刊网络出版总库》及 CNKI 系列数据库收录。该数据库收录的本集刊所有作者的文章著作权所付各项使用费、转载费与本学术辑刊其他支出及资助合并由编辑部处置。如作者不同意文章被该系列数据库收录使用，请在来稿时向本学术辑刊声明，本学术辑刊将做适当处理。编辑部视所有投稿给本学术辑刊的作者在接到编辑部用稿通知时即知晓编辑部版权授权告知，同意授权中国知网使用，并同意本学术辑刊为学术目的在互联网上转载相关论文。

9. 本刊愿意与同行一道，勠力推动法学学术的繁荣，维护法学学术的公信力，文章涉及任何学术不端行为，后果由行为人自负。本刊坚决保守国家秘密，文章涉及任何泄密行为，后果由行为人自负，文章如果为涉密科研项目资助，作者须提交所在单位的保密审批意见。本刊刊稿仅反映作者个人观点，并不代表编辑部或主办单位的立场。

10. 本学术辑刊采用线上采编系统，请通过本刊投稿系统投稿（网址：https：//msfa. cbpt. cnki. net）。

11. 本学术辑刊系学术著作，每辑出版后将赠送作者样书 2 册。

《民商法争鸣》编辑部

2023 年 12 月 31 日